做一个理想的法律人
To be a Volljurist

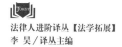

法律人进阶译丛【法学拓展】
李昊 / 译丛主编

日本典型担保法

Aspects of Typical Security
Interests Law in Japan

〔日〕道垣内弘人 /著
王融擎 /译

著作权合同登记号　图字：01-2018-7830
图书在版编目(CIP)数据

日本典型担保法／(日)道垣内弘人著；王融擎译. —北京：北京大学出版社，2022.8
(法律人进阶译丛)
ISBN 978-7-301-33136-1

Ⅰ.①日… Ⅱ.①道… ②王… Ⅲ.①担保法—日本—文集 Ⅳ.①D931.332-53

中国版本图书馆 CIP 数据核字(2022)第 118556 号

Aspects of Typical Security Interests Law in Japan
Copyright © 2013 by Hiroto Dogauchi
Simplified Chinese translation copyright © 2022 by Peking University Press,
All rights reserved
Original Japanese language edition published by Yuhikaku.
Simplified Chinese translation rights arranged with Yuhikaku.
through Hanhe Internatinal(HK) Co., Ltd.

书　　　名	日本典型担保法 RIBEN DIANXING DANBAOFA
著作责任者	〔日〕道垣内弘人　著 王融擎　译
丛书策划	陆建华
责任编辑	陆建华　费悦
标准书号	ISBN 978-7-301-33136-1
出版发行	北京大学出版社
地　　　址	北京市海淀区成府路 205 号　100871
网　　　址	http://www.pup.cn　http://www.yandayuanzhao.com
电子信箱	yandayuanzhao@163.com
新浪微博	@北京大学出版社　@北大出版社燕大元照法律图书
电　　　话	邮购部 010-62752015　发行部 010-62750672 编辑部 010-62117788
印　刷　者	北京宏伟双华印刷有限公司
经　销　者	新华书店
	880 毫米×1230 毫米　A5　12.5 印张　352 千字 2022 年 8 月第 1 版　2022 年 8 月第 1 次印刷
定　　　价	69.00 元

未经许可，不得以任何方式复制或抄袭本书之部分或全部内容。
版权所有，侵权必究
举报电话：010-62752024　电子信箱：fd@pup.pku.edu.cn
图书如有印装质量问题，请与出版部联系，电话：010-62756370

"法律人进阶译丛"编委会

主 编

李 昊

编委会

（按姓氏音序排列）

班天可	陈大创	杜志浩	季红明	蒋 毅
李 俊	李世刚	刘 颖	陆建华	马强伟
申柳华	孙新宽	唐志威	夏昊晗	徐文海
查云飞	翟远见	张 静	张 挺	章 程

做一个理想的法律人（代译丛序）

近代中国的法学启蒙受自日本，而源于欧陆。无论是法律术语的移植、法典编纂的体例，还是法学教科书的撰写，都烙上了西方法学的深刻印记。即使是中华人民共和国成立后兴盛过一段时期的苏俄法学，从概念到体系仍无法脱离西方法学的根基。20世纪70年代末，借助于我国台湾地区法律书籍的影印及后续的引入，以及诸多西方法学著作的大规模译介，我国重启的法制进程进一步受到西方法学的深刻影响。当代中国的法律体系可谓奠基于西方法学的概念和体系之上。

自20世纪90年代开始的大规模的法律译介，无论是江平先生挂帅的"外国法律文库""美国法律文库"，抑或许章润、舒国滢先生领衔的"西方法哲学文库"，以及北京大学出版社的"世界法学译丛"、上海人民出版社的"世界法学名著译丛"，诸种种，均注重于西方法哲学思想尤其英美法学的引入，自有启蒙之功效。不过，或许囿于当时西欧小语种法律人才的稀缺，这些译丛相对忽略了以法律概念和体系建构见长的欧陆法学。弥补这一缺憾的重要转变，应当说始自米健教授主持的"当代德国法学名著"丛书和吴越教授主持的"德国法学教科书译丛"。以梅迪库斯教授的《德国民法总论》为开篇，德国法学擅长的体系建构之术和鞭辟入里的教义分析方法进入中国法学的视野，辅以崇尚德国法学的我国台湾地区法学教科书和专著的引入，德国法学在中国当前的法学教育和法学研究中日益受到尊崇。然而，"当代德国法学名著"丛书虽然遴选了德国当代法学著述中的上乘之作，但囿于撷取名著的局限及外国专家的视角，丛书采用了学科分类的标准，而未区分注重体系层次的基础教科书与偏重思辨分析的学术专著，与戛然而止的"德国法学教科书译丛"一样，在基础教科书书目的选择上尚未能充分体现当代德国法学教育的整体面貌,是为缺憾。

职是之故,自 2009 年始,我在中国人民大学出版社策划了现今的"外国法学教科书精品译丛",自 2012 年出版的德国畅销的布洛克斯和瓦尔克的《德国民法总论》(第 33 版)始,相继推出了韦斯特曼的《德国民法基本概念》(第 16 版)(增订版)、罗歇尔德斯的《德国债法总论》(第 7 版)、多伊奇和阿伦斯的《德国侵权法》(第 5 版)、慕斯拉克和豪的《德国民法概论》(第 14 版),并将继续推出一系列德国主流的教科书,涵盖了德国民商法的大部分领域。该译丛最初计划完整选取德国、法国、意大利、日本诸国的民商法基础教科书,以反映当今世界大陆法系主要国家的民商法教学的全貌,可惜译者人才梯队不足,目前仅纳入"日本侵权行为法"和"日本民法的争点"两个选题。

系统译介民商法之外的体系教科书的愿望在结识季红明、查云飞、蒋毅、陈大创、葛平亮、夏昊晗等诸多留德小友后得以实现,而凝聚之力源自对"法律人共同体"的共同推崇,以及对案例教学的热爱。德国法学教育最值得我国法学教育借鉴之处,当首推其"完全法律人"的培养理念,以及建立在法教义学基础上的以案例研习为主要内容的教学模式。这种法学教育模式将所学用于实践,在民法、公法和刑法三大领域通过模拟的案例分析培养学生体系化的法律思维方式,并体现在德国第一次国家司法考试中,进而借助于第二次国家司法考试之前的法律实训,使学生能够贯通理论和实践,形成稳定的"法律人共同体"。德国国际合作机构(GIZ)和国家法官学院合作的《法律适用方法》(涉及刑法、合同法、物权法、侵权法、劳动合同法、公司法、知识产权法等领域,由中国法制出版社出版)即是德国案例分析方法中国化的一种尝试。

基于共同创业的驱动,我们相继组建了中德法教义学 QQ 群,推出了"中德法教义学苑"微信公众号,并在《北航法律评论》2015 年第 1 辑策划了"法教义学与法学教育"专题,发表了我们共同的行动纲领:《实践指向的法律人教育与案例分析——比较、反思、行动》(季红明、蒋毅、查云飞执笔)。2015年暑期,在谢立斌院长的积极推动下,中国政法大学中德法学院与德国国际合作机构法律咨询项目合作,邀请民法、公法和刑法三个领域的德国教授授课,成功地举办了第一届"德国法案例分析暑期班"并延续至今。2016年暑期,季红明和夏昊晗也积极策划并参与了由西南政法大学黄家镇副教授牵头、民商法学院举办的"请求权基础案例分析法课程暑期培训班"。2017年暑期,加盟中南财经政法大学法学院的"中德法教义学苑"团队,成功举办了"案例分析暑期培训班",系统地在民法、公法和刑法三个领域以德国的鉴定式模式开展了案例分析教学。

  中国法治的昌明端赖高素质法律人才的培养。如中国诸多深耕法学教育的启蒙者所认识的那样,理想的法学教育应当能够实现法科生法律知识的体系化,培养其运用法律技能解决实践问题的能力。基于对德国奠基于法教义学基础上的法学教育模式的赞同,本译丛期望通过德国基础法学教程尤其是案例研习方法的系统引入,能够循序渐进地从大学阶段培养法科学生的法律思维,训练其法律适用的技能,因此取名"法律人进阶译丛"。

  本译丛从法律人培养的阶段划分入手,细分为五个子系列:

  ——法学启蒙。本子系列主要引介关于法律学习方法的工具书,旨在引导学生有效地进行法学入门学习,成为一名合格的法科生,并对未来的法律职场有一个初步的认识。

  ——法学基础。本子系列对应于德国法学教育的基础阶段,注重民法、刑法、公法三大部门法基础教程的引入,让学生在三大部门法领域中能够建立起系统的知识体系,同时也注重扩大学生在法理学、法律史和法学方法等基础学科上的知识储备。

  ——法学拓展。本子系列对应于德国法学教育的重点阶段,旨在让学生能够在三大部门法的基础上对法学的交叉领域和前沿领域,诸如诉讼法、公司法、劳动法、医疗法、网络法、工程法、金融法、欧盟法、比较法等有进一步的知识拓展。

  ——案例研习。本子系列与法学基础和法学拓展子系列相配套,通过引入德国的鉴定式案例分析方法,引导学生运用基础的法学知识,解决模拟案例,由此养成良好的法律思维模式,为步入法律职场奠定基础。

——经典阅读。本子系列着重遴选法学领域的经典著作和大型教科书(Grosse Lehrbücher),旨在培养学生深入思考法学基本问题及辨法析理之能力。

我们希望本译丛能够为中国未来法学教育的转型提供一种可行的思路,期冀更多法律人共同参与,培养具有严谨法律思维和较强法律适用能力的新一代法律人,建构法律人共同体。

虽然本译丛先期以德国法学教程和著述的择取为代表,但是并不以德国法独尊,而是注重以全球化的视角,实现对主要法治国家法律基础教科书和经典著作的系统引入,包括日本法、意大利法、法国法、荷兰法、英美法等,使之能够在同一舞台上进行自我展示和竞争。这也是引介本译丛的另一个初衷:通过不同法系的比较,取法各家,吸其所长。也希望借助于本译丛的出版,展示近二十年来中国留学海外的法学人才梯队的更新,并借助于新生力量,在既有译丛积累的丰富经验基础上,逐步实现对外国法专有术语译法的相对统一。

本译丛的开启和推动离不开诸多青年法律人的共同努力,在这个翻译难以纳入学术评价体系的时代,没有诸多富有热情的年轻译者的加入和投入,译丛自然无法顺利完成。在此,要特别感谢积极参与本译丛策划的诸位年轻学友和才俊,他们是:留德的季红明、查云飞、蒋毅、陈大创、黄河、葛平亮、杜如益、王剑一、申柳华、薛启明、曾见、姜龙、朱军、汤葆青、刘志阳、杜志浩、金健、胡强芝、孙文、唐志威,留日的王冷然、张挺、班天可、章程、徐文海、王融擎,留意的翟远见、李俊、肖俊、张晓勇,留法的李世刚、金伏海、刘骏,留荷的张静,等等。还要特别感谢德国奥格斯堡大学法学院的托马斯·M.J.默勒斯(Thomas M. J. Möllers)教授慨然应允并资助其著作的出版。

本译丛的出版还要感谢北京大学出版社副总编辑蒋浩先生和策划编辑陆建华先生,没有他们的大力支持和努力,本译丛众多选题的通过和版权的取得将无法达成。同时,本译丛部分图书得到中南财经政法大学法学院徐涤宇院长大力资助。

回顾日本的法治发展路径,在系统引介西方法律的法典化进程之后,将是一个立足于本土化、将理论与实务相结合的新时代。在这个时代中,中国法律人不仅需要怀抱法治理想,还需要具备专业化的法律实践能力,能够直面本土问题,发挥专业素养,推动中国的法治实践。这也是中国未来的"法律人共同体"面临的历史重任。本译丛能预此大流,当幸甚焉。

李　昊

2018 年 12 月

中文版序言

民法的研究有各种各样的类型和方法,例如,历史分析、哲学思想分析、比较法分析等。这些研究,如果成果优异,译成外语也仍有其价值。与此相对,就特定国家的法律,也存在以解释论为目的的研究,即以相关法律所用措辞为前提进行的解释论研究。在知晓某国法律的意义上,此等论文对于外国的研究者或法律实务工作者也有所帮助。但是,对于该国本国法的研究、理解和进步,似乎没有太多直接的帮助。

本书中收录的主要是日本民法的解释论的相关论文。因此,对于中国民法的研究,似乎没有直接的帮助。但是,我觉得在中国民法典已经制定的当下,本书的翻译出版仍有一定的价值。理由主要如下:

自2006年在南京参加中日民商法研究会后,我先后来中国三十余次,参加了各种研究会或研讨会。与中国朋友相见并进行各种讨论,对我来说实在是一大乐事(由于新冠肺炎疫情的影响,这一次没能来访参加,实在是遗憾至极)。在这些研讨会上,我感受到中国和日本学者的报告内容有着明显不同的特征。日本民法学者的报告或者在日本发表的论文,其中心内容大多都是对已经制定的日本民法典,即现实存在的日本民法典进行讨论分析,对立法论的分析讨论并不兴盛。中国的民法学者或法律实务工作者可能会觉得日本民法学者的这种讨论只是在限定文言的范围内进行分析,缺乏立法论的广阔视野。这或许是因为,对当时正在准备制定民法典的中国而言,相较于日本民法的解释论,更具有直接参考价值的是日本在立法的过程中展开了何种讨论,讨论了何种草案。对此,中国民法学者和法律实务者的报告和论文则带有强烈的立法论性格,体现了对新法制定的热情。

经由此等立法论的讨论,中国制定了民法典。如此一来,今后中国的民法学,想必也会盛行解释论的分析,即以民法典的存在及其条文的措辞为前提展开分析。此时,与以往不同,日本民法学中的各种解释论,对于中国民法学而言也将具有参考价值。

本书论文也是以日本民法典的存在为前提,展现了解释论的应有状态(当然了,究竟是好的解释例还是不好的解释例,我也不知道。但即使是不好的解释例也有一定参考价值)。对于中国民法学而言,也将有一定的意义。

本书的译者王融擎先生在北京大学攻读法学硕士期间,曾作为外国人特别研究生,在东京大学法学政治学研究科进行研究活动。我虽然是他的指导老师,但除了课后与他一起去喝酒、谈天说地,好像也没有指导过什么。可能是啤酒和下酒菜太美味了,融擎提出希望将我在日本出版的两本论文集翻译成中文。我很感谢他的请求。当时,我还心存疑问,把这种以解释论为中心的论文集翻译过去,真的有什么价值吗?但是,如上所述,确实仍有一定意义,遂拜托融擎翻译。

在翻译的过程中,融擎非常仔细地阅读了论文,还发现了原书的好几处错误。因此,本书中文版的观点和表述比日文版要更准确。融擎作为律师,平时工作繁忙,还能进行如此细心和准确的翻译,我由衷地表示感谢。

本书展现了曾与我进行学术上和个人间亲切交流的中国朋友的信赖和深厚友谊。如果本书能对中国民法学和法学实务发展有稍许贡献的话,我将倍感荣幸。

道垣内弘人
2021 年 1 月

引 言

"你的论文,零散发表在各处,要用的时候找起来特别麻烦。赶紧出论文集吧。"大村敦志教授一直这么催我,但是和他这种在研究中有计划地建立有机联系的学者不同,对我这种每次都是漫无计划地胡乱写些杂文的人而言,这并不是件简单的事。虽说一直在等,却也没等到这些文章之间自然形成有机的联系,因此我只好开始整理。

本书收录的是与担保法总论及典型担保法相关的文章和演讲稿,由于各文章间不存在有机的联系,所以书名只好用"诸相"[译者注]这一用语"敷衍"一下。

最早的一篇文章是第一章第三节的"破产与动产买卖先取特权的物上代位",写于1986年。虽然自那以后也很努力地执笔,但回过头来看,感觉思考粗浅之处甚多。虽然文章在汇编时修改了笔误、错字、语句混乱等问题,并增加了若干"作者补注"(之后改说的情形,则以"作者补注"的形式进行说明),但是内容本身没有变化,因此修改有限。但这是我个人能力的问题。

另外需要说明,本书没有收录的典型担保法的文章:

其一,是收录在与安永正昭教授共著的《民法解釈ゼミナール2 物権》(有斐阁1995年版)中的解说。该书虽说是面向学生的研习书,但是其中有我相应的深入思考。该书作为独立研习书的价值仍旧存在,所以未收录于本书。

其二,是因法律修改而丧失现有意义的文章,有《共有持分権者によ

[译者注]日文原文书名为《典型担保法の諸相》,直译为《典型担保法的诸相》。

る抵当権の滌除——東京高決平元.11.15を素材として》[载《金融法務事情》第1258号(1990年),第46页]、《根抵当権者の信用不安と根抵当権の确定》[载《金融法務事情》第1483号(1997年),第6页]、《滌除》[载《銀行法務21》第601号(2002年),第40页]。此外,山下有信、洲崎博史编著的《保险法判例百選》(有斐阁2010年版,第56页)中的判例解说[及其旧版,鸿常夫等编著的《損害保險判例百選(第2版)》](有斐阁1996年版,第78页)中的判例解说,也因判例变更而缺乏现实意义。《金融法務情事》中刊载的两篇文章,个人虽然觉得思考深入,发表时也具有一定的价值,但仍旧割爱。

其三,或因专门面向学生,或因与我撰写的其他文章有许多重复,也有两三篇文章未被收录。

此外,在收录过程中,我将几篇文章合为一篇并修改了标题。

大学毕业后我作为助手开始了研究生涯,至今已经三十多年。虽然本书的内容是在向读者证明我的才疏学浅,但在研究过程中得到了许多人的支持,是一条开心探索的道路。在此想向三十多年来给予亲切指导的米仓明老师和互相探讨的大村敦志教授致以谢意。另外,林良平老师、加藤一郎老师、铃木禄弥老师、星野英一老师和石田喜久夫老师虽然对马虎的我有点无语(也许是特别无语),但都给予了温暖的关照。可现在已经得不到这些老师的指导了,我感到有点孤寂。[译者注]本书在出版时得到了有斐阁书籍编辑一部的佐藤文子女士的帮助。佐藤女士总是给予我准确的建议并对书稿进行了细心校正,对我帮助很大,在此表示感谢。同时,也向将我朦胧的想法具体化并设计了漂亮封面的嶋田千春女士(有斐阁业务部)表示感谢。

道垣内弘人
2013年5月

[译者注]林良平、加藤一郎、铃木禄弥、星野英一、石田喜久夫均已先后逝世。

凡　例 〔译者注〕

对判例集、杂志等参考资料的出处,除按一般习惯外,根据法律编辑者座谈会编写的《法律文献等の出典の表示方法》进行了处理。

在其他缩略语方面:

缩略语	全称
道垣内(旧)	道垣内弘人:《担保物権法(クリスタライズド民法)》(三省堂 1990 年版)
道垣内	道垣内弘人:《担保物権法〔第 3 版〕(現代民法 III)》(有斐閣 2008 年版)
柚木、高木	柚木馨、高木多喜男:《担保物権法〔第 3 版〕(法律学全集 19)》(有斐閣 1982 年版)
我妻	我妻荣:《新訂担保物権法〔第 3 刷〕(民法講義 III)》(岩波书店 1971 年版)

〔译者注〕本书正文存在诸多前后相互援引之处,为阅读便利,章节层级和序号尊重原书。

目 录

序　章　担保物权总论 ··· 001
　　第一节　担保物权法学的往昔与今后 ······························· 001
　　第二节　担保改革元年 ··· 006
　　第三节　担保客体的分解性掌握 ······································ 023
　　第四节　担保的侵害 ··· 034

第一章　留置权、先取特权 ··· 055
　　第一节　建筑物建造承揽人对用地是否成立商事留置权
　　　　　　——东京高院平成6年12月19日裁定
　　　　　　（判时1550号33页） ······································· 055
　　第二节　雇佣关系的先取特权 ·· 060
　　第三节　破产与动产买卖先取特权的物上代位
　　　　　　——最高法院昭和59年2月2日第一小法庭判决
　　　　　　（民集38卷3号431页） ···································· 068
　　第四节　扣押与动产买卖先取特权的物上代位
　　　　　　——最高法院昭和60年7月19日第二小法庭判决
　　　　　　（民集39卷5号1326页） ·································· 078

第二章　质　权 ·· 085
　　第一节　保险合同权利的担保化 ····································· 085
　　第二节　普通存款担保化的有效性 ·································· 102

第三章　抵押权 ·· 122
　　第一节　总　论 ·· 122

第二节	抵押权的效力	220
第三节	抵押权的实现	309
第四节	最高额抵押权:将被担保债权的范围约定为"信用金库交易产生的债权"所设定之最高额抵押权的被担保债权与保证债权	
	——最高法院平成5年1月19日第三小法庭判决（民集47卷1号41页）	337

首次发表信息 345
判例索引 350
主题词索引 359
日本年号与公历年对照表 368
译后记 375

序章　担保物权总论 [1]

第一节　担保物权法学的往昔与今后 [2]

一、迄今为止的"担保物权法"学

1. "担保物权法"的独立

最早出现"担保物权法"这一书名的体系书，可能是 1915 年出版的三潴信三的《担保物权法全》。之后当人们在编排教科书或体系书时，便通常会把"担保物权法"从"物权法"中独立出来，单独成书。此外，典型如东京大学法学部，会把"担保物权法"与"债权总论"合并，在讲课顺序上与狭义的物权法相分离。[译者注] 这种做法也并不少见。

这一点——从"物权法"中分离并在学问研究上形成独自领域——是理解现在"担保物权法"学的重要视角。

2. 自"物权法"独立

"权利质权乃物权也"这一命题，在《民法》制定后未过多久便开始被激烈讨论。[1] 现在看来，此等讨论的特征之一是论者具有"如何

〔译者注〕即分为民法总论+物权法、债权总论+担保物权法、债权各论、家族法的讲解形式。

〔1〕冈松参太郎《権利質ノ性質》，载《京都法学会雑誌》第 1 卷第 5、7、8 号（1906 年）；神户寅次郎《権利質ノ性質》，载《法協》第 28 卷第 10、12 号（1910年）等。

说明'民法典第二编·物权'的统一性"这一问题意识。即使得出"权利质权非物权"这一结论，权利质权以外的担保物权是具有与用益物权共通属性的"物权"这一点仍是当然的前提。药师寺志光的《留置权论》（三省堂1935年版）在与中岛玉吉说对峙的语境中强调了留置权的物权性，可以说是强调了担保物权法作为"物权法"的观点。

[3]　　然而，将"担保物权法"自"物权法"独立出来所产生的特色是，重视其作为担保的功能面的讨论，并将"担保物权法"放入已包含保证等各项担保制度的"担保法"之中。在此基础上，才出现了椿寿夫的《代物弁済予約の研究》（有斐阁1979年版）。其从"担保"的视角出发，将代物清偿这一原本放在债权法中的问题与抵押权等进行了比较论述。米仓明的《譲渡担保の研究》（有斐阁1976年版）、竹下守夫的《所有権留保と破産·会社更生》[载《法曹时报》第25卷第2、3号（1973年），收录于氏著：《担保権と民事執行·倒産手続》（有斐阁1990年版）]也是将买卖这一属于债权法领域的问题作为"担保物权法"的问题来对待。这也是基于自"物权法"独立出来这一基础。

当然，有观点认为将"担保物权法"自"物权法"独立出来尤其会对"物权法"的讨论带来负面影响。物权请求权、物权变动时期、背信恶意人排除论等"物权法"的中心命题，基本都没有将先取特权以下的"担保物权"纳入视野而展开讨论。这一点留待后述。

3. 独自学问研究领域的形成

作为独自学问研究领域而自"物权法"独立出来的"担保物权法"，需要独自的指导理念。给予其指导理念的，自不必说，是我妻荣教授的《近代法における債権の優越的地位》（有斐阁1953年版）一书。在近代法中，金钱债权是最重要的资本。金融是资产的媒介，为了便宜此种媒介，各种资产会运用种种技术进行担保化，这是近代法发展的方向。

虽然其依据的历史分析被铃木禄弥的《抵当制度の研究》（有斐阁1968年版，论文首次发表于1956年）一书中收录的论文等所批判，但是作为"担保物权法"指导理念的上述命题被保留下来。我妻荣教授的《新訂担保物権法》（岩波书店1968年版）一书精彩地将这一命题具体化，此点自不必说。此外，特别是在让与担保（尤其是集合动产让与担保）的讨论中，并未真正采取全面禁止让与担保的做法，这一事实反映出该命题被广泛接纳。 [4]

但是，"担保至上主义"（铃木禄弥教授语）[2]也确实会侵蚀"担保物权法"学的严密性。当两种可能的解释存在对立时，就会有论述认为"应采A解释，理由在于强化担保权人的权利"。不得不说，此种论述过分依赖背后命题的先验妥当性了。此点亦留待后述。

4. "担保物权法"学的其他特征

除了上述特征，"担保物权法"学还有下列特征：一是银行或商社等领域的实务家在研究上扮演着重要角色；二是日本直接采纳德国法、法国法的解释论这一倾向较弱。这两者互有关系，也与上文讨论的两件事（即自"物权法"独立出来及"担保至上主义"）有关联。

"担保物权法"应当立足我国实务的实际情况，在公正范围内满足其需要并展开解释论，此乃近代法应前进之道路。因此，实务家的意见应得到尊重。而且，历史或外国法并无直接帮助。对实务家而言，参与的门槛变低。

与实务之间保持亲密联系通常会带来利好。对待在大学里的人而言，来自实务家的信息是极为有益的。但是，当受到实务家的批判后，就连应担负使其构造严密化和理论化使命的学者，也与实务家一样，仅以需要作为依据而展开讨论。此种倾向亦能见到。因此，在另一侧面，这也会给"担保物权法"逻辑的精致化带来负面影响。

二、从今往后的"担保物权法"学 [5]

1. 担保至上主义的动摇

如上所述，迄今为止"担保物权法"学的发展都依靠我妻荣教授

---

[2] 铃木禄弥：《序論》，载日本土地法学会编：《不動産金融・水資源と法（土地問題双書10）》，有斐阁1978年版，第3页。

提示的命题。但这一命题在各个侧面不断动摇。

第一是所谓"有担保主义"的减退。担保至上主义立足的前提是，为使金融交易顺利进行，"担保"的运用不可欠缺。但最近，不依赖特定的担保而通过评价借款企业的概括信用力的金融手段开始盛行。而且，为此发展出评价企业信用力的方法，"评级"便是其中之一。

第二是信用取得手段的多样化。特别值得关注的是，出现了这样一种现象，即从借款企业的概括信用风险中切离具体授信风险。此种信用取得手段的方法也已得到开发，例如特别目的公司或项目融资（Project Finance）〔作者补注1〕。

第三是即使在公司再生程序以外的破产程序中，担保权人的权利限制也出现了问题。德国所谓"破产之破产"（即破产财团中没有充足的财产，无担保债权人几乎得不到分配）这一现象，在我国亦有不少适用。只有通过强化担保权人的权利，才能使金融安定，这一想法不再是理所当然的。

2. 理论进化的必要性

"担保物权法"学已不再能安心寄居于我妻荣教授提示的命题中。此时，需诉诸迄今尚未被充分参酌的历史和外国法的踏实研究。

[6] 由池田恒男［《フランス抵当権改革前史》，载《社会科学研究》第30卷第5号、第31卷第2号（1979年）等］、今村与一［《クレディ・フォンシェの成立とフランス抵当制度》，载《社会科学研究》第36卷第2号（1984年）等］、森田修［《16世紀フランスにおける担保権実行》，载《日仏法学21号》（1998年）］等人进行的历史研究需要继续推进。与此同时，总是随着不同时代经济情事变动的"担保物权法"学如何将这些成果吸收进来，也是重要的课题。

〔作者补注1〕除道垣内弘人：《担保客体の分解的把握》，载《金融法研究》第19号（2003年），第59页及以下（本书边码29及以下）外，还可参照道垣内弘人：《団体構成員の責任——〈権利能力なき社団〉論の現代的展開を求めて》，载《ジュリ》第1126号（1998年），第66页及以下。

此外，研究要将外国法作为进步的法来参考，其目的是从根本上理解我国的制度。乍一看是很细微的问题，通过留意关联的各种事情并进行深入的探讨，不仅能理顺我国的解释论，还有助于思考制度的本质。我妻荣的《抵当権と従物の関係について》｛载法学协会编：《法学协会五十周年記念論文集・第2部》（法学协会1933年版）［收录于我妻荣：《民法研究Ⅳ》（有斐阁1967年版）］｝一文在整理概念的同时，为抵押权标的物外延的扩大奠定了基础，竹下守夫的《不動産執行法の研究》（有斐阁1977年版）一书则展现了抵押权标的物讨论与不动产执行标的物讨论之间的关系。谷口安平的《物上代位と差押》［载奥田昌道等编《民法学3》（有斐阁1976年版）］一书、吉野卫的《物上代位に関する基礎的考察》［载《金融法務事情》第968、971、972号（1981年）］一文从立法过程溯及本质，内田贵的《抵当権と利用権》（有斐阁1983年版）一书将短期租赁制度作为直接对象，对"抵押权乃价值权"这一本质理解提出了根本疑问。自不必说，这些都与最近的实践性讨论紧密结合并为其搭建了基础。

3. 作为"物权法"的"担保物权法"与包含"担保物权法"的"物权法"

随后，"担保物权法"再次与"物权法"融合。

例如，背信恶意人排除论，或者恶意人排除论，也同样适用于抵押权吗？多数债权人围绕某一债务人争夺责任财产，都想早点取得担保——在这一情形中，相较于所有权双重让与情形，自由竞争是否具有正当性？对于所有权让与，登记显然不过是对抗要件。但抵押权的设定当然作同样理解吗？按照《民法》第176条规定的原则，抵押权会根据抵押权设定合同这一债权合同的效力而被设定吗？还是说观念上应有物权合同的合意？此时，又如何解释其与《民法》第176条之间的关系呢？　　　　　　　　　　　［7］

"担保物权法"各种解释论的展开，应当阐明与"物权法"一般理论之间的关系。另外，"物权法"一般理论的展开也要纳入"担保物权法"。这些都还是万里长征的第一步。

4. 立法论的展开

精致的理论构造并非为了将"担保物权法"打造成不朽的大典。即使为了从拘束我们思考的"理论"中解放出来，也需要深入理解该"理论"。

《民法》制定后，"担保物权法"在工场抵押、最高额抵押、预告登记担保合同等方面进行了重要立法，但未进行根本修改。

在此期间，经济发生了巨大的变化。为了我国相关立法的推进，所进行的理论研究和外国法研究并不充分。这仍将是今后的课题。

[原载于加藤雅信编修代表:《民法学说百年史》，三省堂1999年版，第272页及以下]

第二节　担保改革元年

一、序言

1. 持续的改革

目前（2003年1月）在担保法改革中起核心作用的是法制审议会担保执行法制部会。因此，等到部会讨论结束，在2003年7月25日国会中通过《民法》《民事执行法》的修正案后，有些人会觉得担保法改革似乎就告一段落了。千万不能抱有此种简单的想法。担保法改革在今后也仍将持续。理由有多个方面。

2. 国内的动向

列举其中一些理由。首先，在综合规制改革会议的中期提案[《规制改革の推進に関する第2次答申——経済活性化のために重点的に推進すべき規制改革》（2002年12月12日）]中，有一项就是法务省要在2003年开始讨论动产及债权担保制度。[3] 因此，法制审议会担保执

---

[3] 之后在《推进规制改革三年计划（再改定）》（『規制改革推進3カ年計画（再改定）』）（2003年3月28日）中也有所指摘。

行法制部会闭会,本次修改完成后,动产担保制度和债权担保制度如何修改的问题就要提上日程了[作者补注2]。

其次,在立法论上,经济产业省也在探讨要设置何种动产担保制度和债权担保制度[作者补注3]。此外,涉及中小企业金融等方面,如整备赊销账款债权融资担保制度,再如为了整备金融机构以外的企业对中小企业进行融资的手段,需要对《信托业法》进行修改,只要读一下报纸就能知道在多个方面都有热烈的讨论。

所以,对于这些讨论和主张,希望能诚恳接受并在今后展开调研。

3. 海外的动向

除了上述国内的动向,与此同时,外国以及国际机构也展开了各种各样的担保法修改工作,并给日本法带来了影响。

例如,国际统一私法协会(UNIDROIT)制定了《移动设备国际利益公约》,并进一步就各种设备规定了特则[4]。简单而言,以火车为例。火车跨越国境线一直往前行驶,在德国就某节货车取得了担保权,然后火车继续前行,开到瑞士,再开到意大利,再一直往中亚行驶,在想要实现担保权时,应依据哪一法域的法律呢?或者,既在德国取得了担保,又在意大利取得了担保,如此一来,两项担保之间的优劣如何判断呢?航空器的担保也同样如此。再进一步,宇宙飞行器也是同样的。譬如发展中国家发射卫星的情形。发射卫星需要耗费许多资金,需要融资,此时就会出现担保。那么,以什么作担保呢?只有以发射的卫星本身作担保才合适。因此,A 国发射卫星,B 国的 C 银行进行

〔作者补注2〕之后在 2005 年 10 月,与债权让与对抗要件相关的民法特例法被修改,规定了动产登记制度,法律名称也改为《动产及债权让与对抗要件相关的民法特例法》。

〔作者补注3〕之后在 2003 年 1 月,产业构造审议会企业法制研究会(担保制度研究会)发布了《企业法制研究会(担保制度研究会)报告书——从"不动产担保"到"着眼于营业收益性的资金筹措"》(『企業法制研究会(担保制度研究会)報告書~「不動産担保」から「事業の収益性に着目した資金調達」へ』~)。

〔4〕参见増田晋、垣内純子:《可動物件の国際的権益に関する条約および航空機協定書の概要と仮訳(1)~(24 完)》,载《国際商事法務》第 30 卷第 7 号—第 32 卷第 6 号(2002—2004 年)。

[10]　融资并就发射的卫星取得担保权。若 A 国不偿还融资款，则 C 银行可实现担保权，譬如由 D 国买受该卫星。此时，对 A 国上空的静止卫星，D 国则可以要求从地面上发出指令，修正轨道，作为 D 国的气象卫星使用，这就是担保权的实现。此种情形下，只用一国的法律制度或国际私法上的规则来顺利实现此种操作，似乎难以想象，需要制定某种国际条约才行[作者补注4]。

　　此种条约的起草讨论了各国的担保法律制度——讨论其中的共同要素为何，以及超越各国现时的法律制度而探究今后应然的担保法。

　　此外，联合国国际贸易法委员会（UNCITRAL）制定的担保法规则也值得关注[5]。若没有担保法，发展中国家便很难从世界银行、IMF 或者民间金融机构处取得融资。因此，各国在接受融资时都需要有担保法加以规范，所以像联合国国际贸易法委员会这样的机构就制定了担保法的示范法，来帮助这些国家立法。与前面一样，在示范法制定时也讨论了各国的担保法制度。在某种意义上，其讨论的并非某一国家的担保制度，而是应然的担保制度。所以，其内容和议论对日本今后担保法的思考也有参考价值，且应当参考。而且，今后国际交易将日益增多，各国的交易法、担保法的内容零散，显然会造成不便。所以，在上述讨论中，也期望各国在国际担保法的方向上能步调一致。

[11]　此外，欧洲复兴开发银行制定的《担保交易示范法》[6] 也有同样

〔作者补注4〕《移动设备国际利益公约》及《关于航空器设备特定问题的议定书》在 2001 年 11 月 16 日通过，2006 年 3 月 1 日生效。《空间资产特定问题议定书》在 2012 年 3 月 9 日通过，但是尚未生效。此外，也请参见小冢庄一郎：《资产担保金融的制度的条件——可动物件担保に関するケープタウン条約を素材として》，载《上法》第 46 卷第 3 号（2003 年），第 43 页及以下。

〔5〕参见冲野真已：《UNCITRAL〈担保付取引に関する立法ガイド〉（案）の検討状况（1）～（3完）》，载《NBL》第 759、761、763 号（2003 年），［收录于《新しい担保法の働き》（别册 NBL No.86），商事法务研究会 2004 年版］。

〔6〕参见佐藤安信、赤羽贵、道垣内弘人：《欧州復興開発銀行・模範担保法の紹介と解説（上）、（下）》，载《NBL》第 695、696 号（2000 年）。

意义。同时，联合国国际贸易法委员会的《国际贸易应收账款转让条约》[7]等也含有重要内容。留待后述。

4. 题名的由来

因此，一方面，国内的改革仍在继续，且已提上政治日程；另一方面，国际上也在讨论统一立法，而此种统一法必然会给日本带来影响。从这两点来看，本次担保执行法修改在国会通过后，担保法改革也不会终止。或许连告一段落都谈不上。在某种意义上，借由今年（2003年）国会进行的担保执行法修改，担保法的改革也开始了。今年不过是担保法改革的元年。这是今天我演讲的主题，也是演讲的题名。

另外，在"序言"的最后，我想稍微提一下今日演讲的立场。若认为现有的担保制度目前仍能发挥作用，则在进行最小必要限度的现实可能的改革时，应考虑什么样的担保制度呢？我虽然也考虑了进行此种讨论的可能性，但是今天演讲的内容在某种意义上具有很长的时间跨度，我觉得仍应朝着此种改革的方向迈进。所以我的论述不会局限于现有的担保制度，这一点还请见谅。

二、迄今为止担保法的流变

1. 迄今为止改革的方向性

在此，首先简单回顾迄今为止担保法的流变。

明治时代，《民法》制定后关于担保的重要修改只涉及最高额抵押的相关规定。当然，也制定了许多特别法，担保法的内容也因此时刻发生着变化。具体而言，1905 年《附担保公司债信托法》（虽然这并未改变担保权的内容本身）制定，之后又制定了《工场抵押法》《铁道抵押法》《矿业抵押法》。1909 年出台了《轨道抵押法》《立木法》（立木的担保化）。1913 年出台了《运河法》，接着又是 1925 年的《渔业财团抵

[12]

---

[7] 参见池田真朗、北泽安纪、国际债权流动化法研究会：《註解・国連国際債権讓渡条約（1）～（4完）》，载《法学研究》第 75 卷 7～10 号（2002 年）。

押法》,1933 年的《农业动产信用法》。1951 年制定《机动车抵押法》以及《港湾运送事业法》中的担保制度,1952 年的《道路交通事业抵押法》,1953 年、1954 年的《航空器抵押法》和《建设机械抵押法》,1958 年的《企业担保法》又相继出台。再之后,1968 年出台了《观光设施财团抵押法》,1978 年出台了《预告登记担保法》。

那么,这些特别法在何种方向上改革了担保法呢?

第一点,《农业动产信用法》《航空器抵押法》《机动车抵押法》等一系列的动产抵押法,是基于下列思考而出台的。以前,不动产的价值较高,而动产的价值低。或者,对于钻石之类价值较高的动产,即使债务人不持有也不会给其生活造成困窘,所以设定质权即可,无须作为抵押权的标的。然而,在价值较高的动产中,债务人需要持续利用的动产类型不断增加。因此,就发展出了注册制度,使这些动产可以作为抵押权的标的。

第二点,《企业担保法》或者包括《工场抵押法》在内的所谓财团抵押法等各种担保法,使得企业体等的概括担保化成为可能。

迄今为止的担保法改革在方向上体现为这两点。

[13]　2. 现时点的评价

那么,这两点对迄今为止的担保制度带来何种影响呢?

首先谈一下第一点。基本上没有影响。众所周知,《机动车抵押法》基本上不会被适用。理由在于,让与担保制度发展并经判例法理进一步明确,在对此种动产进行担保化时应会使用让与担保的方式而不适用《机动车抵押法》等在内的动产抵押法。

那么,第二点如何呢?

关于这一点,首先应当注意的是,其正是我妻荣教授《近代法における債権の優越的地位》这一经典论文中体现的方向性。我妻荣教授的主张可以简单介绍如下:最初,一块土地、一件动产都是个别地被用作担保。但实际上土地和动产都是因为使用才能实现其价值,即使在担保时,也是通过使用,在其价值实现这一形态上进行担保化。

这是近代法要求的方向。那么，土地或动产以何种形式使用呢？实际上，某一土地与某一建筑物或某一动产组合，构成一个具有持续经营价值（going concern value）的企业体。这是资本主义发展阶段中的财产使用形态。在此种使用形态中，相较于零零散散，各项财产构成一个整体才会带来巨大价值。所以，将这些财产总括在一起，保持原来的使用形态而取得担保，才能充分使用这些财产所具有的价值并实现担保化。近代法的发展使之成为可能，也是应当发展的方向。上述就是我妻荣教授的见解。

那么，基于此种流变而出现的就是前述财团抵押法性质的担保法。

上述两个方向是传统方向。然而，现在担保法的流变朝着与传统方向不同的方向发展。

三、担保法的新流变

1. 国内动向

那么，与此种担保法的传统流变不同，当今担保法产生了什么样的新流变呢？下面从国内动向和国际动向两个方面来讨论。

首先是国内动向。包括我在内的共同研究小组在去年（2002年）秋天的金融法学会上作了一次报告。[8]

第一点国内动向如下。

迄今为止的担保制度所采取的构造都是通过最终出卖担保标的物而从其交换价值中回收债权。与此相对，出现了将担保标的物产生的收益进行担保化的方向。

有时在实现抵押权之际，作为标的的不动产怎么也无法出卖。在此种情形下，基于抵押权对租金债权行使物上代位权的做法得到了积极运用。第一点动向在这一点上得到清晰体现。

此外，上面也说过，中小企业等在融资方面，也开始积极尝试将赊

---

[8] 内田贵等：《〈シンポジウム〉変容する担保法制》，载《金融法研究》第19号（2003年），第31页及以下。

销账款债权担保化。在担保法发展的定位上，其也是着眼于企业体所产生的收益，而非中小企业所持财产的交换价值。

另外，更广泛地，在项目融资方面，预测某一项目的收益并评估其担保价值，从而进行融资，也是非常有意思的做法。

[15] 或许有人会觉得，此种项目融资的方式与前述介绍的我妻荣教授的理论，即对企业体进行概括性担保这一方向完全一致。但我个人觉得稍有不同。

以债权的证券化为例。某一企业自身并无良好信用，但该企业在交易过程中对信用优良的相对人持有债权。如此一来，尽管该企业作为企业体整体的信用评级较低，但若考虑其对信用优良交易对象享有的债权，则其债权价值便非常之高。此时，若能从信用力较低的企业中仅切离出此种优良资产，将能以非常好的利率筹措资金。在债权的证券化中，也有出于其他目的的，但如上所述，好处之一便是可以与自己整体的信用相切割而筹措资金。

对租金债权的物上代位也可作同样考虑。在不动产无法出售的情况下，作为本体的不动产未必称得上优良资产。但是，仅将不动产上产生的租金切离出，将能因此获得价值非常高的财产。当然，抵押权本来就是以出卖被抵押不动产为前提而设定的，所以租金债权或许未必是合适的例子。但对赊销账款债权而言，正是采用了此种手法。某一企业自身的信用评级不高，但若赊销账款债权的债务人信用评级很高，则将其切割出进行担保化，便能获得价值很高的担保标的物。

项目融资也是，实践中的例子大多是几家信用评级极高的公司集合在一起，建立新的 SPC。某一企业虽然综合实力衰弱了，但其本次想要从事的业务极具前瞻性且收益也会很高，所以，若将其切割出并担保化，则将能筹措到雄厚的资金。虽然我妻荣教授认为概括化是最能提高企业担保价值的手段，能百分百实现作为担保的价值，但现在，如何切

[16] 离一定部分并创造出具有信用力的统一体，可以说是一个很大的问题。在这一点上，虽然同样都着眼于业务的收益价值，但与我妻荣教授的分

析还是有所不同的。

第二点国内动向，是包含任意出卖或私下实现[译者注]在内的简易的担保权实现制度。也是在本次的法制审议会担保执行法制部会中自一开始就被讨论的问题。换言之，现在若想公然实现抵押权，只能借助法院拍卖被抵押的不动产。但众所周知，现实中广泛采用任意出卖的方式。有学者主张创设中间性方法，即虽是私下出卖，但在某种意义上具有公然意义。换言之，创设私下实现抵押权制度，尽管仍是任意出卖，但后顺位抵押权因此消灭，或者根据情形实施分配程序。或者，也有观点认为，可以将拍卖制度变成民间委托制度[作者补注5]。

在本次修改中，对于抵押权的实现，若只根据法院鉴定所作的评估进行，将会出现各种各样严重的问题，因此法律案中所包含的此种规定被搁置。但若将目光转向海外，会发现很多国家的法律制度都允许此种私下出卖。此外，虽然后面还会提及，但在前述各种各样的国际立法提案中，对于以何种形式允许私下出卖，也规定了重要的内容。如何能确保私下出卖时价格的公正性呢？所以，在我国，对于私下实现如何进行规制，今后仍是讨论的重点。

第三点国内动向是就如何在法律上准确定位动产担保制度展开了议论。如前所述，该问题在综合规制改革会议上也有所讨论。此外，若将目光转向外国法，看一下美国等国的法律，在《美国统一商法典》第九编，就存在概括动产担保制度。主张应当制定此种制度的观点在今后也仍将持续存在。

[17]

2. 国际动向

接下来看国际动向。

国际性流变的第一点，是在前述国际统一私法协会的《移动设备国际利益公约》以及欧洲复兴开发银行的《担保交易示范法》中，关

〔译者注〕即不经民事执行程序而实现。
〔作者补注5〕法务省在2005年12月后设置了拍卖制度研究会，该研究会在2008年3月发布了报告书。

于债务人不履行债务时担保权人的权利,除规定了法院的拍卖外,还从正面允许担保权人取得担保标的物的占有并使其享有评估额,或者通过私下出卖抵充债权。这值得关注。

当然,这里还需要一些配套规定。若不能以公正的价格出卖,则将会有损债务人的利益,所以担保权人不能自由出卖,而是要规定其他配套规定,如选任银行等机构作为管理人,并使该银行负有以合理价格出卖的义务,进而使得该银行的分配程序处于法院的监督下。但不管怎样,都允许私下出卖。

这不是德国、法国、日本等大陆法系国家的创造,而是美国标准的如实体现——想要导入英美法的按揭(mortgage)相关制度框架。所谓按揭制度,近似于日本的让与担保,在此不存在"适用法院的拍卖制度是理所当然的"这一前提。

可是,虽是美国标准,但若在各种各样的国际示范法和条约中采用,难免会给日本带来巨大影响。例如,下列情形极为错综复杂。即仅在国内飞行的小飞机依《航空器抵押法》作了担保,但对于飞国际航线的飞机,却只能按照国际统一私法协会制定的《移动设备国际利益公约》作担保。前者担保权的实现是通过法院的拍卖程序,后者担保权实现时,债权人却可以任意出卖担保标的物。如此一来,飞国际航线的昂贵大型飞机,反倒是使用简易的程序实现担保权,两者之间不平衡。今后日本法该怎么办,特别是在动产担保方面,要追随国际示范法和条约吗?这将是个问题。

国际性流变的第二点是动产和债权的区别在两个侧面发生了动摇。

迄今为止,我们都是将动产和债权当作不同的事物来构建担保制度。当然,不管是动产质权也好,权利质权也罢,都是质权。虽说如此,动产质权的设定和实现与指名债权质权或权利质权的设定和实现在性质上颇为不同。但这发生了动摇。

动摇的其中一点体现是,国际债券被寄存在欧洲结算系统或世达国际结算系统等国际证券结算机构处,但投资者并不持有该债券凭证。关于国际债券的寄存,大家应该有所了解。但此时投资者享有的权利是何种权利呢?[9]

实际上,对于国内流通的债券,也会产生同样的问题。以日本的股票转账结算制度为例。在转账结算制度上,法律规定名义人对寄存的股票享有共有份额权。因此,其权利的法律性质是明确的。但若考虑不发行股票的情形,则会变得难以理解。此外,对于寄存在日本银行的转账国债,权利也不明确。

再回到欧洲债券。例如,我买了荷兰飞利浦公司的公司债券。此时,即使在欧洲结算系统的名簿上记载了我持有荷兰飞利浦公司的公司债券,当要对该权利进行担保时,标的物是荷兰飞利浦公司的公司债券,还是我对欧洲结算系统享有的某种债权呢?现在一点都不清楚。进而,在欧洲结算系统的名簿上仅记载了作为其参加者的日本大型证券公司,如果我是从小型证券公司处购买,关系就会变成三段,即我和小型证券公司、小型证券公司和大型证券公司、大型证券公司和欧洲结算系统。如此一来,我享有的权利的性质便愈发无法理解了。

与英美的法律家们讨论这一问题时,他们会露出"不知道问题设定本身"的表情。这是理所当然的,因为他们不会根据物权债权的二分法来思考,他们会觉得"有此种权利且此种权利被担保化而已。你们究竟在担心什么呢?"

虽然没有必要追随此种英美法律家的思考方式,但实践中,国际上也出现了无法根据物权债权二分法解释的权利。这一点应当注意。

动摇的第二点体现如下。在日本,就某一动产取得担保时,如对某中小企业享有的库存商品取得集合动产让与担保,一般而言,设定人出售给第三人的动产,将不再是集合动产让与担保的标的物,但若考虑此次担保及于赊销账款债权,则第一时间想到就是物上代位。进一步讲,在让与担保中,最高法院的裁判也支持物上代位(最决平成11年

[19]

---

[9] 参见森下哲朗:《国際的証券振替決済の法的課題(1)~(5完)》,载《上法》第44卷第1号~第51卷第1号(2000—2007年)。

5月17日民集53卷5号863页[作者补注6]）[译者注]。但是，物上代位的构想是，本来的标的物是动产，该动产担保权的效力也会及于买卖价款债权，而且只有满足"在交付或支付前扣押"这一条件时才"会及于"。但换一种想法，不这么做，而是某担保权的标的物最开始是动产，若该动产变成债权，则现在该担保权的标的物就变成债权。难道不能让债权直接成为担保标的吗？这种做法不是更自然顺畅吗？

[20]

现在《美国统一商法典》上的担保权就存在使这种做法成为可能的制度。此外，这一构想实际上在联合国国际贸易法委员会的《国际贸易应收账款转让公约》中也出现了。让与人回收被让与的债权时，受让人的权利及于其回收款。如此一来，债权被担保化时，回收款也被担保化。

变形物当然也是担保标的物，此种观点是传统主张［按标的物性质（如动产、债权、金钱）而切分担保制度］的反对命题。那么，今后在日本法上该如何思考呢？这是一个问题。

3. 其他重要点

至此，通过介绍国内流变和国际流变，我们可以发现，流变的方向与我妻荣教授的分析不同，也与作为大陆法系国家的我们所熟悉的传统思考方式不同。

另外还想要补充一点，即要求分别管理的各种立法对担保法的影响。金融法改革中，出台了所谓金融服务诸法，但在这些法律中，对于客户以各种形式寄存的财产，对金融业者课以妥善分别管理的义务。例如，证券公司对顾客的存款要妥善分别处置（《证券交易法》第47条第2款、《金融商品交易法》第43条之2第2款）。

〔作者补注6〕之后，对于集合动产让与担保，最决平成22年12月2日民集64卷8号1990页又支持了对损害保险金请求权行使物上代位权。

〔译者注〕关于日本的判例引用格式，例如最判昭和53年2月24日民集32卷1号98页，是指最高法院于昭和53年2月24日所宣判之判决，刊载于《最高裁判所民事判例集》第32卷第1号第98页。其中所含信息包括法院名称、裁判种类、裁判年月日以及出处。

虽然没有法律上的义务,但是,如律师协会的准则中就规定了,对于委托人寄存的诉讼费用或要清偿给相对人的金钱,律师要妥善分别管理。此外,很多保险公司的代理商也会对顾客寄存的金钱按不同的账户来保管。

然而,分别管理会产生何种效力呢？法律上既未规定,也未明确。当保管机构破产时,其破产财团中不包含分别管理金。但是否必然如此,法律并不明确。

[21]

在这一状况下,2002年出现了一个非常有意思的关于信托的判决(最判平成14年1月17日民集56卷1号20页)。

简单介绍一下案情。爱知县对某承揽业者发包了公共工程并支付了预付款。但款项在支付后就被挪用到其他工程上,最后该承揽业者还破产了,爱知县非常苦恼。此处存在法律规制,当地方公共团体预付土木工程款时,已注册的保证事业公司应当对预付款返还债务作出保证。此外,根据爱知县公共工程承揽合同条款,承揽人不得在相关工程的必要经费之外支出预付款。另外,在保证公司和承揽业者的合同中也规定了,承揽业者应当在指定金融机构处另外开设账户保管受领的预付款,若未提交能证明是出于购买公共工程必要的材料或者对分包人支付款项的材料,则不能从指定金融机构处受领任何款项。

受领预付款的承揽业者之后进行破产宣告,承揽合同被解除,产生了预付款返还债务。预付款中尚未使用的部分,如前所述,是在指定金融机构处另外开设账户保管的,但承揽业者的破产管理人主张该存款是在破产承揽业者的名下,所以该存款债权当然是应归入破产财团的财产。

案子一直打到了最高法院,最后,最高法院作出判决认定这是信托。由于存款债权是信托财产,所以不属于承揽业者的破产财团的财产。换言之,爱知县并非以自由使用的形式向承揽业者让渡金钱,而是按照一定目的,即对有关公共工程的分包支付款项或用于购买材料的目的,向承揽业者交付金钱并由其管理和处分。正因为如此,这构成(2006年修改前)《信托法》第1条规定的信托。

[22]

这是非常有意思的判决，在信托法上也有各种值得讨论的点。在与今日话题有关的方面，也有非常有趣味的点。

前面说到分别管理的法律效力并不明确。例如，委托人因解决争议的需要向律师支付了款项，律师对此分别管理的情形，会发生何种法律效力，也并不明确。那么，从前述 2002 年最高法院判决的立场来看，若进行分别管理，则会设定以律师为受托人的信托。实际上未必如此。在前述 2002 年最高法院判决的案情中，存在这一前提，即承揽业者要想从金融机构处拿到金钱，必须要提交材料证明这是出于指定目的所作的支出。在事实认定上，也认定爱知县知道这一点。是因为具备了此种形式所以被认定为信托，还是说只是因为分别管理交付的金钱并对该金钱的用途作了特别限制这一情事而认定为信托呢？这一点无从知晓。若从该前提出发，则或许可以认为律师存款时不构成信托。即使律师分别管理委托人的存款并放在不同的账户中，其也可以自由使用印章和银行卡取出该笔钱，这与前述 2002 年最高法院判决的案情具有很大不同，所以无法当然推导出这是信托。或者并非如此。对交付的金钱进行分别管理，并就该金钱的用途作出特别限制，或许便可以认定具有破产隔离的性质。那么，若如此考虑，则从国际上来看也绝非特例，英美国家已经在广泛使用此种解决方式。

[23] 这给担保带来何种影响呢？这一点在下文亦会提及，要点在于，前述 2002 年最高法院判决的案情中认定的信托发挥了担保的作用。若这不构成信托，存款债权被归入承揽业者的破产财团中，则保证公司可能得要在承揽业者的土地建筑物上取得抵押权才行。然而，若构成信托，则保证公司就不需要担心。如此一来，该判决显然也会对担保带来巨大影响。

四、长远来看的立法论

1. *不动产*

前面简要介绍了担保法的流变。接下来将基于上述介绍，讨论一下其立法的发展方向。

首先是不动产方面。

关于不动产,长远来看,仍然需要在正面妥善承认私下实现,同时对此适当加以限制。所以,此时需要或者说不得不淡化抵押权、质权和让与担保的区别,创设出以私下实现为中心的单一担保权概念。

这恐怕在我有生之年都无法实现。虽然在诸位面前这么说有点班门弄斧了,但若对担保法进行巨大的改革,将会产生极为复杂的法律状况。实际上,我个人就负有住房贷款,清偿期间在 20 年以上。如此一来,在我的土地和建筑物上,长达 20 多年的时间里都附有抵押权。在此期间,如果担保制度发生根本性的变化,则会出现"新的担保制度已经制定 15 年了,但 20 年中在该土地和建筑物上仍然附有以前根据旧法设定的抵押权"的情形。此时,如果我想要新设定后顺位担保权并进行借款,那么旧抵押权和新不动产担保权之间的关系该如何调整呢?例如,会产生这样的问题,即若后顺位担保权进行私下实现时,将会如何呢?解决这一问题的过渡规定恐怕会非常复杂。

在此,虽然很艰难,但是慢慢推进,我觉得最终还是可以求诸以私下实现为中心的单一担保制度。 [24]

2. 动产、债权

对于动产和债权,最终也应引入像《美国统一商法典》中那样的关于动产债权的单一担保权。彼时,就需要采用人的编成主义的注册制度,而非现在的物的编成主义的登记制度。并非仅仅是有登记注册制度的特殊动产才构成典型担保的对象,而是希望各种动产均可以自由设定担保权,如此一来,上述做法将是必需的。

要点在于,人的编成主义的注册簿,在某种意义上是导致登记注册制度自身混乱的要因。在现在的物的编成主义的登记制度下,以机动车注册簿为例,我的机动车是"品川〇〇〇-〇〇",对应哪个注册簿,一目了然。不动产登记制度基本也是如此。

但是,若采用人的编成主义的注册制度,各种各样的动产都可以成为注册担保权的标的，没有任何限制，则难免会招致混乱。例如，A 公司所有的动产中，"1 号仓库内的钢材"构成担保标的并记载于注册簿的情形。首先，何种动产是此处所说的"钢材"，何种动产不是，或许在某些情形中无法通过边缘案例明确作出判断。再如，在"1 号仓库至 4 号仓库内的纤维制品"的情形中何种物品符合"纤维制品"这一定义，也有不明确的时候。在这里是否要对此睁一只眼闭一只眼，是采用此种制度将面临的第一个问题点。

[25]　在日本，如果这一点没有得到妥善处理，将无法创设法律制度。然而，坦白说，美国的法律制度是有点含糊的。《美国统一商法典》在担保制度中规定了"融资声明"（financing statement）。在此，需要区分担保标的物是"全部应收账款"（all accounts receivable）还是"全部存货"（all inventory）。但是，坦白说，对于"什么是存货"的理解并不明确。那么该怎么办呢？最终要通过裁判来确定。这是事后决定，但是，也不会产生特别巨大的差异。如果存在 100 种存货时，担保权人认为这些全部都是担保标的，但法院事后判断为 0 种的情况应该不会出现。问题至多是，90%还是 80%能在性质上被认定为"存货"。如果不会产生此种巨大的差异，则事后决定即可，此种构思是否妥当呢？

或许是过于草率的说法，但美国在某种程度上采用了笼统的方法。在日本，我觉得做法上将来也需要对这些问题点睁一只眼闭一只眼。

3. 信托

谈及信托，相较于现在日本所思考的，在方向上要注意更广泛地去认定信托的存在。例如，律师破产时，委托人的预付款不会归入律师的破产财团，此种处理方式不得不被承认，且应该被承认。[10]

---

[10]　之后出现了两起重要的判决。最判平成 15 年 2 月 21 日民集 57 卷 2 号 95 页和最判平成 15 年 6 月 12 日民集 57 卷 6 号 563 页。前者认定，损害保险代理商仅将从投保人处收受的保险金以进款目的开设普通存款账户，该普通存款账户的存款债权归属于损害保险代理商而非损害保险公司。后者认定，受委托从事债务整理事务的律师因支付事务处理费用而从委托人处受领金钱，为管理该金钱以自己的名义开设银行存款账户，该存款账户相关的存款债权归属于律师而非委托人。

再以金融机构为例。国际上，日本的金融机构是与美国或英国的金融机构竞争的。然而，在美国或英国，金融机构从顾客处受领寄存的财产，若进行分别管理，则能被认为构成信托。如此一来，当英国的保险机构破产时，其中有相当大一部分本来属于信托的财产，在效果上将被认定为不归属于保险公司的破产财团。这意味着顾客，尤其是大主顾会受到保护。为了与承认此种效果的各国金融机构竞争，在日本也不得不需要广泛承认这种能够保护客户的破产隔离的做法。所以要注意的是，应当在此基础上去考虑担保制度。[26]

五、结语——伴随痛楚的改革

最后想以"伴随痛楚的改革"来结尾。

前面说到，最终不得不想出从正面妥善承认私下实现并减少法院参与的担保制度，而且这也是国际流变的方向。但此种担保制度出台之际，让与担保将会变得无意义。动产和债权方面也是如此。创设出《美国统一商法典》那样的单一担保制度时，让与担保的无效化将是不可避免的。

在《美国统一商法典》中就是这么做的，它规定：限于担保目的，未经注册，不得对抗第三人。此种制度本来就是为了整理包括让与担保等在内的各种非典型担保而产生的。[11]

然而，或许会有观点认为让与担保是很有必要的，不过在对有即时取得危险性的物进行担保时，担保权制度具备注册制度的话将会更好。此种"已有的不割舍，又考虑新创设"的想法是不行的。另外，如前所述，进行制度改革时，初期的混乱不可避免。从长远来看，这一点也需要设法想通。

进而，若抛弃让与担保并引入新的私下实现型单一担保制度，将会产生新的法律风险。这一点需要注意。[27]

---

[11] 参见大和田实：《米国における動産担保法の形成（1）、(2完)》，载《法協》第95卷第2、4号（1978年）。

证券的发起人对信托银行所作的不动产让与是真正让与还是担保目的之让与，不无疑问。如果改革担保制度，则与之相同的问题会以更严峻的形式出现。换言之，即使对于不动产，其也主张"正因为这是完全的让与，所以进行普通的所有权移转登记即可，完全有效"。与此相对，反对的一方则会主张"不是，从交易的整体架构来看，这是担保。由于是担保，所以通过所有权移转登记的方法是无效的"。即使对于动产，某人主张"因为这只是单纯的租赁，所以不需要对抗要件"，或认为"正因为是买卖，所以通过占有改定而具备对抗要件"。与此相对，会有人主张"不是的，从交易整体的架构来看，这是担保。如此一来，如果不视为担保而只是根据注册制度注册，将不能对抗第三人"。此种争议就会发生。

实际上，关于《美国统一商法典》，就某一租赁的性质是单纯的租赁还是担保，积累了大量的判决，但其标准并不明确。[12] 要同时认识到，此种新的法律风险无论如何都会产生。

最后还想再说一点作结语，即真有必要立法吗？例如，对于动产注册制度的必要性，有观点指出，为了规避即时取得的风险，该制度是必要的。但若只是出于阻却即时取得的目的，交由民间去做是否也可以呢？例如，推土机的交易中有即时取得的危险性。如此一来，经营推土机的大公司们集结在一起创设出"推土机注册制度"，大家都可以去自由检索。所以，想买二手推土机的人当然会检索该注册簿。如果没有去检索便相信对方享有所有权时，会被认定存在过失——创设出此种习惯即可。

[28]

若不立法就不可能解决问题——这实际上或许与今日所说的正好相反。但是，应当要试着去考虑不通过立法去解决现有问题。当然，这不过是弥缝的办法而已，并非真正的解决办法。只是，此种努力也是同时需要的。

---

〔12〕 参见道垣内弘人：《真性リースと担保リース》，载《筑波法政》第 11 号（1986 年）。

上述便是我极为杂驳的想法,我的发言到此结束。感谢诸位长时间的静听。

[原载于《金融法务事情》第1682号（2003年），第17页及以下]

第三节　担保客体的分解性掌握　　　　　　　　　　　　　　[29]

一、序言

接着内田教授的整体报告[译者注1]，我以"担保客体的分解性掌握"为题进行一些论述。

当然了，有两点需要事先说明。

第一，一体性掌握和分解性掌握的区别。在内田教授的报告中，他将如何分解担保客体交由我汇报。所谓如何分解，也便是以何种形式概括这一问题。另外，如何规定概括担保的组成内容，也正是分解的问题，也是角纪代惠教授报告[译者注2]的内容。在这一意义上，所谓一体性掌握与分解性掌握，属于相对关系，并非明确对立，只不过，在笼统的方向上是两种。

第二，虽说是担保价值的分解性掌握，但本日的报告限定在收益价值的掌握这一点上。到目前为止，说起担保，主要都是考虑对掌握的客体进行变价，从而从其变价款项中获得优先清偿。但现在要求优先掌握从某物或某项业务中产生的收益价值，而且也出现了这一类型担保制度的萌芽。具体而言，要考虑掌握不动产收益价值和项目融资形式业务的收益价值。因此，本次讨论分析的对象极为局限，还请谅解。

〔译者注1〕参见内田贵：《报告1 総論》，载《金融法研究》第19号（2003年），第33页及以下。

〔译者注2〕参见角纪代惠：《报告2 担保客体の一体的把握》，载《金融法研究》第19号（2003年），第48页及以下。

[30]
二、不动产收益价值的掌握

1. 租金债权的物上代位及其问题点

首先考虑不动产收益价值的掌握。

关于这一点，自不用说。迄今为止，抵押权在观念上都是充当不动产的变价价值并从中得以优先受偿的制度。对此，在1989年的最高法院判决（最判平成元年10月27日民集43卷9号1070页）以后，通过对抵押不动产租金债权物上代位这一形式，开始掌握收益价值。这一点受到瞩目。

直到现在，就应否支持对租金债权行使物上代位权我都留有疑问。但是，这与"认为掌握收益价值的要求并不妥当"是不同的问题。在一般论上，掌握不动产收益价值的担保制度的存在本身没有问题；若实务上有所需求，则有必要承认。但是，应当注意的是，如上所述，也未必要得出"在学理上也应追认与物上代位相关的现有判例法理"这一结论。以何种形式掌握不动产收益价值，应当不断努力去思考更好的制度。

对于抵押不动产租金债权物上代位相关的各判例，可以指出下列问题。

第一，租金债权这一收益价值的分配不依据担保权的顺位。当然，实际上或许不会频繁出现此种情况，但确实存在这一问题。

第二，抵押不动产所有权人已经不能再取得抵押不动产的收益价值，所以对该不动产就丧失了兴趣，如此一来，将会导致不动产的管理不充分，收益价值当然也就不能实现了。然而，若要主张抵押权人有不动产的管理权限（并非如此），则该不动产的出手将很困难。

[31]
反过来，若以抵押不动产所有权人妥善管理为前提，就会变得更加奇怪。公寓楼道的电费等，多数情形都是直接从不动产所有权人的账户中扣款。所以，与此等管理费用相对应的部分也包含在租金中时，若抵押权人连该部分都能取得，则会非常奇怪；若掌握收益价值，则实现收

益所需的费用应由抵押权人支付。这一问题也存在。

第三,不动产的抵押人只是所有权人,但却作为不动产所有权人持续负有地上工作物致害责任等。这样就无法实现"获得收益者负有责任"。此种问题也会存在。

2. 不动产收益价值担保化的各种方法

那么,既想解决这一问题,又要承认对不动产收益价值的担保制度,可以考虑以下两种方法。

第一,为了解决上述物上代位制度所带来的问题,创设出新的制度。抵押不动产的收益价值根据这一新的制度来掌握。

第二,仅为解决对抵押权人而言的问题,另行设置手段适用于此等问题具体发生的情形,而物上代位制度仍旧存续。

3. 不动产质权的活用可能性

接着讨论不动产质权的活用可能性。在1982年的私法学会研讨会上,铃木禄弥教授作过报告,但其讨论的前提是抵押权的物上代位权不及于租金债权。[13] 换言之,作为当时的评价,按照前述分类,铃木说主张为了解决上述物上代位制度的弊端创设新的制度。抵押不动产的收益价值根据这一新的制度来掌握。此即第一种方法。

[32]

若设定不动产质权,则占有移转至质权人,但质权人仍向承租人出租。由于在质权中,租赁期间产生的收益归属于质权人,所以质权人可以从收益价值中获得被担保债权的清偿。当然,在现行质权制度下,质权存续期间,尽管质权人不能主张利息,但原则上被担保债权本金也不会因为收益价值的抵充而减少。这一点上,收益价值超过利息的情形中,需要规定其应抵充本金。包含这一点在内,铃木教授认为,作为此种对不动产收益价值的担保权,要对不动产质权进行重构,需要进行几项修改,但并非根本性修改。另外,在2003年4月6日的民事诉讼法学会上,铃木教授曾提到:在讨论后述强制管理制度的引入之前,就质

---

[13] 铃木禄弥:《不動産質制度活用のための立法論》,载星野英一等:《担保法の現代的諸問題(別冊NBL No.10)》,商事法务研究会1983年版,第8页以下。

权作充分考虑较好。也就是现在的铃木说。

铃木教授的见解是使抵押权和质权在职能上有所分担，抵押权作为变价价值担保化的手段，而质权作为收益价值担保化的手段。这是非常精彩的见解。详细内容留待后述。

4. 法制审议会担保执行法制部会的中期草案大纲

[33] 接下来考虑法制审议会担保执行法制部会的中期草案大纲的立场，得出以下方案。[14] 假如 a 和 b 都采用方案 A [作者补注7]，则是采用了前述不动产收益价值担保化中的第二种方法。即"仅为解决对抵押权人而言的问题，另行设置手段适用于此等问题具体发生的情形，而物上代位制度仍旧存续"。另外，自不用说，此种观点我不敢苟同。

5. 立法论的尝试

那么，基于上述讨论，该如何思考呢？我尝试从立法论的角度展开讨论。当然，下面所说的并不是本次修改中的做法或本次修改中的应然做法，而是从更长远的视角所作的思考。

先从现行法的分析开始。

在现行法中，不动产的担保权包括质权和抵押权。在质权中，即使

---

[14] "第Ⅰ 主要关于担保法制的事项
"4. 抵押权
"（1）抵押权对不动产收益的效力等
"关于抵押权对抵押不动产收益的效力，下列各点仍须讨论。
"a. 作为抵押权实现的相关程序，设置强制管理制度，则其内容该如何规定？
"（方案 A）与民事执行法中的强制管理一样，在拍卖之外，规定抵押权人从不动产收益中享有优先受偿的程序。
"（方案 B）附随于拍卖，规定在扣押后出卖前这段时间抵押权人享有从不动产收益中优先受偿的程序。
"b. 作为抵押权实现的相关程序，设置强制管理制度，则对于基于抵押权而对租金进行物上代位的方式，是否有必要修正？
"（方案 A）承认对抵押不动产租金的物上代位，同时调整对租金的物上代位和设置强制管理的程序。
"（方案 B）对于抵押权对抵押不动产租金的效力，仅应通过强制管理来实现，不承认对租金的物上代位。
"（后注）抵押权的效力及于不动产租金，这一做法是否妥当，本身也仍须讨论。"
[作者补注7] 众所周知，在实际的修改中，a 和 b 都采用了方案 A。

债务尚未履行，质权人也可以取得收益价值，这一点和抵押权不同。但在债务履行后，担保权人可以选择收益价值或交换价值，在这一点上，质权和抵押权没有差别。感觉两项制度有点重复。对于不动产创设多项担保制度时，在性质上也可以与现代所要求的稍加区分，从而类型化。

因此，首先应考虑的是，是否有必要创设新的制度，在担保权设定的同时从收益价值中顺次回收债权？质权正是此种制度。虽说也是对租金债权行使物上代位权，但其与仅能在被担保债权的债务不履行后发动的抵押权之间存在巨大差异。

此种制度的实务必要性，日后再向诸位讨教。不过就算不考虑极端的例子，在对公寓建设进行融资中也司空见惯。或者，曾经进行的土地信托也是如此。受托人筹措建设资金，在信托期间由受托人对租赁收入进行管理并偿还。若贷款能依此回收，则不动产回归原所有权人处。 [34]

如此一来，需要对不动产质权进行修改使其成为适于此种情形的制度吗？具体而言，虽然铃木教授已经指出，但《民法》第357条和第358条需要进行修改，扣除管理费用外的多余收益应当用于抵充本金和利息。此外，《民法》第360条关于存续期间的规定，也缺乏一定的合理性。

如此，当不动产质权人成为出租人而出租不动产时，纵使租赁合同是在不动产质权设定后缔结的，在不动产被拍卖后，该租赁合同仍旧存续。换言之，应该明文规定，该租赁合同不应按短期租赁来处理，而应成为能对抗质权人和买受人的承租权。

以此为基础，进一步思考，不动产所有权人，即质权设定人可否成为承租人？确实，就动产而言，由于无须登记，质权人的占有同时也发挥一定的公示作用。但对不动产质权而言，不管怎样，作为对抗要件，登记都是必要的，公示作用是由登记发挥的。如此一来，《民法》第345条规定不允许质权设定人代理占有，在立法论上，其合理性难免会令人产生疑问。质权设定人在设定质权的同时丧失使用收益权，但可以从质权人处受有借贷。即使如此，在公示上也不存在问题。进而，该借贷是无偿的还是有偿的，都可以通过合同来约定。乍一看似乎不错。

但此时是以租金的形式来偿还贷款，因此在破产法上似乎存在问题。换言之，如果纯粹是租金，则其支付既不构成破产否认的对象，也将在破产程序开始后被另行处理。这感觉有点奇怪。至少仍不应承认债务人为承租人的制度。

[35]

与此相对，抵押权仍应纯粹化，不动产的使用收益权仍仅由设定人享有。当然，虽说如此，但债务不履行后的租金收益权如何分配则是另外的问题。因此，必须同时加以规定。

第一，明确收益价值的掌握也是在债务不履行后产生的。

第二，在收益价值的掌握上，明示担保权人要负有该不动产的管理责任。

第三，存在多个掌握收益价值的担保权人时，可按其顺位依次兑现对收益价值的担保权。

因此，正确的做法是以妥当的方式引入不动产管理制度，同时否定对租金债权的物上代位。

即使在这一点上，铃木教授也提出了非常有趣的方案，即若抵押权人申请拍卖，则赋予抵押权人与不动产质权人同样的地位。这将不动产质权作为掌握收益的担保权而合理化，且将收益掌握这一功能分配给了不动产质权。同时允许抵押权人也能在债务人的债务不履行后掌握不动产的收益价值，此种做法并无不妥。如此一来，与合理化的不动产质权的情形作同样处理。

三、项目融资

1. 从概括性企业体中切离

接下来讨论仅从概括性企业体中切离一定的业务进行担保的手法，即项目融资。当然，仅切离一定的业务进行担保的手法，不限于新设立某个项目这一种情形。为了给某企业融资，仅从有关企业中切离收益价值高的部分并进行担保，也类似。

[36]

此种不同会给授信审查程序等带来巨大的影响，但从担保的角度来看，作同样考虑较好。

关于此种以各个业务作为担保的方法，已被指出各种问题点。《工场抵押法》《企业担保法》的修改必要性也是如此。但在此首先考虑一下对某业务产生的现金流进行担保的方法。

2. 现金流担保化的各种方法

为了担保某种现金流，可以考虑多种方法。

近来受到关注的是普通存款担保化的可能性，即对债务人享有的普通存款设定质权，而该债务人从某项业务产生的全部收入都汇入相关普通存款账户的方式。说到对存款设定质权，迄今为止都是考虑仅对定期存款债权设定质权。但是，由于债务人继续营业，为了能够在平时使用该存款，又要将该存款用作担保，可以考虑对该普通存款设定质权。

在此本来就存在一个问题，即可以对普通存款债权设定质权吗？金泽地方法院昭和32年4月3日判决（下民集8卷4号683页）所持意见为：对于通常就物权对象所要求的特定性而言，在优先受偿的必要限度内坚持质权即可，即使内容存在变动亦可。简单而言，在质权实现时满足特定性即可。

可是，虽说是担保物权，但标的物在实现之前并非不受任何约束。若说到债权质权，设定人免除或放弃债权或者与其他债权相抵销的，不能对抗债权人。所以，特定性在质权实现时满足即可。

当然，即使不这么认为，最起码也应满足形式意义上的特定性。哪一债权成为质权的标的，哪一债权不能成为质权的标的，可以一一作出判断——对于此种意义上的特定性，账户账号特定即可。问题并非此种形式的特定性，而在于是否有排他性支配这一实质内容。当然，对于此种实质性排他支配可能性是否应成为物权标的的要件，有必要进行讨论。但如果完全可以自由存取，存入多少钱也完全是由设定人肆意而定，那么此种普通存款账户不能成为质权标的。在常识上，此种结论也

［37］

可得到支持[15]。

我觉得该主张没有问题。因为在实务所需的普通存款担保中，其存款的存取等会有各种各样的制约，并非完全放任自流，通常债权人的实际支配都会及于存款债权。

此外，从普通存款债权的性质出发的尝试也是可能的。森田宏树持有的意见为：存款债权并非就各个存款成立，其因个别汇款加入余额而债权暂时消灭，余额加上个别汇款后更新债务的成立原因而成立新的金钱债权。[16] 若立足于这一见解，则将对普通存款设定质权理解为对时刻发生的将来债权概括性地设定质权，由此也可推导出其可行性。换言之，若在今日某一时点设定质权，则其针对的不是现在已存的普通存款债权，而是以接下来存在某种变动且在记账时发生的将来债权（虽然其在每次变动时发生）概括性地作为质权的标的。新的债权发生时，以前的债权消灭，所以不断地就该时点的存款债权设定质权。

另外，在这一点上，也有评价说我与森田教授存在争议。但我认为两者间并不存在对立，对于我没有明确阐述的存款债权成立的相关理论，应该说森田教授作了精致的论述[作者补注8]。

[38]

因此，质权可以在普通存款债权上有效设定，本身应该是正确的。当然，也存在问题，这一点留待后述。

3. 第三人收益管理

为了担保某种现金流，还可以考虑由第三人收益管理的方法。实际上，在前述从租赁不动产收益中回收债权时，对于租金汇款，使用指定汇款的方式，并在必要时进行抵销，此种方法也可以考虑。当然，对于

---

[15] 道垣内弘人：《普通預金の担保化》，载中田裕康、道垣内弘人编：《金融取引と民法法理》，有斐阁2000年版，第43页及以下（本书边码118及以下）。

[16] 森田宏树：《普通預金の担保化・再論（上）、（下）》，载《金法》第1654、1655号（2002年）。

[作者补注8] 森田宏树教授之后发表了《普通預金の担保化・再論》，载道垣内弘人等编《信託取引と民法法理》，有斐阁2003年版，第299页及以下。在第332页注释57中，引用了我本文的主张，并作出了"实质上是改说"的评价。我本文的主张确实是暧昧的，需要进行反省。但此外，我个人认为应采用森田教授所说的"集合物"模型。

指定汇款，迄今为止已有充分的讨论，因而在此省略。在此稍微讨论一下第三方托管（escrow）。

所谓第三方托管，简单而言就是将金钱寄存给第三人，即按照事先约定的条件，将金钱交付给指定之人，由其设计某种安排，使经营中产生的收益集中到相关第三方托管账户中。具体而言，汇款地址必须为第三方托管账户，在债务人业务顺利开展的阶段，由第三方将金钱交付给债务人，使其获得经营资金，而债务人一旦陷入债务不履行状态时，第三方就将金钱交付给债权人。另一种形式，也可考虑一开始就将一定数额的金钱支付给债权人，在债务不履行后再全额给付。

第三方托管本身完全可以认为是三方合同中的委托合同。实际上，我国也已经有几家第三方托管公司了，特别是在网络交易的价款结算领域存在第三方托管。换言之，买受人向第三方支付价款，出卖人确认后发送商品，买受人受领后再由第三方将价款交付出卖人。

[39]

4. 信托的利用可能性

另外，还应当讨论一下信托的利用可能性。关于信托，首先从确认《信托法》中信托的定义开始，信托的定义比想象得更加抽象。（2006年修改前）《信托法》第1条规定："本法所称信托者，指作出财产权之移转及其他处分，使他人按一定目的管理财产或作出处分。"故而，信托的成立要件仅包括财产权移转及其他处分与使他人管理处分其财产两点。

最近，虽然有主张认为需要对此进行再讨论，但出现了支持该规定的最高法院判决——最高法院2002年1月17日判决（最判平成14年1月17日民集56卷1号20页）。本案中，爱知县向公共工程承揽业者支付的预付款，约定由承揽业者依法存到单独的账户中，且要求在支取该存款时，应当提交文件证明被支取的金钱是妥善用于其公共工程的。此时，当承揽业者破产时，该存款账户上的债权是否属于承揽业者便出现了争议。在这一案件中，最高法院认为该存款债权是以承揽业者为受托人，以爱知县为委托人兼受益人的信托财产。

爱知县也好，承揽业者也好，恐怕在纷争发生之前都没有想过他们之间的约定会是信托。即使如此,若满足要件,便成立信托。

本案中形成的法律框架——信托也是担保的一种形式。金融法委员会报告[17]中提及的信托,只是由不同的受托人成立的,基本上与该最高法院的案情相同。在此种类型的信托中,使用信托收益所得用于经营,若将因此产生的收益追加到信托中,则收益不断构成信托财产,当债务人破产时,债权人可以作为受益人而从该财产中回收债权。

5. 立法论的尝试

以上述讨论为前提,再来考虑一下立法论中的问题。

此处分为两种类型来展开讨论。

第一种情形,不管母体为何,在开始某种业务时,组建不同的公司,或者尽管是已在进行中的业务,但在融资时,为该业务组建不同的公司。例如,日本环球影城的出资者包括大阪府等各个主体,但是是不同的公司。如此,为相关业务而组建不同的公司,则担保客体的分解就是通过设立法人这一方法实现的。如此一来,之后将要求尽量完全、概括性、担保地取得该新公司的资产,这是概括性的问题。特别是会要求改良企业担保权、财团抵押制度。但要注意的是,这并非我妻荣教授在《债权在近代法中的优越地位》[译者注]一书中作为"近代法前进的道路"所展现的概括性担保手段,而是在取得概括性担保之前,先进行了分解。

第二种情形,仅切离出现金流。防备债权回收公司破产等情形中,这么做即可。

对于普通存款担保,认为其基本有效即可。但是,会有破产否认、诈害行为撤销的问题。换言之,普通存款在破产前激增的情形该如何处理呢?这实际上是在集合动产让与担保中也会存在的问题。例如,以

---

[17] 金融法委员会:《信託法に関する中間論点整理》,载《ジュリ》第1217号(2002年),第158—159页。

[译者注] 该书出版中译本。[日]我妻荣:《债权在近代湖南台上的优越地位》,王韦江译,中国大百科全书出版社。

一号仓库内的库存商品作为集合动产让与担保标的时,破产前将各个仓库的库存商品都搬到该仓库中时应如何处理?

关于这一问题,通过解释论来否认危机时期标的资产增加的行为,也并非不可能。但是,我个人希望能通过立法来解决。破产否认的情形为在危机时期以后,关于诈害行为撤销则在债务人转化为无资力以后,普通存款余额的增加部分被破产否认或被撤销。在美国法上被称为两点测试(Two-point Test),即比较危机时期以前的价值和现在的价值,仅否认增加部分。[41]

对于第三方托管,如前所述,似乎可以看作委托合同。但问题在于,若是委托,便适用《民法》第653条,当委托人破产时,即进入担保最能发挥作用的阶段,而此时委托却将终止,其将无法发挥担保之作用。在通过委托这一方法实现担保的情形中,需要在解释论或立法论上努力,使其不因委托人的破产而终止。

此外,若第三方存款规模庞大,由于是不特定多数人寄存金钱,因此需要进行相应的规制。美国加利福尼亚州有《第三方托管代理人法》(Escrow Agent Act),这是以规制为中心的法律。

进一步来讲,当第三方托管是专门从事该特别业务的公司时,相对来说破产的危险性较小,但即使如此,在第三方托管破产时,还是会出现寄存的金钱如何处理这一问题。如果完全进行破产隔离,就需要相应立法。如果不进行立法而想要实现破产隔离,就需要借助信托使第三方成为存款的受托人。这是逻辑比较顺的解释,但如此一来,对于以第三方存款为业的业者,就涉及与《信托业法》之间的关系。

在信托的认定上,如前所述,最高法院表明了忠实于(2006年修改前)《信托法》第1条文义的立场,这一点值得关注。限于接受授信的受托人并非以信托为业,不宜将其解释为以信托为业的受托方,所以不发生和《信托业法》的关系。

四、结语

最后,虽然多少有些匆忙草率,但想指出此种立法是必要的。之

[42] 后，对于实务上还需要什么样的担保制度，还会遇到哪些问题点，等等，还请多多指教。

[原载于《金融法研究》第 19 号（2003 年），第 59 页及以下]

[43] 第四节　担保的侵害

一、问题设定

被抵押的不动产因第三人的侵权行为而毁损的情形，是"担保的侵害"这一话题的典型事例。但这不过是"担保的侵害"中"第三人对被抵押的不动产的物理侵害"而已。实际上，因担保权的种类、侵害人的种类、侵害行为的样态、被害人的种类的不同，"担保的侵害"的类型也形形色色，其中呈现的问题各式各样。

在此，本应对全部类型一一进行讨论，但限于篇幅，本节仅选取其中一部分作为研究对象，即仅探讨担保物权的物理侵害，不涉及对非典型担保的侵害。另外，共同抵押权标的物的部分抛弃，以及诈害性短期租赁的设定等最近热议的问题，也不作为论述对象（这些是通过法律行为而实施侵害的）。

但是，即使对待讨论对象作了如此限定，应讨论的问题也十分庞杂。此外，对于侵害（普通）被抵押的不动产以外的情形，迄今为止几乎没有论述。因此，本节的论述也有一定价值。

下面，按照《民法》的顺序，从留置权开始论述。

二、留置权

1. 占有侵夺

在留置权人对标的物的占有被侵夺的情形中，留置权人可以通过占有回收之诉来回复占有。鉴于留置权人有占有权，此乃理所当然。

《民法》不承认基于留置权自身的物权返还请求权。"留置权,因留置权人丧失留置物之占有而消灭"(《民法》第302条),只是可以基于现实的支配事实而享有占有诉权。[18] 因此,标的物被诈取时,或者标的物落入不知侵夺事实的第三人之手时,不得请求返还(参见《民法》第200条)。此外,即使提起占有回收之诉,在实际回复占有之前的这段时间,由于留置权人丧失了作为事实的占有,所以只能认为留置权已经消灭。因此,在此期间,侵夺人为所有权人时,对于留置权人的占有回收之诉,似乎也允许作为所有权人的侵夺人基于所有权而提起返还请求的反诉或另诉。但是,构成权利滥用时,应被禁止[19]。

此外,通过侵权行为而侵夺占有的,对侵权行为请求损害赔偿也是一个问题。这与下面第二个问题"物理性毁损"一起探讨。

2. 物理性毁损

(1)(a)留置权标的物因侵权行为而毁损时该如何处理呢?此时,产生留置权人对侵权行为人的损害赔偿请求权。当侵权行为人为债务人时,侵权行为人清偿的范围仅为被担保的债务,此时损害赔偿请求缺乏意义。然而,侵权行为人并非债务人的情形,则比较复杂。下面,以标的物价值降低的金额为 α,以标的物实际担保的债权额为 β(β 不限于与被担保债权额相同。标的物的价值从一开始就低于被担保债权额时,β 为标的物的价值)为例展开分析。本部分仅讨论侵权行为人非为债务人这一情形。

(b)首先,α 的评估基准时点有待讨论。如后所述,虽然关于抵押权标的物的毁损有很多争议,但至少在侵害留置权标的物的情形中,均认为以侵害时为评估基准时点较好。因为留置权并非以实现时的优先受偿权作为本体,而是主要着眼于清偿的间接强制力,而该间接强制力在标的物毁损时被侵害。

---

[18] 参见川岛武宜:《所有権法の理論》,岩波书店1949年版,第124—125页(收录于《川岛武宜著作集第7卷》,岩波书店1981年版,第113—114页)。

[19] 道垣内(旧),第34页。

（2）下面，区分侵权行为人为标的物所有权人的情形和非为标的物所有权人的情形来思考。

[45]　　（a）侵权行为人＝标的物所有权人（且侵权行为人≠债务人）的情形

1）α小于β时，结论上似乎是：留置权人可以要求侵权行为人赔偿α，同时要求债务人清偿β-α。同时，作为侵权行为人的所有权人可对债务人请求支付α。但有以下两点需要探讨。

（i）首先，损害额可以简单地认为是α吗？因为即使担保标的物被毁损，但若债务人有充分的资力，也可以认为留置权人并未受到损害。特别是，尽管遭受毁损，但担保标的物的剩余价值大于被担保债权额时，也可以认为不存在损害。

但是，如前所述，留置权的本体是间接强制力，而非优先受偿权。不论剩余价值和被担保债权额的大小，都可以认为由于毁损，相应部分的间接强制力变弱。另外，实质上，为了不有损于所有权人并使留置权人不当得利，只要能调整金钱的流向就可以了。也就是说，即使对作为侵权行为人的标的物所有权人课以α的支付义务，但留置权人可对债务人请求的债权额减少了α相应的部分，而且只是毁损了自己所有物的所有权人也可以向债务人求偿α，如此一来，金钱的流向基本能得到妥当调整。

（ii）其次，作为侵权行为人的所有权人向留置权人支付α时，为何留置权人对债务人享有的被担保债权减少了α相应的部分呢？

这可以类推适用《民法》第422条[20]，即通过留置权来担保债务的清偿，对此等担保所作的损害构成留置权人享有的损害赔偿请求权的基础。所以，通过支付损害赔偿额α，在其限度内，侵权行为人可以代位被担保债权。因此，留置权人只能对债务人请求支付β-α，作为侵权

---

[20] 代位标的物为可分债权时，不需要"物或权利之价额之全部"这一要件。就此，参见四宫和夫：《事务管理・不当利得・不法行为下卷》，青林书院1985年版，第656页。

行为人的所有权人可以请求债务人支付α。

侵权行为人可以对债务人请求支付α。这乍一看或许很奇怪，但是在这里，侵权行为人就是标的物所有权人，所有权人毁损了自己的所有物，没有理由向他人支付损害赔偿金，所以如果不能向谁求偿的话，会有点奇怪。而且，债务人本来应支付给留置权人β，现在不过是变成了应向留置权人支付β-α，向所有权人支付α，并没有遭受不利益。虽说所有权人毁损了留置权标的物，但如果"应偿还的债务减少"这一利益由债务人享受，将会很奇怪，因此需要类推适用《民法》第422条来调整。

[46]

2) α大于β时，损害额应视为β。其余的讨论与1) 中相同。

(b) 侵权行为人≠标的物所有权人（且侵权行为人≠债务人）的情形

1) (i) 留置权人似乎可以向侵权行为人请求α或β中金额较小一方的赔偿。但鉴于留置权不是以优先受偿权为本体的权利，还谈不上留置权人在物权上掌握标的物的价值，因此，不能否定所有权人对侵权行为人享有α份额的损害赔偿请求权。假使两者的损害赔偿请求权都被肯定，则两者的权利关系就会出现问题。

如后所述，侵害对象为抵押标的物的情形中，抵押权人可以对所有权人享有的损害赔偿请求权行使物上代位权。因此，有力说认为应当否定独自的损害赔偿请求权［参见"五3(2)(b)"］。与此相对，由于不承认留置权人享有物上代位权，所以不得不承认留置权人另享有损害赔偿请求权。但是，为何不直接承认留置权人享有物上代位权呢？考虑这一点，也可以展开不同的讨论。

(ii) 作为其前提，考虑下列例子。留置权人怠于履行作为留置标的物的善良管理人的管理义务（如将标的物保管在没有锁的仓库中），导致标的物盗失，虽然随后抓到了盗窃者，但标的物已经毁损。此时，观念上，所有权人可以对留置权人主张留置权消灭（《民法》第298条第3款）（法律条文上，债务人可以请求消灭，但判例认为所有

[47]

权人也享有此种权利[21]，此外，留置权因请求而当然消灭，通说认为消灭请求权是形成权[22]）。而且，该消灭请求权是作为留置权人违反义务的效果而发生的，所以即使违反行为在现时点终止，所有权人也不丧失该请求权（参见判例[23]）。因此，若留置权人先违反善管注意义务，则在第三人作出侵权行为的时点，所有权人可以消灭留置权，进而可以对侵权行为人请求损害赔偿。

善管注意义务的违反毕竟是留置权人与债务人、所有权人的关系问题。以担保标的物放在未上锁的仓库中为例，此等情事并不是与侵权行为人产生过失相抵问题的情事。但是，这一情事也构成留置权人对侵权行为人不享有损害赔偿请求权的事由。

不承认留置权人享有物上代位权，且如前所述，留置权人在占有丧失时仅享有占有诉权，因此在标的物被诈取等情形中，不能请求返还（参见1）。这体现出留置权人权利的脆弱性，即留置权人不过是在标的物存在且占有标的物时才享有权利，而对侵权行为人没有损害赔偿请求权。这涉及留置权的性质，即使在第三人作出侵权行为以前，留置权人没有违反善管注意义务的情形，也可作同样理解。

2）对于上述见解，可能会有批判认为与（a）1）（i）的情形，即"侵权行为人＝所有权人"之时不平衡。但是，所有权人自己实施侵权行为时，所有权人请求消灭留置权将构成权利滥用。因此，即使仅在"侵权行为人＝所有权人"的情形中承认留置权人享有损害赔偿请求权，也谈不上是悖理。

[48]

三、先取特权

1. 一般先取特权

一般先取特权以担保实现时债务人的财产为标的。在担保实现之

---

[21] 最判昭和40年7月15日民集19卷5号1275页。
[22] 我妻，第45页；柚木、高木，第37页；道垣内（旧），第33页。
[23] 最判昭和38年5月31日民集17卷4号570页。

前，即使就债务人全部财产的一部分发生了占有侵夺或毁损，债权人也不会因此享有任何权利。

在第三人实施了侵权行为的情形中，债务人对有关第三人享有的损害赔偿请求权构成一般先取特权的标的，所以这一结论没有问题。在债务人自己实施侵权行为的情形中，或许会存在若干值得讨论的问题，但要点在于，一般先取特权没有限制债务人行动的权能。作为所有权人的债务人，原则上怎么对待自己的所有物都可以，一般先取特权没有理由对此加以限制。

2. 动产先取特权

（1）（a）标的物所在场所有限制的先取特权，即不动产租赁的先取特权、旅馆宿泊的先取特权、运输的先取特权，标的物借由债务人、所有权人从所在场所搬出时该如何处理呢？这本来不应作为相关先取特权的侵害行为。这些先取特权没有限制标的物处分等行为的权能，该结论从《民法》第333条可以得出。[24]

（b）没有限制标的物处分等行为的权能，对于全部动产先取特权而言是妥当的。如此一来，借由债务人、所有权人之手毁损标的物，一般不应构成对先取特权的侵害。

当然，《民法》第137条第2项将因债务人毁损导致担保财产减少的行为规定为期限利益的丧失事由，由于一般先取特权以外的先取特权符合此处所说的"担保"[25]，所以仍应理解为对先取特权的侵害行为，或者至少认为因债务人毁损而导致期限利益的丧失。但是，该条的解释恰恰需要重新讨论。例如，毁损尚未支付价款的动产时，若认为价款债务的清偿期到来，似乎违反常识。所以该条所谓"担保"应理解为不包含法定担保。[26]

[49]

---

[24] 关于《民法》第333条，不能单纯将其理解为保护交易安全的规定，参见道垣内（旧），第56页。

[25] 于保不二雄：《注释民法（4）》，有斐阁1967年版，第412页（金山正信执笔）。

[26] 此外，根据这一解释，第137条第2项与同条第3项间也合乎条理。

(2) 与此相对，因第三人的侵权行为而毁损标的物如何处理呢？若认为债务人自己毁损不构成侵权行为，则在此也应否定直接的损害赔偿请求。先取特权人不过是就债务人财产中的特定财产享有优先权而已（前提是认为特定债权人对此等财产享有优先权是妥当的）。

当然，根据《民法》第304条第1款的规定，先取特权人对债务人对侵权行为人享有的损害赔偿请求权可以行使物上代位权。如此一来，一方面否定直接的损害赔偿请求，另一方面承认通过行使物上代位权的方法来实现实质的损害赔偿请求，这可能会导致两者在评价上存在矛盾。

但是，之所以允许基于先取特权的物上代位权，是因为承认某债权人对有关损害赔偿请求权享有优先权是妥当的，即对于旨在"保护债权人通常期待"而创设的不动产租赁的先取特权、旅馆宿泊的先取特权、运输的先取特权，对损害赔偿债权这一代偿物也承认债权人享有优先权，将能保护债权人通常的期待——基于这一判断而承认物上代位权。此外，因某债权人的行为而产生财产价值的情形中，就该财产价值承认有关债权人的优先权可以实现公平。对于有着此种制度宗旨的动产买卖先取特权等，损害赔偿债权也会因相关债权人的行为（如信用买卖等）而成为债务人的财产。所以，对于该损害赔偿债权也承认有关债权人的优先权，可以实现公平。正基于此种判断而承认了物上代位权。[27]

若如此理解先取特权中的物上代位权的宗旨，则不能说否定直接的损害赔偿请求与承认在债务人享有的损害赔偿债权上行使物上代位权存在评价上的矛盾。

3. 不动产先取特权

与此相对，不动产先取特权以登记作为效力要件[28]，并因此得以公示，故而对不动产标的的出卖、附加一体物的处分等，应与抵押权的侵害作平行考虑（参见"五2"）。

对于不动产标的的毁损，与上述动产先取特权作同样理解即可，因

---

[27] 道垣内（旧），第52—53页。
[28] 参见道垣内（旧），第49页。

为承认物上代位权的宗旨是共通的。

四、质权

1. 动产质权

(1) 在质权人对标的物的占有被侵夺的情形中,其不能基于质权本身来行使物权返还请求权,而仅可以提起占有回收之诉(《民法》第353条)。因为动产质权以标的物的占有为本质要素,所以不得不认为动产质权因占有的丧失而失去效力。[29]

上述内容与留置权相同,但由于动产质权是约定担保物权,所以也会产生很大不同。即向质权人交付标的物是质权效力发生的要件(《民法》第344条),占有的丧失会使动产质权失去作为质权的效力,但即便如此,质权人与质权设定人之间仍旧存在质权合同,这一点没有变化。[30] 如此一来,当现在的占有人为设定人时,质权人可以基于质权合同对该人享有标的物交付请求权。因此,设定人诈取标的物的情形中,或者设定人从侵权行为人处承继占有时,由于现在的占有人为设定人,质权人也可请求返还标的物(由于诈取不构成侵夺,所以不能行使占有诉权)。

[51]

当然,早年的判例认为,当对交付的动产质权标的物丧失占有时,仅对抗要件消灭,质权的效力仍旧存续。[31] 从这一判例的立场来看,对于侵夺或诈取占有之人,不论其是否为设定人,动产质权人都可请求其返还占有。因为侵夺人是在具备质权对抗要件的状态下取得占有的,且相关质权的效力仍旧存续。

---

[29] 参见川岛,前注 [18],第124—125页;道垣内(旧),第68页。
[30] 道垣内(旧),第67页。
[31] 大判大正5年12月25日民录22辑2509页。相关学术观点参见林良平:《質権設定と代理占有》,载柚木馨等编:《判例演習物権法(増補版)》,有斐阁1973年版,第194页;林良平编:《注釈民法(8)》,有斐阁1965年版,第259页(石田喜久夫执笔);川井健:《担保物権法》,青林书院1975年版,第180页;槙悌次:《担保物権法》,有斐阁1981年版,第88页。但是,若如此理解,则在动产质权上将难以解释《民法》第353条的规定。

此外，若认为因占有丧失而导致质权的效力消灭，或者认为仅导致欠缺对抗要件，则债务人侵夺或诈取占有构成"债务人丧失、损伤或减少担保"时，被担保债权的期限利益丧失，债权人可请求债务人清偿被担保债权（《民法》第137条第2项）。但是，若债务人按债权人的要求重新提供担保，则不发生期限利益的丧失。

（2）（a）债务人毁损动产质权标的物时，债权人请求债务人清偿被担保债权即可（参见《民法》第137条第2项），但理论上也可以侵权行为为理由请求损害赔偿。所有权人毁损标的物时，质权人可以侵害质权的侵权行为为理由请求损害赔偿。

此时，有必要通过类推适用《民法》第422条来调整金钱的流向，这一点与留置权的情形相同［参见"二2(2)(a)1)(ii)"］。

（b）并非债务人或所有权人的第三人毁损动产质权标的物时如何处理呢？承认损害赔偿请求权是一种当然的解决路径，但同时也允许质权人对所有权人享有的损害赔偿请求权行使物上代位权，这就会产生错综复杂的问题。由于在抵押权标的物的侵害方面论述颇多，所以留待后述［参见"五3(2)"］。

2. 不动产质权

（1）债务人、所有权人、第三人从质权人处侵夺或者妨害不动产质权标的物的占有时，质权人可以基于质权自身行使物权返还请求权（《民法》第353条的反对解释）。存在对标的物的诈取时，亦同（与动产质权的区别）。此外，设定人取得占有时，质权人可基于质权设定合同请求返还标的物。[32]

（2）关于标的物的毁损，与动产质权相同。

3. 债权质权

（1）债权证书的侵害。

（a）在质权设定时向质权人交付债权证书的情形中，证书被侵害

---

[32] 道垣内（旧），第68页。

该如何处理?

首先讨论以指示债权为标的的情形。此时,债权质权的效力及于相关证书,债权质权对抗第三人的要件为以附有确定日期的证书通知债务人或者从债务人处取得承诺,因为对抗要件不会因相关证书的侵夺而丧失,所以质权人当然可以对侵害人请求损害赔偿,甚至似乎还可以基于债权质权直接行使物权请求权。[33]

但是,从物权请求权的角度考虑,在动产质权中,就连对标的物自身也都只承认占有诉权(参见《民法》第353条)。此外,如后所述,即使在作为质权标的物的债权受到侵害的场合,也难以承认物权请求权。鉴于此,对于证书,若承认基于质权本身的物权请求权,恐将有失均衡。个人认为,只要赋予其准同于动产质权标的物的保护就够了[34]。

从此种逻辑来看,当债权的载体是有价证券而该有价证券成为质权标的时,对于相关证券本身,也同样仅赋予其准同于动产质权标的物的保护。

[53]

(b)与此相对,承认损害赔偿请求似乎没有问题,但哪些情形可以被评价为损害,并不明确。因为一般而言,即使证书从质权人的占有中脱离,质权的效力也不会受到影响。[35] 按道理来讲,由于没有证书,要想证明自己的权利需要支付额外的费用,该等费用实际上难以计算。但是,当债权的载体是有价证券而该有价证券成为标的时,丧失对该有价证券占有的质权人可以申请公示催告程序[36],为此所支付的费用当然属于损害赔偿的对象。

此外,在证书的占有回归设定人且证书没有灭失的情形,质权人也可基于质权设定合同请求其返还。而且,依据判例法理,有价证券的公

---

[33] 我妻,第192、196页。
[34] 道垣内(旧),第87页。
[35] 我妻,第193页。
[36] 关于股票的质权人,参见铃木竹雄、竹内昭夫:《会社法(新版)》,有斐阁1987年版,第125页。关于票据和支票,也作同样理解。

示催告程序不仅可以由质权人申请，还可以由质权设定人申请。[37] 质权设定人取得新的有价证券时，质权人可以基于质权设定合同请求其交付。

（2）对标的债权的侵害。

（a）金钱债权为标的债权的情形。

有观点认为，即使在质权的标的债权被侵害时，债权人也"可以请求排除妨害及损害赔偿"[38]。但是，在侵害金钱债权时，何种情形下可以行使排除妨害请求权，并不清楚。而且，对于侵害债权的情形，理论上也难以承认基于质权行使物权请求权，因为本来债权人自己就没有此种权利。[39]

[54]　与此相对，损害赔偿请求在理论上就不存在问题。作为设定人侵害债权的具体情形，论述如下："债权质权设定人即使作出行为变更或消灭其质押的债权，也不能对抗质权人，（但）……在债权质权设定行为具备对抗要件之前，此种行为仍然具有效力，此时质权设定人应承担灭失毁损质物的责任"[40]。与此相对，所谓第三人侵害金钱债权，其内涵究竟是什么，并不十分明确。减少责任财产的行为会是问题，但一般可用诈害行为撤销权来处理，要尽量限缩地理解侵害标的债权的情形。[41]

（b）不动产承租权为标的债权的情形等。

1）此种情形也要作深入探讨。此时本来关于质权如何设定的争议就会带来影响。即早年的判例认为承租的不动产并非标的物，所以不需要将其占有移转至质权人。[42] 但在学说上，也有有力说认为需要将标的物的用益移转至质权人。[43]

---

[37]　最判昭和43年5月28日民集22卷5号1125页。虽是关于股票质权设定人的判例，但对于票据和支票，也作同样理解。
[38]　我妻，第196页。
[39]　道垣内（旧），第87页。
[40]　我妻，第196页。
[41]　参见吉田邦彦：《債権侵害論再考》，有斐阁1991年版，第672页。
[42]　大判昭和9年3月31日新闻3685号7页。
[43]　我妻，第184页；道垣内（旧），第83页。

2）采前说时，对于侵害标的债权的情形，最先想到的是在质权具备对抗要件之前解除租赁合同或转租。此时，侵害行为人原则上是设定人，即使其并非债务人，也可因违反设定合同的约定而被要求赔偿损失。

其次想到的是租赁不动产的毁损。此时的损害是丧失了作为担保标的的该不动产的承租权，并非租赁不动产的价格本身。本来设定人享有的不过是承租权而已。对于损害评估时点、对设定人享有的损害赔偿请求权的物上代位之间的关系等问题点，与侵害抵押权标的物的情形共通，因此留待后述（参见"五 3"）。

3）采后说时，通过占有侵夺等方式来妨碍用益也是问题。此时，乍一看似乎与不动产质权中的占有侵夺等情形相同。但是，在不动产质权中，质权人直接对该不动产享有物权。与此相对，在债权质权中，质权人不过是对该不动产的用益权享有物权而已。在前者中，对于标的不动产，可直接适用基于质权的物权请求权。但是，在后者中，质权人所享有权利范围的最大限度受限于设定人对来自第三人的侵害所享有的权利（并非代位行使，质权人物权性地掌握设定人享有的权利）。因此，若承认设定人基于承租权的妨害排除请求，则债权人可同样请求排除妨害。若只承认设定人的占有诉权，则质权人的权利限定于占有诉权。

进而，对于设定人的侵害，质权人可以违反质权设定合同为由请求损害赔偿，或者请求使其基于相关合同而用益不动产（不动产的返还）。而且，对于所有权人或第三人的侵害，质权人可通过代位行使设定人享有的合同上请求权（不动产返还请求权）而请求返还不动产。

五、抵押权

1. 通常使用

抵押权的特性在于，虽然设定了抵押权，但被抵押的不动产的所有权人仍可以继续使用该不动产。因此，对于被抵押的不动产的通常使用、收益,即使其使得该不动产的价值减损,也不会被评价为对抵押权的侵害。[44] 此种通常的使用,不限于对继续居住的被抵押房屋造成了某种程度的污损,还包括在通常范围内采伐被抵押山林的树木等,即也可以包括处分。

2. 超出附加一体物的通常使用范围的处分——可否主张物权返还请求权

那么,就抵押权效力所及的附加一体物而言,超出其通常使用范围而处分时将作何处理呢?应区分以下情形来考虑。

(1) 分离物尚未从被抵押的不动产中搬走的情形。

[56]　　(a) 例如,就作为抵押权标的物的山林而言,即使其树木被所有权人或第三人采伐,但其尚未从该不动产(即山林)中搬走时,仍处于"抵押权的效力及于树木"的状态。对此并无异议。但其理论构造在法律上仍然不清晰,存在以下两种解释。

一种解释是,就抵押不动产之分离物而言,尽管其所有权已经移转至第三人,但若其仍附加于该不动产之上,则属于《民法》第370条规定的附加一体物[45]。对于该解释,恐有批判认为其不符合"附加一体物"这一用语的意义。但是,对于此种批判,如果将该条的宗旨理解为"抵押权的效力总括地及于经济上一体之物",则认为分离物属于附加一体物,反倒可以说符合该条文的宗旨。

另一种解释是,将"抵押权的效力及于分离物"这一解释与《民法》第370条的分析脱离。即该条规定抵押权的效力及于附加一体物,是因为抵押权的效力也及于抵押权设定后(及设定时)附加于该不动产之物。如此一来,该条仅是关于附加上去(或正在附加)之物的规定,对于分离之物,应认为欠缺明文规定。因此,需要回到一般法理来考察。如果将某物作为抵押权效力所及之物来掌握,则在其他第三人取得优越于该抵押权(或者可以否定该抵押权)的权利之前,应

---

[44]　我妻,第383页;道垣内(旧),第148页。
[45]　川井,前注[31],第53页;道垣内(旧),第113—114页。

认为该抵押权的效力仍持续及于该物。因此，若该客体位于被抵押的不动产上，则在公示层面上也不缺乏公示，抵押权之前既已具备对抗要件的状态仍旧存续。

这是应当进一步考虑的论点。[46]

（b）但是，受有处分行为的第三人可以就相关采伐树木即时取得没有抵押权负担的所有权（《民法》第192条）。此时，即使相关第三人大概知道抵押权的效力及于相关采伐树木，对自己所作的处分行为虽然超出了该标的物的通常使用范围，当其就此善意无过失时亦可即时取得该（分离物）的所有权。[47] 当然，相关采伐树木仍在该被抵押的不动产上时，相关第三人至多是通过占有改定的方式受有交付。那么，作为即时取得要件的占有取得能否通过占有改定来完成交付，则又会产生问题。判例对此持否定态度（最判昭和35年2月11日民集14卷2号168页）。

（2）分离物已从被抵押的不动产中搬走的情形。

（a）作为附加物的树木，当其被不动产所有权人或受有处分行为的第三人从被抵押的不动产中搬走时该如何处理呢？包括结论在内，学说上存在颇为严峻的对立。

问题点如下。即使采用（1）(a)解释中的前说时，对于已经被搬走且交付给第三人之物，认为其仍构成附加一体物将十分困难。而且，即使采后说而从一般法理进行解释，对于已搬走的被采伐树木，不得不认为其抵押权的对抗要件已经丧失。如此一来，抵押权人已不能再就该被采伐的树木行使物权请求权了。

实际上，上述解释也是强有力的（认为"不再是附加一体物"[48]，与认为"丧失了对抗要件"[49]）。但是，与此相对，若从实质

[57]

---

[46] 参见安永正昭、道垣内弘人：《民法解釈ゼミナール2 物権》，有斐阁1995年版，第108—109页（道垣内执笔）。
[47] 安永、道垣内，前注〔46〕，第109页（道垣内执笔）。
[48] 川井，前注〔31〕，第53页。
[49] 我妻，第269页。

性考虑，限于受有交付的第三人没有就该被采伐的树木即时取得无抵押权负担的所有权，则肯定抵押权人的返还请求权是妥当的。此种学说也变得有力。[50] 但是，此种最近的有力说是从实质论出发加以论证的，对如何赋予其理论构造，几乎没有什么论述。

[58]　此外，作为另一种有力说，也出现了如下主张，即若回到一般法理，由于该被采伐树木已被搬走，不得不认为其抵押权确实就此丧失对抗要件。但搬走之人为设定人时，其当然不能主张该抵押权不具备对抗要件；即使为第三人时，其也正是使抵押权丧失对抗要件之人，由于是曾受到抵押权对抗之人，所以对于该第三人，抵押权人即使在丧失抵押权对抗要件之后也可主张抵押权的效力及于相关被采伐的树木。与此相对，搬走后，在被抵押的不动产以外的地方受有处分行为之人，由于其是抵押权丧失对抗要件后出现之人，所以除该人是背信恶意人的情形外，不得以抵押权效力所及来对抗。[51]

（b）即使在肯定抵押权人的物权返还请求权时，由于抵押权人没有该被采伐树木的占有权原，所以不得请求向自己交付。原则上，只能请求向该被抵押的不动产所有权人返还。

最判昭和57年3月12日民集36卷3号349页是关于工场抵押权的判例，其认定"抵押权人可以请求将搬走的动产归还到原设置场所的工场内"。但是，当被抵押的不动产所有权人拒绝受领时，应认为抵押权人可以请求向自己交付。[52]

---

〔50〕 星野英一：《民法概論Ⅱ（合本新訂）》，良书普及会1976年版，第252页；高木多喜男：《担保物権法（新版）》，有斐阁1993年版，第126—127页。

〔51〕 安永正昭：《登記・登録による公示と動産の善意取得》，载《神戸》第42卷第1号（1992年），第105页；安永、道垣内，前注〔46〕，第111页（道垣内执笔）。此外，修正道垣内（旧），第145页的观点。

〔52〕 铃木禄弥、山野目章夫：《最近担保法判例雑考（3）》，载《判夕》第485号（1983年），第33页；大家直：《判批》，载《法協》第101卷第3号（1984年），第501页认为若作出标的不动产所有权人也是被告的判决，则也承认执行法上的受领义务。道垣内（旧），第145页中赞成这一说法，但是我现在变更了观点。

3. 损害赔偿请求

（1）损害的评估。

（a）标的物的价值减少额（注意不是剩余价值）为 α 时，如何确定 α 存在争议。即：①抵押权被侵害的场合，无论抵押物被毁损了多少，当其现存价值大于被担保债权额时，抵押权人的利益就并未损害；②抵押权人只有到被担保债权清偿期到来才可以实现抵押权，所以损害是否发生的判断也应以该时点为基准，并在该被抵押物被拍卖时评估有无损害及其现存价值。

学说上有很多分歧。[53] 就判例而言，在大审院[译者注] 时期，对于前述观点①，裁判"抵押物价值的减损与抵押权本身的侵害并无不同，毕竟抵押权无外乎是一项价格权，即可以拍卖标的物并以拍卖款项来清偿债权清偿的权利，所以不论抵押权的价值如何减损，只要抵押权人最终在债权上完全清偿，就不存在任何损害"[54]。以此为前提，对于前述观点②，裁判"在抵押债权清偿期届满以前，该损害是否发生尚属不明。即使在清偿期届满之后，如果通过拍卖被抵押物中没有受到侵害的其余不动产可以使债权得以完全清偿，则因上述侵权行为而产生的损害归于无。故对于因此种侵权行为而产生的现实损害的赔偿范围的确定，与因侵权行为致使他人标的物灭失或毁损的情形相异，不以侵权行为发生时为标准，而应以抵押权实现时或在抵押债权清偿期届满后抵押权实现前行使赔偿请求权时为标准"[55]。

[59]

（b）就观点①而言，学说上也一致同意并以此为讨论前提。但是，这一点有待商榷。

例如，就甲不动产（价额 1 亿日元）与乙不动产（价额 1 亿日

---

[53] 学说的整理，参见加藤雅信：《担保权侵害とその救济》，载星野英一、森岛昭夫编：《现代社会と民法学の动向——加藤一郎先生古稀记念（上）》，有斐阁 1992 年版，第 70 页及以下。

[译者注] 明治 8 年设立，存续至昭和 22 年，为当时日本的最高司法机构。

[54] 大判昭和 3 年 8 月 1 日民集 7 卷 671 页。

[55] 大判昭和 7 年 5 月 27 日民集 11 卷 1289 页。

[60] 元）设定 1 亿日元被担保债权额的共同抵押权。共同抵押权的标的为复数标的[56]，但是这些标的的前提是共同抵押权人享有从任何一个复数标的物中全额回收被担保债权的权利（《民法》第 392 条第 2 款前一句）。因此，在该例中，若甲不动产受侵害价值变为零，则即使可以从乙不动产中全额回收被担保债权，仍可说抵押权人的权利受到了侵害。即，抵押权人就甲不动产实行拍卖并从其中全额回收被担保债权的权利受到了损害。

同样，以单一不动产为标的物的抵押权的权利人，也把被抵押的不动产作为不可分的一体来掌握，其享有从其中任何一部分全额回收被担保债权的权利。[57] 如此一来，假如价额 1 亿日元的被抵押不动产被毁损，仅值 7 000 万日元，即使被担保债权额不过是 5 000 万日元，也完全可以认为抵押权人受到了 3 000 万日元的损害。

如果不将损害理解为最终"不能受到优先清偿"，而是采用上述观点，则损害的评估时点为侵权行为时反而是理所当然的。

（c）因此，与关于①的一般观点不同，在 α<β 的情形中，抵押权人的损害额为 α；在 α>β 的情形中，应认为损害额为 β。[58] 且 α 的评估时点为侵权行为时。

（2）抵押权人单独的损害赔偿请求权——与物上代位权的关系。

（a）当侵权行为人为债务人时，抵押权人可以无条件地要求债务人清偿被担保债权（参见《民法》第 137 条第 2 项）。此外，并非债务人的所有权人毁损标的物时，对于按照上述标准计算的损害额，应认为抵押权人可以不等到被担保债权清偿期到来（即刻）便对该人请求损

---

[56] 参见清水诚：《共同抵当序说》，载加藤一郎、林良平编：《担保法大系 1》，金融财事情研究会 1984 年版，第 600—602 页。

[57] 参见道垣内弘人：《共有持分権者による抵当権の滌除》，载《金法》第 1258 号（1990 年），第 46 页及以下。

[58] 道垣内（旧），第 146 页变更观点。

害赔偿。[59] 如前所述，因为此刻评估的损害是在该时点（侵权行为时）发生。

此时，有必要通过类推适用《民法》第 422 条来调整金钱的流向。这与留置权的情形相同［参见"二 2（2）（a）1）（ⅱ）"］。

（b）问题在于非债务人或所有权人的第三人为侵权行为人的情形。　[61]

此时，被抵押的不动产所有权人也对相关第三人享有损害赔偿请求权。而且，承认抵押权人在该请求权上可以行使物上代位权。如此一来，若承认抵押权人单独的损害赔偿请求权，则其与物上代位权以及所有权人享有的损害赔偿请求权之间的关系将会变得错综复杂，因此也可认为仅承认抵押权人享有物上代位权较为妥当。这应该是现在的多数说。[60]

但是，与此相对，最近也有批判认为"物上代位的情形需要在支付前扣押（参见《民法》第 304 条、《民事执行法》第 193 条），在有些情形中，相较于追究侵权行为责任，反而更加繁琐复杂。多数说的解释无视这一点，且使得作为一般救济手段的侵权行为的意义丧失。在这方面也并非没有疑问"。[61]

（c）那么，该如何思考呢？

假如承认抵押权人单独的损害赔偿请求权，抵押权人从侵权行为人处受到 α 的赔偿（α<β 的情形）。此时，所有权人当然不能再对侵权行为人请求损害赔偿了。如果侵权行为人赔偿了因自己引发的 α，则就因此履行了自己的责任。这等同于抵押权人对"第三人损害赔偿请求权"这一所有权人的财产行使了优先权。通过对侵权行为人的直接请求，抵押权人与所有权人的（其他）债权人之间并非处于竞合关系，而是实

---

[59] 道垣内（旧），第 146 页中，对于是否需要被担保债权清偿期届满，并不明确，但希望本文见解能得到采纳。对指出我此前论述不明确之处的加藤（前注 [53]，第 78 页，脚注 40）表示感谢。

[60] 加藤，前注 [53]，第 75 页中整理了学说。

[61] 平井宜雄：《債権各論 II 不法行為》，弘文堂 1992 年版，第 44 页。

现了自己的利益。

那么，如此一来，在判断是否承认抵押权人单独的损害赔偿请求权时，应当将是否应承认抵押权人的此种优先权实现作为前提问题来判断。为判断这一前提问题，首先应明确为什么要承认抵押权人的物上代位权。

[62]　按照传统的通说，承认抵押权人物上代位权的理由在于，掌握标的物价值的抵押权人对其价值已具现化的代偿物（此处为对该物的损害赔偿请求权）当然也可以行使优先权。若如此理解[62]，则承认以抵押权人行使单独的损害赔偿请求权的形式来行使优先权，也没有问题。但是，若对基于抵押权的物上代位权的存在理由、存在构造采不同理解，例如认为仅当物上代位权存在对第三人的公示时才能得到承认，严格解释《民法》第 304 条第 1 款但书中 "应于支付或交付前扣押" 这一要件[63]，则不应支持不采用此种扣押公示的方法而行使优先权的做法，即不应支持直接对侵权行为人请求损害赔偿。

那么，如后者来理解物上代位权时，"物上代位的情形需要在支付前扣押（参见《民法》第 304 条、《民事执行法》第 193 条），在有些情形中，相较于追究侵权责任，反而更加繁琐复杂" 的想法反倒是当然的、妥当的。但在此想强调，其结论受到物上代位权存在理由及存在构造的争议的影响。[64]

（3）代担保请求权说。

（a）为了解决上述围绕金钱损害赔偿的争议，最近有主张认

---

[62]　我妻，第 290—291 页；柚木、高木，第 270—275 页。
[63]　道垣内（旧），第 117—121 页。
[64]　此外，若认为仅可通过行使物上代位权的方法来谋求抵押权人权利的实现，有主张认为，"所有权人没有对第三人请求损害赔偿的情形（所有权人不一定会主张权利），例如即使所有权人请求损害赔偿，若担保权人行使物上代位权，则所有权人也不能现实地取得赔偿金，所以也存在不行使权利的可能性……作为担保权人，完全就是将自己遭受的不利益拱手让出而作壁上观"（加藤，前注〔53〕，第 88 页）。但是，所有权人享有的损害赔偿请求权并非依所有权人的意思表示而发生，即便在所有权人没有对第三人请求的阶段，担保权人也可以行使物上代位权而进行扣押。

为,"受侵害的担保权人在被抵押的不动产全部损坏的情形中可以请求加害人提供与被侵害不动产相同价值的、部分损坏的情形中可以请求提供相当于价值减少部分的代担保。这最符合事态"[65],但仅适用于第三人侵害抵押权的情形。详言之则如下所示,即:

"在所有权人对担保标的物的侵害人行使损害赔偿请求权,担保权人对此行使物上代位权的情形中,不会产生其他问题",但是"考虑所有权人行使损害赔偿请求权但担保权人怠于扣押或物上代位权消灭等情形……(首先,在被担保债权履行期以前的)情形中,由于担保标的物被侵害……一方面所有权人原来的担保负担得以免除,另一方面,担保权人丧失一直以来享有的担保权。在此种权利状况的变动中,不当得利法上所称的'法律上原因'完全不存在。于此情形,对享有损害赔偿请求权的所有权人,丧失担保权之人可以将所有权人免除的担保负担作为不当得利,而请求提供代担保。……(其次)在履行期届满以后……债务人为担保标的物所有权人的情形中……除请求履行被担保债权外,无须考虑其他请求。但是……在债务人与被抵押的不动产所有权人分离的情形,担保权人……仅可就若担保权存续则本可从担保标的物中取得的金额,请求所有权人返还不当得利"[66]。

(b) 但这一观点值得商榷。

在以金钱赔偿为原则的损害赔偿制度中,在没有明文规定的情况下,能支持代担保的请求吗?这一批判是当然会考虑的。但我们暂且不谈这一批判,问题在于,所有权人不再受到担保约束的情形中,为什么要诉诸不当得利呢?所有权人免除担保的负担,并非因为从侵权行为人处受领赔偿,而是因为标的物灭失、毁损。抵押权这一物权因标的物的灭失而消灭,乃物权的通则,存在"法律上原因"。如果将其表述为无"法律上原因",则即使在因打雷而导致被抵押不动产灭失时,所有权人也将负有不当得利返还义务。而且,所有权人本身并没有因担保负担

---

[65] 加藤,前注[53],第 91 页。
[66] 加藤,前注[53],第 93—94 页。

[64] 的免除而获得利益。在观念上,仅可将从侵权行为人处受领的全额赔偿理解为得利。但若如此理解,则"将所有权人免除的担保负担作为不当得利"这一表述便不正确了。而且,由于受领赔偿是基于侵害所有权的侵权行为这一"法律上原因",所以若将其也称为不当得利,会很奇怪。如果不承认所有权人的不当得利,则最终,该说只是停留在抵押权人可以对所有权人享有的损害赔偿债权行使物上代位权或者可以直接对侵权行为人请求(提供代担保形式的)赔偿,并没有解决错综复杂的问题。

六、代结语

结论不再重复了。对于抵押权侵害以外的情形,也存在许多尚未被论述的难题。若各论能认识到这些难题的存在,则本节就算实现一大半目的了。

[原载于山田卓生主编,藤冈康宏编:《新·现代损害赔偿法講座2》,日本评论社1998年版,第285页及以下]

第一章　留置权、先取特权

[65]

[66]

第一节　建筑物建造承揽人对用地是否成立商事留置权——东京高院平成 6 年 12 月 19 日裁定（判时 1550 号 33 页）

一、问题所在

1. 关于商事留置权的成立要件，《商法》第 521 条规定了①留置标的物为债务人所有；②发生被担保债权的行为是从对债权人、债务人双方而言系商行为，且被担保债权已届清偿期；③通过与债务人间的商行为，债权人取得留置标的物的占有。商事留置权并没有像《民法》第 295 条规定的留置权那样要求被担保债权和标的物之间存在牵连关系。因此，在某用地上承揽建造建筑物而受有该用地交付之人，在尚未着手建造而承揽合同被解除时，似乎也可基于该承揽合同的债务不履行而以损害赔偿债权为被担保债权，就该用地行使留置权。

但是，第一，疑问在于，商事留置权不要求被担保债权与留置标的物之间存在牵连关系，这不存在争议，但是否也适用于不动产？第二，难点在于，若承认此种留置权，则想要就该用地取得抵押权之人，将无法在事前评估其担保价值。

2. 在此种背景下，东京高院在某一案件中曾作出裁定否定了商事留置权的成立。

二、本案案情

A 公司在自己所有的土地上为债权人 X（抗告人）设定了最高额抵押权（本案最高额抵押权）并进行了登记。之后，为了在该土地上建造建筑物，A 公司和 Y（相对人）缔结了建筑工程承揽合同，Y 着手建造该基础工程。但是，由于 A 的原因，在板桩挡土墙打设完成时，双方协商中断工程。双方确认扣除已经支付的价款后，仍剩余 8430 万日元左右未支付。

[67]

随后，X 启动了最高额抵押权的实现程序，然而 Y 向原拍卖法院呈报自己就该土地享有商事留置权。原拍卖法院认为 Y 享有商事留置权，进而以无剩余可供分配财产为理由，作出裁定撤销原拍卖程序。

对此，X 申请执行抗告，主张 Y 的留置权不成立，不应撤销拍卖程序。

接受执行抗告的东京高院进行了如下论述，并裁定撤销原裁定。

三、本裁定内容

"根据前述事实，Y 用板围把本案各土地围起来并立了牌子。即使如此，是否就能据此认为该公司就本案各土地享有占有，仍存在疑问。不仅如此，即使肯定这一点，如果没有另行约定，承揽建筑物建设工程之人使用该土地的权原，限于没有另行约定，以上述建筑工程施工所需的必要用地的使用为限，此等限定符合合同当事人间合理的意思。本案中，由于难以认定存在与之相异的另外约定，所以 Y 使用本案土地的权原也应以上述施工所需的必要用地的使用为限。在仍处于基础工程建设的中间阶段，建筑物并不存在，对于此种情形下的用地，在上述建筑工程的施工这一限定的目的内，若承认占有构成担保建筑物建设承揽价款的留置权成立的根据，则将与合同当事人通常的意思不合，偏向于保护债权人了，应当说也未必合乎公平。而且，Y 与 A 公司的建设工程承揽合同是在 X 的系争最高额抵押权设定登记后缔结的，上述占有是基于此而开始的,所以 Y 不得对 X 主张上述占有的权原。因此,在与 X 的关系上,上述占有应理解为不法占有。所以,从这一点来看,在本案拍卖程序中,也应认为 Y 不得主张商事留置权。

"如此一来,原裁定认为 Y 就本案各土地享有商事留置权且无剩余可供分配财产,并不妥当。若不支持商事留置权的主张,则显然不能说没有产生剩余可供分配财产。[68]

"因此,如主文所述,裁定撤销原拍卖程序的原裁定。"

四、论及的问题

1. 对于本裁定涉及的问题点,已有多篇优秀的文章论及。

首先,河野玄逸律师在对本案的批评[1]中详细阐述了本裁定逻辑上的矛盾。即:

第一,本裁定认为,作为承揽合同当事人的意思,承揽人的用地占有权限限定于建筑工程施工所必要的使用,若认为此种限定权限的占有构成商事留置权成立要件的占有,则将与合同当事人的意思不合,欠缺实质公平。[2] 但若如此理解,则商事留置权仅在明确认可债权人为行使留置权而占有之时才能成立。而且,根据这一逻辑,例如,机器的修理业者在相关机械的修理目的之外,为确保其他修理价款的清偿而留置该机器的,也会构成违法。这显然非常奇怪。

第二,本裁定认为,"Y 与 A 公司的建设工程承揽合同是在 X 的系争最高额抵押权设定登记后缔结的,上述占有是基于此而开始的,所以 Y 不得对 X 主张上述占有的权原。因此,在与 X 的关系上,上述占有应理解为是不法占有"。但是,在与 X 的关系上,Y 正是基于留置权主张占有权原,"因为没有占有权原所以没有留置权"这一说法颠倒了逻辑。在这一点上显然也存在逻辑上的破绽。

---

〔1〕 河野玄逸:《判批》,载《銀法》第 515 号(1996 年),第 38 页。
〔2〕 这是栗田哲男教授所主张的。栗田哲男:《建築請負における建物所有権の帰属をめぐる問題点》,载《金法》第 1333 号(1992 年),第 12 页。

[69]　2. 然而，学说上使用了与本裁定相异的逻辑，却推导出了相同的结论（即否定商事留置权的成立）。即：

一种解释认为，问题在于留置权与抵押权间的优先劣后关系，"对于在留置权成立（留置权人占有被留置的不动产）之前已经设定并且具备对抗要件的物权人（典型如抵押权人），留置权人不得以留置权对抗。（因此，在留置权成立之前存在受有抵押权设定之人时，也不能以留置权对抗担保拍卖中的买受人。）该留置权不过是可以对抗（向其主张）债务人、留置权成立后取得物权之人（被留置的不动产的受让人或后顺位抵押权人等）以及一般债权人"。生熊长幸教授对此展开了详细的论述。[3]

但是，对先于留置权成立而具备对抗要件的抵押权的权利人进行分配后，假使还有剩余可供分配财产时，在民事执行法上也欠缺关于留置权人就该剩余财产取得分配的程序规定（参见《民事执行法》第87条第1款）。所以，最终会出现这样一个问题，即在与"能以自己的权利对抗"之人的关系上，留置权人也不能受到优先清偿。

还有一种解释认为，对于商事留置权，其标的物不包括不动产。浅生重机法官在关于本案的研究[4]中，对其理论根据进行了详细阐述，在此不再赘述。

但是，就连在债权人占有的不动产与被担保债权之间存在牵连关系时都否定成立商事留置权，而仅承认成立民事留置权的话，债权人将因债务人破产而丧失担保［1922年《破产法》第93条第2款（2004年《破产法》第66条第3款）］。不禁令人质疑此种做法。

3. 总之，目前没有找到可对上述各项研究进行补充的点。

五、未论及的点——不存在牵连关系吗？

1. 因此，在这里，尚未论及的点进行若干思考，并基于此再对本

---

〔3〕　生熊长幸：《建築請負代金債権による敷地への留置権と抵当権（下）》，载《金法》第1447号（1996年），第34页。

〔4〕　浅生重机：《判批》，载《金法》第1452号（1996年），第16页。

裁定中的争议问题进行讨论。

既存的学说都是以建筑物建设承揽人享有的债权与用地之间不存在牵连关系为前提进行论述的。但是，果真如此吗？

[70]

2. 首先就本案的案情而言，Y着手建造的工程在基础工程的阶段。作为基础工程所实施的作业是板桩挡土墙打设。根据建筑术语辞典，所谓板桩，是"U型的有接合部的钢制矢板。通过咬合住接合部并连续打入土地中，建造出有挡水性的防止土沙崩坏的墙壁"。换言之，工程是对用地所实施的。如此一来，Y享有的债权应认为与用地之间存在牵连关系。

3. 对于此等解释，或许会有反论认为，也许板桩的打设不会使得用地的客观价值增加（由于在这方面是门外汉，所以我无法完全作出判断）。或者，脱离本案案情，认为在基础工程尚未实施时便中断工程的，不存在牵连关系。

但是，考虑下述例子：

委托修理某机器，受有交付的修理业者尚未着手实施修理之前，定作人联系说停止修理，即实际上还没有修理。此时，修理业者已经采购了修理机器所需的配件，也回绝了其他的工作，因此对定作人取得了损害赔偿债权。那么，该损害赔偿债权与相关机器之间存在牵连关系吗？恐怕大家对认为存在牵连关系没有异议吧。如此一来，在尚未实施基础工程时便中断工程，建设承揽业者因此对发包人取得损害赔偿债权的，也应承认相关债权与用地之间存在牵连关系。此外，本案中，用地的价值是否因板桩的打设而客观增加，没有重要意义。

4. 如此，假如肯定建设承揽业者享有的债权与用地之间存在牵连关系，则讨论将展现出颇为不同的面貌。即迄今为止的议论都强调商事留置权不要求标的物与被担保债权之间存在牵连关系，并进而认为若基于没有牵连关系的债权而主张商事留置权则第三人（在此为抵押权人）遭受的不利益将过大。

[71]

当然，对于一般商事留置权，确实不以牵连关系为成立要件。但此处的问题是，建筑物建设承揽业者能否可就该用地行使留置权。对于该问题，应以存在牵连关系的案情来讨论。

5. 如此一来，至少成立民事留置权。而且，对于民事留置权，即使对于标的物已设立了抵押权并进行了登记，留置权仍成立，且在标的物的拍卖程序中实质性地处于最优先的地位（参见《民事执行法》第59条第4款），对此基本没有异议。[5] 如此一来，在应否一并认可商事留置权成立的判断中，实质上重要的是，在债务人的破产程序中应否承认对建筑物建设承揽业者的优先清偿这一问题。

对于其实质判断，意见存在分歧，并无决定性的意见。但是，需要强调的是，并非仅保护抵押权人的权利[6][作者补注1]。

[原载于《金融法务事情》第1460号（1996年），第55页及以下]

[72] 第二节 雇佣关系的先取特权

一、设例提示

合资公司 S 是经营纤维制品的公司，因为业绩不振，大概在 10 个月之前就无法向兼职人员、打工人员支付报酬了，同时，人才派遣公司的派遣员工、公司外合同设计师（每月支付固定顾问费，同时若设计被采用，则支付一定的购买费）的报酬，在这期间也没有支付。在此之前，S 公司发生了事故，老旧的隔板发生倒塌，致使一名员工受伤。

---

[5] 生熊，前注[3]，第34页持反对观点。

[6] 关于本案裁定的评析，有河野，前注[1]；浅生，前注[4]；秦光昭：《判批》，载《金法》第1437号（1995年），第4页；新美育文：《判批》，载《判夕》第901号（1996年），第46页；堀龙儿：《判批》，载《リマークス》第13号（1996年），第19页；中島肇：《判批》，载《判夕》第913号（1996年），第242页；栗田隆：《判批》，载《判评》第458号（《判時》第1591号）（1997年），第217页。

[作者补注1] 作为个人见解，我之后认为对于商事留置权就不动产成立的一般情形，"至少在债务人的破产程序中，应类推适用《建设机械抵押法》第15条（《航空器抵押法》第11条、《机动车抵押法》第11条），认为抵押权优先"（道垣内，第19页）。

S公司与该员工以50万日元损害赔偿金达成和解，但该损害赔偿金也没有支付。之后不久，S公司两次拒付票据，陷入破产状态。S公司对全体从业员工发出了解雇通告，同时也解除了与人才派遣公司派遣的员工和合同设计师的合同。

S公司的员工未能从S公司获得未付报酬等债权的足额支付，遂共同委托了律师，与S公司的社长等人进行交涉，但是问题并没有得到解决。S公司的员工便扣押了S公司的财产以期实现债权。听闻此事，S公司的兼职人员、打工人员、派遣员工、合同设计师也"想要一起加入"抵押的队伍。

然而，S公司总部的建筑物、用地等财产，已经为金融机构设定了抵押权，即使扣押这些财产，也不能得到充分的受偿。怎么办好呢？

二、此前状况

1. 受雇者报酬的先取特权及其问题点

公司员工的报酬是这些人赖以生活的原资，相较于其他债权，更值得保护。这一点，迄今为止都被视为理所当然。实际上，2003年修改前（本节中，下面所称"修改前"，若无特别说明，均指"2003年修改前"）《民法》第306条第2项、第308条也就"受雇者之报酬"，通过赋予其债权人一般先取特权而加以保护。但是，就该先取特权，存在下列问题。

[73]

①受雇者报酬的先取特权仅以受雇者应得的最后6个月报酬作为被担保债权，但是修改前《商法》第295条对于股份公司受雇者的先取特权没有设置此等期间限制，而且有限公司（修改前《有限公司法》第46条第2款）、相互公司（修改前《保险业法》第59条第1款）、《资产流动化法》上的特定目的公司（修改前《资产流动化法》第107条）、中间法人（修改前《中间法人法》第71条第2款）就各自的受雇者，准用修改前《商法》第295条，所以这些法人的受雇者与非法人的受雇者（家佣等）之间存在显著的不平衡。

②受雇者报酬的先取特权所担保的债权限定于"受雇者应得……报酬",但修改前《商法》第 295 条及准用该条的上述先取特权,则广泛担保"公司与受雇者间基于雇佣关系所产生之债权",和①一样,存在不平衡。

再进一步,与修改前《商法》第 295 条的先取特权相似,其还存在以下问题。

③在先取特权的实现方面,即使对于债权,也应当在申请书上载明第三债务人、债权的种类及金额,以及其他足以特定此等内容的事项(《民事执行规则》第 133 条);对于动产,债权人应当向执行官提交动产,或提交证明动产占有人承诺采取扣押措施的文书(修改前《民事执行法》第 190 条)。现实中,受雇者很少能掌握公司等的财产,该要件很难满足〔当然,在破产程序中,即使是不特定财产,未付报酬债权也被作为优先的破产债权对待(2004 年修改前《破产法》第 39 条、第 41 条)〕。

④未付报酬常常难以证明。

⑤一般先取特权劣后于个别担保权,但对处于报酬未付状态的受雇者,优质的财产大多为其他债权人设定了担保权,实际上也常常不能确保其优先受偿。

[74] ⑥基于修改前《民法》第 308 条、修改前《商法》第 295 条的先取特权,均是关于与债务人有雇佣关系之人享有的债权,但在劳动关系多样化的现在,也应将保护范围扩大到作为自己劳动的对价而持续从公司等单位处受有金钱支付的一般人。

当然,一方面主张应解决此等问题,更强地保护报酬债权等,但另一方面,例如对于①,也有观点认为股份公司受雇者的先取特权所担保的债权才应受到限制。

2. 修改前法律制度下本设例的结论

那么,在修改前的法律状况下,本设例具体会得出什么样的结论呢?

当然，S公司的债权人可以各自债务的名义扣押S公司的财产，通过拍卖来实现自己的债权。但是，处于破产状态的S公司，可以预想到会存在许多债权人。作为一般债权人，即使企图实现债权，也无法得到充分的实现，故而应当赋予其某种优先权。

因为是合资公司，所以S公司的员工不享有修改前《商法》第295条规定的先取特权，而是修改前《民法》第308条规定的受雇者报酬的先取特权问题。因此，S公司的员工享有该条规定的先取特权，但其被担保债权限定在未付报酬中最后6个月的部分。因工伤发生的损害赔偿债权也不包括在内。而且，判例（最判昭和47年9月7日民集26卷7号1314页）认为该条的"受雇者"指的是广义上的因雇佣关系而供给劳务之人，不限于劳动法上的劳动者、继续性劳务提供者，所以兼职人员、打工人员均可以就未付报酬中最后6个月的部分享有先取特权。进而，由于员工被全体解雇，伴随之，其中也会有享有退职金请求权之人。但是，判例（最判昭和44年9月2日民集23卷9号1641页）将该条先取特权的被担保债权总额限定在最后6个月部分的报酬相当额。因此，超过6个月部分的未付报酬及退职金债权概不包含在先取特权所担保的债权中。

与此相对，人才派遣公司的派遣员工与人才派遣公司间有雇佣关系，只能请求该公司支付报酬，而不能向S公司作出其他请求（不能考虑其他途径吗？留待后述）。此外，公司外的合同设计师也并非与S公司有雇佣关系之人，所以不享有该条规定的先取特权。

[75]

但是，S公司总部的建筑物、用地等财产为金融机构设定了抵押权。当作出此等抵押权的设定登记时，若员工等人享有的先取特权未在此之前进行登记（而且，难以认为受雇者报酬的先取特权先于抵押权作出登记），则抵押权优先于先取特权。因此，员工们应当调查S公司财产中没有成为抵押权等担保权标的物之财产，但如前所述，这颇为困难。此外，对动产实现先取特权时，存在1中所述的③的问题。除此之外，对债权或不动产实现抵押权时，应提交"证明相关先取特权存在的文书"

(《民事执行法》第181条第1款第4项、第193条第1款),为此应当证明自己享有未付的报酬债权,但这常常也是困难的(1中所述的④的问题)。

所以,在修改前的法律制度下,只有部分人能在限定的范围内享有先取特权,而且其实现颇为困难。

三、2003年担保执行法制修改的讨论

1. 法制审议会以前

在法制审议会讨论开始很早之前,特别是对于"二 1"中所说的问题①和②,学术上存在很多讨论。[7] 2000年12月13日,原劳动省召开的"劳动债权保护研究会"发布了报告书,认为"对于享有一般先取特权的劳动债权的范围,民法和商法等应实现同一化",并且为了强化对劳动债权的保护,应提升其相对于其他担保权的顺位。当然,应将顺位提升到哪一级,以及此时如何确定被担保债权的范围,仍需要讨论。

2. 法制审议会担保执行法制部会中的讨论

在法制审议会担保执行法制部会中,提出并广泛讨论了"二 1"中所述的①至⑥的问题。其中,对于消解①和②的问题,将《民法》第308条先取特权所担保的债权变得和修改前《商法》第295条的规定一样,基本没有异议(当然,在对中期草案大纲公开征求的意见中,也有意见认为不当侵害一般债权人而赋予高额退职金债权以先取特权并不妥当,但仅占少数)。但是,对于问题⑥,即修改前《商法》第295条将被担保债权规定为"公司与受雇者间基于雇佣关系所产生之债权",从劳动关系多样化的现代社会来看,过于狭窄了。那么,如何对此重新进行定义,没有得出结论。在结果上,最终采用了"报酬及基于债务人与受雇者间雇佣关系所生之债权"这一与修改前《商法》第

---

[7] 小西康之:《企业倒产と劳働债权の确保》,载《法论》第73卷4、5号(2001年),第299页及以下中对讨论进行了整理。

295 条同样的表述，而没有将修改前《商法》第 295 条的范围作进一步扩大。

如此，受雇者基于雇佣关系取得的全部债权不再受期间限制，都根据修改后的《民法》第 308 条规定的先取特权而受到保护。修改前《商法》第 295 条以及准用此的诸法的诸条文被删除。换言之，例如，对于股份公司员工的未付报酬债权，今后也不再根据《商法》，而仅基于《民法》第 308 条依一般先取特权而受到保护。

对于问题③，通过将"提交文书证明享有一般先取特权的债权人"（《民事执行法》第 197 条第 2 款）列为财产开示程序的申请权人，一定程度上能够予以解决。[8] 当然，也有异议认为，即使对于拥有债务名义[译者注]的债权人，也不承认其中一部分人享有财产开示的申请权（参见《民事执行法》第 197 条第 1 款），相比之下，却承认没有债务名义的一般先取特权人享有财产开示程序的申请权。[9]

对于问题④，在审议过程中，也有提案主张引入公权性的未付证明制度等。[10] 实际上，也不指望公权机构能正确掌握未支付报酬的事实，若在该程序中要求严格证明，则结论是一样的。而且，也有观点认为，在实务中，相较以前，在证明基准的执行上已经比较宽松。[11] 所以，没有进行特别的修改。

对于问题⑤也如此。例如，即使在一定范围内承认未付报酬债权优先于不动产抵押权的效力，也极有可能给金融整体带来影响，所以暂且没有作修改。但是，2002 年 9 月 27 日法制审议会整理的《破产法等の

---

[8] 例如，参见道垣内弘人等：《新しい担保・执行制度（补订版）》，有斐阁 2004 年版，第 140 页（山本和彦执笔）。

[译者注] 借由国家强制力而实现的，确定表示请求权存在及范围的公权文书、可强制执行的文书等。

[9] 参见道垣内弘人等，前注[8]，第 146—147 页（山本执笔）。

[10] 这也是 1979 年《民事执行法》制定过程中的问题。参见宇佐见隆男等：《民事执行セミナー》，有斐阁 1981 年版，第 59—60 页。

[11] 例如，《労働债権の保护に関する研究会报告书》，载《劳旬》第 1503 号（2000 年），第 70 页。

見直しに関する要綱（案）》持有的立场是，破产宣告前一定期间内发生的报酬债权为财团债权[12]〔作者补注2〕。

四、设例的具体讨论

1. 先取特权人的范围与被担保债权的范围

与"二 2"中讨论的此前状况相异，首先，作为合资公司的 S 公司的员工、兼职人员、打工人员都可就未付报酬的全额对 S 公司的财产行使一般先取特权，不存在最后 6 个月部分的报酬债权这一限制。S 公司那位受伤的员工对 S 公司享有的损害赔偿金请求权（50 万日元）也能构成"基于雇佣关系所产生之债权"，属于上述一般先取特权。所担保的债权进而，在企业劳动规则等规章中规定了退职金时，退职金债权也同样构成被担保债权。[13]

而且，只要存在雇佣关系，例如顾问律师、委托医生等，都可以成为一般先取特权人。

对此相对，派遣员工、合同设计师当然不构成一般先取特权人。因为其与债务人之间没有雇佣关系。但是，也可能存在例外。

法律上，派遣员工只对作为派遣单位的人才派遣公司享有债权。对作为实际用工单位的 S 公司享有债权的是人才派遣公司。因此，若 S 公司破产，派遣员工可以请求人才派遣公司支付报酬。但是，现实中采用的形式是：派遣员工应聘 S 公司，与 S 公司面试后开始工作，尽管在其本人的意识上是 S 公司的员工，但在法律形式上是与无充分资力的人才派遣公司缔结合同，由相关公司派遣至 S 公司。如此，在人才派遣公司实际上只具有"通道"功能时，仍有空间解释为派遣员工对 S 公司直接享有报酬债权。相关人才派遣公司是 S 公司的子公司时（资本关

---

[12] 中其草案大纲第 3 部第 2，2，载《NBL》第 766 号第 66—67 页。

〔作者补注2〕之后作为《破产法》第 149 条第 1 款而明文化。

[13] 此外，对于公司内存款及其他寄存的金钱等，参见上柳克郎等主编：《新版注释会社法（9）》，有斐阁 1988 年版，第 260—261 页（森本滋执笔）。

系），或者即便不是，但相关人才派遣公司主要是向 S 公司派遣员工，在 S 公司破产时相关人才派遣公司也将会不得已而连锁破产时（经济依存关系），也应采用上述解释。

此外，对合同设计师也可作同样解释。当禁止其向其他公司提供设计，并构建了长期的持续性设计购买关系时，未付的设计费应构成"基于雇佣关系所产生之债权"。运输公司和卡车驾驶员之间的关系，很多也都同上述情形一样。

2. 先取特权的实现

在一般先取特权的申请上，如前所述，应提交"证明相关先取特权存在的文书"。若能拿到工资总账（《劳动基准法》第 108 条）、员工名册（《劳动基准法》第 107 条）则最好，但这些都是作为债务人的雇主一方所有的，员工等人很难拿到。因此，也有提交各劳动者过去的报酬明细表、报酬汇款银行的存款折、包含报酬规定的企业劳动规则或报酬命令文书等作为证明文件的。此外，对于退职金，首先通过提交解雇通知书、退职证明书证明退职的事实，再通过提交包含退职金规定等在内的企业劳动规则的副本，对产生的退职金额进行明确。当然，何种材料构成"证明相关先取特权存在的文书"，并非明确统一的，各个法院的做法也会有所不同。

［79］

此外，这一点在众议院法务委员会的审议中也成为问题。所以委员会作出了附带决议，"劳动债权相关先取特权的实现程序因提交'证明相关先取特权存在的文书'而开始，《民事执行法》这一规定的宗旨在于不使劳动者承受过多的证据收集负担而谋求迅速的权利实现，要继续努力形成共识"。

［原载于道垣内弘人等：《新しい担保・執行制度（補訂版）》，有斐阁 2004 年版，第 19 页及以下。］

[80] 第三节　破产与动产买卖先取特权的物上代位——最高法院昭和59年2月2日第一小法庭判决（民集38卷3号431页）

一、事实概要

Y（被告、反诉原告、控诉人[译者注1]、上告人[译者注2]）在1976年5月31日以1.33亿日元的价格向诉外人A出卖了3台工作机器。同年6月10日，A以1.45亿日元的价格向诉外人B转卖了该工作机器。1977年10月3日A进行破产宣告，X（原告、反诉被告、被控诉人、被上告人）被选任为破产管理人。在该时点，上述价款债权（Y对A的债权）以及上述转卖价款债权（A对B的债权）都没有完全清偿。因此，对于上述转卖价款债权中尚未清偿的665万日元，Y申请了扣押和转付命令。该命令在1979年4月11日被送达X及B。收到该命令的B在同年8月8日以不能确切知晓债权人为理由，提存了665万日元（《民法》第494条）。

基于上述事实关系，X提起本诉，请求确认自己享有该665万日元提存金的返还请求权。Y也提起反诉主张自己才是权利人。争点在于，作为动产买卖先取特权人的Y（《民法》第311条第5项）行使物上代位权（《民法》第304条第1款）所取得的案争扣押和转付命令是否有效（若有效则Y胜诉，若无效则X胜诉）？此外，X还主张：Y对A的买卖价款债权是基于Y自身的申报而确定为一般破产债权的，应认为Y已经放弃了先取特权。

一审X胜诉（支持本诉请求，驳回反诉请求）。Y对此提起控诉，但原审仍是X胜诉。原审认为B所作的提存有效，并就本案扣押

〔译者注1〕控诉，对一审判决向二审法院所作的上诉。
〔译者注2〕上告，在民事诉讼中，原则上针对控诉审的终局判决（例外，高等法院的一审判决以及跳跃上告情形的一审判决），依一定理由提出不服所作的上诉。

和转付命令的效力进行如下论述：

《民法》第 304 条第 1 款但书的宗旨不仅是对物上代位的对象债权进行特定并禁止其处分，还将物上代位权的存在向其他债权人等第三人公示，以保证交易安全。因此，先取特权人只有在对象债权被其他人扣押或被让与或转付给其他人之前扣押对象债权，并公示其物上代位权的存在，方能以其优先权对抗此等第三人。[81]

破产宣告是就破产人的财产成立破产财团，剥夺破产人对该财产的管理处分权，并使该等权力属于作为第三人的破产财团代表机构（破产管理人），所以构成《民法》第 304 条第 1 款但书规定的"支付"。因此，先取特权人如果没有在破产宣告前扣押物上代位的对象债权，则不能主张优先权。

因此，在破产宣告后 A 所作的系争扣押和转付命令无效。

Y 对此提起上告。上告理由如下：根据作为价值权（掌握担保物的交换价值而抵充优先清偿的权利）的担保物权的性质，物上代位是当然的权利（因为掌握交换价值，所以及于作为交换价值具体化的代位物）。此外，《民法》第 304 条第 1 款但书的宗旨在于对物上代位的对象进行特定化，而非保全其他债权人或相关债权受让人的优先权。因此，扣押债权人、转付债权人或债权受让人出现后，担保权人也可主张优先权，即使在破产的情形下也无须在破产宣告前扣押相关债权。

二、判旨

撤销并改判。

"《民法》第 304 条第 1 款但书规定，先取特权人为行使物上代位权，应当在支付或交付前扣押作为物上代位对象的金钱及其他物。其宗旨在于：一方面，通过先取特权人的上述扣押，禁止第三债务人向债务人支付或交付金钱及其他物；另一方面，禁止债务人从第三债务人处收取债权或将之让与给第三人，从而保持作为物上代位标的之债权的特定性，保全物上代位权的效力，同时防止清偿标的债权的第三债务人或者受让标的债权或就标的债权取得转付命令的第三人等遭受不测的损害。所以，与第三债务人清偿或债务人将债权让与给第三人的情形不同，一般债权人只是以对债务人享有的债务名义而就标的债权取得扣押命令时，并不会因此妨害先取特权人行使物上代位权。即使在债务人受到破产宣告的裁定时，其效果的实质内容也是剥夺破产人对所有财产的管理处分权能，使其归属于破产管理人，同时禁止破产债权人个别地行使权利而已，并不因此将破产人的财产所有权让与破产财团或破产管理人，这与上述一般债权人扣押的情形没有什么区别。因此，先取特权人在债务人受到破产宣告裁定后，也可以行使物上代位权。与之相异的原判错误地适用了《民法》第304条第1款，不得不说是违法的。上述违法显然给原判决的结论带来了影响，因此上告主张有理。

"根据原审合法确定的事实关系，确认本案提存金的返还请求权由X享有的本诉请求欠缺理由（此外，X主张：在本案破产程序中，Y在本案扣押、转付命令申请前将本案先取特权的被担保债权作为一般破产债权申报，并确定为一般破产债权，所以Y放弃了本案先取特权，或者即使没有放弃，也不能再行使别除权了。但是，没有理由作如此理解），而确认上述返还请求权由Y享有的反诉请求存在理由。一审判决支持了X的上述本诉请求并驳回了Y的上述反诉请求，而原判决驳回了Y对该一审判决提起的控诉。因此，撤销上述原判决，撤销上述一审判决，同时驳回X的上述本诉请求，支持Y的上述反诉请求。"

三、解说

1. 引言

在动产的信用买卖中，出卖人向买受人交付物品后，买受人不支付价款。此时，出卖人可以采取何种手段呢？第一，提起价款支付请求诉讼，并基于获得的确定判决（债务名义）对买受人的一般财产进行强制执行（《民法》第414条、《民事执行法》第43条及以下）。第二，以买受人的价款债务不履行为理由解除买卖合同（《民法》第541

条），取回买卖物品，并就不足部分要求买受人承担损害赔偿责任（《民法》第545条）。但是，第一种方法需要颇多时间，并且即使就扣押财产的出卖价款，也只是与其他债权人之间按相同比例（或者劣后）受偿。另外，第二种方法原则上需要催告（《民法》第541条），即使当事人之间特别约定可以不经催告而解除时，事实上也需要意思表示。因此，因逃亡、转居等招致催告、意思表示的通知无法到达，或者在通知到达后立刻藏匿物品等，或多或少会妨害买受人解除的实效性[14]。而且，即使在解除后，如果出现就有关物品上的权利先具备对抗要件的第三人，则出卖人将不能再取回物品（《民法》第178条）。

因此，作为第三种方法，民法赋予出卖人以特别的先取特权，即动产买卖先取特权［《民法》第311条6项（《民法》第311条第5项）］。根据该权利，出卖人能以自己出卖的物品作为担保标的物，通过其担保权的实现而优先回收价款债权。在破产法上，赋予该权利以作为别除权的地位［1922年《破产法》第92条（2004年《破产法》第65条）］。即使买受人破产时，出卖人也能以变价买卖物品而优先实现债权回收（与此相对，在买受人破产时第一种方法显然不可能。对于第二种方法具有实效性的场景范围存在争议，但至少在买受人尚未陷入价款债务不履行便已发生破产的情形中，不能解除）[15]。

进而，在动产买卖先取特权上也承认物上代位（《民法》第304条第1款）。即，即使买卖物品已经被转卖而不在买受人手里时［此时不能对买卖物品本身行使先取特权（《民法》第333条）］，通过"在其支付或交付前扣押"买受人对转得人享有的转卖价款债权，出卖人可以从相关债权中实现价款债权的优先回收［此外，承认物上代位不限于转卖的情形（参见《民法》第304条）］。在动产被交付给最终消费者之前多次进行信用买卖的情形（例如，制造商→商社→批发商→零售商）中，该

[84]

---

〔14〕 米倉明：《所有権留保の実証的研究》，商事法務研究会1977年版，第148页。
〔15〕 对于上述内容的详细阐述，参见道垣内弘人：《買主の倒産における動産売主の保護》，有斐閣1997年版，第7—24页。

物上代位权有着特别重要的意义［与此相对，在合同解除前物品被交付给第三人时，第二种方法就显得无力（《民法》第 545 条 1 款但书）］。

那么，在出卖人扣押相关债权之前买受人破产的情形中，该权利也能有效发挥作用吗？即，在买受人受到破产宣告后，能支持出卖人扣押转卖价款债权并主张优先权吗？这是本判决处理的问题。

2. 此前的实务、下级审判例

以前，在企业等担保实务中，买受人破产的情形自不用说，即使在其他情形中，动产买卖先取特权也几乎不被使用。顺便一提，以某些形式处理动产买卖先取特权的判例，从 1902 年到 1973 年仅看到 9 件。然而，从 1974 年到本判决作出（1984 年）期间，仅处理"债务人破产中可否行使物上代位权"这一与本判决相同问题的裁判例（均是下级审），就出现了 15 件。在此种动产买卖先取特权使用增加的背景中，可以想到高价值的动产增多等原因。

在上述 15 件下级审判例中，大部分（11 件）都没有支持物上代位权的行使（东京高判昭和 49 年 7 月 18 日东高民时报 25 卷 7 号 121 页、大阪高决昭和 54 年 7 月 31 日判夕 398 号 112 页、大阪高决昭和 55 年 3 月 14 日判夕 421 号 88 页等）。但是，也有少数支持行使的判例（大阪高决昭和 54 年 7 月 27 日判时 946 号 57 页、名古屋高决昭和 56 年 8 月 4 日判夕 459 号 70 页等）[16]。应统一一下这些分化的下级审判例解释，与其中大部分的裁判例相反，本判决是最高法院首次就此作出裁判。

3. 判旨的逻辑构造

（1）判旨分为四个阶段。即，①首先，明确了《民法》第 304 条第 1 款但书"应于支付或交付前扣押"的宗旨；②根据这一宗旨，认定在一般债权人仅就物上代位的对象债权取得扣押命令的情形中，仍可行使物上代位权；③接着，通过明确破产宣告的效果，认为没有必要区

---

[16] 详细参见镰田薰等：《〈研究会〉债务者の破产宣告と动产壳买先取特権の物上代位》，载《判夕》第 529 号（1984 年），第 63—66 页。

别扣押命令和破产宣告;④在结论上,肯定破产宣告后物上代位权的行使。

对照此前的判例和学说来分析该构造。

(2)与本判决相关的最早的最高级别审判例为大判大正4年3月6日民录21辑363页。该判决认为,即使在就物上代位的对象债权取得扣押和转付命令的第三人出现后,也支持抵押权人行使物上代位权[也当然承认抵押权的物上代位(《民法》第372条)](大判大正4年6月30日民录21辑1157页同旨)。但是,学说强调交易安全和物上代位权公示的必要性并批判该判决[17]。

因此,大审院在物上代位的指导性判例大连判大正12年4月7日民集2卷209页中变更了立场。该判决的案情为,因抵押房屋被烧毁,抵押权设定人取得了保险金请求权。对于该请求权,一般债权人取得扣押和转付命令后,享有物上代位权的抵押权人又取得了扣押和转付命令。因此,两者之间的优劣发生了争议。该判决认为,在物上代位权的保全中,抵押权人自己的扣押是不可欠缺的。在抵押权人扣押之前,若其他债权人已取得了扣押和转付命令时,该债权移转至相关债权人,此时与债权让与的情形相同,抵押权人已经不能通过扣押该债权而行使物上代位权了。因此,一般债权人胜诉。

就《民法》第304条第1款但书的宗旨而言,该判决解释为(a)优先权的保全。与此相对,除(a)之外,本判决认为还可以包括(b)物上代位对象债权特定性的保持,以及(c)第三人不测损害的防止。但是,无须过于重视这一区别。理由在于,判决的结论并非从该但书的宗旨中明确推导出来的。

首先,关于(a),对谁保全?其次,关于(b),怎样会丧失特定性?再次,关于(c),这里所说的"第三人"是什么样的人?如果这些都不明确,则上述解释均不能很好地解决案件。最终,确定"在何 [86]

---

[17] 参见新田宗吉:《物上代位》,载星野英一主编:《民法講座(3)》,有斐阁1984年版,第109—110页。

种第三人出现之前可以行使物上代位权",是解决问题的关键所在。

若从此种"应保护的第三人范围如何"观点出发讨论上述大正12年判决和本判决,可以论述如下。即,大正12年判决明确了取得扣押和转付命令的第三债权人以及债权受让人(对于后者,是在傍论[译者注]中论述)是应保护的第三人。但是,对于尚未取得转付命令的扣押债权人以及破产管理人,判例尚未展现立场。虽然是傍论,但是本判决否定了对未取得转付命令的扣押债权人的保护(之后出现了否定对财产保全债权人予以保护的判例。最判昭和60年7月19日民集39卷5号1326页),进而由此类推,认定破产管理人并非应保护的第三人。即,本判决仅是对此前判例不明确的地方作了补充,并没有变更以往的判例。

(3)仔细来看,学说及下级审判例中存在各种各样的立场[18],但以下列两种见解为代表。

通说如下:担保物权是掌握标的物经济价值的权利(价值权),所以存在标的物经济价值的代偿物时,其效力也及于该代偿物。物上代位是一项理所当然的制度。因此,物上代位权无须特别公示,《民法》第304条第1款但书的宗旨仅在于保持物上代位对象的特定性。即使其他债权人扣押标的债权,即使其他债权人就标的债权取得转付命令或即使第三人受让标的债权,若特定性保持,则担保权人亦可行使物上代位权[19]。虽然这一见解并未直接论及债务人破产中物上代位权行使的可否,但考虑在第三债务人实际清偿之前,标的债权不丧失特定性,所以宗旨是支持其行使[20]。实际上,下级审判例中也有采用此说而支持行使的(名古屋高决昭和55年6月30日ジュリ737号6页)。此外,上告理由也是依据此说。

与此相对,多数下级审判例采用了下列观点:《民法》第304条第

〔译者注〕傍论:判决里法官的意见中不构成判决理由的部分。
〔18〕 详细参见生熊长幸:《判批》,载《民商》第92卷第2号(1985年),第244页。
〔19〕 我妻,第290—291页;柚木、高木,第270—275页。
〔20〕 伊藤进:《判批》,载《ジュリ》第838号(1985年),第75页。

1款但书规定的扣押具有向第三人公示物上代位权存在的意义；由于该公示，先取特权人才能以物上代位权对抗第三人。进而，由于破产管理人是第三人，所以若未在破产宣告前扣押，则先取特权人就不能再行使优先权了。

首先，讨论和通说之间的关系。

若只看"支持破产宣告后物上代位权的行使"这一结论，则本判决和通说是相同的。但是，包括本判决在内，判例的立场是在取得扣押和转付命令的第三债权人或债权受让人出现后的情形中不再支持物上代位权的行使。即保护此等第三人。在这一点上，与通说相异。那么，若以通说为前提（扣押的宗旨仅在保持对象物的特定性），必然能得出上述否定第三人保护的结论吗？并非如此。虽说是"保持特定性"，但问题可以转换为"那怎么做会丧失特定性呢"［参见"（2）"］。进而，或许也可以说，要求特定性本身就以保护一定第三人为目的。那么，要求特定性的理由是什么呢？因为如果对象物混入债务人（买受人）的一般财产中，第三人将无法知晓该财产中的哪一部分是物上代位的对象。如此一来，要求特定性正是以保护第三人为目的。——若如此考虑，则即使立于通说的前提，也仍可以将"应保护的第三人的范围为何"作为问题，进而采取此种解决方式也是可能的。即应保护的第三人中包含取得扣押和转付命令的第三债权人及债权受让人，排除仅取得扣押命令的第三债权人及破产管理人。[21]

其次，与多数下级审判例所采观点间的关系如何呢？　　　　　　　　　　［88］

即使立足下级审判例的观点，在对抗时需要扣押的第三人范围（回想《民法》177条规定的"第三人"范围的问题），即"应保护的第三人的范围为何"仍然是问题。有必要讨论破产管理人是否构成上述意义的

---

[21] 石田文次郎：《全訂担保物権法論上卷》，有斐阁1947年版，第71页，强调"物上代位是在'债务人对第三债务人享有的债权'上行使的"，并认为在债权让与的情形或发生转付命令的效力后，已不能再行使物上代位权。即使转付命令的效力发生存在争议，在仅作出扣押的阶段，也仍然可以行使物上代位权。此外，即使在债务人受到破产宣告的情形，由于相关债权是"债务人对第三债务人享有的债权"，所以也承认物上代位的行使。

第三人。那么，多数下级审判例认为破产宣告的效果近似于债权让与（参见本案原审），因而破产管理人构成第三人。但是，对于破产宣告的效果和破产管理人的法律地位，可以有种种见解，而且可以按照问题的具体场景来考虑效果和地位。[22]"破产管理人构成第三人"这一下级审的判断并非绝对的、必然的。因此，即使采取"扣押是对抗第三人的要件"这一立场也可认为"破产管理人不构成第三人"，得出与本判决相同的结论。

由上可见，不论是采用上述两种学说中的哪一种，都可以得出本判决的结论。而且，本判决采用了哪一学说，或者是否展现了其他观点，并不明确。问题的关键仍在于"破产管理人构成应保护的第三人吗"。本判决认定，和扣押债权人一样（②），破产管理人也不构成应保护的第三人（③）。

（4）判旨①至④恰好构成了起承转合，也使人觉得似乎推导出了必然的结论。但是，如上所述，判旨①是模糊不清的，判旨②及以下与其说是逻辑判断，倒不如说是价值判断。

此外，还想从法律逻辑的层面作点补充。若在某种情形下否定物上代位权的行使，其法律构造可能会是"取得扣押和转付命令构成《民法》第304条第1款但书所说的'支付'"（本案原审判决正是此种构造）。本判决肯定了物上代位权的行使，所以在这一点上当然是不明确的，但否定物上代位权行使的下级审判例也多未明确阐述其法律构造。这些判例都没有特别适用某一条文，认为第三人与物上代位权人的关系是以扣押为对抗要件的对抗问题，所以认定先具备对抗要件者胜（札幌高决昭和52年7月30日下民集28卷5~8号876页、大阪高决昭和54年7月31日前揭等多数）。但是，即使实质上作为对抗问题来考虑，也仍有必要围绕"支付"来展开法律构造。

4. 附随的问题点

（1）在结论上，本判决支持在买受人破产时行使动产买卖先取特权的

---

[22] 伊藤真：《破産管财人の法的地位》，载《法教》第43号（1984年），第24页。

物上代位权。因此,也可认为动产出卖人被赋予强有力的担保手段。但是,实际上行使物上代位权时,仍存在几个问题。首先,为了证明存在物上代位权,准备各项必要材料(《民事执行法》第193条)非常困难。最近下级审裁定的倾向认为仅将由出卖人制作的文书(如交货单)当作证明材料是不充分的。[23] 在准备必要材料期间,对于出卖人想要就转卖价款债权申请财产保全,或者申请禁止处分的权利保全,多数下级审裁定所持有的态度也是不支持此等申请。[24] 如果不允许此种财产保全或权利保全,则动产买卖先取特权的物上代位权就没有实效性。

(2)除了物上代位,动产买卖先取特权的行使方法也存在争议。[25] 该问题在本判决中完全没有涉及,但希望能尽快得到解决。因为根据本判决,物上代位权即使在买受人破产时都可以行使,但本来的先取特权在事实上却不能行使(行使方法不明确,或没有实际方法而花费过多时间)——难免会发生此种不平衡[26]。

5. 其他路径 [90]

如3中强调的,本案件解决的关键要素在于"应保护的第三人的范围为何""破产管理人构成应保护的第三人吗"这一价值判断。如此一来,就应该从正面论述这一价值判断。在该判断中,首先应当讨论需要在何种程度上保护动产出卖人的价款回收,以及在与要求确保破产财团的财源分配之间,应重视哪一者?

动产买卖先取特权的立法宗旨可论述如下:存在买卖,该动产才能成为全部债权人的共同担保;如果就有关动产不承认出卖人的优先权,则"有如出卖人以自己的物品支付买受人的借款"。[27] 但是,对于

---

〔23〕 具体的裁定例,参见浦野雄幸:《民事執行関係判例回顧(昭和60年)(4完)》,载《NBL》第343号(1985年),第30页。

〔24〕 具体的裁定例,参见浦野,前注〔23〕,第27页。

〔25〕 例如,参见中泽良和:《動産の先取特権の実行と実務上の問題点》,载加藤一郎、林良平编:《担保法大系2》,金融财政事情研究会1985年版,第527页及以下。

〔26〕 鎌田等,前注〔16〕,第73页及以下。

〔27〕 法务大臣官房司法法制调查部监修:《法典調査会民事議事速記録2〔日本近代立法资料丛书(2)〕》,商事法务研究会1984年版,第474页(穗积陈重发言)。

金钱的贷款人,若不承认其享有优先权,则也可认为其"有如以自己的金钱支付借款人的借款"。而且,在要求确保破产财团的财源分配方面,也可认为若坚持要承认未公示担保权的效力,则其他债权人将遭受不测损害,当然有利于担保权人。抽象上,无法决定应重视何者。更具体地,有必要根据包括交易实态在内的多数要素的积累来判断。[28]

[91]　　这一价值判断是遗留的最大课题。本判决的妥当性也应在这一课题的讨论中明确。[29]

[原载于平井宜雄编:《民法の基本判例(别册法学教室)》,有斐阁1986年版,第84页及以下]

[92] ## 第四节　扣押与动产买卖先取特权的物上代位——最高法院昭和60年7月19日第二小法庭判决(民集39卷5号1326页)

一、事实概要

X(原告、控诉人、上告人)将焊接用材等动产出卖给A,并享有213万余日元的赊销价款债权,但A并未支付价款给X,而将用材以

---

[28]　作为尝试的一例,道垣内,前注〔15〕,第269页及以下。
[29]　关于本判决的评析,除远藤贤治:《判批》,载法曹会编:《判解民昭和59年度》,法曹会1989年版,第67页的调查官解说外,还有柳泽秀吉:《判批》,载《法时》第56卷第10号(1984年),第129页;三宅正男:《判批》,载《判评》第309号(《判时》1126号)(1984年),第199页;小林秀之:《判批》,载《ジュリ》第826号(1984年),第96页;生熊,前注〔18〕,第240页;伊藤,前注〔20〕,第74页;镰田薰:《判批》,载《法セ》第363号(1985年),第132页;川上正俊:《判批》,载《金法》第1099号(1985年),第17页;坂田宏:《判批》,载《论丛》第117卷第1号(1985年),第87页;新堂幸司等编:《新倒产法判例百选》,有斐阁1990年版,第128页(林田学执笔);竹下守夫、伊藤真编:《民事执行法判例百选》,有斐阁1994年版,第234页(加藤哲夫执笔);青山善充等编:《倒产判例百选(第3版)》,有斐阁2002年版,第132页(坂田宏执笔);青山善充等编《倒产判例百选(第4版)》,有斐阁2006年版,第110页(坂田宏执笔)。

263 万日元转卖给 B。因此，在 1982 年 3 月 10 日，X 以对 A 的赊销价款债权作为被担保债权，行使动产买卖先取特权的物上代位权，扣押了 A 对 B 享有的转卖价款债权，并得到了转付命令。此命令于翌日送达至 B。

然而，在这之前的同年 3 月 4 日，A 的债权人 Y_1、Y_2（被告、被控诉人、被上告人）以各自的债权作为被保全债权，就本案转卖价款债权取得财产保全命令。其命令分别在各自同日及翌日送达至 B。

因此，由于存在扣押的竞合，B 提存了本案转卖价款债权。执行法院就本案提存金按 X、Y_1、Y_2 的各债权份额制作了分配表。即，X 取得的转付命令没有效力（参见《民事执行法》第 159 条第 3 款），谁也没有优先权——在此种解释下进行分配。

对此，X 提起分配异议之诉（《民事诉讼法》90 条），认为在一般债权人作出财产保全的阶段，并不妨害动产买卖先取特权物上代位权的行使，因而取得的转付命令有效，所以应当以自己享有优先权为前提重新制作分配表。

一、二审皆判决 X 败诉。理由如下：《民法》第 304 条第 1 款但书所谓"扣押"，是公示物上代位权的存在，应看作对抗第三人的要件。对先于此"扣押"而作出财产保全或扣押的第三人，没有进行过公示，因而不能对抗该第三人。因此，同但书所谓"支付或交付"中，应理解为也包含一般债权人的财产保全，应认为 X 已不能再行使物上代位权。

因此，X 提出上告，主张先取特权没有公示，因而关于物上代位权也应无须公示，而且，物上代位所作的债权扣押[译者注]，归根到底是为实现担保权的扣押，所以在民事执行法上，在后续的扣押未被排除阶段，即一般债权人作出财产保全的阶段，仍能有效行使物上代

〔译者注〕债权扣押系指债权人从债务人享有的金钱债权中回收自己债权的手段，是对债务人财产的强制执行方式之一，例如冻结债务人的银行存款债权，保全应收账款债权等。

位权。

二、判旨

撤销并改判。

"《民法》第 304 条第 1 款但书中，先取特权人为行使物上代位权，应当在支付或交付前扣押作为物上代位对象的金钱及其他物。其宗旨在于，一方面通过先取特权人的上述扣押，禁止第三债务人向债务人支付或交付金钱及其他物；另一方面，禁止债务人从第三债务人处收取债权或将之让与第三人，通过保持物上代位标的债权（'标的债权'）的特定性来保全物上代位权的效力；再者，为了防止清偿标的债权的第三债务人或受让标的债权、就标的债权取得转付命令的第三人等遭受不测损害，所以就标的债权，一般债权人只作出扣押或财产保全的执行时，不妨害之后先取特权人对标的债权行使物上代位权〔参见最高法院昭和 56 年（オ）第 927 号同 59 年 2 月 2 日第一小法庭判决·民集 38 卷 3 号 431 页〕。

"就本案视之，根据前述事实，一般债权人 Y_1 等人就本案转卖价款债权不过是进行了财产保全，所以应该说并不妨碍 X 在其后再行使物上代位权。在与之相异的原审裁判中对《民法》第 304 条第 1 款的解释存在错误。"

因此，X 的转付命令送达至 B，虽然确实是在 Y_1 等人的财产保全之后，但当 X 有优先权时，不拘于《民事执行法》第 159 条第 3 款的规定，转付命令有效。因此，分配表的内容应当变更为优先分配给 X。

三、解说

1. 在动产买卖中，出卖人交付物品给买受人后，买受人未支付价款。此时，出卖人可以基于动产买卖先取特权扣押买卖标的物，并通过变价优先回收买卖价款（《民法》第 311 条第 5 项、第 321 条）。那么，当其动产已转卖给第三人时如何？其就动产本身已不能行使先取特权（《民法》第 333 条）。但是，可以从原买受人对转得人享有的转卖价款债权中优先回收买卖价款（《民法》第 304 条第 1 款）。这就是物上代位的制度。

那么，若要在买受人享有的转卖价款债权上行使物上代位权，应具备 a"于其支付或交付前"、b"应当作出扣押"两个要件。关于 a 在何时之前可以行使、b 如何行使的问题，本判决的争议点在于 a。[30]

2. 关于 a，首先在所谓"支付或交付前"这一《民法》第 304 条文义上，若转得人实际已对原买受人完全支付价款，则物上代位权显然已经无法行使。但是，①原买受人的一般债权人作出转卖价款债权的扣押或财产保全以后如何，②扣押之后转付命令之前被取得时如何，③以转卖价款债权为标的设定质权时如何，④转卖价款债权被让与给第三人时如何，⑤原买受人受到破产程序开始裁定时如何，或者⑥就原买受人开始公司再生程序[译者注]时如何呢，每一个都是问题。

判旨中提到的最判昭和 59 年 2 月 2 日民集 38 卷 3 号 431 页[31]认定，对于动产买卖先取特权的物上代位，可以在情形⑤下行使。在其所附理由中，给出了下列变通论——与情形④不同，只是在情形①中，不妨碍物上代位权的行使。

就情形①而言，本判决对物上代位权的行使作出了肯定的判断。虽然从前述最判昭和 59 年的判决的普通论出发可以预想到其结论，但这是第一次结合具体的案件来明确。

3. 本判决的判旨涉及如何理解物上代位权的根据以及扣押所要求的理由两个问题。关于此点，以前通说和判例之间一般是对立的。

---

[30] 关于 b，参见伊藤真等编：《民事执行・保全判例百选》，有斐阁 2005 年版，案件第 96—99 号的评析。

[译者注] 公司再生程序（会社更生手续），系指对于经济上陷入窘境的股份公司，为维持其经营而实现再生。该程序基于法院的开始决定而开始，由法院选任的再生管理人负责公司的业务及财产的管理，同时制作再生计划草案。在相关人员集会中审议并决议该计划草案，经法院认可后，由再生管理人遂行该计划。

[31] 参见道垣内弘人：《判批》，载平井宜雄编：《民法の基本判例（别册法学教室）》，有斐阁 1986 年版，第 84 页及以下（本书边码 80 及以下）。

通说[32]认为,首先担保权是支配担保标的物价值的权利,因为转卖价款债权等的代位物是担保权人支配的担保物的价值的具体化,故而原担保权的效力当然及于此。但实际上代位物完全混入了债务人的一般财产,由于不知道担保权的效力及于一般财产的哪一部分,为保持特定性,因而以"扣押"为要件。根据该见解("特定性维持说"),在代位物实际混入债务人的一般财产之前,即在实际支付之前,可以行使物上代位权。因此,本判决的结论也得到肯定。在①至⑥的情形中均可以适用。

与此相对,也有观点认为,尽管担保权本来因标的物的灭失而消灭,但规定物上代位制度这一特殊规则的本旨就在于对担保权人加以特别保护。据此,由于物上代位并非当然,所以需要通过扣押的公示而向第三人保全代位物,因此若在扣押以前第三人出现,则物上代位权便不能再行使。根据该见解("优先权保全说"),即使在情形①,即本案的情形,因为作为财产保全债权人的第三人已经出现,所以不允许再行使物上代位权,本判决支持物上代位权的行使因而不妥当。另外,多数学说认为,因为关于抵押权物上代位的大连判大正12年4月7日民集2卷209页将扣押作为"保全其优先权中不可欠缺的要件",所以根据判例而采此立场。

[96]

但是,作为要求扣押的理由,本判决列举了 i)保持特定性,并因此保全物上代位权,及 ii)防止第三债务人或第三人发生不测损害两个理由。从与上述学说的关系来看,首先,本判决所谓"保全"的意义是指"防止代位物丧失特定性,从而发生不能再行使物上代位权的事态",应注意其含义与优先权保全说中所谓"保全"相异。优先权保全说中所谓"保全"倒不如说是 ii)。相反,i)正是特定性维持说所主张的。在这一意义上,关于扣押的宗旨,本判决融合了上述两种学说。

思考一下,若代位物丧失特定性,则物上代位权就无法行使,这是

---

[32] 我妻,第290—291页;柚木、高木,第270—275页。

理所当然的。扣押确实是 i) 的意思。但是，在①至⑥的情形中，代位物的特定性本身并不丧失。如此一来，区分可否行使物上代位权的关键点在于判断"要避免何人发生损害"。在这一点上，最高法院将"为了防止清偿标的债权的第三债务人或受让标的债权、就标的债权取得转付命令的第三人等遭受不测的损害"规定为"扣押"的目的，并推导出具体结论。即，在情形①，结合具体的案件明确可以行使物上代位权。同时，在情形④，判示了已不能再行使物上代位权。

4. 那么，本判决作出时，很多观点认为其展现的是一般物上代位的立场，即使在抵押权物上代位的情形亦同。然而，之后在关于抵押权的物上代位上，最高法院则认为，即使在标的债权让与后，抵押权人也可对相关债权行使物上代位权（最判平成 10 年 1 月 30 日民集 52 卷 1 号 1 页）。

问题在于如何正当化此处的差异呢？最高法院持如下理由：在先取特权中，公示不充分，就物上代位的标的债权，也不存在相关公示。与此相对，在抵押权中，"抵押权效力也及于物上代位的标的债权，这一点可以通过抵押权设定登记而得到公示"。而且，就"支付或交付前扣押"这一要件而言，相较于对第三债务人的保护，本判决提高了对标的债权的受让人等第三人的保护，但与此相对，前述最判平成 10 年 1 月 30 日民集 52 卷 1 号 1 页这一判例主要是对第三债务人的保护。

[97]

因此，本判决并非释明物上代位的一般法理，其地位是与抵押权物上代位相区别的动产买卖先取特权物上代位的判例。

进而，在本判决之后，对于情形④，即为行使动产买卖先取特权物上代位权而作出扣押之前，标的债权被让与并具备第三人对抗要件的，判例最判平成 17 年 2 月 22 日民集 59 卷 2 号 314 页认为将不能再行使物上代位权。如"3"的末尾所述，结论上是已被预想的判决。但是，该平成 17 年判决在理由中使用了这样的表述，"与抵押权相异，对于不存在公示方法的动产买卖先取特权"。其确认抵押权的物上代位与动产买卖先取特权的物上代位结论相异的根据在于担保权公示的有无[33]。

[原载于中田裕康等编:《民法判例百選 I (第 6 版)(別冊ジュリスト 195 号)》,有斐阁 2009 年版,第 166 页及以下]

---

[33] 关于本判决的评析,除石井彦寿:《判批》,载法曹会编:《判解民昭和 60 年度》,法曹会 1989 年版,第 314 页的调查官解说外,还有堀内仁:《判批》,载《手研》第 378 号(1986 年),第 52 页;鎌田薫:《判批》,载《法セ》第 375 号(1986 年),第 50 页;石川明:《判批》,载《法教》第 66 号(1986 年),笫 85 页;岩城谦二:《判批》,载《ジュリ》第 862 号(1986 年),第 64 页;住吉博:《判批》,载《民商》第 94 卷第 5 号(1986 年),第 634 页;竹下守夫:《判批》,载《判評》第 332 号(《判時》1201 号)(1986 年),第 199 页;宗天亲彦、櫻本正树:《判批》,载《法研》第 61 卷第 10 号(1988 年),第 135 页;尾崎三芳、谷口知平等编:《新演習民法破棄判例——総則・物権》,法律文化社 1989 年版,第 141 页;和田吉弘:《判批》,载《法協》第 107 卷第 1 号(1990 年),第 150 页;大西武士《判例金融取引法(上)》,ビジネス教育出版社 1990 年版,第 519 页;远藤浩等编:《供託先例判例百選》,有斐阁 1990 年版,第 112 页(住吉博执笔);竹下守夫、伊藤真编:《民事執行法判例百選》,有斐阁 1994 年版,第 166 页(德田和幸执笔),第 232 页(高田裕成执笔);小林秀之:《判批》,载椿寿夫主编:《担保法の判例 II》,有斐阁 1994 年版,第 160 页;远藤浩、柳田幸三编:《供託先例判例百選(第 2 版)》,有斐阁 2001 年版,第 106 页(住吉博执笔);伊藤真等编:《民事執行・保全判例百選》,有斐阁 2005 年版,第 146 页(德田和幸执笔),第 208 页(高田裕成执笔);上原敏夫等编:《民事執行・保全判例百選(第 2 版)》,有斐阁 2012 年版,第 118 页(德田和幸执笔),第 160 页(高田裕成执笔)。

第二章 质 权

[99]

第一节 保险合同权利的担保化

[100]

一、引言

保险合同中产生的各种各样的金钱债权,自不必说,是财产权,原则上可以担保化。在损失保险的情形下,构成被保险利益之物本来就是债务人等人的财产,且在现实中经常被担保化。鉴于此,由保险合同产生的金钱债权,作为其变形物,必然要求担保化。此外,以中小企业等为代表,很多情形下相关企业的信用力依存于特定人物。考虑这一点,由生命保险合同产生的金钱债权也是担保化的对象。进一步,在保险金一次性偿还的保险合同中,解约返还金非常高,其担保化也是个问题。

对于从此种保险合同中产生的权利,特别是金钱债权的担保化,近年来有许多论著,其中的问题也逐渐清晰。但是,从整体上看,大多都由实务主导,没有在理论上进行充分的论证。下面围绕几个要点论述,希望能够推动理论上的讨论。讨论的担保权种类限定在实务上常用的质权。此外,虽然没有就生命保险和损失保险分别加以论述,但从相关论述部分本身即可知晓其是同时针对两者还是仅针对某一类的分析。

二、对抗要件、顺位

1. 质权设定与无保留异议之承诺

（1）实务现状。

设定质权的第三人对抗要件，是对第三债务人所作的通知或第三债务人的承诺，这一点自不待言。在这一点上，对于从质权设定人处发出的通知，也由保险公司准备了一定的书面格式。但是，通知书基本上还是由设定人单方制作的，所以不可能完全控制。与此相对，对于保险公司所作的承诺，各公司也会准备书面格式，且常使用此种书面格式。首先，从几家公司的承诺书的格式来看。

①生命保险公司 D 公司的承诺措辞本身很简单："以上，如质权设定承诺请求兼质权设定合同书所述，承诺设定质权。"此处所说的"质权设定合同书"并非由当事人自由约定其内容，而是由 D 公司对其内容进行标准化。其第 2 条约定，"质权标的为满期保险金、死亡保险金……的各请求权，金额依第 4 条第 1 款的规定进行扣除或加算"。第 4 条 1 款约定，双方当事人承认，由 D 公司"在有未付保险金、贷款金（本金合计）等时，或有与保险金、解约返还金等共同支付的保险金预付金余额、红利支付金等时，从保险金、解约返还金中扣除或加算此等精算额"。此外，第 4 条 2 款约定，双方当事人承认，D 公司"在保险合同失效、解除、无效以及构成支付免责事由的情形中，不支付保险金等金钱"。

②损失保险公司 Y 公司对于质权设定人按照书面格式的承诺请求，采用了"承认如所请"的回答方式。承诺请求的措辞如下："为担保上述债务的清偿，下列投保人、被保险人……在此为下列质权人在上述保险合同的保险金请求权、期满给付金请求权上设定质权，请予以承诺。因此，贵公司在支付基于上述请求权的金钱（但均基于上述保险合同中所适用的普通保险约款及特约条款的规定，有应扣除的未付保险金时，从此等金额中扣除后的余额，或者有贷款时，从此等金额中扣除

[101]

其本息合计额后的余额）时，以支付时的债务额为限度，即使是在相关债务清偿期届满前，为抵充其清偿，也请直接向质权人支付。"损失保险公司 T 公司的书面格式也基本是一样的。

各公司想达成的目的是共通的。即，第一，即使设定质权，对于未付保险金、贷款，要确保保险公司享有优先受偿的地位；第二，保险公司能以保险合同约款上的合同失效、解除事由、无效事由、免责事由作为抗辩来对抗质权人。对于第二点，①的书面格式中明示了其意思，但实务上采用的解释为即使不明示也当然可以对抗。[1] ②的书面格式是以该解释为前提的。

[102]

但是，似乎仍有应填补的点。

（2）未付保险金与贷款金之额的扣除。

各公司书面格式的共同点在于，都约定了质权设定的标的债权是保险金请求权等（的全额），但保险公司仅向质权人支付"扣除未付保险金或贷款金额之后的余额"即可。

若未付保险金和贷款金在质权设定时点上就已存在，则这一做法是理所当然的。关于第三债务人所作的抵销，以质权设定时为基准，与存在相关债权扣押的情形之间作平行考虑，不能以质权设定后第三债务人对设定人所取得的债权为标的债权进行抵销，但对于这之前取得的债权，可以成为主动债权。另外，关于贷款，由于通常在质权设定时投保人放弃投保人贷款[译者注]请求权[2]，且财务贷款也已不能再进行，所以几乎都是保险公司在质权设定前取得的债权，因而问题很少。但可以存

---

〔1〕 南出弘：《被保険者の放火と質権者の不当利得》，载《金法》第 378 号（1964年），第 28—29 页；北泽利文：《損害保険による債権保護の現状》，载米仓明等编：《金融担保法講座 I》，筑摩书房 1985 年版，第 111 页；田川士郎：《債権担保と損害保険（損害保険基本講座）》，损害保险事业研究所 1993 年版，第 82 页。

〔译者注〕投保人贷款制度（保険契約者貸付制度），系指投保人得以解约退还金为担保，于解约退还金之一定范围内，自缔结保险合同之保险公司处借入金钱。

〔2〕 加藤昭：《生命保険に基づく権利の担保化》，载《ジュリ》第 964 号（1990年），第 57 页。

在保险金转账贷款[译者注][3]，且设定后也能发生未付保险金。此时，保险公司对投保人享有的债权，不能当然从保险金债权中扣除。

所以，为此要作出明示的规定。或者也许是，因为保留了"也扣除今后的贷款债权额而支付"这一异议而作出承诺，所以可以以此种扣除来对抗，从而具备质权的对抗要件。但是，不得作出"虽然不知道今后对设定人取得何种债权，但在取得债权时先行抵销"此等内容的承诺。若能作出此种承诺，则实质上可以通过第三债务人的意思而禁止质权设定。而且，在对第三债务人发出通知而具备对抗要件的情形中，第三债务人能以在该时点对质权设定人享有的债权与质权标的债权之间的抵销来对抗质权人，但不能以这之后取得的债权进行抵销。在质权设定后，即使是保险公司取得的债权，先行回收的约定只能认为是与质权的逻辑不同的、独立的、质权人与保险公司之间的合同[4]。

保险公司准备的质权设定承认请求书中也有质权人盖章的栏目。因此，质权人对保险公司作出上述合同的要约，通过保险公司的承诺而成立质权设定合同是可行的。但是，保险合同长时期存续，在无法估计究竟发生多少贷款和未付保险金的情形中，并非总是一直承认相关合同的效力，必须要求合同内容的合理性。

实际上，不进行投保人贷款或财务贷款，也并不会无限制地进行保险金转账贷款。那么，合理范围内的保险金转账贷款，在不使得保险合同自身失效这一点上，对质权人也是有利的。因此，在质权设定承认请求书上，明示在何种范围内进行保险金转账贷款的做法是妥当的。如此一来，作为不同的、独立的合同，其有效性得到了保障。

〔译者注〕保险金转账贷款制度（保険料振替貸付制度），系指在不支付保险金或保险金暂缓支付期间经过的情形，有约定解约返还金时，如果投保人没有提出反对的申请，则在其范围内垫付保险金的制度。

〔3〕是否进行保险金转账贷款，因保险公司而异（加藤，前注〔2〕，第57页），但可以发生未付保险金。

〔4〕卷之内茂：《保険契約と債権保全をめぐる諸問題（中）》，载《金法》第1416号（1995年），第32页指出，"是超过质权设定合同范围的……三方合同"。

（3）格式条款上的抗辩权与无保留异议之承诺的效果。

在保险公司对质权人所作的承诺中，即使没有明示提出异议，格式条款上的合同失效、解除事由、无效事由、免责事由也可对抗质权人。对于这一实务上的解释，也有支持的下级审判决（大阪地判昭和38年5月24日判时368号60页）。但是，疑问在于，不保留异议而作出承诺时，通过适用或类推适用《民法》第468条第1款，保险公司不是不能再对质权人主张此等事由吗？[5]

[104]

在这一点上，上述大阪地方法院的判决认为，"在保险金请求权上由被保险人设定的质权，第三债务人对此种权利所作的承诺，即使没有特意明确表示若存在免责事由则不支付保险金，也是当然以此为前提的"。该判决未必能说是条理清楚的判决，但解释认为恐怕在保险公司的承诺上默示地保留了异议。

但即使默示地保留了异议，若相对人不能知晓这一点，则也不能承认保留异议的法律效果。在这一意义上，上述判决只论述了问题的一半。应当讨论质权人一方的知晓可能性。相对人可以知道默示保留的异议，换言之，就是相对人对抗辩权的存在是恶意的。如此一来，更坦白地说，应采用此种构造，即质权人对保险合同上的抗辩权的存在是恶意的，所以不管怎样，都可以对质权人主张保险合同上的抗辩。

虽然承诺没有保留异议，但在与恶意受让人的关系上，第三债务人并未丧失抗辩权。在判例中确立这一立场的是最判昭和42年10月27日民集21卷8号2161页。但是，在这一判决中，受让人在"被让与的债权是承揽合同报酬请求权中与应在将来完成的未完成部分相对应的部分"这一情事上被认定为是恶意的。换言之，被认定为恶意并非因为

---

〔5〕 对于作为债权质对抗要件的"承诺"，通说也认为适用或类推适用《民法》第468条第1款［我妻荣编：《担保物权法（判例コンメンタールⅢ）》，コンメンタール1968年版，第183页（三藤邦彦执笔）；我妻，第185页；川井健：《担保物权法》，青林书院1975年版，第263—264页］。较早的判例中亦有此种宗旨（大判昭和18年3月31日新闻4844号4页）。卷之内，前注〔4〕，第30页对此种通说和判例的立场提出尖锐的质疑。

具体知道各个抗辩的存在,而是因为知道作为债权发生原因的合同性质。仅因此,受让人受到相关合同中所发生之抗辩的对抗。如此一来,对保险合同中产生的债权设定质权,若质权人知道相关债权是从保险合同中产生的,则也因此构成恶意,保险公司应能据此抗辩对抗质权人。而且,事实上,质权人不可能不知道债权发生的原因是保险合同。因此,质权人受到保险合同上抗辩的对抗。

进而,若如此思考,在保险事故发生后,即使在免责事由发生前作出不保留异议之承诺的情形(例如为获取保险金而纵火,导致保险标的物灭失,从而发生火灾保险金请求权。在该保险金请求权上设定质权,虽然取得了保险公司无异议的承诺,但之后知道了纵火事实的情形),保险公司对质权人也可主张免责事由。若质权人知道发生原因,则对从该发生原因而当然产生的抗辩,质权人是"恶意"的。

与上述观点相异,实务上也有从保险合同格式条款的准法规性或格式条款上抗辩的"物的抗辩"性[6]出发赋予解释以基础的。虽然此等实务的观点也是妥当的,但若按上述分析,即使此种实体法上的根据不采用模糊的概念,条理上也会更加清晰。

2. 后顺位质权设定承认请求书

(1) 实务现状。

保险公司的质权设定承认书上没有记载确定日期,而受领承诺的质权人自己动手补上确定日期的,判例(大判大正4年2月9日民录21辑93页)和通说肯定了此种方法。同时,判例还规定多数质权人的顺位按照各自确定日期的先后来排序。

然而,实务上是,基于质权人取得"第×顺位"的质权以及请求承认"向先顺位质权人××支付保险金,并向自己支付其余额"的请求书,而从保险公司处取得设定质权的承诺。这是后顺位质权设定承认请求书。此种情形,实务的立场是,不依据质权人个别的确定日期,而常

---

[6] 南出,前注[1],第28页。

常是依照约定的顺位[7]。

依据某一解说,后顺位质权设定承认请求的效果是质权顺位的让与或变更。在该顺位的让与或变更中,只有承认先顺位质权人优先权的当事人遭受了不利益,才可以通过该当事人的单独行为进行顺位的让与或变更[8]。但是,存在问题。

(2) 质权顺位的让与与变更。

首先应当明确概念。所谓质权顺位的让与,最多就是使受让人取得让与人享有的优先清偿权。与此相对,通过后顺位质权设定承认请求书,质权人是取得后顺位的质权,而不是单纯使特定的他人取得自己的优先权。即,使在自己之后具备第三人对抗要件的特定他人取得自己先取得的顺位较高的优先权,同时自己取得相关他人后取得的顺位较低的优先权。要想通过顺位让与的方法实现这一点,需要进行相互的顺位让与。或者,达成顺位变更的合意(《民法》第 374 条第 1 款)。不管怎样都不是单独行为。

而且,相互的顺位让与也好,顺位变更也好,都是使相对人取得自己确立的地位,所以是两当事人的顺位暂且确立之后产生的问题。各质权人通过附有确定日期的通知、承诺而具备第三人对抗要件,才能发生相互的顺位让与或顺位变更。因此,在向第三债务人请求承诺的阶段,若已经进行顺位让与或变更,会存在些许违和感。当然,关于这一点,可以认为是先行作出顺位让与或变更的合意,但是需要对此有明确的认识。

(3) 说明方法。

现在,如实务中使用的书面格式,在后顺位质权设定承认请求书上没有明确存在先顺位质权人的同意。此种情形,不把此种书面格式的法律意义理解为是质权顺位的让与或变更,在理解上更为简单。质权人 A 和质权人 B 取得的优先清偿额 α 和 β,对于其合计额,首先向先顺位人

[107]

---

〔7〕 北泽,前注〔1〕,第 114 页。
〔8〕 松村宽治:《损害保险与担保》,载星野英一等:《担保法的现代的诸问题(别册 NBL No. 10)》,商事法务研究会 1983 年版,第 206 页。

A 全额支付 A 的被担保债权额，向 B 支付剩下的。由 B 对保险公司作出此等委托，保险公司对此作出承诺。作如此直接理解即可。其并非质权处分的形态之一，只不过是对保险公司作出清偿的指示而已。

若如此理解，则后顺位质权设定的承认请求近似于代理受领的承认请求。因此，保险公司没有按照已承认的指示顺位作出支付时，保险公司对先顺位质权人负有侵权责任（关于代理受领的判例立场，参见最判昭和 44 年 3 月 4 日民集 23 卷 3 号 561 页、最判昭和 61 年 11 月 20 日判时 1219 号 63 页）。

三、质权实现前的效力

1. 其他债权人解除合同

（1）扣押债权人解除合同。

扣押解约返还金请求权的债权人，为行使其收取权能，可以解除合同吗？众所周知，大阪地判昭和 59 年 5 月 18 日判时 1136 号 146 页支持了这一点[作者补注1]。但是，解约返还金的金额相比保险金额要少得多，所以即使与保险金请求权一同，在解约返还金请求权上取得质权，质权人因合同解除也会遭受显著的损害。而且，投保人现实地受有住院给付金等情形中，投保人也会遭受显著的不利益。

在此仅考虑质权人的利益保护。在这一点上，质权人以解约返还金请求权作为质权标的，且质权人的被担保债权额并不小于解约返还金的金额时，投保人的其他债权人扣押（保全）解约金返还请求权，构成权利滥用；质权人可以通过执行抗告来争议扣押命令的适当与否（《民事执行法》第 145 条第 5 款）。

确实，对于与不动产、动产、船舶扣押相关的无剩余财产的相关处置措施中（《民事执行法》第 63 条、第 121 条、第 129 条、第 188 条），并没有对债权执行作出规定。债权执行中的无剩余财产的机制是通

〔作者补注 1〕之后，最判平成 11 年 9 月 9 日民集 53 卷 7 号 1173 页作为最上级审判决支持了这一点。

过《民事执行法》第 147 条第 1 款的第三人陈述而明确的（《民事执行规则》第 135 条第 1 款），但即使在因此而明确无剩余财产之时，也不会走法院程序而撤销扣押。但在拍卖法上，即使在没有规定无剩余财产措施的旧法（1898 年《拍卖法》，1979 年被《民事执行法》吸收而废止）下，也不允许后顺位抵押权人在自己不会得取任何东西且明知有害先顺位抵押权人的前提下胡乱行使抵押权。先顺位抵押权人可以诉求停止后顺位抵押权人的担保权实现程序（大判昭和 17 年 11 月 20 日民集 21 卷 1099 页）。这一判旨，即使在现在对于一般债权人的执行程序中，也是适用的。而且，虽然是不被允许的执行程序，但若已发出扣押命令，则对此有利害关系的第三人可以通过执行抗告来争议相关扣押命令。

（2）通过行使债权人代位权而解除合同。

投保人的其他债权人通过债权人代位权来行使保险合同的解约权时情况如何呢？此时，《民法》第 423 条所谓"为保全自己的债权"，即无资力要件的解释论构成问题。对于无资力要件，相对较近的判例解释为"限于债务人的资力不能完全清偿相关债权的情形"（最判昭和 40 年 10 月 12 日民集 19 卷 7 号 1777 页），学说上也多使用此种表述。但是，更正确的说法应该是"若不对债务人财产进行强硬干涉，责任财产将减少，进而导致债权人的债权不能完全受偿情形"[9]。问题在于债权保全的作用是否发挥。

若如此理解，对于解约返还金设定质权且其被担保债权额不小于解约返还金额时，即使解除保险合同，投保人的其他债权人的债权保全也不会发挥作用，此种代位权的行使欠缺"为保全自己的债权"这一要件。因此，相关债权人解约权的行使不发生效力。

2. 保险合同的变更

（1）保险合同的更改与继续——实务的立场。

火灾保险合同的期限多为一年，届满后采用"保险合同的更改"

---

[9] 奥田昌道：《債権総論（増補版）》，悠悠社 1992 年版，第 250 页。

或"保险合同的继续"这一程序。因此，会出现以下问题，即旧保险的保险金请求权上的质权能否被更改合同或继续合同的保险金请求权所继受。

对于继续合同的保险金请求权，下级审判决有指出旧保险合同的保险金请求权上的质权效力当然及于继续合同的保险金请求权（名古屋高判昭和37年8月10日下民集13卷8号1665页）。即使对于更改合同，尽管是傍论，但也有相同宗旨的判例（福冈高院宫崎支判昭和32年8月30日下民集8卷8号1619页）。而且，不管在哪一判例中，对于旧保险合同的保险金请求权上的质权，若具备对抗要件，则对于新合同的保险金请求权，不需要重走证明其具备对抗要件的程序。

但实务中，一方面，在质权设定承认请求书中使用了"在基于上述保险合同及其继续保险的保险金请求权上设定质权"这一表述。这可理解为，即使对于继续合同，先采否定说，然后采用事先设定将来债权的质权这一方式来处理。而且，对于对抗要件，似乎需要在每次继续合同时重新取得。另一方面，对于更改合同，实务上采用了质权不继受的立场，也没有特别的约定或做法。[10]

对于继续合同和更改合同此种处理的差异，一方面，在继续合同中，合同内容与旧合同没有变化，因此也不会发行新的保险证券；与此相对，在更改合同中，基本上，多伴有保险金额的增加等合同内容的变更，而且也会发行新的保险证券。另外，实务中现在基本不采用继续合同这一做法，几乎都是更改合同。

（2）特约的追加和保险金额的增额——实务的立场。

在质权设定后，投保人支付特别保险金，例如追加风雨灾害扩张担保特约的情形，原有质权的效力不及于自该特约发生的保险金请求权[11]。

---

〔10〕 以上，参见岩原绅作：《判批》，载鸿常夫等编《商法（保险·海商）判例百選〔第2版〕》，有斐阁1993年版，第42—43页。

〔11〕 田川，前注〔1〕，第113页。

在保险金额增额中,实务观点认为,质权的效力也不及于增额部分。[12] 当然,在以企业的概括资产作为保险标的的所谓总括保险(blanket policy) 中,本来就连保险金都是伴随资产内容的变动而采用事后精算的方式,保险金额也没有在事前确定。在基于此种保险的保险金请求权上设定质权的,质权的效力及于事后明确的整体金额。

(3) 新旧合同的同一性。

新旧合同在内容上没有变化,没有丧失同一性的情形中,不论是更改还是继续,旧合同保险金请求权上的质权效力都及于新合同的请求权,且没必要重新证明具备对抗要件[13]。是否丧失同一性的最终判断根据,是即使质权的效力及于新合同产生的保险金请求权,是否也不会违反质权人与质权设定人的意思,进而是否也不会损害第三人的利益。但是,如果新合同实质上是旧合同的继续,则不论在哪一方面都没有问题。[14] 当然,在更改的情形中,或许会认为,由于发行新的保险证券,所以如果没有根据《民法》第 363 条的规定将新证券交付给质权人,则不发生质权的效力。但是,如果旧证券已被交付给质权人,那么对于新证券,应视为当然依占有改定的方式作出了交付(通说认为,证书的交付通过占有改定的方式作出即可)。〔作者补注2〕

[111]

新旧合同内容上存在变化时,要点在于,保险金请求权是否因此种内容上的变化而丧失同一性。而且,在保险金额的增额上,也应认为请求权没有丧失同一性。

(4) 将来债权的质权。

当然,以基于更改合同、继续合同的保险金请求权作为将来债权,并在此之上设定质权这一做法是可行的,而且可以在相关债权发生以前就具备将来债权让与的对抗要件。判例(最判昭和 53 年 12 月 15

---

〔12〕 田川,前注〔1〕,第 113 页。
〔13〕 道垣内(旧),第 86—87 页。
〔14〕 岩原,前注〔10〕,第 43 页。
〔作者补注2〕 2003 年《民法》修改后,债权证书的交付不再是质权的效力发生要件。

日判时916号25页）也认为，对于现在及将来的复数债权，即使作出一个概括性通知或承诺，也能作为有效的对抗要件，并且在该时点就将来债权也发生对抗力。

但是，这一最高法院判决在肯定将来债权的让与时，采用的理由是"虽是将来发生的，但如果不是遥远将来发生的……由于现在已确定债权的发生原因，且可确实预测其发生"。即使为遥远将来的债权设定质权，在该时点所作的通知或承诺也具有完全的作为对抗要件的意义吗？对此也会有若干疑问。实际上，这一最高法院判决的案情中是就将来一年的债权作出让与。之后，在下级审层面也是，在让与将来三年的诊疗报酬债权时，认定自让与日起超过一年部分的让与没有效力（东京地判昭和61年6月16日讼月32卷12号2898页）；扣押的案子中，将来一年内的诊疗报酬债权可以构成扣押的对象（札幌高决昭和60年10月16日判夕586号82页）等。

实务上似乎不应限于将来一年，即不应限于基于下一次更改或继续而产生的新合同的保险金请求权[15]〔作者补注3〕（但即便限于将来一年，仍有时间充足的优势）。

3. 保险金受领人指定变更权

（1）实务及其问题点。

在生命保险公司D准备的质权设定合同书面格式中，插入了"乙（质权设定人）在质权设定期间，未经甲（质权人）的同意……不得行使……保险金受领人的指定变更请求权"这一条款。

这一条款，在实务上，至少与作为质权设定的前提条件而要求

---

〔15〕 卷之内茂：《保険契約と債権保全をめぐる諸問題（上）》，载《金法》第1415号（1995年），第12页认为，在火灾保险金请求权的情形，即使在被担保债权完全清偿之前担保化，对于债务人而言也不构成经济上的制约，所以没有必要限定期间。笔者赞成这一观点。

〔作者补注3〕之后，最判平成11年1月29日民集53卷1号151页承认了长期的将来债权概括让与的有效性。

"投保人=保险金受领人=质权设定人"[16] 具有关联性。也就是说,也想要后发性地防止欠缺这一前提条件。

但是,此种条款真的有必要吗?

(2)保险金受领人变更的意义。

在这一点上,首先要注意,在最初质权设定时,课以"投保人=保险金受领人=质权设定人"这一条件的合理性本身就存在疑问。即,指定他人为保险金受领人后,投保人为第三人设定质权时,相关质权有效成立,且保险金受领人不丧失保险金请求权,只不过是质权人的权利优先而已[17]。

如此一来,即使上述恒等式崩坏时,也可作同样理解。即,质权人优先,而被新指定为保险金受领人之人,仅可就质权人回收被担保债权后剩余的金额受有支付。

如果保险金受领人的变更具有保险金请求权让与的性质,则这是当然的。设定质权的债权也可让与,只是受让人会受到质权的对抗。然而,认为保险金受领人因被指定而原始取得保险金请求权,将出现问题。因为如果是原始取得,则应认为切断了在此之前的第三人权利而取得。

[113]

但是,此处所说的"原始取得",不过是意味着并非继受取得而已。作为保险金受领人的地位因投保人的意思(保险金受领人的指定)而取得——这一点没有否定的余地。如此一来,如果正是根据有关投保人的意思而设定质权,则质权人的权利优越于新保险金受领人的权利,新保险金受领人不过是获得了仅可就质权人回收被担保债权后剩

---

[16] 糸川厚生:《生命保険と担保》,载星野等,前注〔8〕,第165页;加藤,前注〔2〕,第57页。

[17] 大森忠夫:《生命保険受取人の指定・変更・撤回行為の法的性質》,载大森忠夫、三宅一夫:《生命保険契約法の諸問題》,有斐閣1958年版,第89页;山下孝之:《生命保険金請求権の処分と差押》,载《ジュリ》第751号(1981年),第103页;山下友信:《生命保険契約にもとづく権利の担保化》,载岸田雅雄、森田章、森本滋编:《現代企業と有価証券の法理——河本一郎先生古稀祝賀》,有斐閣1994年版,第371—372页。

余的金额受有支付的地位而已。

即使没有实务中准备的此等条款，质权人的权利也当然优越。

（3）条款违反的效力。

特意展开上述解释论，是因为笔者认为尽管存在"（1）"中所见的条款，但投保人行使保险金受领人指定变更权时，不能否定其效力。

对于受领人变更行为的效力，最判昭和62年10月29日民集41卷7号1527号认为，"因投保人一方的意思表示而发生效力，且意思表示的相对人不一定要是保险人，对新旧保险金受领人作出也都可以"。保险金受领人的变更，不是通过保险人与投保人的合意，也不是通过旧保险金受领人与投保人的合意。如此一来，即使规定不能以质权人与质权设定人（投保人）的合意行使保险金受领人的变更权，且即使保险公司对此作出承诺，也不能左右投保人对新保险金受领人所作意思表示的效力。

当然，在现在的保险合同中，会有这样的格式条款，即，约定以保险公司作出承认保险金受领人变更的背书作为相关变更对保险公司的对抗要件。但是，对于这一格式条款，加重了（1899年）《商法》第677条规定的对抗要件，至少在作出承认背书的请求后，在事务处理所需的合理期间经过后，即使没有现实地作出承认背书，也应认为具备对抗要件[18]〔作者补注4〕。

如此一来，尽管存在（1）中所见的条款，但若投保人行使保险金受领人的指定变更权（虽然确实构成质权设定人对质权人的债务不履行），则指定变更权行使的效力本身是肯定的。因此，特意采用（2）中所示的解释还是更妥当的。

---

〔18〕 山下友信：《保険金受取人の指定・変更》，载《ジュリ》第747号（1981年），第279页。

〔作者补注4〕 现在，根据《保险法》第43条第2款和3款，保险金受领人的变更通过对保险人所作的意思表示而作出，以通知到达保险人作为效力发生要件。但是，本节所述的结论无须变更。即，即使在《保险法》下，保险金受领人的变更也无须保险人的承诺。

四、质权的实现

1. 质权人直接收取权的范围

(1) 实务及其问题。

在生命保险公司 D 的书面格式中,在保险金请求权上设定质权的情形中,相关请求权现实化时,不论被担保债权额的大小,采用的方式是以质权设定人与质权人的共同名义要求保险公司向质权人支付保险金全额。进而,保险公司承诺该要求。关于这一点,尽管《民法》第 366 条第 1 款、第 2 款承认权利质权人的直接收取权,但在与"其范围被限定在被担保债权额"这一点的关系上会出现问题。换言之,如果该条是强制性规定,则可以理解认为质权设定人与质权人的相关约定是无效的[19]。

与此相对,实务上通过解释,认为由质权人授与与质权不同的代理受领权,主张该约定的有效性[20]。一般而言,这是可以首肯的说明。然而,即使授与代理受领权,也仍存在问题。

(2) 委托人死亡或丧失意思能力。

[115]

代理受领权的授与一般是基于委托合同。然而,《民法》第 653 条将委托人的死亡作为委托的终止事由。因此,在因投保人死亡而发生死亡保险金请求权的时点上,投保人(=质权设定人)与质权人之间的委托合同也同时终止。而且,学说上的立场是,当委托人变为无意思能力人时,委托合同也终止[21]。

当然,通说将《民法》第 653 条理解为任意性规定。最近的判例(最判平成 4 年 9 月 22 日金法 1358 号 55 页)也认为,在委托合同中约定委托支付住院期间医院的各项费用,去世后举行包含葬礼在内的法事并支付其费用,以及向住院期间照顾委托人的家政工及友人支付"适

---

[19] 加藤,前注〔2〕,第 57 页;山下(友),前注〔17〕,第 368 页。
[20] 糸川,前注〔16〕,第 165 页。
[21] 新井诚:《财产管理制度と民法・信托法》,有斐阁 1990 年版,第 155 页。

当的报酬"，此种委托合同缔结后委托人死亡的情形中，合同宗旨中当然包含即使委托人死亡该合同也不会因此而终止的合意，从而认可委托人死亡后委托合同仍然存续。

若考虑上述情况，则显然至少采用明示特约的方式较好。但是，为了保证特约的有效性，要求该特约具有合理性。对于约定质权人可以超过被担保债权额而受领保险金的委托合同，作出委托人死亡后也仍存续的特约时，其合理性会出现问题。关于质权人回收自己的被担保债权后不将剩余金额返还给保险金受领人担忧，仅仅通过"想把债权人固定为一个人"这一保险公司事务处理上的要求，是无法解决这一问题的。对于死亡保险金，作出"在被担保债权范围内向质权人作出支付"这一约定较好。

2. 质权人的解约权

（1）实务现状。

解约返还金请求权构成质权标的时，质权人在质权实现程序中可以行使解约权吗？这是一个问题。多数论者肯定质权人的解约权，但也存在否定说[22]。因此，实务上会在质权设定承认请求书中明确质权人可以行使解约权。从多数说的立场来看，这不过是"慎重起见的约定"[23]，但还是作粗略的讨论。

法律构造上有两种。一种是，"限于今后投保人丧失期限利益且发生剩余债务全额支付义务的情形，上述投保人对上述质权人委托行使上述保险合同的解除权，该委托若无质权人的同意则不可撤回"（解除委托方式。依据损失保险公司T的书面格式）。另一种是，"为担保上述债务的清偿，下述投保人对下述质权人，让与上述保险合同（基于适用于上述保险合同之普通保险格式条款的规定）的解除权，请予以承诺。因此，今后质权人为保全债权而必要不可缺时，将

---

〔22〕石黑省治：《生命保険に対する質権設定をめぐって》，载《債権管理》第25号（1989年），第31页。

〔23〕卷之内，前注〔4〕，第33页。

行使该解除权,请知晓"(解除权让与方式。依据损失保险公司 Y 的书面格式)。

但是,存在问题。

(2) 解除权让与方式的问题。

对于解除权让与方式,首要疑问在于,解除权究竟能否独立让与呢?判例(大判大正 14 年 12 月 15 日民集 4 卷 710 页)和通说的立场是,根据"解除权是解除合同的权利,不具有合同当事人地位之人不能有之"这一理由,解除权与整个债权关系一同移转才行。这与解约返还金的扣押债权人可以行使合同解除权之间不矛盾。此时,扣押债权人行使收取权时,可以作出被扣押债权收取所需的裁判上、裁判外的一切行为,解除权并不是独立让与的对象。

即使在解约返还金请求权上设定质权,合同当事人的地位当然还是投保人,在这一阶段事先独立让与解除权是不可能的。如此一来,解除权让与方式中所谓解除权让与的法律意义,仍然只是解除权行使的委托,所以解除委托方式与解除权让与方式在法律意义上没有差异。

[117]

(3) 解除委托的问题。

如前所述,学说上也认为委托人意思能力的丧失构成委托的终止事由。当然,该学说的观点可以解释为,在赋予受托人一定裁量权的情况下,在"投保人丧失期限利益且发生剩余债务全额支付义务的情形"(损失保险公司 T)或"质权人为保全债权而必要不可缺时"(损失保险公司 Y)这一限定的场景,委托作出"保险合同的解除"这一特定行为的情形中,委托人意思能力的丧失不构成委托终止的事由。

但是,损失保险公司 Y 书面格式中的此种限定,"为保全债权而必要不可缺"与否的判断责任由质权人或保险公司负有。因为虽然质权人行使解除权且保险公司对此同意,但如果之后不能说是"为保全债权而必要不可缺",则不发生合同解除的效果。损失保险公司 T 的书面格式应该说更为妥当。

此外，在损失保险合同中，保险合同未必因投保人的死亡而终止。但是，如上所述，委托因委托人死亡而终止。在这一点上，至少需要明示，解除权行使的委托不因投保人死亡而终止。

[原载于《金融法务事情》第 1419 号（1995 年）第 17 页及以下、第 1420 号（1995 年）第 28 页及以下]

[118] 第二节　普通存款担保化的有效性

一、问题之所在

1. 普通存款担保的现在意义

（1）资产担保证券发行中的普通存款担保。

例如，考虑下列方法，即信用卡公司将其对多数顾客享有的信用卡债权概括让与 SPC（特别目的公司），SPC 以此作为担保发行公司债。此时，众所周知，从顾客处回收债权，即使在让与后，大多也都是由信用卡公司作为债权回收公司（讨债公司）代行。《特定债权等相关事业规制法》（2004 年废止）为保护债务人，强制要求让与人须由债权回收公司（《特定债权等相关事业规制法》第 6 条 3 项、第 9 条）。

债权回收公司回收来的债权再让与给 SPC。但是，这里会产生时间差。债权回收公司从债务人处回收债权，但是，若债权回收公司在回收金尚未让与 SPC 时就破产，则 SPC 只能作为一般债权人加入债权回收公司（让与人）的破产程序。这里就产生了担保的必要性。

实务上采用的方法是，对债权回收公司课以义务，要求将位于债权回收公司处的回收金分别保管在一定的银行账户中，同时，允许 SPC 在相关银行账户的存款债权上设定质权等担保权。然而，此时作为质权标的的存款债权是普通存款债权。债权回收公司虽然暂时将回收金保管在该账户中，但应当尽早取出该金钱并汇给 SPC。而且，持续产生的回收金应当按时间顺序汇入该账户。换言之，相关账户须是存取款自由的银行存款账户。

（2）金融衍生品交易中的普通存款担保。

例如，在金融机构之间，同时期内会进行大量以互惠信贷交易为代表的金融衍生品交易。一方对另一方享有的债权额时刻发生巨大变动。虽然相对人间互负债务，但在多数情况下，通过相互精算仅就差额作为一方对另一方享有的债权。但是，实务上，此种债权并非每次都进行决算。有时等到第二天，或许就是另一方的债权了，倘若每天每周进行支付的话会过于繁杂。但是，此等债权经常数额巨大。在此产生了担保的必要性。

以此等债权作为被担保债权而设定担保的，其标的物需要随着债权额的变化而变化。在哪一当事人是债权人并不确定的交易关系中，由于是否负有债务并不明确，且债务金额也不明确，所以不能将不动产作为担保标的物。标的物应当总能与时刻变化的债权额保持均衡。为了满足这一要求，普通存款债权是极为优秀的担保标的物[24]。

2. 讨论之必要性

（1）讨论之不足。

鉴于上述实务上的必要性，不管结论如何，对于普通存款债权的担保化，学说上需要自觉进行讨论。然而，对于短期存款债权、普通存款债权的担保化，仅在普通存款债权的质权设定方面存在金泽地判昭和32年4月3日下民集8卷4号683页这一判例，而学说上几乎未见有何讨论。

（2）金钱债权担保化的流变。

债权让与对抗要件相关之民法特例法在1998年施行，而且最判平成11年1月29日民集53卷1号151页抛出了"广泛承认将来债权的让与可能性"这一见解，为金钱债权的担保化夯实了基础。但是，该判决的立场并非不论何种类型的金钱债权都毫无限定地肯定

---

[24] 加藤和成等：《〈座談会〉担保付デリバティブ取引をめぐる法的視座——一括清算法を踏まえて》，载《金法》第1531号（1998年），第17页（道垣内弘人发言）。

[120] 让与可能性[25]。如此一来,期待能自觉讨论对于何种债权可以让与,并进而承认其担保化。

(3) 外国法的动向。

对于存款债权等的担保化,最近在英美法的圈子里也见到了动向。在美国,UCC 第 9 编修改时,讨论新设金钱担保物(cash collateral)相关的规定。此外,在英格兰,也展开了银行存款担保化相关问题的新讨论。在英格兰,迄今为止不承认银行可以取得对自己银行存款债权的担保权。但是,最近出现了承认此种做法的判例,相关讨论也开始展开[26]。实务上,在美国,对金钱的存取课以一定拘束的第三方托管账户在担保实务中发挥着重要作用。[27]

这些研究,在日本几乎尚未展开。

3. 本节的对象和构造

(1) 本节的对象。

基于上述情况,本节将探讨日本普通存款债权上设定担保的有效性。当然,不涉及外国法。这是因为笔者的能力、时间有限,而非否定此等研究的重要性。虽然想要在今后展开讨论,但在参考外国法的讨论之前,有必要充分研究与日本法理之间的关系。

此外,提及存取款自由的存款账户,当然也会想到短期存款账户。但是,与普通存款债权的担保化相比,短期存款账户并不存在特殊的问题。下面对普通存款债权所作的论述,也可以直接适用于短期存款债权。

(2) 本节的构造。

[121] 下面首先论述质权设定。在"二"中,按照作为物权标的物要件的观点进行讨论。在"三"中,思考对抗要件的效力。此时,也讨论

---

[25] 道垣内弘人:《将来债権の包括的譲渡の有効性と対抗要件》,载《ジュリ》第 1165 号(1999 年),第 72—73 页。

[26] 例如,cf. Banking Litigation 97~102 (D. Warne and N. Elliott ed.) (1999).

[27] 参见加藤等,前注〔24〕,第 20—21 页。

诈害行为撤销、破产否认权相关的问题。接着，在"四"中，论述让与担保权的设定。最后在"五"中，作简单总结。

二、作为物权标的物的要件

1. 特定性与独立性

（1）普通存款债权质权设定无效论的存在。

作为在存款债权上设定担保权的方法，最先想到的是设定质权。但是，即使在存款债权中，多数也都是对定期存款债权设定质权，对其有效性没有任何的疑义。与此相对，对于普通存款债权，其质权设定的有效性却存在异议。

如上所述，唯一的判决例是金泽地判昭和32年4月3日下民集8卷4号683页。该判决虽然肯定了对普通存款债权设定的质权有效，但不过是42年前（原文发表时）的一个下级审判决而已，案情也存在特殊性，因此先例性价值很低。另外，质疑有效性的学说所提出的理由是，作为物权成立的共通要件，要求标的物具有特定性，而将来长期发生余额变动的普通存款债权欠缺该种特定性。[28]

（2）物权标的物成立的共通条件。

对于物权标的物成立的共通条件，一般见解认为应具备物、特定、独立三个条件[29]。当然，其中"物"这一要件，通常也认为对债权质权不作要求[30]，所以没有问题。因此，能否承认对普通存款债权设定质权，与此等存款债权是否存在特定性和独立性有关。

[122]

下面，方便起见，先从后者——独立性开始讨论。

---

[28] 长谷部茂吉：《将来不定の預金債権を目的とする質権の効力——32年4月3日の金沢地裁判決を中心として》，载《金法》第143号（1957年），第438页。当然，明示地否定其有效性的文献仅此一例。

[29] 末川博：《物权法》，日本评论社1956年版，第8—15页；舟桥谆一：《物權法》，有斐阁1960年版，第9—15页；我妻荣，有泉亨补订：《新訂物權法（民法講義II）》，岩波书店1983年版，第11—12页。

[30] 末川，前注〔29〕，第8页；舟桥，前注〔29〕，第10页；我妻，前注〔29〕，第11页。

2. 独立性要件的意义及其满足

（1）独立性要件的意义。

对于要求物权对象具有独立性的理由，通常认为是"对于物的一部分或构成部分，不仅不能取得直接支配的实益，而且公示也存在困难，不适宜认可排他的权利"[31]。

当然，其中是否具有直接支配的实益，即使在列举其根据的学说上，也有理解认为本来就是从经济的观点来决定[32]，对于普通存款债权并不存在问题。因此，对于普通存款债权，其独立性的判断与是否满足独立性要求的另一项宗旨相关——即公示所需（因物权是以排他性归属为内容的权利，由此产生的公示要求）的技术性要求[33]，相关标的物是否与其他物相区别。本来在学说上，作为要求独立性的宗旨，也有仅列举出"如果对于物的一部分或构成部分都分别存在物权，则物的支配关系将变得复杂，且难为一般第三人所知，所以新取得该物所有权之人将遭受未预想的损害，进而也有害一般交易的安定"[34] 这一点宗旨的。作为独立性要件的宗旨，这一观点是重要的。换言之，普通存款债权要想具有作为物权（质权）客体的适格性，所要求的"独立性"只能是指，可以使相关质权具备对抗要件并进行公示。

（2）债权质权对抗要件制度的宗旨。

[123] 关于债权质权的对抗要件，《民法》第364条第1款规定，"非按第467条之规定，通知第三债务人其质权之设定或第三债务人承诺之者，不得以之对抗第三债务人及其他第三人"。其宗旨与债权让与的对抗要件作同样理解。即，"第三债务人也因质权设定而受到约束，所以要想使质权设定对抗第三债务人，应当使他处于确实知晓设定事实的状态。想通过受让相关债权等进入利害关系的第三人，通常会向债务人确

---

[31] 我妻，前注〔29〕，第12页。
[32] 我妻，前注〔29〕，第12页。
[33] 广中俊雄：《物権法（第2版）》，青林书院1982年版，第10—11页。
[34] 末川，前注〔29〕，第9—10页。

认债权的归属和存在与否,所以将质权设定通知第三债务人作为此等第三人的对抗要件亦可"[35]。

假如对第三债务人所作的通知以及第三债务人所作的承诺具有某种内容的话,则就何种标的债权的质权具备对抗要件,将参照上述宗旨来决定。也就是说,内容上需要第三债务人能够明确判断就自己负有的哪一债务进行何种权利设定。如此一来,对于在其债权上设定此等内容的质权,将具备第三人对抗要件。

那么,在质权设定后存款持续出入的账户,对于其普通存款债权,可以将"对第三债务人所作的通知或第三债务人所作的承诺"作为具有第三债务人(银行)"能够一意地判断就自己负有的哪一债务进行何种权利设定"的内容,而具备质权设定对抗要件吗?显然是可能的。

对保管账户的银行作出通知或由相关银行作出承诺时,如果账户名称、账号特定,则作为第三债务人的银行可以明确判断就自己所负的哪一存款债务设定了质权。通知或承诺后存款余额发生变动的,完全不会对此产生障碍。

所以,对于普通存款债权,在具备对抗要件并公示方面,完全没有障碍,从"独立性"这一观点来看,具有作为物权(质权)对象的适格性。 [124]

(3) 普通存款债权与一物一权主义的关系。

当然,对于上述内容,还应当再进行一些补充。

在"独立性"上,经常会提及普通存款债权与一物一权主义的关系。普通存款债权能构成作为一项质权对象的"一物"吗?

在这一点上,普通存款是可以小额流动的存款,余额有可能时刻发生变化,但是若"总是将存入的金额与既存的余额合计为一个债权来对待"[36],则应该没有问题。

---

[35] 道垣内(旧),第 84 页。
[36] 我妻荣:《債権各論中卷二(民法講義 V_3)》,岩波书店 1962 年版,第 742 页。

当然，对于普通存款债权，即使认为其是复数债权的集合体[37]〔作者补注5〕，在与一物一权主义的关系上，也可以认为债权的集合体是"一物"。更直接地，认为在复数的各个债权上设定质权即可。就复数的债权，通过一项"通知或承诺"而就现在及将来的债权一次性具备让与的对抗要件，这一理解也已为最高法院的判决所支持[38]，在与质权的关系上也可作同样考虑。

虽已说过，但从与债权质权（及债权让与）对抗要件制度宗旨的关系上来看，内容上需要第三债务人可以就自己所负的哪一债务设定何种权利一意地作出判断，并且仅此足矣。对保管账户的银行作出通知或由相关银行作出承诺时，如果账户名或账号特定，则作为第三债务人的银行可以一意地判断质权设定的有无。对象是复数这一点并不会成为障碍。

[125]

（4）与《债权让与对抗要件相关之民法特例法》的关系。

接下来讨论与《债权让与对抗要件相关之民法特例法》（以下简称《债权让与特例法》）的关系。

（a）迄今为止，对于"独立性"有无的论述都仅涉及是否可以使有关质权具备对抗要件并进行公示，并且所作通知或承诺的内容是否可以使第三债务人就自己所负的哪一债务设定何种权利明确作出判断。众所周知，日本在1998年6月12日制定了《债权让与特例法》，并在同年10月1日开始施行。在《债权让与特例法》中，对于债权让与或质权设定，在制度安排上将第三债务人对抗要件与第三人

---

〔37〕 当然，实际上没有主张此种见解的。

〔作者补注5〕此外，森田宏树教授认为本节中该部分的叙述是"道垣内论文……肯定了集合债权模型的可能性"（森田宏樹：《普通預金の担保化・再論》，载道垣内弘人等编：《信託取引と民法法理》，有斐閣2003年版，第315页，脚注39），但此乃误解。本部分的论述是关于，在每次存入时就相关存入金额成立债权，且同时存在复数债权，以此来理解普通存款债权的可能性。并没有论述每次存入或取出时原来的债权消灭而新的债权发生这一森田教授主张的可能性。但这是说这部分的叙述是此种意义而已，并没有否定森田教授对于普通存款债权的理解。

〔38〕 最判昭和53年12月15日判时916号25页。

对抗要件分离，后者通过在债权让与登记册上进行让与登记而具备。如此一来，至少对于第三人对抗要件，会出现这一问题，即，迄今为止所讨论的，"所作通知或承诺的内容是否可以使第三债务人就自己所负的哪一债务设定何种权利明确作出判断"这一标准将不再适用，将需要另作考虑。

但是，即使对于不依据《债权让与特例法》而按照《民法》所具备的对抗要件，如果非依"负有确定日期之证书"（《民法》第467条第2款）作出，则不具有作为第三人对抗要件的意义。其书面的内容并非仅第三债务人能理解即可。债权让与、债权质权设定相关的民法上对抗要件制度要求为了对抗第三人，应当依"附有确定日期之证书"作出，其目的众所周知，是防止串通通知、承诺发生之日而回溯日期。如此一来，该证书的文面就要求具备第三人能够判断"就哪一债务设定何种权利"的内容。若内容不明确，则将能挪用为当初设想债务、当初设想权利以外的对抗要件，违反了要求"附有确定日期之证书"的宗旨。具体而言，最开始就A债权设定了a内容的质权，但被挪用为之后设定的B债权上b质权的对抗要件，如此一来，将会使得通知、承诺之日向前回溯。 [126]

因此，作为民法上第三人对抗要件的"依附有确定日期之证书所作之通知或承诺"，需要客观看来而明确指示特定债权、特定权利内容。在这一点上，无论是在《民法》上还是在《债权让与特例法》上都没有变化。

（b）当然，在此基础上有必要探讨，在《债权让与特例法》上，对于普通存款债权，包括设定的权利内容在内，是否可以在能明确指示的债权让与登记册上登记。在债权让与登记册上登记，与"附有确定日期之证书"不同，由于样式确定，应当具体论述，在按照其样式时，上述做法是否可行。

在这一点上也应当说仍然没有问题。

根据法务省公开的债权让与登记的"申请数据样式"，在申请债权让与登记时，在为特定让与的对象债权或设定质权的对象债权而制作的"债权个别事项册"中，作为任意记载事项，在第32项中存在"备注"这一项目。在这一项目中，"可以记载其他项目中应记载之事项以外的事项，为特定债权而有益的事项"。因此，在这一项目栏中可以记载账号。如此一来，与作为必要记载事项的"原债权人的表示"，即账户名义人相辅，包括第三债务人在内的第三人，不论是谁都可以明确判断哪一债权是权利设定、权利移转的对象债权。另外，虽然自不必说，但在质权设定方面，其权利内容（是质权，且被担保债权额）被记载在"登记共通事项册"第30项及第35项中（此后有所更新，因而与现在样式有所不同）。

[127] 如此一来，不论是谁都可明确判断"就哪一债务设定何种权利"。

（c）因此，对于普通存款债权，在按照《债权让与特例法》规定的对抗要件进行并公示方面，没有任何障碍，从"独立性"的观点来看，具有作为物权（质权）对象的适格性。

3. 特定性要件的意义及其满足

（1）作为要求特定性宗旨的"排他性支配"可能性。

下面讨论特定性。

就物权对象中要求特定性的意义而言，通常认为"在一打啤酒这一种类物或不特定物上，即使成立债权（参见《民法》第401条），但具体不知是哪一打啤酒，所以不能承认其上的排他性支配"[39]。参照这一意义思考普通存款债权时，由于完全清楚"具体哪一债权"，所以也不会悖于特定性这一要件。

然而，如上所述，对于普通存款债权，有观点以欠缺特定性为理由，对其质权设定的有效性提出疑问。虽然不是很清楚该见解是如何理解特定性要件的，但恐怕与"排他性支配"有关。换言之，若存款人可以自由存取款，则质权人将不能排他性地支配该存款债权。

---

[39] 舟桥，前注[29]，第11页。

(2) 担保物权中的"排他性支配"。

关于这一点，承认普通存款债权质权设定有效性的金泽地方法院判决[40]尝试从质权与其他物权性质上的差异来寻找其正当性。即，"质权（包括最高额质权）与一般物权不同，其主要目的并非直接就标的物进行使用收益处分，而是通过标的物的交换价值得以优先受偿。因此，标的物的特定性也无须如一般物权作严格理解，在优先受偿的必要限度内承认即可。例如，一般先取特权是存在于债务人整体财产上的担保物权，但构成整体财产的各个财产在先取特权实现之前可能发生种种变化，在先取特权存续期间一定不发生变动并不是要件，只有在先取特权实现时财产特定才是要件。质权亦与之相同。即使在质权实现之际要求财产特定，也不应理解为质权设定之际特定者与质权实现之际特定者应当总是同一的"。

[128]

"排他性支配"的具体内容在担保物权与其他物权之间存在差异。这一点常被指出。即，"朴素理解，物权是直接且排他性支配有体物的权利，准确来说，意味着在一定关系上客体直接且排他性地归属于权利人。如所有权及我国民法上的用益物权，该一定关系必然伴有客体的物质性支配。上述朴素的理解并没有破绽。……但是，如担保物权，归属于权利人的这一一定关系是客体具有的交换价值，并非必然伴有其物质性支配。上述朴素的理解需要在理论上仔细斟酌"[41]。

可是，虽说是担保物权，但并非在实现之前对标的物没有任何的拘束。以债权质权为例来说明，设定人负有为质权人健全地维持标的债权的义务。债权的放弃、免除、与其他债权的抵销不得对抗质权人，而且第三债务人即使向质权设定人、标的债权受让人清偿，也不能对抗质权人。这是通说和判例持有的观点[42]。如此一来，金泽地方法院的判决

---

[40] 金泽地判昭和 32 年 4 月 3 日下民集 8 卷 4 号 683 页。
[41] 我妻，第 114—115 页。
[42] 参见道垣内（旧），第 88—89 页。质权人抵销无效的判例，大判大正 15 年 3 月 18 日民集 5 卷第 185 页；第三债务人的抵销不得对抗质权人的判例，大判大正 5 年 9 月 5 日民录 22 辑第 1670 页、大判大正 7 年 12 月 25 日民录 24 辑第 2433 页。

认为特定性在质权实现时满足即可,这一逻辑将存在一些疑问[43]。在质权设定时特定的标的物,在实现之前,应当说有必要保持同一性而维持特定性。

(3) 普通存款债权的"排他性支配"可能性。

那么,普通存款债权从设定到实现之期间,作为"排他性支配"的对象,能说维持了充分特定性吗?

(a) 如果相关存款完全存取自由,实现时的债权额完全是偶然确定,则应当说不具有作为"排他性支配"对象的充分特定性。不能"排他性支配"这一点,对担保权人而言有所不利,虽然似乎也有观点认为当担保权人自己满意这一点并将其作为担保标的物时,其他人用不着插嘴,但若以既存的物权法理为前提,则似乎是困难的。

(b) 但是,实务中普通存款担保所需的债权并非完全存取自由的普通存款账户的债权。

首先,回到"一1(1)"中介绍的内容。伴随资产担保证券发行所需的普通存款担保,通过所谓服务管理合同确保金钱不断地存入。换言之,服务商的回收金定期地存入,这一点在合同上得以确保。而且,通常在服务管理合同中对存于相关账户的金钱的用途设置了严密的约定,基本上只有向SPC汇款时才能支出。

其次,考虑"一1(2)"中介绍的金融衍生品交易中所需的普通存款担保。这也是通过约定对各个当事人课以义务,要求在账户内常留有与一定交易日账户浮动损益计算时期中债务额相当的金额。

根据此等约定,相关普通存款与完全因存款人的肆意而自由付还的普通存款类型有着不同的特征。

(c) 但是,此处又会发生下列疑问。即使在存款人与第三人,即SPC或金融衍生品交易的另一方当事人之间的合同中对金钱的出入课以限制,相关普通存款债权自身的特征应该也不会因此而在能否构成物权

---

[43] 长谷部,前注[28],第438页。评价认为"有点近似于谬论的理论"。

客体这一面上发生变化。对此应作如下思考。

相关存款债权具有能成为物权客体的排他性支配可能性吗？对于这一问题，相关存款债权因该约定而受到约束，具有实效性。若实效性得到担保，则可以评价为排他性支配的可能性也就越高。因此，例如，如果"缔结银行也加入的三方合同，并设置合同条款约定'尽管存款额增加时不作出任何通知，但存款取出时必须要通知债权人。若无债权人同意，则银行绝对不能付还'"[44]，那么排他性支配可能性当然会变高。而且，本来，如上所述，在债权上设定质权时，第三债务人即使向质权设定人、标的债权受让人清偿，也不能对抗质权人，这也是通说和判例持有的立场。所以原则上，作为第三债务人的银行不能同意存款的取出。然而，在担保合同的性质上却允许与合同相合致的取出。换言之，在取出方面，前述所谓"拘束"是约定了例外的场景［与此相对，关于存入的约定，不过是设定了存款人（＝担保设定人）的合同上义务］。

（d）如此考虑，对于被设定质权的普通存款债权，应当说具有作为"排他性支配"对象的充分特定性。

4. 小结

因此，普通存款债权满足能构成物权标的所需的独立性和特定性两个要件，可以成为质权设定的标的[45]。

三、普通存款债权质权设定的对抗要件

[131]

1. 对抗要件效力发生的时期

（1）出现问题的场景。

如前所述，即使在质权设定后仍可以自由存取款的账户，对于存于

---

[44] 加藤等，前注〔24〕，第19页（道垣内正人发言）。
[45] 此外，虽是关于债权让与，但平井宜雄：《债权总论（第2版）》，弘文堂1994年版，第132—133页认为下级审判决例的立场是"若债权的同一性可以特定即可，即使其内容增减变动（金钱债权的情形）亦可"，并赞成这一立场。

该账户的短期存款债权、普通存款债权，具有特定账户名称和账号后，对作为第三债务人的银行发出通知或者从作为第三债务人的银行处获得承诺，则所设定的质权可以按《民法》第364条第1款的规定具备第三人对抗要件。

但此时，对抗要件何时产生效力，则是另一个问题。

假设在质权设定时点（3月1日），相关存款的余额为1千万日元。在质权实现（7月1日）之前，余额变动如下：

	付还	存入	余额
3月1日			1000万日元
4月1日	500万日元		500万日元
5月1日	300万日元		200万日元
6月1日		500万日元	700万日元
7月1日		1000万日元	1700万日元

此时，对于债权额为1700万日元的金钱债权，是在3月1日发生质权设定的对抗要件效力呢，还是说至少对1700万日元中的1500万日元的部分，其中500万日元是6月1日、1000万日元是7月1日，发生对抗要件效力呢？

（2）将来债权让与的对抗要件效力发生时期。

首先，与此相关，将来债权让与的对抗要件在何时发生效力呢？

[132] 关于这一问题，将来租金债权让与的案件中，最近也有下级审判例论述了下列关系。即，东京地判平成8年9月20日判时1583号73页[46]认为，"对于未发生的租金债权的让与……对抗要件效力发生的时期是债权让与的效力发生时，即债权发生时"。但此种观点受到了强烈批判，并未得到多少支持。因为将来债权被双重让与并分别作出通知或承诺时，如果每个让与的对抗要件都在债权发生时发生效力，则其优劣

---

[46] 相同宗旨，大阪高判平成7年12月6日判时1564号3 页。

将无法确定[47]。

与此相对，判例法理的主流观点是，在作出通知或承诺时对抗要件产生效力。早在大判昭和 9 年 12 月 28 日民集 13 卷 2261 页中就认定，"即使在债权成立之前，让与人可以作出有效的让与通知，但此通知以附有确定日期的证书作出时，受让人方才据此享有可以以日后成立并取得债权来对抗债务人及其他第三人的法律上地位"。也有论者将这一判旨理解为是在债权发生时产生对抗力。[48] 但应认为，受让人依通知而取得"可以以日后成立并取得债权来对抗债务人及其他第三人的法律上地位"，这是判示了在通知到达时发生效力。东京高判平成 8 年 11 月 6 日判时 1591 号 32 页引用了前述大阪高院判决，也明确认为"一审原告引用的大阪高院判决认为支分权（租金债权）让与的效力及对抗要件的效力发生时期为支分权的发生时期，但按该法院的见解，在将来债权重复让与的情形或一般债权人扣押的情形中，关于对抗要件效力发生时期的解释将欠缺整合性，所以不能采纳此种解释"。此外，东京高判平成 9 年 2 月 20 日判时 1605 号 49 页也论述了相同的宗旨。

[133]

已经引用的最判平成 11 年 1 月 29 日这一判例在这该点上并未展现明确的判断。但该判决的案情是，就未发生的债权，具备对抗要件的让与与扣押竞合。在扣押之前先受到让与并具备对抗要件的受让人胜诉。如此一来，可以说其前提是债权让与的效力在合同缔结时发生，对抗要

---

[47] 道垣内弘人：《賃料債権に対する物上代位と賃料債権の譲渡》，载《银法》第 522 号（1996 年），第 14 页（本书边码 276）；小林明彦：《将来の賃料債権の包括譲渡と物上代位に基づく差押えの優劣》，载《金法》第 1456 号（1996 年），第 7 页；北秀昭：《抵当権者の賃料債権に対する物上代位》，载《ジュリ》第 1099 号（1996 年），第 124 页；道垣内弘人：《賃料債権に対する物上代位をめぐる最近の争点》，载《自正》第 48 卷第 7 号（1997 年），第 130 页（本书边码 290）等多数。

[48] 高木多喜男：《集合債権譲渡担保の有効性と対抗要件》，载氏著：《金融取引の法理第 1 卷》，成文堂 1996 年版，第 126 页。但是，高木教授反对该判旨，主张在通知到达时发生对抗力。

件的具备效力在通知、承诺之时发生[49][作者补注6]。

(3) 普通存款债权质权设定的对抗要件的效力发生时期。

那么，普通存款债权并非将来债权。如上所述，应认为"总是将存入的金额与既存的余额合计为一个债权来对待"[50]，自始存在的债权保持同一性，只是其金额在变动。但是，将来债权让与对抗要件效力发生时期有关的议论具有一定的参考性。也就是说，就连在将来债权中，在通知或承诺的时点上都发生对抗要件的效力，所以在所谓普通存款债权中，此种解释当然能够成立。

因此，在普通存款债权中，一旦作出通知或承诺，则虽然其金额在将来变动，对于其整体，应认为总是处于具备对抗要件的状态。

2. 与诈害行为撤销权、破产否认权及公序良俗的关系

(1) 与对抗要件制度的功能分担。

对于上述解释，也有疑虑认为，普通存款债权中质权人可以自由使其金额增加，若一味地承认质权对此的效力，则在与其他债权人的关系上，会不当地赋予质权人以优势地位。

在这一点上，首先应当指出的是，在与其他债权人的关系上，为防止特定债权人不当取得优势地位，实定法上准备了民法上的诈害行为撤销权、破产法上的破产否认权等法理。对抗要件制度并不发挥此种作用。而且，根据情形，也可以以违反公序良俗为由而使质权设定无效。但不管怎样，在质权设定、对抗要件具备的层面上，以普通存款债权作为质权的标的，应认为不存在法律上的障碍。

那么，在与诈害行为撤销权、破产否认权及公序良俗的关系上，应

---

[49] 道垣内，前注[25]，第78页。

[作者补注6] 之后，最判平成13年11月22日民集55卷6号1056页认为，在作出将来债权的概括性让与时，"既已发生或将来应发生的债权自甲处确定地让与给乙"，"就上述债权让与，为了具备第三人对抗要件，可以按照指名债权让与对抗要件（《民法》第467条第2款）的方法"，更明确地认定债权让与的效力在合同缔结时发生，对抗要件具备的效力在通知、承诺时发生。

[50] 我妻，前注[36]，第742页。

如何评价普通存款债权的质权设定呢？

（2）诈害行为撤销权、破产否认权的成立要件。

首先考虑诈害行为撤销权和破产否认权。

（a）对于诈害行为撤销权、破产否认权的要件，条文的表述是颇为形式性的。对于诈害行为撤销权，《民法》第424条要求诈害性以及认识到诈害。规定破产否认权的《破产法》第72条和《公司再生法》第78条[作者补注7]也是，除了在危机否认中视为存在偏颇性，同样是诈害性（偏颇性）以及认识到诈害（偏颇）的结构。然而，最近的通说和判例没有在此种形式性的框架内判断诈害行为撤销权和破产否认权的成立与否。而是将有害性和不当性这一实质性判断作为其成立与否的决定因素[51]。

那么，按此等实质性要件来考虑时，对于诈害行为撤销权和破产否认权的成立与否，需要区分情形来考虑。

（b）首先考虑一下"一1（1）"中介绍的事例，即伴随资产担保证券的发行，为了担保SPC对服务商享有的债权，在服务商存入回收金的普通存款账户的债权上设定质权的情形。此时应注意的是，对于回收金，服务商对SPC负有交付义务，这是被担保债权。在普通存款债权的质权设定中，有些情形下，此等存款债权因其金额变动这一性质会给其他债权人带来不利益。例如，本来应担保其他债权人享有之债权的财产（金钱），在破产之际被移转到相关存款账户中，从而使作为质权人的债权人独占。然而，伴随资产担保证券的发行而设定质权的债权，存于该债权所在之账户中的金钱，本来就不过是代质权人回收的金

[135]

[作者补注7]　引用的条文虽是2004年《破产法》修改、2004年《公司再生法》修改以前的相应条文，但是条文没有明确实质性判断的构造，这在修改后的法律中也是一样的。

[51]　关于诈害行为撤销权，代表性文献为下森定：《債権者取消権の成立要件に関する研究序説》，载来栖三郎、加藤一郎编：《民法学の現代的課題——川島武宜教授還暦記念》，岩波书店1972年版，第225页及以下。关于破产否认权，可参见伊藤真：《破産法（新版）》，有斐阁1991年版，第288页及以下。

钱而已,一刻都不是其他债权人的担保财产。

那么,如此一来,"一 1 (1)"中介绍的伴随资产担保证券发行的普通存款债权担保化的事例中,质权设定行为自身自不用说,危机期内增加标的债权额的行为也难言是诈害行为撤销权、破产否认权的对象行为。

(c) 与此相对,对于"一 1 (2)"中介绍的事例,即以金融衍生品的相抵余额为被担保债权,在普通存款账户中存入与该债权相当金额的情形。至少,在危机期内增加余额的行为应认为是给其他债权人带来损害的行为。当然,此时的问题是,诈害行为撤销权、破产否认权的对象行为是什么?简单考虑,金钱的存入行为构成对象行为,但若贯彻这一观点,则有些情形中对质权人而言也会过于严苛。例如,在进入危机期时有 10 亿日元的余额,之后存入 10 亿日元,又取出 8 亿日元,现在余额是 12 亿日元。此时,若 10 亿日元的存入行为被全面撤销或否认,则担保标的财产将只有 2 亿日元,这反倒是不公平的。应该仅价值增值部分,即 2 亿日元的部分构成撤销、否认的对象。如此一来,此处的问题将是,价值增值部分的撤销、否认。当然,这一法理难言成立,今后仍须讨论[52]。

[136]　(3) 构成违反公序良俗的过剩担保。

那么,违反公序良俗的方面如何呢?

对于担保权的设定,主张公序良俗违反可能性的是所谓过剩担保的情况[53]。然而,如前面已经说明的,对普通存款债权设定质权,其优点在于可以使得其余额与被担保债权相均衡。可以说不发生过剩担保的问题。

---

〔52〕 关于价值增值部分的诈害行为的撤销、破产否认问题,参见伊藤真:《債務者更生手続の研究》,西神田编集室 1984 年版,第 380 页及以下。

〔53〕 最近详细的探讨,野田和裕:《過剰担保の規制と担保解放請求権 (1)、(2 完)》,载《民商》第 114 卷 2、3 号 (1996 年)。

四、对普通存款债权设定让与担保权

1. 作为担保的让与担保

上面论述了对普通存款债权设定质权。那么，这些债权可否成为让与担保的标的物呢？

对于债权，如果认为让与担保与质权之间并无本质差异，则上述议论也可径直适用于让与担保。当然，关于对抗要件，质权适用《民法》第364条，让与担保适用《民法》第467条。但《民法》第364条要求按照《民法》第467条的规定作出通知或承诺，所以两者之间没有差异。只是，是通知或承诺设定了质权，还是通知或承诺设定了让与担保权？特别是对于标的债权的特定性等，就质权已作的相关论述，适用于让与担保也是妥当的。

2. 清偿与提供担保的区别

（1）用存款清偿。

然而，关于让与担保，虽说让与以担保为目的，但若重视设定人（＝让与人）形式上对让与担保权人（＝受让人）进行了让与这一点，事态则会略显奇妙。换言之，也会觉得，若让与担保标的债权所在的账户整体上成为让与担保权人的账户，则只能是债务人时刻对债权人进行清偿，如此一来，将不存在被担保债权，在性质决定上难以认定为担保。

[137]

若如此理解，或许会觉得，这可以说是关于所有的让与担保，而并不仅是存款债权让与担保的问题。但是，例如在不动产让与担保的关系上，债务人负有的通常是金钱债务，原则上不能以不动产来清偿该债务，而需要作出让与担保的实现行为，例如代物清偿行为。即使在通常的债权让与担保中，以债权的移转来清偿金钱债务，也是需要债权人同意的。在观念上还是会有实现行为。

与此相对，存款债权的让与有余地被直接认为是金钱债权的清偿。

即，判例[54]的立场认为，银行开出的支票，"在交易界通常能够确实支付，而与现金等同对待"，所以"在没有主张举证特别情事的本案中，可以认为上述支票的交付是按债务本旨所作的履行"。因此，存款债权的让与，即取得对银行的债权，作为金钱债务的清偿，当然也是有效的。如此一来，则被担保债权在让与时完全消灭，在观念上无法再有实现行为了。

（2）被担保债权的存在。

但是，前述判例的前提是，在另有合意（例如以现金支付）的情形中则有所不同[55]。实际上，大阪高判昭和56年10月30日判时1046号50页的判例认为，在有携带现金清偿合意的情形中，存在前述判例中所说的"特别的情事"。达成合意，以一定的账户为清偿账户，也是一样的。如此一来，只是存款债权的让与，尚不能发生被担保债务清偿的效果，将其中性质认定为让与担保，并不存在障碍。

[138]　　因此，此前关于质权的议论，也可直接适用过来。

五、结论

简单对上面的内容作一下总结。

作为在普通存款债权上设定担保的方法，质权与让与担保在法律上均是有效的。那么，在最开始的设定阶段，如果对作为第三债务人的银行作出通知，或者自该银行处取得承诺，则作为质权、让与担保权设定的对抗要件是有效的。其效力在该时点发生，同时不论将来存款余额如何变动，以对该时点存款余额整体所设定的质权或让与担保权作为可对抗第三人者，而持续有其效力。

但是，除了将作为委托人的代理人回收的金钱存入普通存款中，且

---

[54] 最判昭和37年9月21日民集16卷9号2041页。
[55] 参见大冢龙儿：《判批》，载《ジュリ》第856号（1986年），第129页；小林俊明：《判批》，载鸿常夫等编：《手形小切手判例百选（第5版）》，有斐阁1997年版，第179页。

相关委托人在相关普通存款债权上享有质权的情形，价值增值行为有可能构成诈害行为撤销、否认的对象[作者补注8]。

[原载于中田裕康、道垣内弘人编:《金融取引と民法法理》，有斐阁 2000 年版，第 43 页及以下]

〔作者补注8〕在本节论文的原文发表后，围绕普通存款担保化的议论开始活跃。首先，森田，前注〔5〕，第 299 页及以下认为，对于普通存款债权的成立机制，余额债权的成立原因在每次入款记账时更新，成立新的债权，进而将普通存款担保理解为在每次此等入款记账时发生的将来债权的概括性担保化。其次，中田裕康:《"口座"の担保化》，载金融法务研究会:《担保法制をめぐる諸問題（金融法務研究会報告書）》，金融法务研究会事务局 2006 年版，第 20 页及以下讨论了视为账户担保化而非普通存款债权担保化的可能性。最后，森田修:《アメリカ法における預金口座担保と相殺》，载《金融研究》第 27 卷（法律特集号）（2008 年），第 55 页及以下对美国法上存款账户担保的法律技术进行了周到的分析。即使对于本节，也有必要基于这些讨论进行再探讨，但本节仍有一定的价值。

[139]

第三章　抵押权

[140] ## 第一节　总　论

第一分节　普通抵押权与最高额抵押权

一、最高额抵押权是特殊型吗

1. 教科书中关于最高额抵押权的说明基本都是在普通抵押权之后新起一节。本来从条文来看，"最高额抵押权"是在抵押权一章的末尾作为分支条文所附加的。

若如此考虑，则会觉得最高额抵押权是非常特殊的，但在金融实务中，其数量非常之多，除了住宅贷款等，可以说大都设定的是最高额抵押权。如此一来，反倒觉得以最高额抵押权为中心进行论述更好。至少，似乎可以对"最高额抵押权是特殊型"这一理解是否正当抱有疑问。

2. 意外的是，此等观点的探讨非常缺乏。反过来，有主张认为，对于最高额保证、最高额抵押、最高额质押、最高额让与担保，有必要着眼于作为最高额担保的共通性和同质性，进行横向的探讨[1]。

---

〔1〕参见荒川重胜：《根担保論》，载星野英一等编《民法講座別卷（1）》，有斐阁1990年版，第143页以下。

但是，即使认为最高额抵押权是特殊型，为了得出此等结论，也可以先假定其与普通抵押权之间并不存在巨大差异，即使这一尝试失败也为时不晚。

3. 因此，下面就一般指摘的普通抵押权与最高额抵押权间的不同之处依次进行讨论。

二、被担保债权的确定方法

1. 普通抵押权是以特定的债权作为被担保债权的，与此相对，最高额抵押权是以属于一定范围的不特定债权作为被担保债权的。《民法》中，第四节"最高额抵押权"第398条之2第1款规定，"抵押权，亦得……以属于一定范围之不特定债权为最高额，于其限度内为担保而设定"（着重号为笔者所加），所以原则上是"为特定债权而设定"。

[141]

但是，确定被担保债权的本旨是为了明确在抵押权实现时究竟哪一债权是能从其中优先受偿的。若如此考虑，则能明确哪一债权是被担保债权，哪一债权不是被担保债权即可。方法上可以考虑对个别具体债权进行特定化的方法与通过确定范围而明确的方法。

2. 实际上，在某些情形中，某一抵押权是普通抵押权还是最高额抵押权，并不明确[2]。例如，担保将来租金债权合计额的抵押权是普通抵押权，而非最高额抵押权。但是问题在于，担保将来租金债权的总是普通抵押权吗？例如，每月的租金为20万日元，期限为10年的租赁合同，为担保该合同所产生的租金债权而设定了抵押权。此时，在逻辑上，以 20×12×10＝2400 万日元的债权作为被担保债权时，是普通抵押权。如果认为"至多迟延6个月吧"，"在最高额120万日元的限度内担保相关租赁合同发生的租金债权"，则似乎是最高额抵押权。

但是，通过最高额抵押权而担保特定债权，对于相关抵押权的效力

---

[2] 详细参见铃木禄弥：《根抵当法概説（第3版）》，新日本法规出版社1998年版，第525页以下。

存在争议，只能承认其作为普通抵押权的效力。这一见解也是强有力的[3]。如此一来，在 10 年的租金全部确定的上述例子中，即使约定最高额抵押权的确定方法，似乎也只能承认其系普通抵押权。然而，债权人与债务人之间只有一份租赁合同时，如果都约定了"在最高额 120 万日元的限度内担保两人之间全部租赁合同发生的租金债权"，换言之，形式上商定了将来可能缔结的租赁合同所发生的债权也作为被担保债权，则将不会有此等问题，此最高额抵押权有效。

另外，即使在普通抵押权中，由于承认设定抵押权来担保部分债权，所以也可以设定抵押权来担保 2400 万日元债权中的 120 万日元。此时，是基于"由于至多迟延 6 个月，所以 2400 万日元中作为未付债权而现存的债权是 120 万日元左右"这一判断。但约定在 120 万日元限度内担保不特定债权，还是在列举全部债权的基础上约定在 120 万日元的限度内担保其债权，其效力会发生巨大变化，这也是非常奇妙的事情。

三、对被担保债权的附随性

1. 在不存在被担保债权时，即使设定普通抵押权，也是无效的（成立的附随性）；若被担保债权消灭，则普通抵押权随之消灭（消灭的附随性）。与此相对，在当事人之间完全没有交易的时点上，也能以将来交易所发生的债权作为被担保债权而设定最高额抵押权。即使期间被担保债权完全消灭，其也不会消灭。两者间存在此种差异。

但是，所谓附随性，究竟是什么样的特性呢？这一特性，是指担保物权是以债权的担保作为唯一目的而存在，而非具有独立价值的权利。若如此认为，是否存在附随性，应当通过担保权能否脱离债权担保这一目的而具有独立价值来进行判断。

---

〔3〕 参见柚木馨、高木多喜男编：《新版注释民法（9）》，有斐阁 1998 年版，第 667—668 页（高木多喜男执笔）。

2. 若从此种观点来看问题，则会发现上述差异只不过是因被担保债权的确定方法不同而当然产生的，并不是附随性有无的问题。

在普通抵押权的情形，被担保债权是被个别具体地特定化。因此，若其债权不存在或者消灭，则被担保债权绝对不能存在。如果不承认抵押权的不成立或消灭，则将会导致承认抵押权具有不依附于被担保债权的独立价值。

与此相对，在最高额抵押权中，被担保债权根据"一定范围"而确定，所以即使在成立阶段或中途消灭，也不会导致被担保债权绝对消灭，其将来会有存在的可能性。如此一来，则即使承认抵押权成立或不消灭，也不会导致承认其具有不依附于被担保债权的独立价值。如果进入实际实现最高额抵押权并受优先清偿的阶段，则仅就现存的被担保债权承认其可以优先受偿。所以在这一意义上，也不具有与被担保债权相分离的独立价值。

[143]

四、债权人、债务人的变更

1. 在普通抵押权中，受让被担保债权之人，依附随性而同时取得相关抵押权。此外，为债务人或代债务人清偿被担保债权之人，为了确保求偿权，可以代位债权人行使抵押权（《民法》第500条）。被担保债权变更，债权人伴随之而发生更迭时，可以把抵押权移至变更后的债务（《民法》第518条）。与此相对，在本金确定前，自最高额抵押权人处受让个别被担保债权之人，不得行使最高额抵押权。为债务人或代债务人清偿被担保债权并取得代位权之人，亦同（《民法》第398条之7第1款）。因变更而发生债权人更迭的，亦不得将最高额抵押权移至变更后之债务（《民法》第398条之7第3款）。

关于最高额抵押权，在《民法》第398条及以下，规定了债权人、债务人死亡、合并以及公司分立的处理。与此相对，对于普通抵押权，没有此等规定。

上述诸点也是普通抵押权与最高额抵押权的区别。

2. 但是，这些不同点也只是由于被担保债权的确定方法不同而必然产生的，似乎还不至于是普通抵押权与最高额抵押权性质上的不同。

换言之，普通抵押权是个别具体地确定被担保债权，所以即使债权人更迭，只要其债权保持同一性，也可以认为一直是所谓被担保债权的状态。此外，债权人、债务人死亡、合并以及公司分立时亦同。

[144] 与此相对，最高额抵押权是以谁是债权人（债权人标准）、谁是债务人（债务人标准）的债权中哪一范围的债权（债权范围标准）的方式确定被担保债权的。因此也可以说，如果就个别债权发生债权人更迭，则该债权当然从被担保债权中脱离；这不过是因为如此确定被担保债权而已。为了在一定情形中排除其结果，有必要作出相关规定，即《民法》第398条之8及以下。

五、共同抵押

1. 在作为普通抵押的共同抵押中，即使欠缺共同抵押意思的登记，也适用《民法》第392条，即被担保债权分摊在各不动产上。与此相对，在最高额抵押权中，限于特别作出共同抵押意思的登记时，才适用《民法》第392条、第393条（《民法》第398条之16）。无此登记时，最高额抵押权人可以就任一不动产在最高额的范围内行使优先权（《民法》第398条之18）。

2. 但是，这一不同实际上不过是意思推定的规定，并不是因为被担保债权不特定。不过，并非毫无关系，意思推定的根据在于，在最高额抵押权的情形中，也会出现被担保债权的总额意想不到之多的情况，最高额抵押权人也要处理此种事态。与应推定为担保个别具体、金额确定的债权的意思有所不同。因此，对于最高额抵押权，在最高额范围内可以就任一不动产行使优先权。这一效果的产生是在最高额抵押权的实现时，即被担保债权的本金确定之后。被担保债权不确定并非本质原因。

六、结语

如上所见，似乎也可认为，普通抵押权与最高额抵押权的不同诸点并非源于各自性质上根本的差异,而只是被担保债权的确定方法不同(但两者都得要明确被担保债权)。希望能有进一步思考。

[原载于内田贵、大村敦志编:《民法の争点(ジュリスト增刊)》,有斐阁2007年版,第149页及以下]

第二分节 抵押权的设定与登记 [145]

一、问题的限定

(1) 围绕抵押权的设定登记,通常会讨论以下问题。即,可否对一块土地或一个建筑物的部分场所设定抵押权并作出其登记,可否设定一个抵押权担保一名或数名债务人的数个债权并作出其登记,允许登记内容与实体关系不一致的程度,无效登记的挪用等。对于其中的几个问题,我自己也曾有初步思考[4]。因此,希望尝试若干总论性的考察。

(2) 实际上将探讨下列两个问题。

第一,抵押权设定合同的性质,更具体地,与买卖合同等在性质上有哪些差异。如后所述,对于抵押权设定合同,在性质上多认为其是"物权合同"。这具有何种意义,以及这是否妥当?

第二,抵押权设定登记的性质,更具体地,对于信赖抵押权设定不实登记的第三人,在何种范围内进行保护以及如何保护。

下面按顺序进行探讨。

二、抵押权设定合同的性质

1. 物权行为独自性的否认与抵押权设定合同的特殊性

(1) 被视为通说的见解。

众所周知,对于物权行为独自性的有无,存在激烈的论争。判例和

---

[4] 道垣内(旧),第98—109页。

[146] 通说持否定独自性的见解。即，标的物所有权通过买卖合同而从出卖人移转至买受人，是出卖人依买卖合同所负债务的效果。日本《民法》采用了与《法国民法》第711条——"物的所有权，因……债务的效果而移转"（La propriété des biens…se transmet…par l'effet des obligations）相同的立场。

讨论集中在"依买卖合同而移转所有权"上。对于抵押权的设定，也可以说尚未进行透彻的分析。但是，通说认为，通过抵押权设定合同设定抵押权与通过买卖合同移转标的物所有权，虽说同样都是物权变动，但性质是不一样的。例如，我妻荣教授认为，"所谓物权行为的独自性，意味着为了发生物权的变动，总是存在仅以物权变动为目的的法律行为，所以虽然不承认该独自性"，"也并非否定"设定抵押权、地上权等这种"仅以物权变动为目的的法律行为的存在。上述诸情形中，作为仅以物权设定或移转为目的的行为，而发生效力。这自不待言"[5]。于保教授认为，"虽说是法国法的见解，但并非完全否定物权行为的概念。对于不以债权行为为前提的物权行为（如限制物权的设定行为……）……应存在独立的物权行为，这一点没有异议"[6]。

特别是柚木教授明确地论述道，"抵押权设定合同是直接以抵押权的发生为目的的合同（所谓物权合同），与约定设定抵押权的债权合同相异"[7]。还有一些论述展现了同样的立场[8]。

（2）反对说。

也能看到明确反对上述立场的学说。例如，铃木教授认为，"通说认为这（抵押权设定合同——道垣内注）并非单纯的债权合同，而是

---

〔5〕 我妻荣，有泉亨补订：《新訂物權法（民法講義 II）》，岩波书店1983年版，第58页（旧版为第51—52页）。同旨，舟桥谆一：《物權法》，有斐阁1960年版，第78页。

〔6〕 于保不二雄：《物權法（上）》，有斐阁1966年版，第48页。

〔7〕 柚木、高木，第223页。

〔8〕 高木多喜男：《担保物權法（新版）》，有斐阁1993年版，第99页。另外，对于地上权设定合同，稻本教授认为，"设定合同是以成立物权（地上权）为直接效果的物权行为"。[稻本洋之助：《民法 II（物權）》，青林书院新社1983年版，第344页] 对于抵押权设定合同，也作同样思考。

从债权关系处独立的物权合同。但是,即使对于这一情形,也应当认为在当事人之间存在设定抵押权的债权合意,抵押权成立的过程因此开始"[9]。笔者在拙著中也论述道,"有力说认为抵押权设定合同是物权合同,对于设定人没有处分权限的情形,则合同自身的有效性也存疑。但是,此种情形中,合同有效,且设定人负有设定合同的债务不履行责任。在与买卖他人物的合同有效(《民法》第560条)的关系上,这一理解也是妥当的"[10]。

此外,对于《民法》第344条规定的"质权之设定,因债权人交付其标的物而生其效力",多数说因此认为质权设定合同是要物合同。但广中教授的见解否定了这一多数说,而认为"设定质权的合意作为诺成合同而有效,作为该合同而产生之债务的履行,只有交付标的物,则质权方才被有效地设定"[11]。这一见解将质权这一限制物权,也理解为依据合同的债权性效力。笔者在拙著中,主张"应认为标的物交付并非合同成立要件(或设定合同自身的效力发生要件),仅通过合意就成立质权设定合同的,质权人对质权设定人享有标的物的交付请求权"[12]。

(3)讨论。

被视为通说的见解,其立场也具有一定的合理性。对于物权变动的发生时间,若采用合同时说,则抵押权的设定合同在其缔结的时点上产生抵押权设定这一效果。对于之后的登记请求,如果仅在观念上有物权性登记请求权,则在当事人之间已不存在债权债务关系了。因此,在观念上也可认为是不发生债权债务关系的合同。

---

[9] 铃木禄弥:《物権法講義(4訂版)》,创文社1994年版,第182页。这是4订版中新增的论述。

[10] 道垣内(旧),第98页。

[11] 広中俊雄:《物権法(第2版)》,青林书院1982年版,第66页。

[12] 道垣内(旧),第67页;同旨,矶村保:《物権変動と債権讓渡》,载《法教》第163号(1994年),第57页(矶村保等:《民法トライアル教室》,有斐阁1999年版,第248—249页)。

[148] 但是，在关于所谓现实买卖的论述中，主张物权行为独自性的论者多数都是将现实买卖理解为非债权合同。与此相对，通说否定现实买卖的特殊性[13]。该通说对现实买卖理解的前提是，买卖中标的物所有权移转是因合同的债权性效果。换言之，交付行为同时标志着合同成立与所有权移转，并且即使实现，在观念上也可理解为是依已成立之合同的效果而移转所有权，并且此种理解可以与其他情形的理解相协调。

如此一来，对于抵押权及其他限制物权的设定，不导入"物权合同"这一新概念，认为抵押权作为依抵押权设定合同而发生的"债务的效果"（par l'effet des obligations）而成立，是更自然的。

那么，或许认为上面所论述的通说与少数说的对立是极为理论性、抽象性的。但是，实际上会带来一些结论上的差异。

2. 抵押权设定合同性质论的意义

是否将抵押权设定合同理解为物权合同，实际会发生何种结论上的差异呢？首先，从关于抵押权设定可能性的议论来看。

（1）就将来建成的建筑物设定抵押权。

（a）首先是 1962 年 12 月 28 日民事甲第 3727 号民事局长通知（先例集追 III 1128 页）。其认为，以将来建成的建筑物为标的的抵押权设定合同书，即使在该建筑物实际建成之后，也不构成证明抵押权设定登记的登记原因的材料。其理由论述如下：此种抵押权设定合同"在其建筑物建成时，仅作为所谓债权合同而有效，发生缔结抵押权设定合同的债权"。更详细地，香川法官说明道，"其建筑物新建之时，作为债 [149] 权合同而有效，发生缔结抵押权设定合同的债权。但是，认为在建筑物竣工时当然成立抵押权的见解是有疑问的。倒不如说是在建筑物竣工时应重新缔结抵押权设定合同"[14]。

高木教授反对实务上的此种做法。但是，应注意其反对的理由。

---

[13] 参见柚木馨、高木多喜男编：《新版注释民法（14）》，有斐阁 1993 年版，第 142 页及以下（柚木、高木执笔）。

[14] 香川保一：《新版担保》，金融财政事情研究会 1961 年版，第 24 页。

即,"在成为建筑物的阶段,物权效果发生的障碍被排除,所以抵押权自动地发生。存在以成为建筑物为停止条件的抵押权设定合同"[15]。换言之,其前提是将抵押权设定合同理解为物权合同,但认为是附停止条件的物权合同。

对此,拙著中论述如下:"若将设定合同作为物权合同,则也能支持该实务(上述通知)。但是,此种解释没有必然性","认为在成为建筑物的阶段发生抵押权设定的效力较好"。[16] 即,抵押权设定合同在建筑物不存在的阶段有效成立,只是抵押权设定这一物权变动的发生时间是"成为建筑物的阶段"。

作为判决例,可以举出大阪地判昭和13年8月2日新闻4324号9页。该判决论述如下:"在抵押权设定当时,作为标的物的本案建筑物尚未作为不动产而存在。因此,被告的祖先……所缔结的抵押权设定合同并未当然径自发生物权的效力。虽说如此,此种在终局作出以物权变动为内容的法律行为,若其标的物特定或可以特定,则虽存在不即时发生物权变动的障碍,但若无特别情事,则在该障碍排除之时,当然发生物权变动的效力。"

虽然没有对抵押权设定合同的性质进行明确论述,但不能说正因为如此,方才采用附停止条件物权合同这一理解。

(b) 不论是否将抵押权设定合同视为物权合同,对于将来建成的建筑物设定抵押权的合同,都主张应承认其有效性。因此,或许会觉得似乎哪一观点都不会有太大差别。但是,高木教授的见解和我个人的见解,会产生下列差异。[150]

在高木教授的见解中,当事人连担保提供的义务都不负有。因为其将抵押权设定合同理解为是不在当事人间产生债权债务关系的物权合同。因此,即使设定人懈怠建造建筑物,债权人也不能提出任何异议。对此,我个人的见解认为,债权人可以请求设定人建造建筑物。而

---

[15] 高木,前注[8],第103页。
[16] 道垣内(旧),第99页。

且，在设定人＝债务人时，由于设定人＝债务人没有履行担保提供义务，所以根据《民法》第137条第3项而丧失了期限利益。在这一点上，我个人的见解似乎更具常识性。

（c）还可以再说两点。

首先，对于买卖合同，通说认为"作为买卖标的的财产权，不需要现实存在。将来产出制作的物品、将来发生的权利也可以成为买卖的标的"[17]。换言之，在买卖合同中，在标的物尚不存在的阶段，买卖合同有效成立，并非成立附停止条件买卖合同。对将买物的买卖合同与将来物的抵押权设定合同作不同思考，并不存在必然性。

其次，即使在登记实务的理由依据上，以及在关于《民法》第137条第3项所谓"债务人负有提供担保义务之情形"的通说解释上，都承认"约定设定担保"这一合意的可能性和有效性。此时，若如高木教授的观点，把将来物的抵押权设定合同理解为附停止条件物权合同，则对于设定人懈怠建造建筑物本身的情形，相较于将相关合同视为"所谓债权合同，产生缔结抵押权设定合同的债权"的情形，合同将会更加"弱小"。如上所述，在附停止条件物权合同中，不发生设定义务，不建造也不构成债务不履行。

[151]　（2）就第三人所有的不动产设定抵押权。

（a）对于虽作为不动产而存在但设定人在现时点并不所有的特定不动产所缔结的抵押权设定合同效力如何呢？大决大正4年10月23日民录21辑1755页认定如下：

"不享有不动产所有权的债务人在该不动产上设定抵押权，在法律上是不可能的。尽管如此，债务人自他人处买得不动产之际，不妨碍在取得所有权之前，对债权人预先作出在该不动产上设定抵押权的物权性意思表示，并缔结金钱消费借贷合同。没有必要使之无效。理由在

---

〔17〕　宗宫信次：《債権各論（新版）》，有斐閣1971年版，第105页。此外，我妻荣：《債権各論中卷一（民法講義 V_2）》岩波書店1957年版，第251页；柚木、高木编，前注〔13〕，第145页（柚木、高木执笔）等。

于，于此情形，抵押权在债权人他日取得不动产所有权的同时设定，此与债务人在既已享有所有权的不动产上设定抵押权，对当事人的利害影响没有任何区别。"

该判决的理论构造并不清楚。但是，高木教授引用该判决并论述如下："抵押权设定合同是物权合同，是处分合同，所以设定人需要有处分标的物的权限"，但是"他人物的抵押权设定合同并非不成立，而是成立以设定人取得标的物所有权为停止条件的设定合同"。[18]

对此，在拙著中，从抵押权设定合同并非物权合同这一立场出发展开如下论述："就将来取得之标的物，缔结附条件的抵押权设定合同当然是可行的（判例、通说）。但是，个人认为，不论停止条件的约定如何，合同均有效，在设定人取得处分权限时当然成立抵押权"。[19]

（b）与"（1）（b）"的论述基本相同。设定人负有从第三人处取得相关标的物所有权的义务。其义务不履行时，认为设定人负有不履行设定合同的债务的责任更为自然。

在日本民法上，买卖他人物有效（《民法》第560条）。在出卖人取得标的物所有权的同时，该所有权当然移转至买受人（大判大正8年7月5日民录25辑1258页、最判昭和40年11月19日民集19卷8号2003页）。这并没有承认成立附停止条件的买卖合同。无条件的买卖合同在合同缔结时点上成立，只是所有权移转的时期是出卖人的标的物所有权取得时。与之作同样理解即可。认为买卖合同与抵押权设定合同是异质的，这一理解并没有必然性。

3. 抵押权设定合同的解释

是否把抵押权设定合同理解为物权合同，会导致设定合同的解释路径相异。最高法院有观点将抵押权设定合同理解为物权合同，并据此展开解释。首先来看一下该判决。

---

[18] 高木，前注〔8〕，第99页。
[19] 道垣内（旧），第98页。

（1）关于平成5年最高法院判决。

（a）最判平成5年1月19日民集47卷1号41页虽然是关于最高额抵押权的，但是理论上展现了意义深远的判断。

该案中，对于第三人对信用金库（债权人）所负的债务，最高额抵押债务人作了保证。在该情形中，以"信用金库交易产生的债权"作为被担保债权而设定最高额抵押权，其被担保债权是否包含相关信用金库因该保证合同而对最高额抵押债务人享有的债权？对于这一问题，最高额抵押权人与最高额抵押权设定人之间发生了争议。在结论上，最高法院与原审法院一样作了肯定的回答，但是值得注意的是在这一裁判中所使用的合同解释路径。

如后引用所示，本判决认为"界定被担保债权范围的是最高额抵押权设定合同"。进而，其合同解释如下：

"以'信用金库交易产生的债权'作为被担保债权的范围而设定最高额抵押权，该被担保债权中也包含了信用金库对最高额抵押债务人的保证债权。盖因，所谓信用金库交易，一般意味着与法定信用金库业务相关的交易。最高额抵押权设定合同中合意约定的'信用金库交易'的意思应当与之相同。因信用金库与最高额抵押债务人之间的交易而产生的债权，如果有关交易是与信用金库的业务相关联的，则全部被有关最高额抵押权所担保。信用金库作为债权人与最高额抵押债务人缔结保证合同的，构成《信用金库法》第53条第3款规定的'附随有关业务之……其他业务'。此外，也没有什么特别的理由可以将信用金库的保证债务排除在最高额抵押权的被担保债权之外。"

接着，批判了原审判决采用的裁判逻辑，并论述如下：

"原审认为最高额抵押权设定合同中合意的'信用金库交易'的范围限定在信用金库所作的授信交易或者信用金库与交易方（最高额抵押权债务人）达成的信用金库交易约定书的适用范围。在这一前提下，原审判示，以信用金库为债权人并以交易方为保证人的保证合同，作为相当于信用金库对交易方的授信行为者而通常被解释为包含在

[153]

信用金库交易约定书的适用范围中,并且作为相关交易界的商业习惯而被普遍接受。以此为理由,判断本案最高额抵押权的被担保债权中也包含了原判示的保证债权……然而界定被担保债权范围的是最高额抵押权设定合同,而非信用金库交易约定书(《民法》第398条之2第2款所定的'一定种类之交易',作为界定被担保债权具体范围的基准,即使在对第三人的关系上,也需要是明确的,所以在最高额抵押权设定合同中被具体特定的'交易'范围,不应被当事人得自由订立的另外合同的适用范围所左右),所以原审判决关于此点的理由论述欠缺适当。"

(b) 本判决中最高额抵押权设定合同的解释路径,不拘泥于当事人的主观意图,而是需要确定表示行为的客观意义。并且,此际,当事人间存在的其他合同等资料不作参考。对于此种解释方法,本判决在何种意义上采用,并且是否妥当?对此存在分歧。

第一种,最高额抵押权的被担保债权的范围是什么?这与当事人间的债权行为相异,是表象为登记的物权行为的问题,所以应按本判决展现的手法进行解释。[20] 这一立场认为,本判决也将抵押权设定合同理解为物权合同,这是妥当的。

第二种,登记毕竟只是第三人对抗要件,以何种债权作为被担保债权而设定抵押权,是当事人间的合同解释问题。而且,其解释不仅要考虑最高额抵押权设定合同自身的措辞,还要充分考虑当事人间存在的信用金库交易约定等辅助资料。因而反对本判决的立场。[21]

第三种,凡是合同的解释,不是去确定当事人的主观意图,而是应确定表示行为的客观意义。本判决也展现了此种立场,是妥当的。[22]

那么,在此批判将抵押权设定合同理解为物权合同的观点。因

[154]

---

[20] 伊藤进:《"保证债权"と根抵当权の被担保债权资格》,载《手研》第478号(1993年),第5—6页;生熊长幸:《判批》,载《ジュリ》第1046号(1994年),第80页。

[21] 荒木新五:《判批》,载《判夕》第817号(1993年),第50页;道垣内弘人:《判批》,载《金法》第1364号(1993年),第40页(本书边码375—377)。

[22] 仓吉敬:《判批》,载法曹会编:《判解民平成5年(上)》,法曹会1996年版,第35页,脚注10。

此，不能赞成第一种立场。而且，即使在本判决的客观性理解上，也不能将抵押权设定合同理解为物权合同。

对此，第二种立场与第三种立场的差异，乍一看似乎是在合同解释上，此前的通说与有力说相互对立。即，众所周知，以我妻荣教授为代表的此前的通说认为，"法律行为的解释，是确定表示行为应有的客观意义"（着重号为原文所加）[23]。对此，最近在合同的解释上，认为首先"应探求在缔结合同时，对于成为问题的点，两当事人的意思在何种程度上达成了一致"[24]，在此之际，信件或发言等各种各样的形式而"在外观上体现出来的东西"是辅助的判断材料。第二种立场立足最近的有力说，第三种立场立足此前的通说。而本判决也依据的是此前的通说。

但是，仍有应进一步讨论的地方。不论是通过各种各样的资料确定当事人的主观意思，还是确定表示行为的客观意义，法院都可以自由确定吗，还是说要被课以某种外在的限制？

（2）合同解释与物权法定主义。

（a）物权因当事人的合意而设定（《民法》第176条），登记不过是其第三人对抗要件（《民法》第177条），这是物权法的大原则。但是，在物权法定主义（《民法》第175条）下，要想成为物权，就得按照法律规定的类型进行。即使通过当事人间的合意可以设定物权，其也受到一定的限制，而不能违反该限制赋予物权以与法律规定相异的内容。

到此为止这些都是显而易见的。但是，这会给合同解释带来何种影响呢？迄今为止都未有充分的论述。这主要是学说对典型合同类型的漠视造成的。因此，首先从典型合同相关的议论出发来看。

（b）众所周知，对于民法规定的典型合同类型，不应赋予重要意义。这一见解直到最近都是基本一致的。来栖教授论述如下：

---

[23] 我妻荣：《新訂民法総則（民法講義Ⅰ）》，岩波书店1965年，第256页。

[24] 星野英一：《民法概論Ⅰ（序論・総則）》，良书普及会1971年，第175—176页。

"把无名合同（广义的无名合同）放到哪种典型合同中都是难以办到的，无用的，恐有歪曲合同事实之虞，甚至是有害的。""或者说，在处理具体合同之际，该合同属于哪一典型合同，还是说哪一典型合同都不属于而属于无名合同，进行此种选择几乎没有意义。应当做的，一方面是就各具体情形正确调查系争合同事实；另一方面，清楚知道民法的规定在关注何种事实，如果具体的事实与民法规定的前提事实相一致，则适用该规定，如果不是，则不应强行。"[25]

若从此种立场来思考抵押权设定合同（以其不是物权合同为前提），将理解如下：抵押权设定合同不探究其是否与作为物权类型的抵押权相合致，而是通过"先就各个具体的情形正确调查系争合同事实"，确定当事人的合意内容，仅将其中与物权类型相合致的部分作为物权来认知，绝非企图将合同内容整体作为物权来认知并进行合同解释，此种态度"恐有歪曲合同事实来对待之虞，甚至是有害的"。 [156]

然而，最近也出现了积极评价典型合同类型所带有意义的倾向。虽然议论多种多样，与此处有关的议论如下："各种合同类型中成套的规定在一定限度内对个别合同的内容会起到规制作用"，"而且这得到了'使用合同类型来处理个别合同'这一法官的法思考的支持"。[26]

若从此种观点来思考抵押权设定合同的解释，则法官应不断地将法律规定的物权类型置于心头，由此进行推导并解释合同时，绝非是完全以白纸的状态来确定当事人的意思。鉴于如果没有框架则解释也是不可能的，所以此种思考是符合现实的。

（c）那么，当我们谈论"法律规定的物权类型"时，此处的"法律"具体指的是什么呢？是仅指民法等实体法，还是说包含不动产登记法呢？特别是在抵押权上，这一点存在许多问题。

例如，以某一土地所有权的1/3为标的设定抵押权是可能的吗？在

---

[25] 来栖三郎：《契约法》，有斐阁1974年版，第741、743页。
[26] 大村敦志：《典型契约と性質決定》，有斐阁1997年版，第306页［最早发表于《法協》第112卷10号（1995年），第1314页］。

结论上，现在的登记实务认为不应受理其设定登记，理由在于，"以所有权（或共有份额）的一部分为标的的抵押权不成立"[27]。

但是，在实体法上，抵押权掌握的对象是特定的，不存在障碍。问题在于程序法上的制约，即仅对所有权的一部分单独进行抵押登记，在技术上做不到。[28] 但是，登记实务上认为此种抵押权根本不成立。连实体法上的效果，都被不具备对抗要件这一程序法上的制约所影响。

如果区别实体法和程序法来考虑，则此种抵押权在设定上是可能的，但由于不能登记，所以不能满足对抗要件。登记实务的立场，结论自不必说，在理由上也应认为是不当的。但是，这里应当注意的是，日本民法本来就是将抵押权标的物限定为具有登记可能性之物。

在《民法》中，抵押权的标的限定在不动产所有权、地上权、永佃权，其宗旨在于将抵押权的标的限制在可以通过登记来公示权利关系的财产。对于机动车、航空器、建设机械、农用动产这些动产、树木，以及一定的财团，各自被承认设定抵押权，是因为关于此类财产的登记、注册制度变得完备了。

若如此思考，则在肯定抵押权设定可能性方面，作为其前提条件，要求登记、注册可能性，这从实体法的立场来看也是可以肯定的，这应当说是民法的前提。回过头来看，在抵押权上，程序法的制约是本质性的；虽然可以设定，但不能具备对抗要件，此种抵押权不允许存在。程序法的制约给实体法带来影响，至少在抵押权上不是悖理的。

（d）由此可以说，抵押权设定合同，要从同时包含登记可能性的物权类型中推导出并进行解释。为得出这一结论，没有必要认为抵押权设定合同是物权合同。限于是合同，限于物权法定主义，限于抵押权是仅就可以登记的财产而得到承认的权利，这是当然的结论。

---

〔27〕《昭和35年6月1日民事甲第1340号民事局长通达》，载法务省民事局编：《先例集追Ⅲ》，帝国判例法规出版社1976年版，第187页。

〔28〕 高木多喜，男：《先例解说》，载几代通等编：《不動産登记先例百选（第2版）》，有斐阁1982年版，第85页。

再从此种立场来思考平成 5 年最高法院判决,将登记可能性置于心头,同时认为"《民法》第 398 条之 2 第 2 款所定的'一定种类之交易',作为界定被担保债权具体范围的基准,即使在对第三人的关系上,也需要是明确的",也未必是不能理解的。

[158]

4. 小结

抵押权设定合同并非物权合同。根据合同设定人负有设定抵押权的义务,因该债务效果而成立抵押权。

但是,不能因此就认为,如果不违反公序良俗、强行规定,当事人就可以自由决定合同内容,仅切离其自由订立的合同中与民法上抵押权规定相合致的部分而作为物权来认知。抵押权设定合同要参照同时包括登记可能性在内的物权类型来缔结和解释。在此限制上,抵押权设定合同是"为了设定物权的合同"。

三、抵押权设定登记的性质

1. 被担保债权额登记的意义

抵押权登记中必须登记的事项,包括抵押权人(《不动产登记法》第 59 条第 4 项)、登记原因(《不动产登记法》第 59 条第 3 项)、被担保债权额(《不动产登记法》第 83 条第 1 款第 1 项)、债务人(《不动产登记法》第 83 条第 1 款第 2 项)。但是,下面仅讨论其中被担保债权额登记所具有的意义。

一般认为,此类事项必须登记的理由在于,①为特定被担保债权,以及②为明确优先清偿额这两点[29]。乍一考虑,也会觉得被担保债权额的登记正是出于理由②。但是,在这一点上,可思考的内容也有很多。

(1) 关于昭和 39 年最高法院判决。

(a) 最判昭和 39 年 12 月 25 日民集 18 卷 10 号 2260 页的案件争议

---

[29] 道垣内(旧),第 106 页。

[159] 是，在抵押权设定后、登记前，被担保债权的一部分被清偿时，债权人可否以其债权额全额为被担保债权而请求抵押权的设定登记程序。判决如下。

"本案抵押权设定登记程序的请求是基于判示（即就债权本金全额的）抵押权设定合同而请求履行，所以如上告主张，即使之后就被担保债权仅部分清偿，根据特定登记簿上应记载的被担保债权额，债权人可以就其债权全额及利息请求抵押权设定登记程序。（但是，于此情形，债权人也仅得就剩余债权得到支付，这一点自不待言。）"

（b）如果重视特定被担保债权这一目的，则可以支持本判决。根据本判决，就连在登记刚作出之后，第三人都将只能把登记面上记载的被担保债权额理解为体现被担保债权本金额的最大限度。所谓"连……刚作出之后"，是指"这之后当然"。来看下列叙述。

（2）登记后的被担保债权部分或全部消灭。

（a）"被担保债权的一部分因清偿等理由而消灭的情形中，即使登记维持不变，抵押权的内容也当然自动地缩小（附随性。此外，登记没有公信力），登记也在其限度内无效（内容上、数量上部分无效）。"[30]

"因债权消灭而导致抵押权消灭的情形中，由于债权的消灭不以对抗要件为必要，即使对于抵押权的消灭也不需要登记（担保权的附随性）。"[31]

前者是几代通教授，后者是我妻荣教授的叙述，但是均未见到异议。

（b）即使在登记时登记面上的被担保债权本金额与实际的被担保债权本金额相一致的情形下，之后也有可能发生变动，这从登记面上是无法知晓的。所以，登记面上的被担保债权额仍然只能理解为是体现被

---

[30] 几代通，德本伸一补订：《不動産登記法（第4版）》，有斐阁1994年版，第302页。

[31] 我妻，前注[5]，第121页。

担保债权本金额的最大限度。

2. 以虚假的抵押权为标的而被善意者所取得的转抵押权

[160]

以上述理解为前提时,存在颇为有趣的判决。

(1) 关于昭和55年最高法院判决。

(a) 最判昭和55年9月11日民集34卷5号683页的案情如下[32]:

X出于从金融机构处受有融资的便宜,从诉外人A处借得700万日元并出于担保而假装在自己所有的本案不动产上设定了抵押权,并以A为权利人进行了抵押权设定登记。然而,基于在该抵押权上设定转抵押权的约定,A从Y处合计借得495.1万日元。对于该转抵押权,虽然进行了设定登记,但是A尚未对X作出(2004年修改前)《民法》第376条第1款(现行《民法》377条1款)的通知,而且X也没有作出同款所规定的承诺。

基于该情事,X提起诉讼,对A请求启动抵押权设定登记的撤销程序,并请求Y[作为1899年《不动产登记法》第146条第1款(2004年《不动产登记法》68条)所谓"就其撤销有登记上利害关系之第三人"]作出同款规定的承诺。在该诉讼进行的过程中,Y就A对X享有的700万日元虚假贷款中的495.1万日元取得了扣押、收取命令,并对X提起请求支付的反诉。

判决首先驳回了X对Y的请求并论述如下:

"就原抵押权系虚假者是善意从而受有转抵押权设定之人,若就上述转抵押权的取得尚未具备(2004年修改前)《民法》第376条第1款所定的要件,因而不能向原抵押权设定人行使上述权利或主张权利取得的效果。即使在此种情形中,根据《民法》第94条第2款,不妨碍其因基于有效的转抵押权设定合同取得一定法律上地位,而构成该条所谓善意的第三人。所以,原抵押权设定人在对该第三人的关系上,不能主张上述原抵押权是虚假的。"

[161]

---

[32] 以下,参见道垣内弘人:《判批》,载椿寿夫主编:《担保法の判例Ⅰ》,有斐阁1994年版,第62页以下(本书边码192及以下)。

其次，也驳回了 Y 的反诉，理由如下：

"《民法》第 94 条第 2 款所定的第三人的善意、恶意，其基准时期是同条款适用对象的每个法律关系中第三人就相关法律关系开始具有利害关系的时期。本案反诉中，Y 并非行使转抵押权，而是就贷款债权，基于债务名义（和解笔录）申请强制执行，并根据所得的债权扣押及收取命令行使收取权。所以，对于作为本案原抵押权的 700 万日元被担保债权中的 495.1 万日元，Y 与之具有利害关系的时点，并非 Y 贷款给诉外人 A 并受到转抵押权设定之时，而是 Y 就其取得债权扣押命令的 1975 年 11 月 26 日。然而，……Y 取得上述债权扣押命令当时，已经知道本案原抵押权是虚伪表示的，其被担保债权并不存在，所以对于其扣押所涉的 495.1 万日元的债权并不存在一事，Y 显然不能说是《民法》第 94 条第 2 款所规定的善意第三人。"

(b) 该案件中，Y 见到了虚假的抵押权设定登记，并相信 X 为 A 设定抵押权，且其被担保债权额如登记面记载为 700 万日元。所以在取得转抵押权的时点上 Y 是善意的，应作为《民法》第 94 条第 2 款的第三人而受到保护。换言之，Y 无须对抵押权设定登记撤销程序作出承诺。但是，其在作为一般债权人而扣押担保债权的时点上是恶意的，因而不能说是该款的善意第三人。

(2) 抵押权设定登记中被担保债权额的记载与《民法》第 94 条第 2 款。

但是，如前面讨论的，登记面上的被担保债权额只能理解为体现被担保债权本金额的最大限度。由此来看，抵押权的设定登记不能引发对现存被担保债权额以及抵押权的具体内容的信赖，《民法》第 94 条第 2 款不能及于虚伪的抵押权设定登记。

[162]　为了更简单易懂地说明，假设本判决的案情中，A、X 间存在真实的 700 万日元的债权，并且为担保此债权而真实地设定了抵押权并进行了设定登记。就连在此时，欲就相关抵押权接受转抵押权设定的 Y，也不能相信被担保债权的剩余额为 700 万日元。或许已经清偿了 300 万日

元，只剩下 400 万日元。所以，如前所述，此种事实，不用变更登记面上的被担保债权额，抵押不动产所有权人也可以对抗第三人。因此，Y 根据取得的转抵押权而获得的优先清偿额，限定在原被担保债权剩余的 400 万日元，而绝非 700 万日元。进而，或许是因全额清偿而致抵押权自身消灭。就算是消灭了，如前所述，不撤销抵押权设定登记也可以对抗第三人。此时，转抵押权不成立。

同样地，当然也适用于被担保债权的扣押。

3. 与被担保债权一同处分的特殊性

当然，虚假的抵押权设定登记、已消灭的抵押权的设定登记、被担保债权额减少的抵押权的设定登记，看到此种登记并且相信抵押权如登记面上记载的第三人，有时也能受到保护。即，被担保债权让与的情形。

应分为四种情形。

（1）有效成立的被担保债权在抵押权设定之后因清偿等原因而部分或全部消灭的情形。

大决昭和 8 年 8 月 18 日民集 12 卷 2105 页是开创性判例。在该案中，有效成立的抵押权因被担保债权的清偿而消灭后，被担保债权作为尚未清偿的债权而被让与。对此，作为债务人兼抵押不动产所有权人的 X 作出《民法》第 468 条第 1 款所谓"不保留异议之承诺"。因此，对于已让与之债权因清偿而既已消灭一事，X 不能再对受让人主张。但是，问题在于，能否再主张伴随于此的抵押权也消灭呢？判决论述如下。

"抵押权是从属于债权的物权，因此，债权消灭属于担保其债务清偿的抵押权消灭的当然事由。若能主张债权消灭之人，不论其消灭登记之有无，得对任何人主张抵押权之消灭。反过来也不能否定，尽管不存在抵押权消灭登记，不能对抗债权消灭之人，也不能以债权之消灭为理由主张抵押权的消灭。即使如此解释，如债务人以外的抵押权设定人或因先顺位抵押权消灭而顺位前进的后顺位抵押权人等就该抵押权之消灭

[163]

享有正当利益之第三人,也不会因此遭受不测的损害。"

其逻辑是,因被担保债权消灭而导致抵押权消灭的,无须登记也可对抗第三人。但是,因"不保留异议之承诺"的效果而不能主张被担保债权消灭时,不能主张附随的抵押权也因此消灭。

(2) 债权及抵押权一开始就未有效成立的情形。

与此相对,债权及抵押权自一开始就没有有效成立时,该不存在的被担保债权被让与,抵押不动产所有权人对债务人作出"不保留异议之承诺"。针对该种情形,大判昭和11年3月13日民集15卷423页论述如下:

"深思一下,债权合同无效,债权自始就不存在时,担保该债权的抵押权的设定合同也无效,抵押权自始不存在。此抵押权与债权一同不存在,即使被让与,受让人也没办法取得本来就不存在的抵押权,这一点自不待言。唯独如果债务人就债权不保留异议而承诺让与时,依《民法》第468条第1款的规定,债务人不能以债权不存在来对抗受让人,所以受让人虽然对债务人一开始便享有债权,但是并没有因此而同时取得抵押权。"

对于该判决,学说的批判非常强烈[33]。

[164] 如上所述,对于抵押权一开始就有效成立的情形,判例采用的逻辑是,不能主张被担保债权消灭时,也不能主张伴随于此的抵押权的消灭。在与此相同的框架内,债务人不能主张被担保债权的不成立、无效时,应当也不能主张抵押权的不成立、无效。

(3) 被让与之债权是基于虚伪表示之债权的情形。

被让与之债权是基于虚伪表示之债权且是不存在的。就此情形,大判大正3年11月20日民录20辑963页论述如下:

---

[33] 我妻荣:《新訂債権総論(民法講義 IV)》,岩波书店1964年版,第539页;于保不二雄:《債権総論(新版)》,有斐阁1972年版,第317页;星野英一:《民法概論Ⅲ(債権総論)》,良书普及会1978年版,第211页;前田达明:《口述債権総論(第3版)》,成文堂1993年版,第410页;平井宜雄:《債権総論(第2版)》,弘文堂1994年版,第145页等。

"《民法》第 94 条第 2 款的规定也适用于关于债权发生的虚伪意思表示。发生债权的虚伪意思表示,并不包含在该法第 468 条第 2 款所谓'受到让与通知之前对让与人所生之事由'中。"

大判大正 4 年 7 月 10 日民录 21 辑 1111 页也展现了同样的立场,学说也赞成这一立场[34]。

这一立场也可理解为,债权人不能主张被担保债权的不成立、无效时,也不能主张抵押权的不成立、无效。

(4) 债权让与不存在瑕疵的情形。

债权让与不存在瑕疵,但以被让与之债权为被担保债权的抵押权,尽管在实体法上并不存在,在登记面上却呈现出犹如存在一般的外观。此种情形如何处理呢?应分成两种情况考虑。

(a) 首先,抵押权因抵押权人的抛弃而消灭,但没有完成撤销登记前,被担保债权被有效让与的,受让人能取得抵押权吗?以及,即使取得的话,又是依据哪一法条呢?

大决大正 10 年 3 月 4 日民录 27 辑 404 页论述如下。

"在抵押权人单纯抛弃其抵押权的情形中,尚未作出抵押权的撤销登记的,则不得以其抛弃对抗第三人,此乃《民法》第 177 条及《不动产登记法》之各规定所明示。然而,就本案抵押权的抛弃不作出登记,为抵押权设定人 X 所承认。第三人以为抵押权尚存并受让债权和抵押权并完成登记的,X 不能再以抵押权之抛弃来对抗该第三人。《民法》第 468 条第 2 款之规定无须适用于如本案之情形。"

[165]

如前所述,"因债权消灭而抵押权消灭的情形中,由于债权的消灭不以对抗要件为必要,即使对于抵押权的消灭也不需要登记(担保权的附随性)"。但是,独立于被担保债权的抵押权消灭的,未经登记,不得对抗第三人。

(b) 其次,例如,仅对 1 亿日元债权额中的 5000 万日元设定了抵

---

[34] 我妻,前注〔33〕,第 535 页;奥田昌道:《債権総論(増補版)》,悠悠社 1992 年版,第 441 页;前田,前注〔33〕,第 408 页等。

押权,但是在登记上记载的被担保债权额为 1 亿日元,如何?实体法上,仅存在被担保债权额 5000 万日元的抵押权。然而,该抵押权的被担保债权被让与,受让人从登记面上相信债权全额都得到了担保。此时该如何处理呢?

尚未见到直接的判例,但是作为参考,可以阅读大判昭和 6 年 6 月 9 日民集 10 卷 470 页。该案中,当事人间通谋而假装让与标的物,并设定了虚假的不动产质权。该判决认定,根据《民法》第 94 条第 2 款的规定,质权设定合同的无效不能对抗善意的第三人,所以债权受让人仍可以有效取得质权。

参照这一判例,设定人与抵押权人通谋而将被担保债权额登记为 1 亿日元时,根据《民法》第 94 条第 2 款的规定,或者即使没有通谋,当设定人认识到这一点而置之于不顾时,根据同款的类推适用,债权受让人将取得被担保债权额 1 亿日元的抵押权。

4. 小结

如此来看,依据《民法》第 468 条第 1 款、第 94 条第 2 款或第 177 条的规定,在与被担保债权一同作出处分时,处分相对人也会取得如外观所示的抵押权。

[166] 以此为前提,再来考察 1980 年最高法院的判决,即以虚假的抵押权为标的而被善意人取得的转抵押权。

该判决似乎违反了确立的两项命题。即,"被担保债权的一部分因清偿等事由而消灭的情形中,即使登记维持不变,抵押权的内容也当然自动缩小(附随性。此外,登记没有公信力),登记也在缩小的限度内无效(内容上、数量上部分无效的登记)",以及"因债权消灭而导致抵押权消灭的情形中,由于债权的消灭不以对抗要件为必要,即使抵押权消灭了也不需要再登记(担保权的附随性)"。这是因为转抵押权设定这一行为并不伴有对被担保债权的处分。

抵押权附随于被担保债权。因此,不能直接信赖抵押权的存在。在这一意义上,认为信赖虚假的抵押权登记,并在其中直接适用《民法》

第 94 条第 2 款，应当说仍然还是不妥当的[35]。对债权的存在形成信赖，且其以某种形式得到保护，作为债权取得的效果，一并取得了附随的抵押权。

四、代结语

本节论述的拙劣当然很大原因是笔者的才能不足。但是，若一定要作辩解，则也可以说，本节体现了即使是乍一看很简单的问题，也需要作出多方面的探讨。与登记密切相关的技术性问题，也与理论问题有关系。本节的目的是抛砖引玉，希望读者通过本节的论述能意识到相关研究还远远不够。

[原载于镰田薰等编：《新·不動産登記講座 5 各論Ⅱ》，日本评论社 2000 年版，第 31 页及以下]

第三分节　抵押权的附随性
——最高法院昭和 44 年 7 月 4 日第二小法庭判决（民集 23 卷 8 号 1347 页） [167]

一、事实概要

X（原告、控诉人、上告人）经营女装裁缝店，在 1954 年 3 月从冈山县勤劳者组合处借了 10 万日元营业资金，但同年 4 月 1 日，该勤劳者组合改组为《劳动金库法》中的劳动金库 A。因此，不具有劳动金库会员资格的 X，应当即时返还所借的 10 万日元，同时不能再从劳动金库 A 处获取营业资金贷款。

具有劳动金库会员资格的是劳动组合等勤劳者团体（参见《劳动

---

[35] 当然，维持 1980 年最高法院判决自身的结论是可能的。关于此，道垣内，前注 [32]，第 65 页（本书边码 199）。

金库法》第11条)。因此,X以自己为代表人,以八位从业员为组合成员,成立了"B洋品店员工合伙"这一虚假的团体,并使该团体取得了劳动金库A的会员资格,进而以其名义与劳动金库A缔结了账户透支合同。为担保基于该合同的贷款债权,在X所有的本案不动产上设定了最高额60万日元的最高额抵押权。基于账户透支合同,A向X贷款的金额为40万日元。

之后X停止经营女装裁缝店,而且也没有清偿上述债务,所以劳动金库A实现上述最高额抵押权。在实现程序中,Y_1(被告、被控诉人、被上告人)拍得本案不动产并取得所有权移转登记。之后,将一部分出租给Y_2(被告、被控诉人、被上告人)。

基于上述事实,X提起本诉讼,请求撤销Y_1的所有权移转登记,同时要求Y_2从其承租不动产中腾退。X主张被实现的最高额抵押权的被担保债权是劳动金库A对非会员贷款所产生的,而对会员外之人的贷款行为是劳动金库的目的外行为(《劳动金库法》第58条),所以无效。因此,被担保债权自始不存在。不存在的被担保债权的抵押权也当然无效,所以其实现程序也没有效力,因此Y_1没有取得本案不动产所有权,Y_2的占有也是不法占有。

[168]

一审和二审X皆败诉。判决首先认定X是贷款合同的债务人,进而认为对X的贷款也不能说是劳动金库A的目的外行为,所以并非无效。

X对此提起上告。

二、判旨

驳回上告。

"对于劳动金库中所谓成员外贷款的效力,应认定无效。这一法理,与农业协同组合对组合成员以外之人作出与组合目的事业毫无关系的贷款的情形中相关贷款的效力,并无不同〔参见最高法院昭和40年(オ)第348号,同41年4月26日第三小法庭判决,民集20卷4号

849页]。本案中，所谓贷款是对并非前述劳动金库成员之人所作的目的外贷款，所以应认为上述贷款行为无效。原审认为该贷款行为有效，这一点如上告主张中所指摘的，是错误地解释适用了法令。

"但是，另一方面，根据原审确定的事实，X自己完成虚假的员工合伙的成立程序，以其合伙名义从劳动金库A处受有本案贷款，并将该金钱用于自己的经营活动。所以，即使上述贷款行为无效，该金钱也应作为不当得利，由上告人返还给诉外人劳动金库。所以，在有债务这一点上，没有发生变化。参照本案抵押权设定的宗旨，经济上，是担保债权人劳动金库A享有的上述债权，所以上告人不清偿上述债务，却以上述贷款无效为理由，主张本案抵押权或其实现程序无效，根据信义原则这是不允许的。如本案中，上述抵押权实现程序终止，上述担保不动产归于拍得人所有的情形中，对于上述拍得人或者自其处取得上述不动产的相关权利人，若否定拍卖所得的所有权或以此为基础的权原取得，则其结果将等同于允许以自己之非为理由而否定善意第三人的权利，应当说是违反诚信原则的。因此，X的本诉请求在这一点上是失当的，应当驳回。驳回上述请求的原审裁判，在结论上是正当的，本案上告应当被驳回。"

[169]

三、解说

1. 本判决的案情中含有诸多趣味颇深的问题点。第一，劳动金库所作的成员外贷款的效力；第二，以虚构团体的名义所作的交易的法律效力与合同当事人的确定。但是，这里围绕"以担保无效贷款合同所生债权为目的的抵押权的效力"这一问题来解说。第一点由另稿[36]解说。关于第二点，在此指出，一审认为X使用虚构团体（=B洋品店员工合伙）的名义进行交易，对此，二审认为在构造上，X负有类似于《民法》第117条第2款所谓无权代理人的责任和履行义务。关于此

---

[36] 道垣内弘人：《判批》，载星野英一等编：《民法判例百选Ⅰ（第5版新法对应補正版）》，有斐阁2005年版，第22页。

点，笔者只分析这么多，其他的就交给别的学者展开分析了[37]。

此外，本判决中的系争抵押权是最高额抵押权，这一点会给结论带来何种影响，将在"5(2)"中讨论。此处暂且先作为普通抵押权来展开讨论。

2. 那么，抵押权是担保特定债权的，不具有与被担保债权相独立的单独的经济价值。因此，被担保债权不存在时，即使设定了抵押权，该抵押权也是无效的。作为被担保债权发生基础的合同因无效不产生债权时，抵押权也无效。此乃今日之定说（"抵押权成立中的附随性"）。

若在本案中适用该定说，则本案抵押权当然无效。实际上，①大判昭和8年3月29日民集12卷518页判示，对于在交易所外进行的短期股票交易（这是被禁止的），作为保证金的替代所设定的抵押权无效，支持设定人撤销抵押权的登记请求；而且②大判昭和8年7月19日民集12卷2229页认定，对于依据1900年《产业组合法》而设立的信用合伙对成员外贷款，为担保该贷款而设定的抵押权无效，并支持后顺位抵押权人的抵押权设定登记撤销请求。此外，③最判昭和30年7月15日民集9卷9号1058页驳回了以违反《利息限制法》的利息债权为被担保债权的抵押权设定登记请求；④最判昭和41年4月26日民集20卷4号849页对于为担保农协成员外贷款所作的抵押权设定预告登记，不支持其本登记请求。

对此，本判决认为，设定人主张基于担保无效债权的抵押权所作的拍卖无效，这一主张在诚信原则上不被允许。由于"无效主张在诚信原则上不被允许"，所以本判决虽也承认抵押权无效，但却推导出了与有效相同的结论。

3. 那么，上述以往的判决与本判决的结论不同，是因为什么而导

---

[37] 例如，关于以非真实法人的代表人名义开出票据之人的责任，参见藤井俊雄：《判批》，载鸿常夫、竹内昭夫编：《手形小切手判例百选（第3版）》，有斐阁1981年版，第42页。

致的呢？

首先应注意的是，案件③、④中，尚未进行抵押权设定登记的本登记，而且案件①、②中，虽然进行了设定登记，但并不存在以此为前提而新加入法律关系之人。换言之，不存在因抵押权无效而受有不利益之人。（在案件②中，虽然后顺位抵押权人已经存在，但只是后顺位抵押权人因先顺位抵押权的无效而受有利益。而且，在案件①中，虽然抵押权被让与，进而又被继承，但是认定让与自身是虚假的。）

对此，在本判决的案件中，若支持抵押权无效的主张，则将会给 Y_1、Y_2 这些第三人带来损害。因此，不应动摇"担保无效债权的抵押权无效"这一普通论，而是根据诚信原则来推导出与抵押权有效相同的结论。

4. 对于本判决的结论应该没有异议。自己伪造会员资格而受有贷款，却反过来主张担保贷款的抵押权无效，真是会打如意算盘。而且，如本案判旨所述，受有贷款之人负有与贷款额相当的不当得利返还债务。担保贷款债权的抵押权，即使成为担保该不当得利债权的抵押权，也不会给设定人课以新的不利益。

然而，上面说的也适用于案件①、②、④。即使第三人没有出现，似乎都不应支持设定人本人置自己的先行行为于不顾而主张抵押权无效。如案件②，后顺位抵押权人主张抵押权无效的情形中或许会稍有不同，但是相关后顺位抵押权人是暂且容认先顺位抵押权的存在而取得自己的抵押权，所以主张先顺位抵押权无效而取得的后顺位抵押权人的利益，并没有那么值得保护。由此可以得出，一般而言，贷款合同无效时，以担保由此所生之债权为目的而设定的抵押权并不无效，而是当然地成为以不当得利债权为被担保债权的抵押权[38]。最大判昭和 40 年 6 月 30 日民集 19 卷 4 号 1143 页判示认为，买卖合同中与出卖人债务相关的保证人，对该相关合同被解除后出卖人所负的原状回复义务也负有

---

[38] 参见星野英一：《判批》，载《法協》第 84 卷第 4 号（1967 年），第 576 页及以下。

保证责任。应与此作相同考虑[作者补注1]。

如此理解时，不论是在本案中，还是在案件①、②、④中，都不认为抵押权无效。而且，此时，法律构造上并非因诚信原则而不允许主张无效，而是法律构造上直接就是有效。与此相对，在案件③中，由于连不当得利债权都不发生，所以无效的结论仍然不会动摇。

5. 最后再谈及两点。

（1）本案中直接认为抵押权有效时，会发生登记内容与实体关系不一致的问题。相关抵押权的被担保债权是不当得利债权。然而，在登记簿上记载为贷款债权，并且利息、迟延损害赔偿金和本金也都记载为贷款债权。此时能认为以不当得利债权为被担保债权的抵押权因登记而得到公示了吗？

[172]

在结论上，认为公示了较好。但是，其判断基准是第三人看到后能否判断该不当得利债权是被担保债权[39]。

（2）如"一、事实概要"中所述，本案抵押权是最高额抵押权。但在最高额抵押权中，不存在"被担保债权不存在时，即使设定了抵押权，该抵押权也无效"这一意义上的附随性。在设定了最高额抵押权后，即使当事人间尚未开始交易，不存在具体的债权，该最高额抵押权也完全有效。

本案中，最高额抵押权的被担保债权的范围是账户透支合同所生之债权。且该账户透支合同由于是以成员外贷款为目的的，所以无效。此时，存在"最高额抵押权无效吗"相关的议论，学说间有对立[40]。其并非如普通抵押权一样当然无效。

〔作者补注1〕笔者曾经赞成该见解［道垣内（旧），第101—102页］，但之后认为，"金钱消费借贷合同是基于债权人的欺诈行为而缔结的情形中，债权人的受保护性变低；物上保证人为设定人时，也应考虑该物上保证人的预期。一律承认抵押权的有效性，将会存在问题。根据情形，认为主张抵押权无效将违反诚信原则，此种判例的框架是妥当的"。（道垣内，第126页）

［39］参见道垣内（旧），第107页。
［40］参见道垣内（旧），第189—190页。

虽然判旨未触及这一点，但对于案件本身，也可以在采用上述学说中有效说的基础上，作为"确定被担保债权范围的'账户透支合同'这一用语中，是否包含相关合同无效时的不当得利债权"这一问题来进行讨论[41]。

[原载于星野英一、平井宜雄编：《民法判例百选Ⅰ（第4版）（别册ジュリスト136号）》，有斐阁1996年版，第174页及以下]

第四分节　建筑物合体时旧建筑物相关抵押权存续的肯否——大阪高院平成3年9月30日判决（判时1418号89页），最高法院平成6年1月25日第三小法庭判决（民集48卷1号18页）

[173]

一、事实概要

X（原告、控诉人、被上告人）在1980年9月25日就诉外人A所有的一号建筑物设定了抵押权并完成了登记，此外诉外人B就A所有的二号建筑物于1981年1月14日设定了抵押权并完成了登记。

一号建筑物和二号建筑物是所谓纵割连栋式的两栋邻接建筑物，中间用墙壁隔开。但是，在上述抵押权设定后，墙壁几乎完全被撤去，楼梯也只剩一座。在这一时点上，一号建筑物和二号建筑物合为一体，成为一座建筑物（本案建筑物）。之后Y_1（被告、被控诉人、上告人）在

---

[41] 关于本判决的评析，除千种秀夫：《判批》，载法曹会编：《判解民昭和44年度（上）》，法曹会1970年版，第464页的调查官解说外，还有四宫和夫：《判批》，载《法协》第87卷第9、10号（1970年），第988页；川井健：《判批》，载《判夕》第243号（1970年），第83页；小川善吉：《判批》，载《金法》第571号（1970年），第16页；高森八四郎：《判批》，载《名法》第51号（1971年），第125页；须永醇：《判批》，载《民商》第64卷第5号（1971年），第969页；星野英一、平井宜雄编：《民法判例百选Ⅰ（第3版）》，有斐阁1989年版，第178页（千种秀夫执笔）；道垣内，前注〔36〕，第22页；中田裕康等编：《民法判例百选Ⅰ（第6版）》，有斐阁2009年版，第168页（松井宏兴执笔）。

1981年11月26日从A处承租了本案建筑物，约定期间为3年，月租金22万日元，并将出入口改造为只剩一个。在1986年，经A同意，本案建筑物由Y_1转租给Y_2（被告、被控诉人、上告人）。现处于Y_2的占有下。

然而，由于此种合体和改造并未在登记簿上显现，因此X和B都不知道。X就自己享有的一号建筑物的抵押权，B就自己享有的二号建筑物的抵押权，申请实现抵押权并分别开始抵押权实现程序。但是，根据相关程序中执行官的现况调查，上述合体改造的情况为人所知，因此按照各自建筑物灭失的情况撤销并终止了两个程序。因此，B又在1987年12月5日申请强制拍卖本案建筑物。在拍卖程序中，X于1989年5月23日取得了本案建筑物的所有权。

基于上述事实关系，X以Y_1和Y_2为相对人提起本案诉讼，请求Y_1、Y_2腾退本案建筑物并支付损害赔偿金，金额相当于X取得所有权之日后的租金。

[174] 一审X败诉。因此，X提出控诉并主张下列观点：一号建筑物并非物理性灭失，而只是通过与没有主从关系的作为对等不动产的二号建筑物相附合而成为本案建筑物，所以类推适用《民法》第244条和第247条2款，X就一号建筑物享有的抵押权及于本案建筑物价值中的二分之一部分。该抵押权确实欠缺登记，但是Y_1等人是参与工程改造的背信恶意人。上述主张就B对二号建筑物的抵押权也是相同的。因此，Y_1对本案建筑物的承租权劣后于X及B的抵押权以及通过拍卖程序而买受本案建筑物的X的所有权，并依《民事执行法》第59条的规定而消灭。

二、判旨（二审判决）

"均属于A所有的一号和二号建筑物因合体而成为本案建筑物的情形中，本案建筑物应归属于A所有，这一点自不待言。只是，一号和二号建筑物分别为不同的债权人设定抵押权，此种情形中不应认为这些抵押权也因合体而消灭,而只能认为是移至本案建筑物上,至少在成为新建筑物构成部分的旧建筑物相当部分上存续。因此,虽是同一所有权人的所有物,但在抵押权制约的限度内,就旧建筑物相当部分抽象出份额,抵押权在该等份额上存续。当然,在登记制度上,虽然没有预设反映上述情况的登记程序,但这一点应当说不会对上述实体的消长带来影响。"

而且,Y_1"在租赁当时便参与了将一号和二号建筑物改造为本案建筑物的工程等,故其知晓一号和二号建筑物因合体而成为本案建筑物一事,而且当时无论是一号和二号建筑物的灭失登记还是本案建筑物的表示登记都没有作出,可以说 Y_1 处于应知晓一号和二号建筑物已分别为 X 和 B 设定了抵押权登记的状况。而且,……Y_2 是由 Y_1 经营的个人公司,处于与 Y_1 等同视之的立场。如此看来,X 及 B……虽然就本案建筑物中的一号和二号建筑物相对应的共有份额丧失了抵押权设定登记,但 Y_1 等人不能被视为信赖不存在上述登记而进行交易之人,因此对于 Y_1 等人无须登记也可以对抗。"

[175]

此外,A 与 Y_1 之间的租赁合同在 1990 年 12 月 1 日期间届满,并且进行了更新,但是"在就本案建筑物发生扣押效力之后,已经不能再通过上述短期租赁期间届满的更新来对抗就本案建筑物中一号建筑物相对应的共有份额享有先顺位抵押权的 X 及就本案建筑物中二号建筑物相对应的共有份额享有先顺位抵押权的 B 了",所以应支持 X 对 Y_1 等人腾退本案建筑物的请求。此外,在 A 与 Y_1 之间的租赁合同因期间届满而终止的 1990 年 12 月 1 日以后,X 将遭受相当于租金金额的损害,所以在该日以后至本案建筑物腾退完毕以前,Y_1 及 Y_2 应当向 X 支付每月 22 万日元的损害赔偿金。

三、先例、学说

本判决的问题是,归属于同一所有权人的均已登记的纵隔连栋式区分所有建筑物因除去间隔墙壁而合体之际,在其中一方上所设定的抵押权,其效果如何? 在解决这一问题时,需要谋求与其他情形的协调性,如归属于不同所有权人的两个独立建筑物中间因填充而合为一栋的情形中如何解决。但是,下面仅限于本判决中出现的类型进行讨论。

1. 登记实务

登记实务的先例是昭和 38 年 9 月 28 日民事甲第 2658 号民事局长通知（先例集追 III 1130 之 329 页）。与本判决的案情相同,归属于同一所有权人的均已登记的纵割连栋式区分所有建筑物因除去间隔墙壁而合体的情形中,就各占有部分存在所有权以外之权利的登记时,该登记的处理:一方面,以"区分所有权的消灭"为登记原因依申请或依职权就本来区分所有建筑物的各占有部分的各建筑物进行建筑物灭失登记;另一方面,因除去间隔墙壁,对于新成立的建筑物,以"区分建筑物的合体"为登记原因,依申请或依职权进行建筑物表示登记。

[176]

关于该实务的解说,有观点认为,若间隔墙壁被除去,则将欠缺作为区分所有权建筑物的存续要件（参见《建筑物区分所有法》第 1 条）,将导致各区分所有建筑物消灭,所以应进行灭失登记。此外,区分所有建筑物因合体而消灭后的建筑物重新作为一个建筑物而存在,所以以"区分建筑物的合体"为登记原因而进行新建筑物的表示登记。[42] 也有观点认为,作为合体结果而产生的一栋建筑物,因合体前的两栋建筑物的登记而得到表示,但这是重复就一个建筑物进行登记,即构成双重登记,所以均应作为无效登记而被撤销。[43]

2. 学说

在此种先例下,合体前旧建筑物的抵押权因标的物的灭失而消灭,因而抵押权人的利益受到显著侵害。因此,学说为了保护抵押权人的利益进行了各种各样的尝试,代表性的包括山田晟教授的学说和几代

---

[42] 例如,浦野雄幸:《判例不動産登記法ノート（43）》,载《登研》第 499 号（1989 年）,第 7—8 页。

[43] 例如,武部文夫:《建物の合併と合棟》,载几代通等编:《不動産登記講座 II 総論 2》,日本評論社 1977 年版,第 334 页。

通教授的学说。

①山田晟说[44]：甲建筑物与乙建筑物合体的场合，若从甲建筑物的角度来看，是在自己处附加乙建筑物而成为一体。所以就实体法上的效果而言，甲建筑物上的抵押权及于与乙建筑物合体后的建筑物（丙建筑物）（《民法》第370条）。这一点对于乙建筑物上的抵押权也是一样的。因此，甲、乙两建筑物上分别存在第一顺位的抵押权时，就丙建筑物，成立两项同顺位抵押权的准共有。

此时，在登记上，最终不得不就甲建筑物和乙建筑物进行灭失登记。但是，在该灭失登记之前，应依职权作出甲建筑物和乙建筑物的抵押权撤销登记。因为抵押权应被登记在丙建筑物上，故甲建筑物和乙建筑物上的抵押权登记沦为"非应登记者"（《不动产登记法》第71条第1款、第25条第2项）。如此一来，作为登记权人的抵押权人，将收到"确定不超过一个月的期间，于其期间内不陈述异议时，应撤销登记"的通知。所以在作出撤销登记之前可以与所有权人交涉，使其承诺对丙建筑物作出抵押权设定登记，如果所有权人不作出承诺时，将丧失期限利益（《民法》第137条第3项），抵押权人可以即时实现丙建筑物的抵押权[45]。

[177]

②几代通说[46]：甲建筑物与乙建筑物合体的场合，首先，就实体法而言，应认为是"不动产与不动产的附合"，虽欠缺明示的规定，但可类推适用《民法》第244条。如此一来，两建筑物上的抵押权并不消灭。即使两建筑物上的所有权人为同一人时，限于一方或双方建筑物上附着有第三人的权利，准用《民法》第179条第1款但书的规定，甲

---

[44] 山田晟：《建物の合棟・隔壁の除去とその登記方法（1）》，载《法協》第84卷第8号（1967年），第1013—1015页。

[45] 此外，山田晟：《土地・建物の合併・分割の登記》，载远藤浩编，中川善之助、兼子一监修：《登記（不動産法大系4）》，青林书院新社1971年版，第403页中通过附合来说明甲建筑物的抵押权及乙建筑物，并将撤销登记的根据求诸《不动产登记法》第49条第2项（现行法第25条第2项）的类推适用。

[46] 几代通：《不動産物権変動と登記》，一粒社1986年版，第187—198页［最早发表于《NBL》第111号（1976年）］。

建筑物价格相应的共有份额权与乙建筑物价格相应的共有份额权并不相互融合。虽是同一人，但是两个份额的共有权人。旦建筑物上的抵押权移至前者的共有份额权上而存续。有必要与"两建筑物的所有权人相异时，旧各建筑物上的抵押权成为新建筑物共有份额上的抵押权"这一理解相均衡。

在登记上表现这一点时，应承认程序上的不备。通过解释来思考并实施登记程序。

3. 判决例

[178]（1）名古屋地判昭和 44 年 10 月 3 日与本案相同，属于同一所有权人的两栋邻接建筑物之间的间隔墙壁被除去，并完成了对两建筑物的灭失登记和合体后新建筑物的表示登记，在旧建筑物上享有已登记抵押权的原告提起诉讼请求撤销登记官的登记处分。在该案中，肯定了登记实务的操作，认定登记官的登记处分适法。其控诉案件名古屋高判昭和 45 年 7 月 28 日也作出同样的判断，但是上告审最判昭和 50 年 5 月 27 日讼月 21 卷 7 号 1448 页（一、二审判决一并刊载）则认定：从原审认定的事实来看，两建筑物还未丧失独立性，因而撤销原判决，发回重审。最近有一个案子，在作为抵押权标的物的建筑物内部设置间隔墙壁，将作为区分所有标的的两栋建筑物分别进行登记后，除去间隔墙壁，以建筑物的合体为理由，对两建筑物进行了灭失登记，导致抵押权消灭。在这一案子中，京都地判平成 3 年 11 月 27 日判时 1467 号 41 页也判示，"虽然除去了上述简易的间隔墙壁，但是参照一般社会的通常观念，尚不能说丧失了独立性"，因而丧失登记的处分无效。

（2）东京地判昭和 60 年 9 月 25 日判时 1172 号 48 页也在结论上支持撤销灭失登记，但其理由并非一方建筑物本来就应是独立的登记对象，而是仅应作为另一方建筑物的附属建筑物进行登记，所以并非是合栋，只不过是另一方建筑物的楼面面积增加而已。东京地判昭和 61 年 2 月 24 日金法 1156 号 47 页也采用了该观点。

（3）此外，在鹿儿岛地判昭和 61 年 12 月 23 日判时 1223 号 44 页中，原告就同一人所有的两栋邻接建筑物取得了财产保全命令并进行了该等内容的登记。之后，由于以财产保全前合栋为原因对相关两栋建筑物及合栋后新建筑物分别进行了灭失登记与表示登记，所以原告请求撤销该登记处分。判决认为登记官的处分适法。但是在其控诉审的福冈高院宫崎支判平成2年3月14日判夕754号149页中认定，在财产保全的时点上相关两栋建筑物已经不再作为独立的单一不动产而存在，所以财产保全命令本身当然无效，因此原告不具有因登记官的处分而受侵害的法律利益，因而驳回诉讼。

（4）总结来看，尽管"1"中所见登记先例的适法性成为问题，但不认定其违法或者积极认定其合法的判决例也都有被维持，所采用的路径均是在上级审中从事实评价的层面上解决案件。在结论上并未作出登记先例自身适法性的判断。当然，对抵押权的实体效力也都没有作出判断。

[179]

四、评论

1. 本判决的定位

在上述所见的情形中，本判决尽管没有就登记实务的适法性和违法性作出判断，但是就旧建筑物抵押权的实体法上效力，向前作了推进并进行了判断，意义重大。而且，通过认定抵押权对 Y_1 等人无须登记亦可对抗，在结论上支持了对第三人可主张该抵押权，这一点也颇值思考。

2. 理论构造上的问题点

但是，在本判决的理论构造上，仍有一些疑问之处。首先来看"以X等人抵押权的实体效力存续为前提，可以根据其效力请求 Y_1 等人腾退本案建筑物"这一点。

（1）本判决认定，Y_1 等人"不能被视为信赖不存在上述登记而进行交易之人"，因此抵押权对于 Y_1 等人"无须登记也可以对抗"。虽然该判旨条理并不是非常清楚，但既然 Y_1 等人享有承租权且其承租权存续的肯否涉及有对抗力的抵押权的存否，所以判旨没有从类型上否定

Y_1 等人的第三人性，而恐怕是首先认定 Y_1 等人构成"第三人"，然后再认定其构成背信的恶意人[47]。

[180] 但是，如此一来，其根据并没有被充分展示。首先，连单纯恶意都不能认定，即本判决只认定了"处于应知晓……的状况"[48]。其次，不清楚判决认定背信性的具体根据是什么。能想到的是判旨中关于 Y_1 "参与了将一号和二号建筑物改造为本案建筑物的工程"的论述，但在判旨陈述的事实中，体现 Y_1 参与工程的只不过是租赁开始后将本案建筑物的出入口"改造为只剩一个"这一点而已。但是，在租赁开始当时，其已经是本案建筑物了 [本判决也认定"Y_1 在 1981 年 11 月 26 日从当时的所有权人 A 处承租了本案建筑物"（着重号为笔者所加）]。如果在该时点上 Y_1 不能称之为背信的恶意人，则 Y_1 应当取得不受 X 的抵押权约束的承租权。所以，在取得承租权以后又参与工程，应当不构成被认定为背信恶意人的理由。

恐怕也存在 Y_1 的"恶意"以及在租赁开始以前参与工程的事实，但是，需要采取更加慎重的事实认定和理论构造。

（2）即使被认定为背信的恶意人，X 能请求 Y_1 等人腾退本案建筑物吗？也是一个问题。

X 为买受人的强制拍卖程序，是 B 以作为一般债权人的资格申请的。在相关程序中，X 及 B 不享有抵押权，因而 Y_1 等人是可对抗买受人的承租人。在此前提下出卖了本案建筑物，即出卖价格应该是以 Y_1 等人的存在为前提而确定的。相较于 Y_1 等人的承租权只能作为短期租赁而受到保护的前提情形，出卖价格应该会变得更低[49]。虽然如此，但之后将 Y_1 等人按短期承租人来对待，不会给 X 带来不当利益

---

[47] 冢原朋一：《判批》，载《金法》第 1341 号（1992 年），第 21 页。

[48] 当然，与《民法》第 177 条相关的判决例中，偶尔也能见到此种判示方法，对此，参见松冈久和：《判例における背信的悪意者排除論の実相》，载奥田昌道等主编：《現代私法学の課題と展望——林良平先生還暦記念論文集（中）》，有斐阁 1982 年版，第 65 页及以下。

[49] 冢原，前注[47]，第 25 页。

吗？特别是，若从判旨的逻辑来看，即使在买受人是完完全全的第三人 C 时，结论也应是一样的。此时，不当性似乎也会显现。 [181]

当然，与此相对，即使给予 X 利益被认定为是不当的，Y_1 等人不作出交付亦可。若采用这一结论，则似乎也会觉得这又会给 Y_1 等人带来不当的利益。但是，在欠缺优先清偿权的未登记抵押权上，仅承认其具有排除劣后于该抵押权之承租权的效力，只会徒然使事态复杂化。

3. X 关于甲建筑物的抵押权效力

以上是批判本判决的逻辑，但在甲建筑物与乙建筑物合体的情形中，如果能够明确此前就甲建筑物上登记的抵押权在实体法上效力如何，进而也确立在登记上表现该效力的方法，那么问题就解决了。

（1）理论上来说，首先应决定抵押权的实体法效力，并且应考虑公示其实体法效力的登记程序。在现在的时点上，此种本来的议论方法变得可行了。即，在本判决之后，《不动产登记法》进行了修改。在建筑物合体时，就合体前的建筑物所设定的抵押权，合体后的建筑物的整体或份额上存续，此种情形中的登记方法得到了规定（现行《不动产登记规则》120 条 4 款）。

因此，下面虽然只讨论实体法上的效力，但首先讨论本判决的立场，即学说上的几代通说的立场。这一立场最大的问题点当然是，单独所有权上观念性的份额这一观点在日本实定法上是可能的吗？但是，即使搁置此种本质论，作为该见解的逻辑归结点，在旧建筑物的抵押权实现之际，拍卖对象将限于其观念性份额（这一点在几代通说中并未有明确的论述）。故，抵押权人仍然遭受了显著的损害。而且，假如劣后于此种观念性份额上的抵押权（α）而以建筑物整体为标的设定抵押权（β）的话，事态将变得颇为复杂。（若 β 抵押权先实现，则将没有问题。但就 α 抵押权采取实现程序时，β 抵押权的权利人能否准用仅强制执行附加一体物的规定而排除该实现程序呢？如果双重执行，则与先行程序的关系是什么呢？）。 [182]

（2）基本上而言，在抵押不动产上附加某种其他物（即使其是不动产）时，应遵守《民法》第 370 条的规定对此作出规制，支持山田晟教授的立场。

但是，即使对于山田晟说，如山田晟教授自己承认的，也存在弱点。即，"假设甲建筑物的价格为 100 万日元而抵押债权额为 200 万日元，乙建筑物的价格为 100 万日元而抵押债权额为 50 万日元。甲乙两建筑物因合体而成立 200 万日元的丙建筑物，其上将设定 250 万日元的第一顺位的两项抵押权。此种情形中，乙建筑物上的抵押权人从 200 万日元的拍卖价款中按照其抵押债权额的比例可以取得 40 万日元，甲建筑物上的抵押权人可以取得 160 万日元。乙建筑物上的抵押权人相较于合栋之前处于不利益的地位，甲建筑物上的抵押权人相较于以前获有利益。乙建筑物上登记有次顺位抵押权的情形中，次顺位的抵押权人也将遭受损害"[50]。

但对于该问题，可以通过《民法》第 248 条的类推适用而在拍卖程序外加以调整。或者似乎也可采取此种立场，即作为《民法》第 370 条但书后半句的解释，就符合该要件的附加一体物，不否定抵押权人的拍卖权而仅否定优先清偿权（完全有此种解释的余地），认为甲建筑物抵押权人的优先清偿权仅及于甲建筑物部分。换言之，既依据《民法》第 370 条的规定，但同时在结论上近似于几代通说[51]。

[原载于《私法判例リマークス》第 7 号（1993 年），第 28 页及以下]

[补论] 本案被上告，并于 1994 年 1 月 25 日作出上告审判决（民集 48 卷 1 号 18 页）。在此简单作些补论。

---

[50] 山田，前注〔44〕，第 1016—1017 页。
[51] 关于本判决的评析有，西尾信一：《判批》，载《手研》第 471 号（1992 年），第 60 页；竹内俊雄：《判批》，载《判评》第 405 号（《判时》第 1430 号）（1992 年），第 176 页；家原，前注〔47〕第 17 页；中务嗣治郎：《判批》，载《金法》第 1340 号（1992 年），第 18 页；家原朋一：《判批》，载《月刊登记先例解说集》第 33 卷第 2 号（1993 年），第 38 页；岩城谦二：《判批》，载《法令ニュース》第 28 卷第 5 号（1993 年），第 45 页；山下郁夫：《判批》，载《判夕》第 821 号（1993 年），第 32 页；田山辉明：《判批》，载椿寿夫主编：《担保法の判例Ⅰ》，有斐阁 1994 年版，第 22 页。

五、上告审判决

驳回上告。

"关于上告理由一：

"互相不为主从关系的甲乙两栋建筑物，通过去除之间的间隔墙壁等工程成为一栋丙建筑物时，以甲建筑物或乙建筑物为标的设定的抵押权并不消灭。上述抵押权以丙建筑物中甲建筑物或乙建筑物价格比例的份额为标的而持续存在。盖因上述情形中，甲建筑物或乙建筑物的价值作为丙建筑物价值的一部分而存续。因此，以掌握不动产价值为内容的抵押权，当然不会消灭，而是作为丙建筑物价值的一部分存续，在相当于甲建筑物或乙建筑物价值的各建筑物的价格比例的份额上存续。与此同旨的原审判断正当。上告主张不过是立于独自的见解而批评原判决而已，不能采用。

"关于上告理由二：

"关于上告主张，原审的事实认定参照原判决举示的证据关系足以首肯。在上述事实关系下，在通过去除一号及二号建筑物之间的间隔墙壁等工程而成为本案建筑物后，即使上告人 Y_1 从所有权人处承租上述建筑物并受有交付，对于以一号及二号建筑物为标的而设定之已登记抵押权的权利人，主张自己的本案建筑物的承租及交付是先于上述各抵押权的设定及登记，在诚信原则上不能允许。原审的这一判断是正当的，予以支持。原判决中不存在上告主张中的所谓非法。上告主张不过是指责属于原审专权的证据取舍判断和事实认定，或者是立足于独自见解而批评原判决而已，不能采用。"

六、若干探讨

（1）上述所引判旨的前半部分中，明确采用了新建筑物建成后，旧建筑物上的抵押权"在相当于……各建筑物的价格比例的份额上存续"这一立场。换言之，采用了"三2"中介绍的几代通说的立场。但是，如此一来，如"四3(1)"中所述，在实现抵押权时，其对象似乎将限定在相当于旧建筑物价格比例的份额，抵押权人有可能遭受巨大的损害。

在这一点上，有见解认为优先清偿权的范围被限定在上述份额，但对于抵押权的实现，应认为可以以建筑物整体为对象[52]。与此相对，也有见解认为抵押权人作为一般债权人就新建筑物整体申请拍卖，在其中就上述份额主张优先清偿权即可[53]。

对抵押权人而言，前者的见解有利。但由于仍然仅就份额享有抵押权，所以在抵押权实现时，不能认为可以申请建筑物整体的拍卖，顶多只能依据后一见解所展现的方法。

（2）关于判旨的后半部分，原审判决使用了"无须登记也可以对抗"这一措辞，认定 X 与 Y_1 处于对抗关系。与此相对，上告审判旨并未明确采用此种逻辑，而是直接作为诚信原则的问题来处理。这是考虑了"四 2"中所述的批判。[54][55]

---

[52] 高木多喜男：《判批》，载《リマークス》第 10 号（1995 年），第 25 页。"概言之，拍卖权的范围，山田说妥当；优先清偿权的范围，幾代说正确。"

[53] 瀬川信久：《判批》，载星野英一等编：《民法判例百選Ⅰ（第 5 版）》，有斐阁 2001 年版，第 159 页。

[54] 参见高林龙：《判批》，载法曹会编：《判解民平成 6 年度》，法曹会 1997 年版，第 32 页，脚注 11。

[55] 关于本判决的评析，除高林，前注〔54〕，第 17 页的调查官解说外，还有大野胜彦：《判批》，载《手研》第 496 号（1994 年），第 66 页；中务嗣治郎：《判批》，载《金法》第 1396 号（1994 年），第 52 页；鸟谷部茂：《判批》，载《法教》第 168 号（1994 年），第 146 页；冈林伸幸：《判批》，载《名城》第 44 卷第 2 号（1994 年），第 93 页；石田喜久夫：《判批》，载《判評》第 431 号（《判時》第 1509 号）（1995 年），第 226 页；大西武士：《判批》，载《NBL》第 563 号（1995 年），第 67 页；高木，前注〔52〕，第 22 页；角纪代惠：《判批》，载《セレクト94》（《法教》174 号）（1995 年），第 23 页；片桐善卫：《判批》，载《金商》第 968 号（1995 年），第 47 页；村田博史：《判批》，载《ジュリ》第 1068 号（1995 年），第 73 页；松山恒昭、高木阳一：《判批》，载《判タ》第 882 号（1995 年），第 48 页；伊藤：《判批》，载《金法》第 1433 号（1995 年），第 114 页；星野英一、平井宜雄编：《民法判例百選Ⅰ（第 4 版）》，有斐阁 1996 年版，第 156 页（瀬川信久执笔）；佐藤卓：《判批》，载《法学》第 60 卷第 1 号（1996 年），第 245 页；大洼诚：《判批》，载《森泉章先生古稀祝賀論集》刊行委员会编：《现代判例民法学的理论与展望——森泉章先生古稀祝賀論集》，弦学书院 1998 年版，第 200 页；伊藤进：《判批》，载《金法》第 1581 号（2000 年），第 162 页；瀬川，前注〔53〕，第 158 页。

第五分节　共有份额上的抵押权设定人成为单独所有权人时相关抵押权的效力

[185]

——东京高院昭和 60 年 9 月 30 日判决（判时 1173 号 60 页）

一、判决要旨

1. 在抵押权设定人取得剩余的共有份额而成为单独所有权人的情形中，原共有份额上设定的抵押权的效力并不当然及于新取得的共有份额上。

2. 要想在 "1" 中使抵押权的效力及于相关不动产全部，应当就新取得的共有份额重新设定抵押权。此时，其登记应作为此前抵押权登记的变更登记。当存在对登记具有利害关系的第三人的登记，并且无法添附该人的承诺书或者可对抗该人的相关裁判文书的副本时，相关变更登记应为主登记[译者注1]；这之外的情形中，相关变更登记应作为此前抵押权设定登记的附记登记[译者注2]。

3. 应作为主登记者，却误作为附记登记而被登记的情形中，以相关附记登记自身为基准决定权利的顺位是妥当的。

二、事实概要

诉外人 A 所有本案土地的 1/2 的共有份额（甲份额），但是在该份额上，为 X（原告、控诉人）设定了第一抵押权（a 抵押权）并进行了登记，又为 Y（被告、被控诉人）设定第二抵押权（b 抵押权）并进行了登记。之后，A 取得了本案土地剩余的共有份额（乙份额）。因

[译者注1] 主登记（主登记）系指，在附记登记的情形，作为其附记登记对象的既存权利相关之登记，是具有独立顺位的登记。

[译者注2] 附记登记（付记登记）系指，附记于既存的特定登记并变更其部分的登记。与附记的既存登记（主登记）保有同一顺位。所有权以外之权利的移转登记、变更登记、更正登记等构成附记登记。

此，A 首先为 Y 在乙份额上设定抵押权（b'抵押权）与 b 抵押权担保同样的被担保债权，在进行设定登记时，作了在 b 抵押权的设定登记上进行变更的附记登记。其次，也为 X 在乙份额上设定了抵押权（a'抵押权）与 a 抵押权担保同样的被担保债权，同样通过在 a 抵押权的设定登记上进行变更的附记登记而完成设定登记。

[186] 之后，本案建筑物被扣押而提交拍卖，但在该过程中，对于乙份额的变价款项，以 b'抵押权优先于 a'抵押权为前提制作了分配表。因此，X 提起分配异议之诉。主张 a'抵押权优先于 b'抵押权。

一审 X 败诉，因而 X 提起控诉。

三、判旨内容

驳回控诉。

"即使在不动产共有份额上设定抵押权之人取得其他全部共有份额而成为不动产的单独所有权人，此种情形中，上述抵押权的效力也仅限于当初的共有份额，并不当然及于新取得的共有份额。因此，要想使抵押权的效力及于新取得的共有份额，应当就上述份额重新设定抵押权。但是，在今日的登记实务中，不允许就单独所有权的一部分设定抵押权（昭和 36 年 1 月 17 日民事甲第 106 号法务省民事局长回答、昭和 35 年 3 月 31 日民事甲第 712 号法务省民事局长通知），所以在登记实务上，就新取得的共有份额设定抵押权并使抵押权的效力及于全部不动产的登记，应通过变更原抵押权的登记而实现（昭和 28 年 4 月 6 日民事甲第 556 号法务省民事局长回答）。其变更登记的原因应理解为新取得份额的抵押权设定合同（昭和 31 年 4 月 9 日民事甲第 758 号法务省民事局长通知）。当存在与登记具有利害关系的第三人的登记，并且不能添附该人的承诺书或者可对抗该人的相关裁判文书的副本时，相关变更登记应为主登记；这之外的情形中，相关变更登记应作为先前共有份额抵押权设定登记的附记登记（昭和 28 年 4 月 6 日民事甲第 556 号法务省民事局长回答，《不动产登记法》66 条）。"

就本案来看，为 b' 抵押权作出抵押权变更的附记登记时，由于不存在与该登记有利害关系的第三人，所以通过附记登记处理是正确的。而且，根据《不动产登记法》第 4 条第 2 款的规定，该附记登记的顺位是作为主登记的 b 抵押权设定登记的顺位。但是，为 a' 抵押权作出抵押权变更的附记登记时，已经存在为 b' 抵押权所作的附记登记，因此是处于存在有利害关系的第三人登记的状态，所以抵押权的变更应作为主登记而进行登记，作为附记登记进行是错误的。此时，就其顺位，不允许根据《不动产登记法》第 4 条第 2 款的规定而按照本登记的顺位，而应该根据《不动产登记法》第 4 条第 1 款的规定以相关附记登记自身为基准来决定权利的顺位。如此一来，b' 抵押权优先于 a' 抵押权，X 的主张不能采用。

[187]

四、学说与判例

1.（1）首先，对于判决要旨第 1 点要注意的是，本案中成为问题的是，对不动产的部分比例所设定之抵押权的效力。这与"仅以不动产空间的一部分为标的所设定的抵押权能否存在"的问题应当明确区别。在后者中，问题在于一栋建筑物的抽象的场所份额这一观点在日本民法上是否可能？与此相对，所有权的"部分比例"这一概念，在《民法》上也已经以共有份额这一形式存在，不会引发"起始论"。即使对于在共有份额上设定抵押权是可能这一点，也不存在争议。问题只是，以此种形式承认的所有权的"部分比例"这一观念，在单独所有权上也能承认吗？

如判旨所引用的，登记实务所采取的立场是，对于目前已经是单独所有的不动产，以其部分比例为标的的抵押权不能成立。本判决也支持该实务。在此基础上，但是在共有份额 P 上已经设立抵押权，之后因设定人取得剩余的份额 Q 而该不动产成为单独所有权标的的情形中，相关抵押权仅就单独所有权的部分比例的 P 存续。换言之，此种情形中，观念上可以认为是对单独所有权的部分比例所具有的权利。如判旨所引用的,这也是登记实务早就采取的立场。

[188]　(2)对于上面前半部分,即"对于目前已经是单独所有的不动产,以其部分比例为标的的抵押权不能成立"这一点,学说上也存在许多异议。抵押权的对象不是物的实体本身而是物的价值,所以在部分比例上也能成立,而且在登记技术上也并非不可能的(过去在登记实务上也得到承认)[56]。

与此相对,对于后半部分,即"在共有份额上设定的抵押权,即使之后该不动产成为单独所有,也仅就单独所有权中相当于原共有份额部分的部分比例存续"这一点,未见有所异议[作者补注2]。但是,其根据是本来就单独所有权的部分比例就能成立抵押权,还是说准用《民法》第 179 条第 1 款但书的规定,于此情形不发生共有份额的融合[57]。在解释上有不同的路径。

2. 其次,以第 1 点为前提,判决要旨第 2 点认为,共有份额抵押权人,要想就之后设定人取得的剩余份额都取得抵押权,则应当就该部分重新设定抵押权。进而以此为前提,就其登记方法作出判断。

就乙份额也取得抵押权,对于 X 或 Y 而言,意义不仅仅是单纯再取得一项担保。如果只享有甲份额上的抵押权,则作为自己抵押权的实现,X 或 Y 只能以甲份额为拍卖对象。如此一来无法期待得到更多的变价款项,买受人可以取得的也只是受他人份额权制约的共有份额权。即使假设份额为 1/2,也只是远远不足不动产整体价值 1/2 的价值。A 好不容易成为了单独所有权人,所以想要以本案不动产整体作为拍卖对[189]　象。确实,在就甲份额实现抵押权之际,如果作为一般债权人的 X 或 Y

---

〔56〕 高木多喜男:《判批》,载几代通等编:《不動産登記先例百選(第 2 版)》,有斐阁 1982 年版,第 85 页。同旨,柚木、高木,第 225 页;川井健:《担保物権法》,青林书院 1975 年版,第 21 页;槙悌次:《担保物権法》,有斐阁 1981 年版,第 138 页等。

〔作者补注2〕 当然,如本书 176 页介绍的山田晟教授,也会有观点认为,当在抵押不动产上附加某些别的物(即使是不动产)时,如果将《民法》第 370 条的规定理解为是规制了此种情形,则在本案中也可根据该条来处理。

〔57〕 几代通:《判批》,载《判夕》第 282 号(1972 年),第 70 页。

就乙份额进行了扣押，则根据《民事执行法》第 61 条的规定，两项份额将一次性拍卖。但是，要想作为一般债权人进行扣押，需要另外有债务名义。因此，作为 X 或 Y，希望在乙份额上也取得抵押权，通过将本案不动产整体作为拍卖对象来实现抵押权。

本来，如果采用"1(2)"中所述学说的立场，即就现时点单独所有的有关不动产，可以其部分比例为标的设定抵押权，则此处的登记方法当然是记入登记[译者注]（本案情形是一般的抵押权设定登记）。但是，如上所述，由于登记实务采取的立场是不允许设定此种抵押权，所以即使在本案中，也不能进行一般的抵押权设定登记。以单独所有的有关不动产的部分比例为标的的抵押权，仅在此种情形中得到特别承认，应当摸索与之相对应的登记方法。在此，判旨所引用的登记实务，通过对就 P 份额既已存在的抵押权设定登记进行变更登记，而承认对新取得的 Q 份额所作的抵押权设定登记。本判决也肯定这一点。

变更登记，在不存在有登记上利害关系的第三人的情形中，或虽然存在但是添附了相关第三人的承诺书或代替该承诺书的相关裁判文书的副本的情形中，通过附记登记而进行（《不动产登记法》第 66 条）。但是，该条文并非意味着，存在上述第三人但不能添附承诺书或相关裁判文书的副本的情形，就不能进行变更登记。只是说，由于是权利内容的变更，所以本来应该作主登记（独立登记），但是在不损害第三人权利时也可以作附记登记[58]。

这一点，学术上没见到什么议论。

3. 判决要旨的第 3 点是不言而喻的。虽然或许会认为《不动产登记法》第 4 条第 2 款中规定了"附记登记之顺位依主登记之顺位"，但是该条是以正确的附记登记为前提的。本应按照主登记的方法进行登

[译者注] 记入登记（記入登記）系指，如保存登记、所有权移转登记等，实质上是新的登记原因的登记。区别于与既存登记相关联所作的变更登记、撤销登记等。

[58] 参见几代通：《不動產登記法（第 3 版）》，有斐阁 1989 年版，第 178 页。

[190] 记，但错误地通过附记登记的方法作出登记的情形中，回归原则，即"依其顺位登记之前后"（《不动产登记法》第4条第1款）进行处理。

只是，在理解该判旨时需要注意是，X并非因为搞错了登记方法才劣后于Y，而是因为其登记的顺位靠后。如上所述，对乙份额的抵押权是在A取得相关份额后重新设定的，Y通过附记登记的方法进行变更登记后，即使X没有搞错而通过主登记的方法完成变更登记，Y的权利也优先于X的权利。

五、学理上的问题点

最主要的问题是，就乙份额抵押权的重新设定，为什么能通过变更登记的方法而得到承认？当然，在实务上，也并非不能理解其不得已的理由（四2）。但是，就甲份额的抵押权，在其权利内容也没有发生变更时采用变更登记的方法，无论如何都是奇怪的。

要想解决此种问题，从正面承认对单独所有权的部分比例设定抵押权也是方法之一。但是，即使维持不承认此种方法的登记实务，如果将"在共有份额上设定的抵押权，即使之后该不动产为单独所有，也仅就单独所有权中相当于原共有份额部分的部分比例存续"这一点的实体法上根据，譬如求诸几代通说，认为此种情形中准用《民法》第179条第1款但书的规定，不发生共有份额的融合，则对于尚未融合的共有份额的一方，可以重新作为记入登记而承认抵押权设定登记。

六、实务上的留意点

本案中，X未能得到期待的分配，并非因为搞错了登记的方法。如"四3"中所述，是因为没有将对乙份额的抵押权设定理解为新抵押权的设定，而理解为此前抵押权效力的扩张。

[191] 从本判决中也可知晓，实务将其视为新抵押权的设定。债权人需要充分理解这一点，迅速与设定人展开交涉，抢在其他债权人之前通过变

更登记的方法取得设定登记。

[原载于椿寿夫主编：《担保法の判例Ⅰ（ジュリスト増刊)》，有斐阁1994年版，第28页及以下]

第六分节　以虚假抵押权为标的而被善意人取得之转抵押权的效力：欠缺《民法》第376条1款对抗要件时设定登记的命运
——最高法院昭和55年9月11日第一小法庭判决
（民集34卷5号683页）

[192]

一、判决要旨

1. 第三人对某抵押权系虚假一事是善意的，并从虚假抵押权的抵押权人处受有转抵押权并进行了登记。此种情形中，即使尚未具备(2004年修改前)《民法》第376条第1款[(2004年修改后)《民法》第377条第1款]的对抗要件，对于原抵押权设定人主张的以原抵押权设定无效为理由撤销原抵押权设定登记，也不负有作出承诺的义务。

2. 《民法》第94条第2款所规定的第三人善意与否，应当在构成该条款适用对象的每个法律关系中，以第三人就有关法律关系开始享有利害关系的时期为标准来决定。以一般债权人资格扣押虚假债权的情形中，其判断时点为相关扣押债权人实际扣押相关虚假债权（原抵押权的被担保债权）的时期。

二、事实概要

X（原告、反诉被告，被控诉人、控诉人，被上告人）为了方便从金融处融资，从诉外人A处借受700万日元，并因需要提供担保而假装在自己所有的本案不动产上设定了抵押权，并以A为权利人进行了抵押权设定登记（本案抵押权）。然而，基于在该抵押权上设定转抵押权的约定，A 从 Y（被告、反诉原告，控诉人、被控诉人，上告人）处合计借受 495.1 万日元。之后，Y 和 A 达成了裁判上的和解，内容为 A 在一定期日内对 Y 支付上述 495 万日元等金额，但是 A 一直没有支付，并且行踪不明。Y 的上述转抵押权虽然进行了设定登记，但是 A 尚未对 X 作出（2004 年修改前）《民法》第 376 条第 1 款［(2004 年修改后)《民法》第 377 条第 1 款］的通知，而且 X 也没有作出同款所规定的承诺。

[193]

基于该情事，X 提起诉讼，对 A 请求抵押权设定登记的撤销程序，并请求 Y（作为《不动产登记法》第 68 条所谓"就其撤销有登记上利害关系之第三人"）作出同款规定的承诺。

A 在一审中同意了 X 的请求，所以 X 与 A 之间的诉讼终止。另一方面，Y 在一审诉讼中，以上述与 A 的和解笔录作为债务名义，就 A 对 X 的 700 万日元虚假贷款债权中的 495.1 万日元取得了扣押、收取命令，并提起反诉，请求 X 支付。

本诉的问题点在于，就本案抵押权设定系虚假一事，Y 构成《民法》第 94 条第 2 款的所谓善意第三人，以此为前提，对于 Y 不具备（2004 年修改前）《民法》第 376 条第 1 款［(2004 年修改后)《民法》第 377 条第 1 款］所谓"对抗要件"一事，如何进行评价。反诉的问题点在于，扣押虚假债权（本案抵押权的被担保债权）的 Y，其善意、恶意的判断基准时点是何时。反诉请求在一审和二审中都被驳回了。相比之下，本诉请求在一审中被驳回，但在二审中得到了支持。

对于本诉和反诉，Y 均提起上告。

三、判旨内容

1. 对于本诉，撤销原判并改判。

"对于虚假的原抵押权，善意地受到转抵押权设定的第三人，即使因上述转抵押权的取得尚未具备（2004 年修改前）《民法》第 376 条第 1 款［(2004 年修改后)《民法》第 377 条第 1 款］规定的要件，进而不能行使上述权利或不能对原抵押权设定人主张权利取得的效果时，也不妨碍依据《民法》第 94 条第 2 款的规定，第三人构成已经基于有效转抵押权设定合同而取得一定法律上地位的人，属于该条款所称的善意第三人。所以，原抵押权设定人在对该第三人的关系上，不能主张上述原抵押权是虚假的。

"受有转抵押权设定之人在（2004 年修改前）《民法》第 376 条第 1 款〔（2004 年修改后）《民法》第 377 条第 1 款〕规定的关系上，能否以上述取得的转抵押权对抗原抵押权设定人，与该人能否取得上述转抵押权设定登记并保持该登记，本来就是不同的问题。一方面，受有转抵押权设定之人，不论有无取得上述民法中规定的对抗力，都可以基于对转抵押权设定人享有的合同上登记请求权而谋求设定登记的实现。另一方面，在已经取得上述抵押权设定登记的情形中，即使在对原抵押权设定人的关系上，如果不存在可以对抗自己的原抵押权设定登记的撤销原因（如被担保债权消灭而导致原抵押权消灭等），即使存在关于撤销登记的承诺请求，也享有可以拒绝该请求而保持自己转抵押权设定登记的法律地位。于此情形，前述转抵押权取得的对抗力的有无，不过是在可对抗上述转抵押权人的原抵押权设定登记的撤销原因成立与否的关系上，可以成为问题。如此一来，本案中，Y 已经取得了本案转抵押权设定的附记登记，此外，X 的本案原抵押权设定登记的撤销原因是上述原抵押权系 X 与诉外人 A 间恶意串通。如上所述，上述理由与本案转抵押权的对抗力有无并没有关系，不能对抗 Y，所以应认为对于以此为原因的原抵押权设定登记的撤销，Y 可以拒绝承诺。"

[194]

2. 对于反诉，驳回上告。

"《民法》第 94 条第 2 款规定的第三人善意与否，应当在构成该条款适用对象的每个法律关系中，以第三人就有关法律关系开始享有利害关系的时期为标准来决定。本案反诉中，Y 并非行使转抵押权，而是就其主张的贷款债权，以和解笔录作为债务名义申请强制执行，并根据所得的债权扣押及收取命令而行使收取权，所以对于 700 万日元的贷款债

[195] 权（作为本案原抵押权的被担保债权）中的 495.1 万日元，Y 开始享有利害关系的时点，并非 Y 贷款给诉外人 A 上述金钱并受到转抵押权设定之时，而是 Y 就其取得债权扣押命令的 1975 年 11 月 26 日。然而，……Y 在取得上述债权扣押命令当时，已经知道本案原抵押权是虚假的，其被担保债权并不存在，所以对于其扣押所涉的 495.1 万日元债权并不存在一事，Y 显然不能构成《民法》第 94 条第 2 款所规定的善意第三人"。

四、学说与判例

1. （1）判旨第 1 点的前提是 X 不能以原抵押权的无效来对抗转抵押权人 Y，因为抵押权设定的意思表示显然是符合一般虚伪表示的定义的，即"与相对人相通之非真意的意思表示"。第三人 Y 相信作为 A 和 X 间设定了抵押权的意思表示外观的抵押权设定登记，当然也构成《民法》第 94 条第 2 款的所谓"善意第三人"。虽然案情和争点有所不同，但是大判昭和 6 年 6 月 9 日民集 10 卷 470 页也认定，信赖虚假的不动产质权设定登记而受让被担保债权，并作出相关质权移转的附记登记时，该第三人构成《民法》第 94 条第 2 款的所谓"善意第三人"。

（2）以此为前提，核心问题在于，当 X 想要撤销原抵押权设定登记时，Y 尚未具备（2004 年修改前）《民法》第 376 条第 1 款 [（2004 年修改后）《民法》第 377 条第 1 款] 对抗要件的情况下，能否拒绝《不动产登记法》第 68 条的承诺？

关于这一点，若究极思考判旨的逻辑，可概括如下：如果没有（2004 年修改前）《民法》第 376 条第 1 款 [（2004 年修改后）《民法》第 377 条第 1 款] 的通知、承诺，则不发生同条第 2 款的效果，所以如果原抵押权的被担保债权的债务人清偿自己的债务，则该清偿的效果将对抗转抵押权人，因而此时转抵押权也完全消灭。而且，没有该条的通知、承诺，将不能实现转抵押权。但是，就原抵押权的设定以虚伪表示为理由而主张无效,将不能对抗 Y,所以不能以此为理由,在原抵押权设定登记的撤销程序中请求 Y 作出承诺。

但是,上面前半部分是关于(2004年修改前)《民法》第376条第1款[(2004年修改后)《民法》第377条第1款]的一般说明,真正作为判决理由而产生的只有"主张不能对抗之事由而请求承诺也是不行的"这一点。因此,也有评价认为,在结果上仅用《民法》第94条第2款就能解决问题,提及(2004年修改前)《民法》第376条第1款[(2004年修改后)《民法》第377条第1款]没有意义[59]。

(3)判旨提及(2004年修改前)《民法》第376条[(2004年修改后)《民法》第377条]激起了关于同条内容理解的讨论。例如,有讨论如下。即,所谓(2004年修改前)《民法》第376条1款[(2004年修改后)《民法》第377条第1款]的"对抗要件",并非"决定不能两立之权利间优劣的基准",而是作为"甲乙权利彼此可以两立,但在甲因乙权利之存在而受制约的情形中,公示乙;若被公示,则之后取得甲之人将受其约束"这一"公示手段的对抗要件"。进而,在转抵押权的情形,具体而言,"公示的内容应该是'债务人即使擅自向最早的原抵押权人清偿也不能消灭抵押权'这一'负担',并无超出此含义的意义。换言之,欠缺该公示,仅债务人可以将上述'负担'当作不存在而采取行动"。因此,"不承认承诺义务的判旨,可以作为当然的判旨而被支持"[60]。关于两种对抗要件的此种理解,在最近的教科书中也得以承继[61]。

(4)进而,从此种理解出发,判旨的"即使因上述转抵押权的取得尚未具备(2004年修改前)《民法》第376条1款[(2004年修改后)《民法》第377条第1款]规定的要件,进而不能行使上述权利或不能对原抵押权设定人主张权利取得的效果"部分的正当性也将存在

---

[59] 汤浅道男:《判批》,载《法时》第53卷第7号(1981年),第114页。
[60] 内田贵:《判批》,载《ジュリ》第743号(1981年),第79页。
[61] 道垣内(旧),第151页。

疑问。换言之，如果同款对抗要件仅具有拘束对原抵押权的被担保债权清偿的意义，则此种欠缺不会妨碍原抵押权的被担保债权清偿期到来后转抵押权的实现。[62]。

2. （1）判旨第2点的逻辑前提是，对于信赖虚假抵押权设定登记中被担保债权额记载的"善意第三人"，X 不能以相关债权不存在来对抗。这一点上学说也没有见到异议。

（2）问题在于，本案中，判断 Y 善意还是恶意的基准时点是何时。可能的时点有下列三种，即 Y 就担保相关债权的（虚假的）抵押权取得转抵押权的时点，Y 与 A 达成诉讼上和解的时点，Y 扣押相关债权的时点。本案判旨认定，"以第三人就有关法律关系开始享有利害关系的时期为标准来决定"，即以 Y 扣押相关债权的时点作为基准时。

关于基准时的这一普通论追随了判决例及学说，并没有异议。将其适用到本案案情中，具体问题是，"Y 与抵押权法律关系无关，是 A 的一般债权人，所以其因扣押才开始就虚假债权享有利害关系"[63]。换言之，评价认为"本判例对此前的基准进行了更严密的构造，并确定了规范。就像虽然同样是对被担保债权的支配，但因其是否依据担保物权而有所区别。对于抽象上具有同一性的法律关系或利害关系，应考虑所谓质的差异来决定善意的认定时期"[64]。

即使对于这一普通论的具体适用，学说基本上也都表示支持。但也有观点认为，"在法理论的世界中，转抵押权的设定在构造上是与被担保债权相分离的抵押权的独立处分，实际上，对 A 取得债权的 Y 以转抵押权为媒介而开始就原抵押权的被担保债权享有利害关系"，也可以支持上告理由。[65]

---

[62] 内田，前注〔60〕，第79页。
[63] 吉井直昭：《判批》，载法曹会编：《判解民昭和55年度》，法曹会1985年版，第292页。
[64] 高岛平藏：《判批》，载《判夕》第439号（1981年），第42页。
[65] 内田，前注〔60〕，第79页。

五、学理上的问题点

1. 本案中，Y 看到了虚假的抵押权设定登记，并相信 X 为 A 设定了抵押权，且其被担保债权额如登记面记载为 700 万日元。因而，如果 Y 是善意，则根据《民法》第 94 条第 2 款的规定，X 不能对 Y 主张不存在抵押权或金额为 700 万日元的被担保债权。

[198]

上述理解形成了本判决的前提。但是，实际上这一前提包含了颇为重要的问题点。通过登记公示抵押权，并非积极表明记载于登记簿的被担保债权全额存续且担保该债权的抵押权存续，而只不过是消极表明记载于登记簿的抵押权人 A 享有的权利，仅此而已。

假设在本判决的案情中，A、X 间真实存在 700 万日元的授受，并且为了担保此债权而真实设定了抵押权并进行了设定登记。就连在此种真实设定抵押权的情况下，欲就相关抵押权受转抵押权设定的 Y，也不会相信被担保债权的余额为 700 万日元，因为或许已经清偿了 300 万日元，只剩下 400 万日元。所以，如前所述，此种事实，不用变更登记面上的被担保债权额，抵押不动产所有权人也可以对抗第三人。Y 只能取得以被担保债权额 400 万日元的原抵押权（或者如果采有力说，原抵押权 + 被担保债权）为标的的转抵押权。进而，或许因全额清偿而导致抵押权自身消灭。就算是消灭了，不撤销抵押权设定登记也可以对抗第三人，对此没有异议。此种情形，转抵押权因标的（原抵押权）不存在而不成立。

如此一来，仅就本案这种虚伪表示的案件，会产生此种疑问，即从登记面上判断被担保债权额或抵押权的存续并产生信赖的第三人 Y，为何应当得到保护（此外，本案中，A 也向 Y 提交了 X 的印章等证明，但这不会引起对被担保债权额或抵押权存在的信赖）。抵押权的具体内容（金额为何、时期为何）完全依存于被担保债权的内容，而且抵押权设定登记中的被担保债权额的记载不过是显示其最大值。如此一来，仅凭抵押权的设定登记不能引发对被担保债权额全额现存、抵押权具体内容的信赖。应该说,不能将《民法》第 94 条第 2 款带到虚假的抵押权设定上。被担保债权额 700 万日元的抵押权设定登记这一"表示行为的外观",不能推断出在现时点被担保债权额为 700 万日元且抵押权存在。

2. 由此来看,对于判旨第 2 点,不论判断 Y 善意恶意的基准时为何,都不应支持 Y 的请求。而且,对于判旨第 1 点,在解释论上具有可能性的,至多只是被担保债权的债务人与抵押不动产的所有权人为同一人(非同一人时,抵押不动产的所有权人就被担保债权的减少、抵押权的消灭享有独自的利益,所以应单独考虑),且其人对抵押权的处分作出不保留异议之承诺时,通过类推适用《民法》第 468 条,不能再以抵押权不存在或被担保债权额已少于登记簿之记载来对抗受抵押权处分之人[作者补注3]。

3. 本判决并没有积极判断认为,存在虚假的抵押权设定登记时,相信该登记记载是真实的第三人可以有效取得以抵押权(以记载的被担保债权额全额为被担保债权的抵押权)为标的的转抵押权,或者就相关被担保债权视为所记载的金额全额现在也仍存在,而可以基于债务名义进行扣押。可以理解为,判旨第 1 点不过是从"X 不能以虚伪表示为理由主张抵押权不存在"这一点所得出的结论而已;判旨第 2 点不过是说由于 Y 不能称之为善意的第三人,所以没有必要进行更多的判示而已。

六、实务上的留意点

1. 虽然本案是特殊的案件,但实务中需要注意以下两点。

2. 首先,自不必说,若取得转抵押权,则应当立刻进行登记,并且对原抵押权的被担保债权的债务人作出(2004 年修改前)《民法》第 376 条第 1 款〔(2004 年修改后)《民法》第 377 条第 1 款〕的通知。

〔作者补注3〕此处所述内容在边码 158 及以下有详细论述。请一并参照。

并且,在此之际,妥善确认被担保债权的内容。可以的话,从原抵押权的被担保债权的债务人处取得确认剩余债权额的书面证明较好。应当充分理解,转抵押权的内容依存于原抵押权的内容,进而依存于原抵押权的被担保债权的内容。

3. 即使想要扣押自己的债务人所享有之债权时,也是一样的。如果没有向第三债务人打听,则将无法得知其债权的内容,特别是剩余债权额。不能从以相关债权为被担保债权的抵押权的登记面上进行判断。[66]

[原载于椿寿夫主编:《担保法の判例Ⅰ(ジュリスト増刊)》,有斐阁 1994 年版,第 62 页及以下]

第七分节 论"侵害状态更正请求权"和"担保价值维持请求权" [201]
——最高法院平成 11 年 11 月 24 日大法庭判决的理论探讨

一、引言

(1) 关于最大判平成 11 年 11 月 24 日民集 53 卷 8 号 1899 页(以下称"本判决"),不断有介绍和解说出现。案情、判旨的介绍或者既存判决例、学说的介绍等不断涌现,而且对问题点也进行了各式各样的讨论。本分节中,若再次概括性地指出问题点并进行简单的讨论,并不觉得有什么意义。

如果抛开本判决而仅展开笔者个人的见解,则下列早前的论述似乎没有变更的必要。即,一般来说抵押权人不能排除不法占有人,但在着

---

[66] 关于本案的评析,除吉井,前注[63]的调查官解说外,还有高岛,前注[64];汤浅,前注[59];村田博史:《判批》,载《产法》第 15 卷第 2 号(1981 年),第 133 页;松井宏兴:《判批》,载《甲南》第 21 卷第 3、4 号(1981 年),第 165 页;天谷进:《判批》,载《南山》第 5 卷第 3 号(1981 年),第 137 页;内田,前注[60];野村丰弘:《判批》,载《法協》第 99 卷第 1 号(1982 年),第 132 页。

手实现抵押权后,对抵押权的侵害已经显现化了,所以应支持妨害排除请求[67]。没有必要支持代位请求,虽然被担保债权的清偿期已到来,但不应因此允许抵押权人在着手实现抵押权前行使权利。

但是,笔者并不打算从上述立场来批判本判决。本判决将作为准则指导今后的实务。[68] 今后,什么样的准则是通用的呢?明确这一点的研究才是目前应该要做的吧。

因此,本分节中,案情、判旨介绍等通常判例解说中所作的基础工作全部省略,同时以一种概念或法理论为中心,并非从赞成与否的观点出发,而是直接论述其意义,以此来明确本判决所展示的内容。

(2)在此,所谓一种概念或法理论,是指"侵害状态更正请求权"或"担保价值维持请求权"。这一概念或法理论,也受到学理上的关注[69]。同时,在如何考虑实务上提出的各种问题,特别是如何考虑本判决的射程方面,是关键性的。因此,通过这些概念或法理论的讨论,在对本判决所述要件进行具体化和精致化的分析时,也会讨论其他相关问题,以及本判决的结论或法理论给其他场景的案件、其他问题带来的影响。

然而,在既存的法体系中合理地定位"侵害状态更正请求权"或"担保价值维持请求权"伴有较大的困难[70]。虽然也可以说"正因为如

---

[67] 道垣内(旧),第146页。

[68] 铃木禄弥教授强调根据本判决的案情来理解的必要性[铃木禄弥、升田纯:《〈紧急对谈〉最高裁大法廷判决平成11年11月24日をめぐって》,载《季刊债权管理》第87号(2000年),第6页及以下]。一般而言确如其所说,但若考虑本判决的冲击力以及因此而加速的判例和学说的方向性,则也还是有必要在抽象论和一般论上作扩大化的讨论。

[69] 虽然镰田薰教授认为"此种新的,内容却不明确的请求权的独立也令人担忧",但确实应受到关注[小笠原净二等:《〈座谈会〉最大判平11·11·24と抵当权制度の将来》,载《金法》第1569号(2000年),第41页(镰田发言)]。

[70] 关于这一点,山野目章夫教授指出,"特别应当注意的一点是,此处的考察应当可以在物权请求权的一般论维度的理论状况(也可以换个说法,物权请求权的总论)中进行定位"。这一说法完全正确[山野目章夫:《抵当不动产を不法に占有する者に对する所有者の返還请求权を抵当权者が代位行使することの许否——最大判平11·11·24をめぐって》,载《金法》第1569号(2000年),第51页]。

此所以并不妥当",但现在应该做的是明确如何定位。因此,在本分节中将展开颇为深入的试论。

当然,此种试论不见得能收获完全的成功,也将有颇多不合理之处。但是,期待在批判此种不合理的过程中能够实现议论的精致化。

(3)下面,首先从"侵害状态更正请求权"或"担保价值维持请求权"相关方面展现判旨的要点,并按顺序展开议论[71]。

二、判旨要点

[203]

(1)本判决在肯定抵押权人对不法占有人直接的妨害排除请求(以下称"直接请求")的同时,也支持抵押权人代位行使抵押不动产所有权人对不法占据者的妨害排除请求权(以下称"代位请求")。

代位请求中,首要前提是抵押权人对抵押不动产所有权人享有何种请求权。这一点上,法庭意见如下:"可以说,为了不对抵押权产生侵害,抵押不动产的所有权人预计应适当地维护管理抵押不动产。因此,处于上述状态时,基于抵押权的效力,抵押权人应当对抵押不动产所有权人享有请求权,请求适当行使其享有的权利等,更正上述状态并适当地维持或保存抵押不动产。"此外,奥田法官的补充意见认为,"抵押权设定人或抵押不动产的受让人,作为实际管理担保权(抵押权)标的物之人,为了不因第三人的行为等而减少其交换价值或难以实现交换价值,要适当地维持或保存担保权标的物,这应该说是法律的要求。作为其对应面,抵押权人应该对抵押不动产的所有权人享有请求权(担保价值维持请求权),请求维护或保管抵押不动产的担保价值"。

---

[71] 当然,在本分节所列问题之外,还有许多重要的点。例如,关于民事执行法上的问题,参见山本和彦:《抵当権者による不法占有排除と民事執行手続——最大判平11・11・24の民事執行法上の意義》,载《金法》第1569号(2000年),第58页及以下;福永有利:《平成11年大法廷判決から派生する手続問題》,载《銀法》第572号(2000年),第28页及以下。此外,关于与本判决案情相关的一些趣味颇深的点,参见藤田哲:《抵当権者の不法占有者に対する建物明渡請求》,载《Credit & Law》第124号(2000年),第13页。

或许看起来几乎是同旨,但是区别在于,法庭意见中的请求权被称为"侵害状态更正请求权",奥田法官的补充意见中则称为"担保价值维持请求权"[72]。上述意见确实是正确的。

(2) 而且,关于代位的实际行使,法庭意见认为"有必要保全上述请求权时,按照《民法》第 423 条的法意,代位行使所有权人可对不法占有人的妨害排除请求权"。与此相对,奥田法官的补充意见则将其理解为《民法》第 423 条的直接适用例[73]。在这方面也可看到若干差异。

(3) 进而,关于代位请求情形中的腾退相对人,法庭意见认为,"应认为可以代位行使诉外人 A(抵押不动产所有权人)对上告人 Y_1 等人的妨害排除请求权,以为 A 的利益而管理本案建筑物为目的,对 Y_1 等人请求直接向 X 腾退本案建筑物"。奥田法官的补充意见则认为,"抵押不动产所有权人的腾退请求权的内容为向所有权人自己腾退。如果这么认为,则抵押权人代位行使的情形也应作同样思考。但是,抵押不动产所有权人拒绝受领,或者有情事不能期待所有权人受领之时,在抵押权人代抵押不动产所有权人受领这一意义上,可以请求其直接向自己腾退"。

与此相对,对于直接请求的情形,法庭意见只是说"应认为也允许抵押权人请求排除上述状态"。奥田法官的补充意见也认为"此种情形中,抵押权人能否请求向自己腾退,或者说只能请求向抵押不动产所有权人腾退,是仍有必要进一步探讨的问题"。直接请求的情形并不明确。[74]

(4) 关于可以请求腾退的时期,法庭意见认为,"本案中,本案贷款债权(作为本案最高额抵押权的被担保债权)的清偿期届满,X 就

---

[72] 松冈久和:《抵当目的不动产の不法占有者に対する债权者代位权による明渡请求(下)——最大判平 11·11·24 の检讨》,载《NBL》第 683 号(2000 年),第 38 页。

[73] 椿寿夫:《〈座谈会〉抵当権者による明渡请求——最大判平成 11·11·24 をめぐって》,载《银法》第 571 号(2000 年),第 17 页(椿发言)。

[74] 小笠原等,前注[69],第 37—38 页(镰田发言)。

本案不动产申请实现抵押权，因 Y_1 等人不享有占有权原而占有本案建筑物，妨害了本案不动产拍卖程序的进行并妨害其交换价值的实现，所以也可以很容易地推认 X 将难以行使优先清偿请求权"，仅是根据具体案情作出的判断。与此相对，需要注意奥田法官的补充意见，该补充意见提到"抵押权中包含的对抵押不动产交换价值的排他性支配权能，在抵押权实现时（变价、分配时）体现得最为彻底。但是，不仅是在这一时点，从抵押权设定后到变价之前这段时间，可以恒常地、持续地支配抵押不动产应实现的交换价值。在这一点上，被视为存在抵押权作为物权的意义。因此，在抵押权设定后到变价之前这段时间，使抵押不动产的交换价值减少或者使交换价值难以实现等第三人的行为或事实状态，都应理解为是对抵押权的侵害。应当赋予抵押权人阻止此等侵害或者除去此等侵害的法律手段"。

[205]

此外，对于腾退的请求主体，奥田法官的补充意见认为，"也应考虑拍卖程序中对相关抵押权人的分配可能性等。盖因，对全体抵押权人承认同等的救济并不妥当，而且也应考虑防止完全没有受分配可能性的后顺位抵押权滥用救济手段"。法庭意见没有提及这一点。

三、代位请求与直接请求的统一理解

（1）但是，对于代位请求的构造，提出了一些疑问。首先，如果认为作为被保全权利的侵害状态更正请求权或担保价值维持请求权是基于抵押权设定合同的债权，为何在抵押权人与没有合同关系的第三取得人之间会发生此种义务呢？这存在疑问。[75] 然而，如果理解为物权请求权，则这能构成债权人代位权的被保全权利吗？[76] 除了产生这样的

---

[75] 参见松冈，前注〔72〕，第 38 页。
[76] 我妻荣：《新訂債権総論（民法講義 IV）》，岩波书店 1964 年版，第 165 页认为，"所谓被保全的债权，指广义上的请求权，物权请求权也包含在内"（着重号为原文所加）。椿等，前注〔73〕，第 24 页（佐久间弘道发言）以及佐久间弘道：《代位請求・物上請求の構成による抵当権者の明け渡請求》，载《銀法》第 572 号（2000 年），第 24 页，对此有所指摘。

疑问，还有问题在于，在物权请求权的一般论上，其相对人应该是物权的侵害人，能将抵押不动产所有权人看作侵害人吗？

若看作债权请求权，则将承认合同上的请求权与不动产一同移转，这是否可能暂且不论[77]，在本判决的理解上，难免招来"杀鸡用牛刀"的非难。因此，应看作物权请求权[78]，但在回答"能否将抵押不动产所有权人视为侵害人"这一问题时，前提是如何去理解侵害抵押权这一物权的样态。

（2）"因第三人不法占有抵押不动产，恐有妨害拍卖程序进行而出卖价格也将低于正当价格之虞等，抵押不动产交换价值的实现受到妨害且抵押权人将难以行使优先清偿请求权的状态存在时"，可以"将此评价为对抵押权的侵害"。（上述双引号内为法庭意见。）此时，对于侵害人和侵害原因，可以有两种理解方式。

一种当然是理解为不法占有人通过不法占有侵害抵押权。此时，物权请求权的相对人当然是不法占有人。所以，是请求不法占有人。

但是，也可以采用另一种理解，即因抵押不动产所有权人没有对不法占有人请求应然的腾退这一不作为而导致抵押权受到侵害。此时，物权请求权的相对人是抵押不动产所有权人。

那么，对抵押不动产所有权人的请求是什么呢？由于不是直接的占有人，所以无法请求其腾退。请求除去侵害行为（不作为），即请求作为。在诉讼形态上，抵押不动产所有权人提起诉讼请求作为也是可能的。但是，在此若就必要的作为加以强制执行，则基本上只可能是间接强制。对抵押不动产所有权人行使物权请求权时，要想承认对抵押权（作为物权）的侵害排除的直接效力，至少应当承认变种的诉讼形态。这一形态就是，允许抵押权人代为行使抵押不动产所有权人对不法占有

---

[77] 山野目，前注〔70〕，第47页指出了问题。此外，也要注意该文第56页，脚注5。同时，参见椿等，前注〔73〕，第23—24页（椿、生熊长幸发言）。

[78] 泷泽孝臣：《抵当権者による抵当不動産の不法占有者に対する明渡請求の可否》，载《金法》第1569号（2000年），第9—10页；佐久间，前注〔76〕，第24页。

人享有的腾退请求权。

承认这种形态,是为了使抵押权人对抵押不动产所有权人享有的物权请求权的行使能发挥实效,也是因为此种侵害形态的特殊性。因此,与《民法》第 423 条规定的债权人代位权的行使性质相异。法庭意见中认为,"可以按照《民法》第 423 条的法意,代位行使所有权人对不法占有人的妨害排除请求权"。而回过来重新理解的话,奥田法官的补充意见也并非必然理解为直接适用《民法》第 423 条。

(3)上述理解也还是会被批判为"杀鸡用牛刀"吧。[79] 但是,为了给关于代位请求的法庭意见以及奥田法官的补充意见赋予逻辑,似乎实在是不得已而使用了"牛刀"。[80]

四、"不法占有"的要件

(1)那么,如上所见,在代位请求的情形和直接请求的情形中,应认为"抵押权侵害的存在"这一要件的具体内容相异。

对于直接请求的情形,内容简单。相关占有人在与抵押不动产所有权人的关系上是否为不法占有人,不构成问题。只是,因相关第三人的占有,"恐有妨害拍卖程序进行而出卖价格也将低于正当价格之虞等,抵押不动产交换价值的实现受到妨害且抵押权人将难以行使优先清偿请求权的状态存在时",作为物权请求权的行使路径,抵押权人可以向相关第三人请求腾退。与此相对,在代位请求的情形中,要件是因抵押不动产所有权人的不作为而产生上述状态。

当然,仅仅如此仍然是抽象的,依旧有必要进行探讨。

(2)首先是关于"不法占有"。

即使在法庭意见中,也认为"因第三人不法占有抵押不动产",在

---

[79] 山野目,前注 [70],第 52 页认为,强调对所有权人的请求权与对第三人的请求权之间的差异并不妥当。在一般论上,确实如其所说。

[80] 松冈,前注 [72],第 38 页虽然认为"将本来应作为物权请求权处理的事项放在债权人代位权制度中,似乎是叠床架屋的处理",但确实是赞成这种处理方式的。本文所述的才是刻意叠床架屋的处理。

奥田法官的补充意见中也使用了"抵押不动产被不法占有情形中抵押权人救济的方式""因第三人没有任何正当的权原而占有抵押不动产"等措辞。简单理解,第三人的占有是"不法"的,是抵押权人行使权利的要件。

当然,在这一点上,也有下列意见。法庭意见就使用了"抵押权的侵害"这一措辞,即"因第三人不法占有抵押不动产,恐有妨害拍卖程序进行而出卖价格也将低于正当价格之虞等,抵押不动产交换价值的实现受到妨害且抵押权人将难以行使优先清偿请求权的状态存在时,不妨将此评价为对抵押权的侵害",从"因第三人……"到"……等"应理解为是一起的。如此一来,此种理由认为,"因不法占有而导致出卖价额下跌",仅是作为"抵押不动产交换价值的实现受到妨害且抵押权人将难以行使优先清偿请求权的状态"的例子之一,不要在意是否存在"不法占有"[81]。

但是,对基于抵押权的妨害排除请求,法庭意见认为"因第三人不法占有抵押不动产而导致抵押不动产的交换价值的实现受到妨碍且抵押权人将难以行使优先清偿请求权的状态存在时,作为基于抵押权的妨害排除请求,也允许抵押权人请求排除上述状态"。关于这一文言,难以将"第三人不法占有抵押不动产"理解为"抵押不动产交换价值的实现受到妨碍且抵押权人将难以行使优先清偿请求权的状态存在"的例示[82]。

[209] 然而,也会觉得,代位请求不以占有的不法性为要件,而直接请求却以此为要件,这不是刚好反过来了吗?即,在代位请求中,一般来说似乎都是以抵押不动产所有权人对占有人享有腾退请求权为前提的,但例如长期租赁的承租人,其在与作为出租人的抵押不动产所有权人的关系上是享有正当权原之人,抵押不动产所有权人不能行使腾退请求权。

---

[81] 泷泽,前注[78],第13页。

[82] 但是,泷泽,前注[78],第14页认为,"若能理解为是避免重复阐述例示部分,则对于物上请求,也与代位请求要件相同"。

而且,对于代位请求之际的法律构造,采用已经展开分析的观点时,要件上也要求抵押不动产所有权人对占有人可以行使腾退请求权时却不行使。在代位请求的情形,仍然是以占有的不法性为要件。

所以,应理解为,在直接请求和代位请求中,都还是以占有的不法性为要件。但是,如奥田法官的补充意见,如果将这一"不法占有"理解为"无权原占有",则因长期承租人或使用借贷中借用人的占有,抵押不动产发生价值减损时,将不能请求这些人腾退。那么,将导致本判决的意义会很有限。应如何考虑呢?

(3)在这一点上,似乎有必要重新思考"不法占有"这一用语的意义。

应注意的是,奥田法官的补充意见使用了"第三人没有任何正当的权原而占有抵押不动产"这一用语,提及了权原的有无。与此相对,法庭意见一贯仅使用"不法占有"这一表述。

抵押权侵害因"抵押不动产交换价值的实现受到妨害且抵押权人将难以行使优先清偿请求权的状态存在"而发生。而且,如果该状态因第三人占有抵押不动产而产生,则不问在与抵押不动产所有权人的关系上是否正当,该占有均是侵害抵押权的不法占有。可否如此理解"不法占有"呢?如果这么理解,则奥田法官的补充意见与法庭意见将会不一致。即使并非无权原占有,也能构成不法占有[83]。如果此处的要点在于抵押权的侵害,则不法性的有无在抵押权的侵害中应作为焦点来判断。

当然,如果该占有也是可以对抗抵押权人的,则因该占有而导致的价值减损是相关抵押权本就应承受的,所以没有侵害受优先清偿的权利。

[210]

此外,此处的问题并非执笔判决的法官对这一用语赋予了什么样的

---

[83] 结果同旨,秦光昭:《金融取引法の新しいステージ》,载《銀法》第571号(2000年),第1页。

意义这一主观探索[84]，而是以用语的不同为契机，施以此种解释，从而形成具有整合性的法律——这一法律命题解释的尝试。

（4）但是，即使作出此种解释，在代位请求的情形中，还需要课以其他要件。

首先，由于是代位行使抵押不动产所有权人的权利，所以前提是抵押不动产所有权人对占有人享有腾退请求权。因此，例如，如长期租赁的承租人，在与作为出租人的抵押不动产所有权人的关系上系享有正当占有权限之人为占有人时，抵押权人不能代位行使抵押不动产所有权人的权利而请求占有人腾退。所以，无权原占有虽然是要件，但这并非在作为"不法占有"这一用语的解释上，而只是没有代位的对象。是逻辑上不同的问题。

其次，在代位请求的情形中，由于是理解为因抵押不动产所有权人没有对不法占有人请求应然的腾退这一不作为而侵害抵押权，所以抵押不动产所有权人的权利不行使是当然要件，在物权请求权的特色上，对于通过不行使而作出侵害的抵押不动产所有权人，应认为侵害不以存在故意或过失为要件。这与债权人代位权的一般论相同[85]。

[211] **五、腾退的相对人**

（1）即使抵押权人请求腾退抵押不动产，腾退的相对人是谁呢？

如法庭意见中说到的，"抵押权是通过拍卖程序从实现的抵押不动产交换价值中优先于其他债权人受到被担保债权清偿为内容的物权。抵押权设定时不动产的占有不移转至抵押权人。抵押权人原则上不能干涉抵押不动产所有权人对抵押不动产的使用或收益"。对于侵害自己享有

---

〔84〕 匿名：《コメント》，载《金法》第 1568 号（2000 年），第 29 页认为，"本判决中成为讨论对象的是'不法占有'。参照本案的案情，这显然指的是抵押不动产的无权原占有"。本案中，这一说法是正当的，但作为抽象法律命题中的用语，对"不法占有"不妨理解为本文中的内容。

〔85〕 我妻，前注〔76〕，第 166 页；奥田昌道：《債権総論（増補版）》，悠悠社 1992 年版，第 258—259 页；潮见佳男：《債権総論》，信山社 1994 年版，第 330 页。

的优先清偿权之人,只可以请求其排除侵害。如此一来,基本上只能请求其向抵押不动产所有权人腾退了。

然而,奥田法官的补充意见则认为,关于代位请求,"抵押不动产所有权人拒绝受领,或者有情事不能期待所有权人受领之时",抵押权人可以请求向自己交付。

关于代位请求,在支持抵押权人交付请求的背景下,或许能看出债权人代位权相关的判例法理。但是,在债权人代位权的行使上,债权人能请求向自己交付的情形,不限定在债务人不受领清偿的情形。因此,限定在有上述情事的情形而抵押权人可以请求向自己交付,并非因代位请求之缘故。如此一来,则可以理解为,存在上述情事时,即使在直接请求中,抵押权人也可请求向自己交付。

但是,这不过是"代抵押不动产所有权人受领的意义"(奥田法官的补充意见)。正因为如此,可以说最大限度上没有违反抵押权的本质。[86]

(2) 因此,应将该受领的法律性质看作无因管理。[87] 抵押不动产所有权人可以随时要求抵押权人交付。[88] 抵押不动产的管理费用在抵押不动产拍卖程序的分配中也不能作为共益费用而优先受到清偿。[89] 但是,以费用偿还请求权作为被担保债权而行使留置权是可能的。

六、物权请求权的行使时期和可以行使的抵押权人的范围

(1) 最后,考察一下何人在何时期享有"侵害状态更正请求权"或"担保价值维持请求权"。

---

[86] 松冈,前注〔72〕,第40—41页中,就向抵押权人直接腾退,详细地指出了其问题点。

[87] 匿名,前注〔84〕,第32页认为,就代位请求的情形,准同于委托。结论上是一样的吧。

[88] 反对,椿等,前注〔73〕,第26页(生熊、河野玄逸发言)。

[89] 作为所谓"管理占有"的效力问题而被议论。参见泷泽,前注〔78〕,第18—19页。除此之外,小林明彦:《今後の裁判例の展開に注目》,载《金法》第1566号(1999年),第22页;志贺刚一:《本訴および保全処分の選択に途を開く》,载《金法》第1566号(1999年),第23页等。

首先就物权请求权的行使时期而言，奥田法官的补充意见认为，"在交换价值实现的抵押权实现时（变价、分配时）体现得最为彻底"，但在权利上，"从抵押权设定后到变价之前"一直都承认的。与此相对，法庭意见只是根据案情作出判断而已。在此后的论稿中，至少多数都主张需要被担保债权清偿期届满后。

但是，在这一点上，需要与《民法》第 395 条但书（2003 年修改前）[译者注]间的解释进行整合。因为在抵押权人行使先先清偿权受到妨害的情形中，该但书支持介入所有权人的抵押不动产利用形态，而侵害状态更正请求或担保价值维持请求与之立足于同一观点。

然而，在 2003 年修改前的《民法》第 395 条但书的解释论中，目前仍有一处需要明确。即，抵押权人可以在哪一时期提起解除诉讼？

判例和通说认为，即使在拍卖申请后，只要是在出卖批准决定作出前，抵押权人都可以请求解除。这一点上没有异议。但是，从何时起可以呢？学说上对这一点没有讨论，似乎认为随时都可以。然而，最高法院关于短期租赁合同解除的判决——最判平成 8 年 9 月 13 日民集 50 卷 8 号 2374 页认为，"《民法》第 395 条但书所谓给抵押权人带来损害之时，原则上是指在抵押权人的解除诉讼请求的事实审口头辩论终结时，抵押不动产的拍卖出卖价额因该条正文的短期租赁的存在而下跌，伴随之，作为清偿处于履行迟延状态的被担保债权，抵押权人所受分配等金额减少时"（着重号为笔者所加）。从这一判示来看，也可理解为，判例法理认为如果被担保债权没有履行迟延，则不能解除诈害的短期租赁合同。

实际上，被担保债权的清偿期未到时，应该没有提起解除请求诉讼的抵押权人。因此，在此之前不会成为重要问题。

但是，要点在于与 2003 年修改前的《民法》第 395 条但书解释之间的平衡。在基于该但书的解除诉讼中，至少如果不以拍卖申请为要件的

[译者注] 2003 年修改前的《民法》第 395 条规定："租赁期限不超过第 602 条规定的期限时，即使租赁是在抵押权登记后登记的，也可以对抗抵押权人。但是，该租赁给抵押权人造成损害时，法院可以根据抵押权人的请求责令其解除。"

话,则在物权请求权的行使中也可作同样理解。进而,直接采纳前述最高法院平成8年判决的判示,以被担保债权的履行迟延为要件是妥当的[90]。

(2)何人可以请求,与上面作同样考虑即可。即,在基于《民法》第395条但书的解除请求中,在判断是否"造成损害"之际,其人所受分配之额是否减少是决定性要素。在此也作同样理解。即,只有因不法占有人的存在而分配额减少的抵押权人可以请求腾退[91]。正如奥田法官在补充意见中所指摘的。

[214]

七、结语

上面就是努力建立本判决背后逻辑的尝试,但不过是观点之一而已。如开头所述,不仅是对本判决的赞成与否,而且更希望能成为分析本判决理论构造的一个线索。

我本人也对上述见解没有充分的自信,特别是关于物权的侵害构造,还希望今后继续推进思考。

[原载于《ジュリスト》,1174号(2000年),第28页]

---

[90] 结论同旨,椿等,前注〔73〕,第20页(三上彻发言);泷泽,前注〔78〕,第14页;生熊长幸:《抵当権者による明渡請求と"占有"》,载《银法》第572号(2000年),第17页;佐久间,前注〔76〕,第23页。与此相对,沼尾均:《要件・効果の明確化が今後の課題》,载《金法》第1566号(1999年),第27页;松冈久和:《抵当目的不動産の不法占有者に対する債権者代位権による明渡請求(中)——最大判平11・11・24の検討》,载《NBL》第682号(2000年),第40页认为,应限于抵押权实现申请或扣押登记后。

[91] 堀龙儿:《抵当権の伝統的な考え方を破る画期的な判決》,载《金法》第1566号(1999年),第28页。该书认为,"即使抵押权人被认为完全没有担保价值,但由于没有实际进入分配阶段的话其价值并不确定,所以权利行使是可能的"。此外,椿等,前注〔73〕,第16页(生熊发言),该观点认为,对于即使因占有而价值下跌但仍能全额回收债权的抵押权人,也承认其请求权限,但是这些观点与《民法》第395条但书的解释之间缺乏平衡。另外,小林,前注〔89〕,第22页,认为,"即使在有占有人的状态中,也应肯定预想满额分配的上顺位抵押权人的权利行使。因为虽说是满额分配,但在出卖实现后才变现现实化。因存在占有人而踌躇投标——这一状态需要除去的利益依然存在",但是,如果是踌躇投标的状态,倒不如自然点,应认定为不能受到优先清偿的状态。

[215] 第八分节　抵押权人对有占有权原的抵押不动产
　　　　　　占有人请求排除妨害
　　　　　　——最高法院平成 17 年 3 月 10 日
第一小法庭判决（民集 59 卷 2 号 356 页）

一、判决要旨

即使是从抵押不动产所有权人处受到占有权原的设定而占有抵押不动产之人，如果其占有权原的设定被认为是出于妨害抵押权实现的拍卖程序，且因其占有而妨害抵押不动产交换价值的实现，抵押权人将难以行使优先清偿请求权的状态存在时，作为基于抵押权的妨害排除请求，抵押权人可以对相关占有人请求排除该状态。此时，在不能期待抵押权所有权人为了不发生对抵押权的侵害而适当地维持管理抵押不动产时，抵押权人可以对占有人请求直接向自己腾退抵押不动产。

二、事实概要

1. X（原告、被控诉人、被上告人）对诉外人 A 公司享有承揽价款债权。为担保该债权，A 公司就其建造的建筑物（本案建筑物）及其用地，以 X 为抵押权人设定了抵押权（本案抵押权），而且为 X 设定了附停止条件承租权（以申请实现本案抵押权的拍卖等作为停止条件）（本案附停止条件承租权）。此外，也达成合意，A 公司将本案建筑物出租给他人的情形需要取得 X 的同意。本案抵押权完成了登记，本案附停止条件承租权也完成了预告登记。本案发生在 1992 年 4 月左右。

然而，A 公司未取得 X 的同意，于 1992 年 12 月将本案建筑物出租给诉外人 B 公司并完成了交付，月租金 500 万日元，期间 5 年，押金 5000 万日元。但在 1993 年 3 月，A 与 B 达成合意，将押金增加到 1 亿日元,并在同年 5 月时将租金减额至 100 万日元(但押金实际是否交付不明)。B 公司在 1993 年 4 月未取得 X 的同意,将本案建筑物转租给 Y(被告、被控诉人、上告人),月租金 100 万日元,期间 5 年,保证金 1 亿日元。

[216]

1996 年 8 月,A 公司受到了银行的停止交易处分,事实上破产。X 在 1998 年 7 月 6 日申请拍卖以实现本案抵押权。但是,尽管将最低拍卖价格降下来,本案建筑物及其用地也没有出卖的希望。

2. 与上述情况相关联的重要事实有三个。

① 本案建筑物的市场租金在 1995 年 1 月末时点上是每月 592 万日元,在 1998 年 10 月 26 日时点上是每月 613 万日元。前述转租金额大幅低于市场价。

② Y 公司和 B 公司的法定代表人为同一人。而且,A 公司的法定代表人从 1994 年到 1996 年都担任 Y 公司的董事。

③ 对于本案建筑物及其用地,在通过拍卖程序未能卖出的情况下,A 公司的法定代表人对 X 主张以支付 100 万日元作为交换,要求其放弃用地上的抵押权。

3. 在上述事实关系下,X 以因 Y 占有本案建筑物而侵害本案附停止条件承租权为理由,提起诉讼,以基于承租权的妨害排除请求而请求 Y 腾退本案建筑物,以及以基于侵害承租权的侵权行为为由要求 Y 支付相当于租金的损害赔偿金。

4. 一审判决认定本案附停止条件租赁合同并非以抵押不动产用益为目的的真正租赁,没有作为承租权的实体,因而驳回了 X 的请求。因此,在二审中,X 选择性地追加了基于抵押权的妨害排除请求,请求腾退及损害赔偿金。这一追加的背景,自不用说,是一审判决约半年后,判例最大判平成 11 年 11 月 24 日民集 53 卷 8 号 1899 页的出现。所以,二审判决遵从平成 11 年最高法院判决,认定即使在抵押不动产占有人的占有不能称之为无权原的情形中,因占有相关状况而导致抵押不动产交换价值的实现受到不法妨害时,可以请求排除占有,而且可以请

第三章 抵押权 193

[217] 求因侵害抵押权的损害赔偿。X 胜诉。

Y 提出上告。

三、判旨

部分撤销原判并改判，部分驳回。

"因所有权人以外的第三人不法占有抵押不动产而妨害抵押不动产交换价值的实现，抵押权人将难以行使优先清偿请求权的状态存在时，作为基于抵押权的妨害排除请求，抵押权人可以对占有人请求排除上述状态（最大判平成 11 年 11 月 24 日大法民集 53 卷 8 号 1899 页）。抵押权设定登记后，从抵押不动产的所有权人处取得占有权原并且占有抵押不动产之人，该占有权原设定的目的被认为是妨害作为抵押权实现手段的拍卖程序，因其占有而妨害了抵押不动产交换价值的实现，从而使得抵押权人难以行使优先清偿请求权，抵押权人对有关占有人，也可以行使基于抵押权的排除妨害请求权，请求排除上述状态。理由在于，抵押不动产的所有权人在对抵押不动产进行使用和收益时，预想的是适当维护管理抵押不动产，不能设定妨害作为抵押权实现手段的拍卖程序的占有权原。

"而且，行使基于抵押权的排除妨害请求权时，如果不能期待抵押不动产的所有权人适当管理维护抵押不动产时，抵押权人可以请求占有人直接向自己腾退抵押不动产。"

此外，指出"二、事实概要"中所列的情事，认定"参照上述诸点，不论是对于在本案抵押权设定登记后缔结的本案租赁合同还是本案转租合同，都应认为是出于妨害本案抵押权实现的拍卖程序。而且可以认为，因 Y 的占有而妨害了本案建筑物及其用地交换价值的实现，导致 X 将难以行使优先清偿请求权的状态存在。

[218] "而且，如上所述，本案建筑物所有权人 A 违反了本案合意，在本案建筑物上设定了长期承租权。A 公司的法定代表人是 Y 的关联方，所以不能期待 A 公司为了不发生对抵押权的侵害而适当地维护管理本案

建筑物","应认为作为基于抵押权的妨害排除请求,X 可以请求 Y 直接向自己腾退本案建筑物"。

另外,法院依职权就损害赔偿请求进行了释明。"应该说抵押权人没有因第三人对抵押不动产的占有而遭受了相当于租金额的损害。理由在于,抵押权人不能自己使用抵押不动产,也不能不借民事执行法上的程序等而实现其使用利益。而且,抵押权人通过基于抵押权的妨害排除请求而取得的占有,是以代抵押不动产所有权人维护管理抵押不动产为目的的,并非以使用抵押不动产及取得其使用利益为目的。"在撤销原判决的该部分内容并驳回请求的同时,认定"对基于侵害承租权的侵权行为而请求支付相当于租金的损害赔偿金,根据前述事实关系,本案附停止条件承租权并非以本案建筑物的使用收益为目的,而是以确保本案建筑物及其用地的交换价值为目的。所以,X 没有因 Y 占有本案建筑物而遭受相当于租金额的损害",认定一审判决正确,驳回了 X 的控诉。

四、先例与学说

1. 平成 11 年判决

众所周知,最大判平成 11 年 11 月 24 日民集 53 卷 8 号 1899 页判示如下:"因第三人不法占有抵押不动产,恐有妨害拍卖程序进行而出卖价格也将低于正当价格之虞等,抵押不动产交换价值的实现受到妨害且抵押权人将难以行使优先清偿请求权的状态存在时,不妨将此评价为对抵押权的侵害。""为了不对抵押权产生侵害,抵押不动产的所有权人被预定适当地维护管理抵押不动产",所以"处于上述状态时,作为抵押权的效力,抵押权人应当对抵押不动产所有权人享有请求权,请求适当行使其享有的权利等,更正上述状态并适当地维持或保存抵押不动产","有必要保全上述请求权时,按照《民法》第 423 条的规定,代位行使所有权人可对不法占有人行使的妨害排除请求权"。而且,"因第三人不法占有抵押不动产而导致抵押不动产的交换价值的实现受到妨碍且抵押权人将难以行使优先清偿请求权的状态存在时,作为基于抵押权的妨害排除请求,也允许抵押权人请求排除上述状态"。

对这一判决,基本上都是持赞成态度。但是,其要件和效果仍有许多不明之处[92]。最主要的问题是,平成11年判决的案情是未从抵押不动产所有权人处受到占有权原设定的无权原者占有,而对于受到权原设定的占有人占有,能否允许基于抵押权而排除?若允许,则其要件是什么?[另外,此时由于认为抵押不动产所有权人对占有人不享有腾退请求权(当然,对于这一点,也并非不能作不同思考),所以不支持抵押权人代位行使所有权人对占有人的妨害排除请求权。]

2. 围绕平成11年判决的学说

平成11年判决以后的学说基本上都一致认为,对于无权原之人,作为基于抵押权自身的妨害排除请求,抵押权人可以对其请求抵押不动产的腾退[93]。

[220]　　问题在于其要件为:平成11年判决在对无权原者的腾退请求上,以"恐有妨害拍卖程序进行而出卖价格也将低于正当价格之虞等,抵押不动产交换价值的实现受到妨害且抵押权人将难以行使优先清偿请求权的状态存在时"为要件。在针对受有权原设定的占有人时,这一要件也是一样的吗?在这一点上,多数意见认为,特别是对正常使用权人的腾退请求,即使因其使用而对出卖价额产生了影响,也不应支持。

---

〔92〕 笔者对此有过论述,《"侵害是正請求権"·"担保価値維持請求権"をめぐって》,载《ジュリ》第1174号(2000年),第28页及以下(本书边码201及以下)。在此之前的文献可以参照这篇论文中所引用的。关于这之后的文献,村上正敏:《抵当権に基づく妨害排除請求権について》,载《判タ》第1053号(2001年),第53页及以下讨论了许多的问题点。此外,八木一洋:《判批》,载法曹会编:《判解民平成11年度(下)》,法曹会2002年版,第833页及以下。

〔93〕 当然,各种学说之间存在微妙的差异。参见片山直也:《判批》,载《金法》第1748号(2005年),第47页。但是,在其中所列的学说中,多数都不过是对这一基准进行论述而已,即认为仅可排除"不法占有"人时,具备什么样的要件时该占有人可以被评价为"不法占有"人呢?

3. 本判决以后的学说

（1）本判决展现的两项要件为：①占有人占有权原的设定上存在妨害实现抵押权的拍卖程序的目的，以及②因其占有而妨害了抵押不动产交换价值的实现且使得抵押权人难以行使优先清偿请求权的状态存在。对此，虽有评价认为"意识到了要协调所有权人对抵押不动产的使用收益权与抵押权人对妨害价值实现的占有进行排除的权利"[94]，但也有评价认为"是基于'占有样态中的诈害要因与合同内容中的诈害要因相辅相成把买受人从拍卖中支走'这一现实的判断"[95]。而且，也有见解指出应与《民事执行法》第55条保全处分要件平衡[96]。这一见解也指出，"若基于抵押权的妨害排除请求权的行使要件应与《民事执行法》第55条保全处分的要件基本相同，则相较于利用难以支持的基于抵押权的妨害排除请求，虽说有些情形中还需要提供担保，但选择在裁定程序中迅速作出判断的保全处分似乎更有效率"[97]。

此外，在无权原占有人的排除上，指出构成要件本身应有所不同（不要求占有人或所有权人的主观要件）。[98]

（2）而且，也有见解认为，本案中占有人具有权原的根据是租赁合同，租赁合同因强烈的妨害目的而无效（本判决也如此评价），或者即使有效也不能对抗抵押权人，所以不会发生因对抗而导致的减价，"抵押权侵害是专因占有妨害变价权或优先清偿权的实现而发生的"，应该不需要要件①。[99]

[221]

此外，也有见解认为本判决的前提是否定Y所受设定之权原的效

---

[94] 丸山绘美子：《判批》，载《法セ》第607号（2005年），第120页。
[95] 片山，前注[93]，第48页。
[96] 吉田光硕：《判批》，载《判夕》第1182号（2005年），第120页。
[97] 吉田，前注[96]，第120页。
[98] 三上彻：《判批》，载《NBL》第807号（2005年），第5页；泷泽孝臣：《抵当権に基づく抵当不動産の明渡請求》，载《银法》第647号（2005年），第9页。
[99] 松冈久和：《判批》，载《金法》第1742号（2005年），第14页。

力[100]，但多数评释文章认为是直截了当地支持对有权原者的妨害排除请求（换言之，没有采用否认设定权原的效力这一前提）。

（3）对于相当于租金额的损害赔偿请求被否定这一点，有观点认为"理论上是正当的，受有腾退的抵押权人（管理）占有的性质稍微明了了，但是除性质外，管理占有的其他相关问题点完全没有解决"[101]，但是"使执行妨害者享受赖着不走的利益，也没有正当性"，该部分被撤销，因而基于抵押权的损害赔偿请求整体因既判力而被遮断的话，X 将欠缺保护。[102]

五、评论

1. 首先应指出的是，本判决的前提是短期租赁制度被废止以前的法律状况。[103] 但是从结论来看，反而可以认为本判决展现了 2003 年修改后的《民法》下关于占有人排除的妥当要件。

实际上，如果重视 2003 年修改前的《民法》下这一前提，则①占有人占有权原的设定上存在妨害实现抵押权的拍卖程序的目的，以及②因其占有而妨害了抵押不动产交换价值的实现且使得抵押权人难以行使优先清偿请求权的状态存在。这两项要件中，逻辑上反而不要求要件①。

本判决的案情中，设定了 5 年的长期租赁，所以，根据 2003 年修改前的《民法》第 395 条但书的规定，其是否构成解除的对象，也存在问题（涉及对最判平成 8 年 9 月 13 日民集 50 卷 8 号 2374 页射程的理解）。但是，如果是根据该但书而构成解除对象的租赁，则抵押权人可以首先向法院请求解除，待到丧失权原后，以请求无权原者腾退的形式

---

[100] 片山，前注〔93〕，第 48 页。
[101] 松冈，前注〔99〕，第 14 页。
[102] 三上，前注〔98〕，第 5 页。此外，吉田，前注〔96〕，第 121 页。该观点认为，"作为抵押权实现程序中的分配资金，不会上缴给执行法院吧"。
[103] 内田贵：《民法Ⅲ（第 3 版）》，东京大学出版会 2005 年版，第 439 页。

作出妨害排除。此时，对于作为解除要件的"造成损害"的解释，前述平成8年最高法院判决认为，"原则上是指在抵押权人的解除诉讼请求的事实审口头辩论终结时，抵押不动产的拍卖出卖价额因该条正文的短期租赁的存在而下跌，伴随之，因清偿履行迟延的被担保债权，抵押权人所受分配金额减少时。并不限于相较租金低廉、租金预付、押金巨大等通常对买受人更为不利益的情形，或者抵押权人不能通过物上代位而以租金抵充被担保债权清偿的情形"。如此一来，只要满足要件②的话，"解除→腾退请求"这条路就走得通了。

对于平成11年判决，也有观点指摘，"作为短期租赁制度的一部分而处理消除妨害方法的解除请求问题，与作为本案主题的因'不法占有'而侵害抵押权的问题，是不同层面的问题，看不出必然要求两者间应当均衡的根据"[104]。但是，如本案，在对受有承租权设定的占有人请求腾退中，仍然应该需要考虑两条路径之间要件的均衡。如此一来，即使不解除，而在作为基于抵押权的妨害排除请求而请求腾退之际，满足要件②也就够了。这一观点是妥当的。

然而，在2003年修改后的《民法》下，即使占有人是基于不能对抗的承租权，在实现抵押权之际，也要给予6个月的腾退暂缓期间。尽管如此，因承租人的存在而导致抵押不动产的变价价值下跌，抵押权人所得的优先清偿额减少时，如果总是可以请求承租人腾退，则将会产生制度间的矛盾。如此一来，在现行法下，抵押权人要想作为妨害排除请求而请求腾退，还需要再多满足一项要件α。这项要件α应该是要件①。换言之，若以现行法为前提，则附加要件①完全可以理解。

[223]

如此看来，如果严格认为是2003年修改前的《民法》下的案件，则也会对本判决产生疑问，但可以理解为最高法院想要提示2003年修改后的《民法》下关注的要件。

2. 对于否定相当于租金额的损害赔偿请求这一点，理论上是正当

---

[104] 八木，前注〔92〕，第870—871页。

的,且并非因此就不能再以拍卖迟延等为理由请求损害赔偿了[105]。

[原载于《私法判例リマークス》第32号(2006年),第20页及以下]

第九分节　妨害抵押权实现

一、由若干解释说起

(1) 在各种教科书中,都只是略微提到了"妨害抵押权的实现",在讲课时也只是偶尔会听到这一内容。而且,基本上都是滥用短期租赁之类的内容。但是,妨害抵押权实现的方式多种多样,短期租赁制度的滥用不过是其中之一。而且,由于对短期租赁制度的研究占据主流,各种方式之间并未进行充分的区别。换言之,也有一些文献将所有的问题都归于短期租赁制度。因此,关于"抵押权实现的各种妨害",想要比教科书和讲义作更进一步地思考。

(2) 此外,受妨害的不仅是抵押权实现。在所有的不动产执行、

---

[105] 关于本判决的评析,除户田久:《判批》,载法曹会编:《判解民事平成17年度(上)》,法曹会2008年版,第153页的调查官解说外,还有三上,前注〔98〕,第4页;古贺政治:《判批》,载《金法》第1742号(2005年),第9页;淳重信:《判批》,载《金法》第1742号(2005年),第11页;高桥俊树:《判批》,载《金法》第1742号(2005年),第12页;松冈,前注〔99〕,第13页;吉田,前注〔96〕,第116页;丸山,前注〔94〕,第120页;片山,前注〔93〕,第45页;盐崎勤:《判批》,载《民情》第228卷(2005年),第66页;田高宽贵:《判批》,载《法教》第301号(2005年),第82页;北河隆之:《判批》,载《不研》第47卷第4号(2005年),第32页;工藤祐严:《判批》,载《ひろば》第59卷第1号(2006年),第55页;清水元:《判批》,载《判评》第564号(《判时》第1912号)(2006年),第190页;森田修:《判批》,载《金法》第1762号(2006年),第18页;生熊长幸:《判批》,载《民商》第133卷第4、5号(2006年),第791页;上北正人:《判批》,载《神奈》第38卷第2、3号(2006年),第35页;本田纯一:《判批》,载《银法》第657号(2006年),第74页;增成牧:《判批》,载《神院》第35卷第4号(2006年),第73页;松冈久和:《判批》,载《ジュリ》第1313号(2006年),第77页;太矢一彦:《判批》,载《金商》第1247号(2006年),第44页;城阪由贵:《判批》,载《判夕》第1215号(2006年),第38页;中田裕康等编:《民法判例百選I(第6版)》,有斐阁2009年版,第178页(田高宽贵执笔)。

动产执行的情形中,不同的人会作出各种各样的妨害。其中仅列举关于抵押权实现的妨害。而且,实际上列举的妨害方法也是整体中极少的一部分。妨害的方法有很多种,但这里只涉及代表性方法。此外,现在"抵押权的实现"除了抵押不动产的拍卖,还有担保不动产的收益执行。但这里仅列举专与前者相关联的。

下面,按顺序进行讨论。第一是占有,第二是物理侵害,第三是设立其他担保物权,第四是其他。当然,这里并没有穷尽全部的分类,也谈不上是完美的分类。但是,竖界标来整理的方法,应该是比较易懂的[106]。

二、利用占有妨害抵押权实现

(1) 对于采用占有抵押不动产的形式来妨害抵押权的情形中,尤其受到关注的是滥用短期承租权。

2003年修改前的《民法》第395条规定,即使对于已设定了抵押权的不动产,为了在一定程度上能够进行租赁(因此使得所有权人的收益权限实效化),仅限所谓短期租赁,保护抵押权设定登记后开始租赁的承租人。限于不超过《民法》第602条规定的期间(即山林10年、其他土地5年、建筑物3年)的租赁,即使在抵押权设定以后具备对抗要件,也可以对抗抵押权人。在约定的租赁期间,即使在抵押权实现后,承租人仍可以承租使用不动产。

然而,短期租赁制度常被用作妨害抵押权实现的方法。换言之,没有使用抵押不动产意思之人,未进行承租权登记或预告登记或者仅在形

---

[106] 下面虽未一一引用,但极大地参考了高木新二郎:《不動産に対する執行妨害の実状と対策》,載民事執行保全処分研究会編:《執行妨害対策の実務(新版)》,金融財政事情研究会1997年版,第2頁及以下;最上侃二:《大阪地裁における執行妨害の実状と対策》,載民事執行保全処分研究会編:《執行妨害対策の実務(新版)》,金融財政事情研究会1997年版,第20頁及以下;山崎敏充:《執行裁判所から見た執行妨害の諸問題》,載東京辯護士会辯護士研修委員会編:《民事執行妨害と弁護士業務》,商事法務研究会1997年版。

式上取得占有（债务人等支付租金而使第三人占有的情形，或者使不知情的第三人代为占有的情形也存在）。如此一来，即使抵押权人诉请抵押权的实现程序，也不会出现高价的买受人。此时，承租人或其关联方可便宜地拍得不动产，然后要么高价转卖获得利益，要么向想要高价出卖的抵押权人索要撤销承租权登记承诺费或退租费。即使出现拍得人，也会请求拍得人返还巨额押金（主张承租时支付的）。

虽然这与2003年《民法》修改中短期租赁制度的废止有关[107]，但实际上在最近，短期租赁自身的问题出现了减少的迹象。理由有二。

[226] 第一，对于明显滥用的承租权登记，在抵押权实现时依职权撤销，否定该短期租赁权自身的应保护性。

当然，像以前那种租金极其低廉而押金巨大的租赁合同，属于典型的滥用方式，此种类型已经有所减少。缔结正常内容的合同而创设正常外观的做法增多，因而在滥用的认定上存在困难。

第二，更根本地，由于拍卖期间的长期化，在扣押后、买受人取得所有权之前，很多时候已经到了短期承租权不能对抗买受人的阶段（当然了，土地的短期租赁期间为5年，相较于建筑物更长，因此就土地而言仍存在问题）。

因此，需要注意的是，实际上妨害抵押权实现的占有大多都是事实上的占有，而非以短期租赁制度为基础的占有。所以，不能认为由于短期租赁制度的修改，所有问题都得到了解决。

（2）说到事实上的占有，过去常见的例子是在抵押房屋上安装黑社会的牌子或者画上黑社会的纹章等。但是，这种情况已经变少了。（实际上黑社会即使不直接占有，也能达到占有的充分效果。例如在不动产的阅览资料上写着由黑社会占有，或者夹着黑社会的名片，仅凭此买受人就不会购买。因此，现在东京地方法院严格管理阅览资料，并且设置了日常监控来监视阅览室的状况。）至少，复杂的占有形态变多了。

---

[107] 详细参见道垣内弘人等：《新しい担保・執行制度（補訂版）》，有斐阁2004年版，第49页及以下（道垣内执笔）（本书边码358及以下）。

例如，让外国人居住在抵押房屋中。进而，在这些外国人享有直接占有之前的这段时间，再进行几重转租。由于本来就是外国人，语言不通，交涉起来非常困难。因此，想要通过转租关系来了解原来的权利关系，也就变得十分困难了。而且，如果不能大体上了解原先的权利关系的话，就无法判断其权利能否对抗抵押权，所以拍卖程序也就很难进行了。这是妨害者所期待的。

当然，在现在的判例法理下，可以基于抵押权请求排除妨害。但是，如果连占有人是谁都不清楚的话，为请求排除妨害而提起诉讼的相对人都不能确定。

（3）关于这一点，《民事执行法》规定了一种解决方法。由《民事执行法》第 55 条规定并由同法第 188 条准用于抵押权实行的"出卖保全处分"制度，抵押不动产的占有人使相关不动产的价格减少或作出有减少之虞的行为时，执行法院可以命令占有人将相关不动产交付给执行官等，但是此时，"存在特别情事难以在相关决定执行前特定相对人时，执行法院可以以不特定相对人为对象发出命令"（因 2003 年修改而追加的第 55 条之 2）。当系占有人姓名不详等情形时同理，不特定相对人亦可。

而且，重要的是，若作出该保全处分，则即使之后占有人更迭也没有问题。以前，好不容易调查清楚占有人并作出保全处分了，之后又出现了其他占有人。不断地变换占有人，也是妨害的手法之一。然而，不特定占有人的保全处分，对于之后的占有人也有效力。所以占有人更迭也没有问题。

同样地，即使在拍卖程序中最高价买受申请人或买受人出现的阶段，这些人也可以姓名不详的占有人为相对人，作出同样的保全处分（《民事执行法》第 77 条）。

（4）此外，经常也会主张并非抵押权设定后具备对抗要件的短期租赁，而是存在抵押权设定前就具备《借地借家法》上对抗要件的承租权。当然，如果抵押权设定前就存在真正具有对抗力的承租权，则买受人应

[227]

当承受该承租权的负担。但是，也有很多租赁合同是倒签日期的。

而且，即使在抵押权设定前就存在承租权，也有可能是形式上的。例如，抵押房屋的所有权人为个人时，将其出租给自己担任法定代表人的公司。当然，反过来也可能是，公司将房屋出租给法定代表人。

此种情形，在民事诉讼中，通常会广泛支持法人人格否认法理的适用，并否定租赁的存在。

[228] 而且，有时候可能承租人是所有权人、债务人等的亲属或与这些人有密切关系之人，进而即使存在租金授受的实际，也可能只是单纯出于节税的目的。虽然无法用法人人格否认的法理来处理，但是在诚信原则，可以采取不能对买受人主张承租权的处理方式。

三、利用物理侵害妨害抵押权实现

（1）在民法教科书中常举的例子是，在山林上设定抵押权后，采伐该山林中的树木。但是，此种单纯的物理侵害并没有那么多见。当然，即使在现在，在判例中也有作为工场抵押权对象物的生产资料被从工场中搬离的例子，但这并非主要的妨害方法。

（2）最近与物理侵害有关的大问题是建筑物的合栋、分栋，以及共同抵押标的建筑物的拆毁与新建。首先来看前者。

在纵割连栋式区分所有建筑物的一方或双方上设定抵押权，去除间隔墙壁，使其成为一栋建筑物。此时，各区分所有建筑物以"区分所有的消灭"为登记原因，依申请或依职权进行建筑物的灭失登记。另一方面，对于除去间隔墙壁后新成立的建筑物，以"区分建筑物的合体"为登记原因，依申请或依职权作出建筑物的表示登记（昭和38年9月28日民事甲第2658号民事局长通知·先例集追Ⅲ1130之329页）。如此一来，合体前旧建筑物的抵押权因标的物消灭而消灭，抵押权人的权利因而受到显著侵害。

同样地，也有在一栋建筑物内部砌上间隔墙壁，作为区分所有标的的两栋建筑物重新登记后，再去除间隔墙壁，以建筑物的合体为理由对两建筑物进行灭失登记，以此谋求抵押权的消灭。[108]

下级审判决设法在事实认定的层面上解决上述抵押权妨害。即判决认为，只是拆毁部分间隔墙壁，两建筑物的独立性尚未丧失；只是砌上简易的间隔墙壁，尚未至区分所有的状态。

最终的解决方式是，1993年《不动产登记法》进行了修改，规定当建筑物合体时，有存续于新建筑物整体或份额上的权利时，将进行相应的移记程序（现行《不动产登记规则》第120条第4款）。进而，承袭这一规定，最判平成6年1月25日民集48卷1号18页判示，"互相不为主从关系的甲乙两栋建筑物，通过去除间隔墙壁等工程，成为一栋丙建筑物时，以甲建筑物或乙建筑物为标的设定的抵押权并不消灭。上述抵押权以丙建筑物中按照甲建筑物或乙建筑物价格比例的份额为标的而持续存在"。

当然，就旧建筑物实现抵押权之际，其拍卖对象限于新建筑物上存续的观念份额。但如此一来，抵押权人仍有遭受显著损害之虞。且不说建筑物整体，其份额的买受人等似乎也不会购买吧。

（3）另一个著名的例子是，在土地及其上之建筑物设定共同抵押权后，拆毁建筑物并建造新建筑物。

抵押权人在土地和建筑物上取得共同抵押权，并因此而掌握其整体价值。但在法律上，土地和建筑物是不同的不动产，所以设定两项抵押权。若其中一项抵押权实现，则将发生法定地上权（《民法》第388条）。在设立抵押权时，若将来实现抵押权会成立法定地上权，则之后在原建筑物被拆毁并建造新建筑物时，法定地上权将为该新建筑物成立。如果仅着眼于土地的抵押权，则其抵押权是拍卖附有法定地上权负担的土地并从其中受有优先清偿的权利。一方面，虽然建筑物被暂时拆毁，但即使不消灭该负担也没有违反设定时的预想；另一方面，从新建筑物所有权人利益的观点来看，成立法定地上权的做法较好。

---

[108] 以下，详细参见道垣内弘人：《判批》，载《リマークス》第7号（1993年），第28页及以下。

[230]　　那么，如果旧建筑物被拆毁，则以其为标的物的抵押权也伴随标的物的消灭而消灭。然而，如果为新建筑物设立法定地上权，则即使实现剩余的土地抵押权，也不能受有预想金额的分配。为他人设立法定地上权，且实际无法利用的土地，愿意高价买受之人也不会出现。本来抵押权人就是以土地和建筑物都作为抵押权的标的，并可以进行拍卖，那样的话也会出现买受人。但是，买受受有法定地上权制约的土地之人很少，即使有，也只是低价买受。

　　1992 年，东京地方法院执行部基于所谓整体价值考虑说而作出裁判，受到了关注。即，抵押权人不管怎样都是掌握土地和建筑物的整体价值的；只会成为土地抵押权负担的法定地上权，即使参照当事人的意思也不应成立。该见解在最判平成 9 年 2 月 14 日民集 51 卷 2 号 375 页〔作者补注4〕被最高法院所采用。即，"所有权人在土地和地上建筑物上设定共同抵押权后，上述建筑物被拆毁，而在上述土地上建造了新的建筑物的情形中，若无特别情事，如新建筑物的所有权人与土地的所有权是同一人，且在新建筑物建造的时点上，土地抵押权人就新建筑物受到与土地抵押权同顺位的共同抵押权设定时，法定抵押权不会为新建筑物成立"。

　　（4）如此，在同一个时期，对于抵押权妨害的两个典型事例，通过立法或判例一起得到了解决。但是，假如不采用此种寻找法律漏洞的复杂方法，单纯只是增建建筑物的话，就会使不动产的特定性或者抵押权标的物的范围变得不明确，产生买家不太愿意购买的效果。

　　在过去，在抵押权实现的扣押迫近时，或者扣押后现场状况调查前，慌慌张张地在空地上建造建筑物的例子有很多。但是，对此承认禁止施工的保全处分，进而依据《民事执行法》第 55 条（有时是第 77 [231]　条）的规定，法院会积极下达即使建筑物完工也命令撤去的保全处分。所以，在扣押前数个月地进行执行妨害的现象增多。

　　具体而言，执行妨害方法为，在建筑物的屋顶上或者公寓用地的

〔作者补注4〕参见道垣内弘人：《判批》，载中田裕康等编：《民法判例百选Ⅰ》（第6版）》，有斐阁 2009 年版，第 184 页及以下（本书边码 335 及以下）。

一部分上增建或增添建筑物等,并在此基础上以建筑物整体为一栋建筑物进行表示的变更登记,进而以旧建筑物与增添后的不动产为不同的区分建筑物,分别进行表示登记,就增添的区分建筑物进行第三人名义的所有权取得登记。第三人名义的区分所有建筑物部分应该从被拍卖的不动产中除去,但即使不是区分所有公寓,以邻接于屋顶或隔壁的形式存在他人区分所有部分的建筑物,也不会有买受人。这就会妨害执行。

更单纯的方法是,在抵押标的不动产上建造第三人所有的建筑物。确实,第三人不能以用地使用权对抗抵押权人,所以实现土地抵押权并出现买受人时,应当撤去建筑物并腾退土地。但是,对于买受人而言,以妨害抵押权之人为相对人提起诉讼请求撤去建筑物并腾退土地是一项负担。因此,买受人不会出现。某段时间,这曾是抵押权妨害的主要方法。

在这一点上,2003年《民法》修改时也规定了相应的解决方法。换言之,抵押权人在作为土地抵押权实现的拍卖中,可以将第三人所有的建筑物连同土地一同拍卖(《民法》第389条。在此之前,作为一同拍卖的要件须为"设定人于抵押地上建造建筑物时",所以对于第三人建造的建筑物,不支持一同拍卖。此外,在这一点上也需要注意,《民法》第395条规定的腾退暂缓期间仅适用于抵押权标的建筑物的承租人,而不适用于抵押地的承租人。如果也允许抵押地的承租人暂缓腾退的话,则一同出卖并将占有人驱赶出去的做法就没能实现)。

四、利用设立其他担保物权的方法妨害抵押权实现

(1)因抵押权与其他担保物权可能竞合,所以实际上也存在抵押权难以实现的例子。

首先是不动产工程的先取特权。不动产工程的先取特权是通过在工程开始前登记预算额而保存效力,其优先于这之前登记的抵押权(《民法》第338条第1款、第339条)。但是,优先清偿额限定于现存的增加额(《民法》第327条第2款)。因为不动产价值因工程而增加的部分归属于工程业者是公平的。

[232]

但是，一般而言不会使用不动产工程的先取特权。然而，在拍卖的情景中，常常能见到被认为是出于妨害执行目的的不动产工程的先取特权。由于确实是实施了部分工程，因此不能否定先取特权自身。但是，登记了巨额的预算额并且如果这些预算费用确实是真的（虽然是假的），抵押权人几乎得不到什么分配。光是争议预算金额就会花费很多时间，也会犹豫是否要去实现抵押权。

因此，执行法院应对此种情形采用的方法为，由先取特权人负担并预纳增加额部分的鉴定费用。鉴定费用若完全由先取特权人负担，甚至需要预纳，作为妨害者而言也会犹豫。因此，多数情形都不会预纳。（当然，先取特权是否会因不预纳而丧失效力，是另一个问题。）而且，在显然能认定为执行妨害目的的情形中，也可作为权利滥用而否定相关先取特权的效力。

（2）土地建筑物的承租人对抵押标的物的租赁不动产支出有益费用和必要费用的，也会主张留置权。在滥用的情形中，将该占有人作为相当于《民法》第295条第2款所谓因侵权行为而开始占有之人，采用否定留置权的处理方式。

五、其他妨害手段

（1）首先是利用警告登记[译者注]而妨害抵押权实现。

在为实现抵押权而进行扣押的阶段，不动产所有权人A与第三人B

〔译者注〕本章的"警告登记"对应日文原文为"予告登记"，直译则为"预告登记"，有别于"仮登记"。所谓"予告登记"，是指提起关于登记撤销或回复原状的诉讼（如起诉既存的买卖无效等）时，依法院的职权向登记所嘱托，为公示诉讼的事实而所作的特殊登记。此种登记与法律的对抗力没有关系，是为将来登记的订正做准备而进行的预备登记的一种。虽然登记并不一定因提起的诉讼而被撤销，但是可以使第三人知晓不动产处于纷争之中，在该等意义上保护第三人，因事实上具有对第三人的警告功能，也被称为"警告登记"。2005年修法以后，"予告登记"被废止。与此相对，"仮登记"系指为保全将来登记之顺位而事先所作之登记，之后若作出本登记，则其顺位为"仮登记"之顺位，"仮登记"亦被译为"假登记"（临时登记）。但因"仮登记"与中国现行法上的"预告登记"相对应，因此译者一贯将"仮登记"译为"预告登记"。为示区别，本书将"予告登记"译为"警告登记"，将"仮登记"译为"预告登记"。

合谋进行诉讼。换言之，B 以 A 为相对人提起诉讼，主张相关土地是 B 从 C 处受让的，而 A 擅自进行了所有权移转登记，故请求撤销所有权移转登记。以前，在该时点上，基于 1899 年《不动产登记法》第 34 条的撤销警告登记，是通过法院对登记所的嘱托而进行的。然而，A 与 B 的诉讼因合谋而以 B 胜诉告终。如此一来，警告登记就一直不会被撤销（参见 1899 年《不动产登记法》第 145 条）。 [233]

实际上，即使如此，抵押权也不会丧失效力。如果想要连抵押权设定登记都撤销掉，则 B 应当以抵押权人为相对人提起诉讼，但由于是假的，所以没有取胜的希望。警告登记实际上也没有任何效果，其目的是显示就相关不动产权利提起了诉讼，使善意的第三人不受损害。但实际上，土地上作出了"撤销警告登记"这一意义不明的登记时，对于该土地，不会出现买受人。进而，由于警告登记在法律上没有特别意义，所以抵押权人不能请求撤销（没有诉的利益）。其结果，警告登记作为妨害抵押权实现的手段而发挥作用。

或许因为如此，所以 2005 年《不动产登记法》修改，警告登记制度被废止。

（2）除此之外，受有抵押权实现通知的抵押不动产的第三取得人，或者察觉拍卖申请的所有权人，可能会重复进行所有权移转登记。若扣押的，则在相关不动产上作出扣押登记。法院向登记所嘱托登记。然而，如果法院展现的所有权人的表示与登记簿上所有权人的表示不一致，则登记嘱托将被驳回，拍卖申请也会因此被驳回。这就实现了执行妨害的目的。

虽然在理论上问题还有很多，但可通过更正登记簿上所有权人的表示来解决。

六、结语

（1）虽然本分节介绍了很多方法，但如最开始所述，妨害抵押权实现的方法不止这些。例如，只要在抵押房屋里留下大量动产，就能产生

[234] 许多麻烦。其动产不是抵押权的标的物,因此也不会构成拍卖对象,应当向债务人等进行交付。但这是极为麻烦的(在这一点上,通过《民事执行法》修改,也规定了解决办法。根据2003年修改后的《民事执行法》第168条第5款的规定,执行官可以出卖这些动产)。这些内容,只能留给其他文献了[109]。

(2)只是阅读通常的担保物权法教科书的话,会觉得如果被担保债权不履行,抵押权的实现会很顺利吧。但是,希望读者也能知道其中还有许多错综复杂的情况,希望偶尔也能够保持兴趣。要想真正理解担保物权法、民事执行法或破产法等,这是非常重要的内容。

[原载于《法学教室》第304号(2006年),第114页及以下]

[235] 第十分节 《工场抵押法》第3条抵押物品目录的记载
与对抗要件——最高法院平成6年7月14日
第一小法庭判决(民集48卷5号1126页)

一、判决要旨

就《工场抵押法》第3条规定的物品,抵押权要想取得对抗第三人的效力,需要上述物品被记载于同条的目录。

二、事实概要

X(原告、控诉人、被上告人)就诉外人A所有的建筑物(本案建筑物)取得了第一顺位最高额抵押权并完成登记。本案建筑物构成《工场抵押法》中所谓"工场"。因此,根据同法第2条,除了附加

---

[109] 手边通俗易懂的,除了已经引用的民事执行保全处分研究会编,前注[106],还可参见道垣内等,前注[107],第95—123页及以下(古贺政治执笔)。此外,还有宫部美雪:《理由》,新潮社1998年版;夏原武:《競売妨害-実録!ある占有屋の人生》,宝岛社2000年版等多本非常有趣的书籍。

一体物，其抵押权的效力还及于"设置于（该建筑物内的）机械、器具及其他供工场用之物"（以下称"供用物品"）。然而，X没有提交同法第3条规定的"申请抵押权设定登记之情形……应提交之"供用物品目录（以下称"3条目录"）。

之后，Y（被告、被控诉人、上告人）也就本案建筑物取得了后顺位抵押权。在登记时，Y提交了3条目录。该目录上记载了搅拌机、吸尘机等用于混凝土制造的物品（以下称"本案物品"）。

再之后，本案建筑物与本案物品一同被提交拍卖。X和Y在该程序中受有分配。执行法院在制作分配表时，仅承认X就本案建筑物的出卖价款享有优先权，同时承认Y就本案建筑物的出卖价款享有劣后于X的优先权，且Y就本案物品享有优先权。

X提起诉讼，主张其最高额抵押权效力也及于本案物品，所以就本案物品的出卖价款也享有优先权。理由有二。第一，X主张本案物品是本案建筑物的构成部分，并非不同的动产，但该主张在一审和二审中都没有得到支持。重要的是第二点理由。即，（即使不是建筑物的构成部分。）本案物品是《工场抵押法》第3条所谓供用物品，X享有的工场抵押权的效力及于此等供用物品，但即使不提交3条目录，也可以对抗后顺位抵押权人。

一审中，法院没有支持X的上述主张。判决认定没有提交3条目录的抵押权人不能以自己的抵押权效力及于供用物品为由来对抗第三人，而且没有理由将该后顺位抵押权人从该第三人中排除。

X提起控诉。二审X胜诉。判决认定：工场抵押权人完成以工场为标的的抵押权设定登记后，不论是否提交3条目录，都能以该抵押权效力不仅及于工场建筑物还及于供用物品为由，来对抗其他抵押权人及一般债权人。理由有三。第一，从与一般的抵押权的关系来看，作为从物的供用物品与目录没有关系，工场抵押权效力之所及应能对抗第三人。在此基础上，若仅对并非从物的供用物品，以3条目录的提交作为对抗要件，则根据供用物品是否属于从物这一微妙的判断，工场抵押权

[236]

效力可对抗的范围将会发生变化,这并不妥当。第二,后顺位抵押权人在取得工场抵押权时,能认识到先顺位抵押权的存在与否以及供用物品的有无,所以即使不提交3条目录,也不会受到不测的损害。第三,3条目录记载的变更由设定人单独申请作出,这体现了其内容的变化不会给工场抵押权人的权利带来影响。

Y提出上告。

三、上告理由

上告理由可以归纳为下列三点:

① 提交供用物品目录时,其目录被视为登记簿的一部分,记载视同登记。就《工场抵押法》第35条、第3条第2款及《民法》第177条的文理解释而言,目录的提交显然是第三人对抗要件。

② 抵押权的效力也及于从物吗？对于这一民法上不明确的问题,《工场抵押法》在立法上用包括公示在内的方法来解决。对于尚未通过立法来解决的民法上的抵押权,其解释("就从物而言,抵押权登记也是对抗要件")不能类推适用《工场抵押法》的解释。应当重视与前述《工场抵押法》相关的判例法理("五1"中所举的最判昭和32年判例、大判大正9年判例等)相协调。

③ 判断是否供用物品,通常而言是困难的。即使没有目录记载,后顺位抵押权人当然也知道抵押权效力所及的范围,这一说法与实际情况相异。

四、判决理由

撤销并改判。

"工场所有权人在属于工场的土地或建筑物上设定的抵押权(以下称'工场抵押权'),其效力及于附加于该土地或建筑物并与之成为一体之物,以及设置于该土地或建筑物的机械、器具及其他供工场用之物(以下称后者为'供用物品')(参见《工场抵押法》第2条)。但是，《工场抵押法》第 3 条第 1 款规定，工场所有权人就上述土地或建筑物申请抵押权设定登记的情形中，应就供用物品提交目录（3 条目录）。根据《工场押抵法》第 3 条第 2 款准用的该法第 35 条，上述目录被视为登记簿的一部分，其记载视为登记。而且，该法第 3 条第 2 款准用的该法第 38 条之规定，上述目录的记载事项发生变更时，所有权人应毫不迟延地申请其记载的变更登记。

"参照上述各条款的规定，工场抵押权人就供用物品以其抵押权的效力对抗第三人时，需要上述物品被记载于 3 条目录。换言之，3 条目录的记载是第三人对抗要件。

"当然，土地或建筑物抵押权设定登记的对抗力，也对设定时上述土地或建筑物的从物发生 [参见最高法院昭和 43 年（オ）第 1250 号同 44 年 3 月 28 日第二小法庭判决·民集 23 卷 3 号 699 页]，所以即使就工场抵押权，对于供用物品中在抵押权设定当时属于工场土地或建筑物的从物，也并非不能认为无须记载于 3 条目录。但是，如果供用物品中属于上述土地或建筑物从物的物不需要记载于 3 条目录，则抵押权设定的当事人或第三人，将被迫作出'特定的供用物品是否属于从物'这一实际上困难的判断。而且，在抵押权实现程序中，执行法院也不得不作出同样的判断。因此，《工场抵押法》就供用物品要求应提交 3 条目录的宗旨在于，不问供用物品是否属于从物，一律应将其记载于 3 条目录。据此，也可认为回避上述困难的判断，使工场抵押权的实现程序简明化。"

[238]

如此一来，X 工场抵押权的效力及于本案物品一事不能对抗 Y。应撤销二审判决并驳回 X 的控诉。

五、批评

1. 案情并无特殊性。本判决处理的问题是，"工场抵押权的效力及于供用物品，要想对抗第三人，是作出抵押权自身的登记即可（公示说），还是需要相关供用物品被记载于提交的 3 条目录（对抗要件说)"。

如判决理由第 1 段和第 2 段所说的,从《工场抵押法》的条文体裁来看,似乎应是采对抗要件说。最高法院也已经有该宗旨的判决(最判昭和 32 年 12 月 27 日民集 11 卷 14 号 2524 页)(此外,大判大正 9 年 12 月 3 日民录 26 辑 1928 页也判示了对抗要件说,但完全只是傍论)。

但是,昭和 32 年的最高法院判决毕竟是关于工场抵押权人与供用物品的第三取得人之间的纷争。即使认为 3 条目录在与第三取得人的关系上是对抗要件,在与后顺位抵押权人或一般债权人的关系上,也并不必然作同样理解。即使在学说上,在扣押或拍卖的情境中,也认为无须记载于 3 条目录而工场抵押权人能以工场抵押权效力及于供用物品一事对抗第三人,但在与供用物品的第三取得人的关系上,以工场抵押权效力之所及来对抗时,则须记载于 3 条目录[110]。

[239] 鉴于此种解释论的可选择性,对于在与后顺位抵押权人等人的关系上,3 条目录具有何种意义,判例法理仍是空白。本判决的意义在于,明确了在与这些人的关系上,3 条目录也是对抗要件。

2.(1)公示说主张的依据基本上与二审判决的理由("二"所列的第一点至第三点)相同。因此,如果想要使对抗要件说具有说服力,应当批判该理由。

然而,判旨没有直接回答这一点,只是批判了第一点。对于从物以外的供用物品,需要记载于 3 条目录,从物则不要,如此一来,利害关系人将被迫判断各个供用物品是否属于从物,这并不妥当。所以,对抗要件说的好处之一在于,利害关系人能容易地判断是否受到抵押权效力的对抗。

(2)但这并不具有说服性。如果这么说的话,那么对于就标的不动产作出抵押权设定登记的通常的抵押权,则其抵押权效力及于从物一事当然可以对抗第三人——这一法理也不妥当了。于此情形,利害关

---

[110] 例如,我妻,第 571 页。

系人"将被迫作出'特定的供用物品是否属于从物'这一实际上困难的判断。而且,在抵押权实现程序中,执行法院也不得不作出同样的判断"。

(3)从判决的立场来看,《工场抵押法》一方面扩大了受优先清偿之物的范围,另一方面在从物上也要求记载于3条目录才具备对抗力。所以,将《工场抵押法》看作"大棒加萝卜"的法律,是完全可以作为一种立场的。

应该再往前推进一步,为此种《工场抵押法》的理解方式赋予理由。

3.(1)希望考察以本判决为前提时,"从物""附加一体物"等概念的内容究竟是什么[111]。

那么,与民法上的抵押权及工场抵押权的效力范围相关的概念有如下五项。即,《民法》第87条规定的"从物",第242条规定的"附合物",第370条规定的"附加一体物",以及《工场抵押法》第2条规定的"附加一体物"和"供用物品"。

[240]

(2)应明确的是,本判决认为"供用物品"包括"从物",且是更广泛的概念。从"供用物品中属于上述土地或建筑物从物的物"这一判旨的措辞可以得出此种理解。

在这一点上,我妻荣教授展现了不同的见解。"《工场抵押法》……的内容,一言以蔽之,其抵押权的效力不仅及于作为抵押权标的的土地或建筑物的附加物,也及于从物。"[112] 这是将所谓"供用物品"理解为"从物"[113]。而且,关于从物的最重要判决之一——大连判大正8年3月15日民录25辑473页,就从物作了普遍性的论述:"在某物为建筑物的持续利用而附属于该建筑物的情形中,与建筑物相分离

---

[111] 荒木新五:《判批》,载《判夕》第871号(1995年),第43页,从这一观点出发进行了讨论。
[112] 我妻,第569页。
[113] 荒木,前注[111],44页。

其使用价值虽然不会丧失,但是至少经济效用会受到减损时,该物为建筑物使用之从物",但同时认为营业用各器具未必总是从物,"其是否构成从物,应以建筑物的使用目的而确定"。在相关案件中,认定"公共浴池的营业用器具以及烟囱等一套附属物品"为从物。若从该判旨来看,则主屋为工场时,供用物品,即"设置于该土地或建筑物的机械、器具及其他供工场用之物"似乎构成从物。

[241] 相较于此种学说和判例,本判决有不同见解。但是,整体来看在关于从物的判例和学说上,仅仅列举了榻榻米、拉门等作为典型例子[114]。本判决展现的"供用物品＞从物"这一理解,或许可以说是追随了一般的倾向。正因为如此,认为"供用物品＝从物"的我妻荣教授,将《工场抵押法》规定的抵押权效力及于供用物品评价为"将民法从物理论的对象主要限定在榻榻米、拉门,招致了'其内容愈发贫乏'这一讽刺的结果"[115]。在某种意义上,本判决将我妻荣教授唱衰的这一倾向进一步向前推进了。当然,究竟是否应当唱衰是一个问题,在"4(2)"中再作讨论。

(3) 本判决的前提是,《工场抵押法》第 2 条规定的"附加一体物"这一概念中没有包含《民法》第 87 条的"从物"。记载于 3 条目录的仅是"供用物品",所以如果"从物"包含在《工场抵押法》第 2 条所谓"附加一体物"中,则对于"从物",应该不需要记载于 3 条目录。

另外,应认为本判决的前提是,《民法》第 370 条的"附加一体物"包含了"从物"。这一点,从最判昭和 44 年 3 月 28 日民集 23 卷 3 号 699 页的判示中也大体可以看出:"对本案宅地设定的最高额抵押权登记……根据《民法》第 370 条的规定,就作为从物的上述物品也有对抗力。"进而,如果认为《民法》第 370 条的"附加一体物"中不包含"从物",且根据《民法》第 87 条第 2 款,抵押权效力及于"从物"

---

[114] 参见民法总则的各类教科书。
[115] 我妻,第 569 页。

的话[116]，则即使在工场抵押权的情形中，也应适用《民法》第87条，效力当然应当及于"从物"。因此，由于主物具备了对抗要件，从物应该当然也具备对抗要件。但是，就工场抵押权，本判决明确地否定了这一点。

以上来看，本判决认为《工场抵押法》第2条所谓"附加一体物"与《民法》第370条所谓"附加一体物"，在意义上有所不同。与此相对，原判决认为，"如何理解附加物与从物的关系暂且不说，《工场抵押法》第2条第1款所谓'附加而与之成为一体之物'与《民法》第370条正文所谓'附加而与之成为一体之物'是同一概念"（民集48卷5号1162页）。在此可以看出前提之间的差异。

一般而言，即使是同样的词汇，根据其所使用的上下文，当然会有不同的意思。但是，要想将其具有的不同意思正当化，需要进行相应的解释。虽然笔者在结论上支持本判决的理解，但是仍要提出异议。

4.（1）如此一来，《工场抵押法》第2条的"附加一体物"与《民法》第370条的"附加一体物"，具体是什么样的物呢？这是一个问题。

前者是不包含"从物"的概念，所以恐怕应与"附合物"作同义理解。与此相对，后者则未必明确。虽然确实包含"从物"，但是《民法》第370条的"附加一体物"并非必然地将"从物"和"附合物"简单合在一起。

学说上也尝试对《民法》第370条的"附加一体物"作出积极的定义，但还只是少数[117]。进而，最近也有学者从对抵押权效力所及范

---

[116] 众所周知，此乃柚木教授的见解。柚木、高木，第247—248页，第255—256页。
[117] 笔者曾作出下列论述：在确定《民法》第370条的"附加一体物"具体是什么物时，"不仅要看到与从物、附合物的概念关系，还应强调抵押权的效力及于何种范围是妥当的这一观点"。更具体地，应重视三点：①虽不具备独立的对抗要件，但主标的物对抗要件效力所及的场所上近接之物；②当事人通常具有抵押权效力所及的意思，且第三人预想到其意思之物；③一般债权人扣押标的不动产时，扣押效力所及之物即"不问附加的时期，存在于标的不动产上的附合物、从物及分离物"［道垣内（旧），第113—114页］。
此外，濑川教授认为，"第一，抵押权的范围应该是设定人通常预料、抵（转下页）

围容易扩大这一视角提出了批判[118]。

[243]　（2）所谓虽是"供用物品"却也非"从物"者，具体是什么物呢？这似乎也存在问题。很多论述认为"供用物品"中包含了并非"从物"之物[119]。但是，对于这一问题，未看到具体的标准或例子。作为并非从物之物的例子，梅谦次郎博士所举的"如设置于房屋中的橱柜、椅子、桌子"之物[120]，是符合这一意义的。

当然，如"（1）"中所述，民法上抵押权效力所及范围由《民法》第370条（与《民法》第87条没有关系）来决定，且认为"附加一体物"为"附合物"加上"从物"的理解并非必然结论。根据"抵押权的效力及于何种范围是妥当的"这一观点，将《民法》第370条"附加一体物"的内涵理解为该条单独的解释问题。进而即使对于工场抵押权，也如本判决所持观点，认为即使对"从物"而言，若其未记载于3条目录则工场抵押权的效力所及不能对抗第三人。这样一来，实际上，对于抵押权效力所及范围的分析，讨论"'从物'是什么，非'从物'的'附加一体物'是什么"就没有实际意义了。直接讨论《民法》第370条的

（接上页）押权人通常期待的范围；第二，设定人的一般债权人、自设定人处取得附属物之人、后顺位抵押权人、抵押权的受让人、拍得人等第三人应预想抵押权所及的范围；第三，附属物与抵押物品间功能性的、价值一体性的要求"，"抵押权所及之附属物应当是接近抵押物品的具有固定性场所关系，且其利用价值依存于与抵押物品间的关联。这大概是从物的标准，但是比从物要稍狭窄"［瀬川信久：《判批》，载《リマークス》第3号（1991年），第25页］。

[118]　鎌野邦树：《抵当権の目的物の範囲》，载半田正夫等编：《現代判例民法学の課題——森泉章教授還暦記念論集》，法学书院1988年版，第390页及以下；同氏：《"抵当権と従物"論》，载《早法》第64卷第3号（1989年），第79页及以下；占部洋之：《ドイツ法における抵当不動産従物の処分（1）、（2完）》，载《民商》第111卷第3号（1994年），第427页及以下、4、5号（1995年），第741页及以下。

[119]　例如，雨宫良也：《工場抵当権、各種財団抵当権の実行とその実務上の問題点》，载加藤一郎、林良平编：《担保法大系3》，金融财政事情研究会1985年版，第243页；酒井荣治：《工場抵当法（特別法コンメンタール）》，第一法规出版社1988年版，第23页；远藤浩等编：《注解不動産法3 不動産担保》，青林书院1990年版，第403页（今村与一执笔）。

[120]　梅谦次郎：《民法要義卷之一（訂正増補33版）》，有斐阁1911年版，第190页。此外，米仓明：《民法講義総則（1）》，有斐阁1984年版，第353页亦同旨。

"附加一体物"是什么,《工场抵押法》第 2 条的"附加一体物"是什么即可。那么,此时,"3(2)"中介绍的我妻荣教授的唱衰观点将不适合。"从物"概念是与抵押权效力所及范围没有关系的问题。

当然,对于上述情形以外的领域,讨论"从物是什么"这一问题仍有价值。即使观察与"从物"和《工场抵押法》第 2 条规定的"附加一体物"相关的学说,虽然在"在场所关系上具有被认为附属于主物的程度,在社会观念上持续有助于主物经济效用的独立之物,且属于主物的所有权人"这一抽象的定义上达成一致,但对其具体的范围显然没有达成一致。而且,在这一点上应当注意,也有议论认为,虽然同样是"从物",但应根据交易种类而有所不同[121]。

[244]

(3)就上述各点,今后仍有必要自觉议论。本判决给金融实务带来了巨大的影响,在理论上也提出了各种各样的问题[122]。

[将原载于《ジュリスト》第 1068 号(平成 6 年度重要判例

---

[121] 镰野,前注〔118〕,《早法》,第 128 页;濑川,前注〔117〕,第 24 页。

[122] 关于本判决的评析,除大内俊身:《判批》,载法曹会编:《判解民平成 6 年度》,法曹会 1997 年版,第 451 页的调查官解说外,还有镰野邦树:《判批》,载《法教》第 173 号(1995 年),第 130 页;荒木,前注〔111〕,第 43 页;岩城谦二:《判批》,载《リマークス》第 11 号(1995 年),第 48 页;吉田光硕:《判批》,载《金法》第 1428 号(1995 年),第 44 页;西尾信一:《判批》,载《银法》第 502 号(1995 年),第 72 页;泷泽聿代:《判批》,载《判评》第 437 号(《判时》第 1527 号)(1995 年),第 214 页;佐久间弘道:《判批》,载《金法》第 1433 号(1995 年),第 90 页;大村敦志:《判批》,载《法协》第 113 卷第 12 号(1996 年),第 1734 页;镰野邦树:《判批》,载《森泉章先生古稀祝贺论集》刊行委员会编:《现代判例民法学的理论与展望——森泉章先生古稀祝贺论集》,法学书院 1998 年版,第 223 页;佐久间弘道:《判批》,载《金法》第 1581 号(2000 年),第 98 页。此外,关于原审判决的评析,副田隆重:《判批》,载《判夕》第 786 号(1992 年),第 51 页;岩城谦二:《判批》,载《法令ニュース》第 27 卷第 9 号(1992 年),第 54 页;半田正夫:《判批》,载《リマークス》第 6 号(1993 年),第 18 页;关武志:《判批》,载《ジュリ》第 1022 号(1993 年),第 169 页;吉田光硕:《判批》,载《判夕》第 809 号(1993 年),第 43 页;龟田康美:《判批》,载《判夕》第 821 号(1993 年),第 8 页;小林明彦:《判批》,载椿寿夫主编:《担保法的判例I》,有斐阁 1994 年版,第 254 页;铃木正和:《判批》,载《金法》第 1317 号(1992 年),第 8 页;秦光昭:《判批》,载《金法》第 1318 号(1992 年),第 2 页;雨宫良也:《判批》,载《NBL》第 499 号(1992 年),第 8 页;汤浅道男:《判批》,载《金法》第 1331 号(1992 年),第 36 页。

解说）（1995年），第77页及以下，以及《民商法雜誌》第112卷第6号（1995年），第933页及以下的文章合并]

[245] 第二节 抵押权的效力

第一分节 抵押不动产出卖价款的物上代位

一、引言

1. 问题设定

《民法》第304条规定，对于因担保标的物的出卖、出租、灭失或毁损（2004年修改后的《民法》为"损伤"）而由担保设定人所受之金钱及其他物，先取特权人可以行使物上代位权。根据《民法》第372条的规定，该条也准用于抵押权。因此，至少在条文的措辞上，当抵押权的标的不动产被出卖给第三人时，抵押权人可以就相关出卖价款行使物上代位权。但是，与动产先取特权不同，即使在标的物被让与第三人后，抵押权也可以行使。因此，会有疑问在于，对于担保标的物的出卖价款，也应承认抵押权人的物上代位权吗？关于这一问题，现在的学说大致可以分为下列两种。

第一，物上代位权否定说。这一见解认为，《民法》第304条承认对出卖价款的物上代位，是照应动产先取特权没有追及力这一点。因此，对于具有追及力的抵押权准用该条文时，应排除其对出卖价款的物上代位。该说最早由近藤英吉提倡[1]，后为铃木禄弥所展开[2]。现在

---

[1] 近藤英吉：《改訂物権法論》，弘文堂1937年版，第206—207页。
[2] 铃木禄弥：《抵当制度の研究》，一粒社1968年版，第118页[最早发表于《民商》第25卷第4号（1950年）]。

该说逐渐成为了多数说[3]。

第二，物上代位权肯定——抵押权消灭说。该见解首先肯定物上代位权，同时从对出卖价款行使物上代位权与代价清偿规定（《民法》第378条）的均衡出发，认为已经不能再对标的物行使抵押权。该见解是通说[4]。进而，清水诚对此进行了精致化，认为从不动产时价中扣除抵押权的被担保债权而确定出卖价款时，应否定物上代位权自身，仅当以通常时价或稍许廉价进行买卖时肯定物上代位权，且不动产上的抵押权因物上代位权的行使而消灭。[5]

本分节的论文支持其中的物上代位权否定说，在这一意义上没有特别耳目一新的内容。但是，该物上代位权否定说在与条文之间的关系上留有问题。因此，在本分节中，通过讨论日本民法典起草人对这一问题是如何理解的，对于与条文之间的冲突，摸索合理的解释，同时也想对否定物上代位权的实质性理由作一些补充。

2. 代价清偿制度讨论的必要性

那么，为了完成上述课题，在本分节中特别关注代价清偿（《民法》第378条）的立法过程和存在理由。其理由如下。

物上代位权肯定——抵押权消灭说中，对于抵押权自身因物上代位权的行使而消灭的理由，主张与代价清偿制度的均衡。即，在代价清偿中，若抵押权人从第三取得人处受领代价，则抵押权为该第三取得人而消灭。毕竟通过物上代位程序取得代价时，如果抵押权不消灭，也会有

---

[3] 柚木馨编：《注釈民法（9）》，有斐阁1965年版，第54页（西泽修执笔）；小川英明：《物上代位》，载远藤浩编，中川善之助、兼子一监修：《担保（不動産法大系2）》，青林书院新社1971年版，第150页；石田喜久夫：《物権法》，日本评论社1977年版，第163页；高木多喜男：《担保物権法》，有斐阁1984年版，第126页；近江幸治：《担保物権法》，弘文堂1988年版，第136页等。

[4] 石田文次郎：《全訂担保物権法上卷》，有斐阁1947年版，第60—61页；我妻，第281、293页；柚木、高木，第263页等。但是，我妻荣教授没有触及物上代位权与代价清偿的关系。

[5] 我妻荣编：《担保物権法（判例コンメンタールⅢ）》，日本评论社1968年版，第297页（清水诚执笔）。

失均衡。

这一理由不但其自身是具有说服力的，而且也提供了另一个重要的启示。即，通过物上代位取得出卖价款债权也好，使用代价清偿制度取得代价也好，抵押权人取得出卖价款的方法并没有改变。尽管如此，两种制度并存的理由是什么？特别是，当下在立法论上有批判认为当然可以通过抵押权人与第三取得人的合意来消灭抵押权，规定代价清偿制度的《民法》第378条应该不用作特别规定[6]。在这一现状下，感受更深。在探究这一并存的理由中，存在决定抵押权人可否对出卖价款债权进行物上代位的关键要素。

3. 本分节的构造

因此，下面首先在"二"中通过讨论代价清偿制度的立法过程，确认日本民法典起草人规定抵押权人对出卖价款债权的物上代位权的原意。进而，在"三"中，在对起草人意思进行探讨的基础上，展开个人见解。最后在"四"中，进行若干总结。

二、代价清偿制度的立法过程

1. 法典调查会的议论

代价清偿制度在博瓦索纳德草案、1890年公布的旧"民法典"[译者注]中并不存在。且看法典调查会的议论。

法典调查会提案的"民法"草案第373条与现行《民法》第378条几乎采用了同样的字句。[7]对于设置该制度的宗旨，起草委员梅谦次郎论述如下。

> 草案第367条（现行《民法》第372条）中准用第304条的结

---

[6] 铃木禄弥：《物权法講義（3訂版）》，创文社1985年版，第159页。

[译者注] 该"民法典"未实施。

[7] 法务大臣官房司法法制调查部监修：《法典调查会民事議事速記録2〔日本近代立法資料叢書(2)〕》，商事法务研究会1984年版，第879页。严格来说，对应2004年口语化之前的《民法》第378条的"抵当不動産ニ付キ"和"請求ニ応シテ之ニ其代価ヲ"的部分，分别是"抵当不動産ニ付"和"請求ニ応シテ其代価ヲ"。

果是，抵押权人可以对抵押不动产的出卖价款行使物上代位权，但是抵押权不因该行使而消灭，所以抵押权人还可以为实现抵押权而将标的不动产提交拍卖。但是，这会使第三取得人双重支付。确实，作为第三取得人，也可以拒绝对抵押权人或者出卖人支付，并且进行涤除即可。但是，这将会非常麻烦。因此，本条规定，抵押权人如果受领代价，则相关抵押权应当为该第三取得人而消灭。[8]

[248]

当然，抵押不动产的代价大于或等于被担保债权额的情形中，第三取得人向抵押权人清偿债务，（通过将因此而产生的求偿债权与买卖价款债务相抵销）使抵押权消灭即可，所以该规定用不到。代价不足以支付债权额时，抵押权人判断认为相较于拍卖，取得代价更为有利的话，利用该制度即可。[9]

对于"抵押权为第三人消灭"这一措辞的解释，论述如下。

第三取得人为受让所有权之人时，多是抵押权绝对消灭。但是，抵押权人为复数时，为相对消灭。例如，第一顺位抵押权人的被担保债权额为 12000 日元，不动产买卖价格为 10000 日元。此时，若按第一顺位抵押权人的要求向其支付代价，则第一顺位抵押权为不动产受让人消灭。但是，之后第二顺位抵押权实现时，由于第一顺位抵押权在与第二顺位抵押权人之间的关系上不消灭，所以第一顺位抵押权人优先于第二顺位抵押权人而可以从变价款中回收剩余债权额 2000 日元。第二顺位的抵押权接着受到分配，如果有余额，则返还给所有权人＝第三取得人[10]。当然，像这样存在复数抵押权人的情形中，若作出代价清偿，则对后顺位抵押权人的分配额就会增加，因此对第三取得人而言，进行涤除更适当。[11]

［8］ 同上注，第 879—880 页。
［9］ 同上注，第 885 页。
［10］ 同上注，第 885—886 页。
［11］ 同上注，第 883、886 页。

[249]　第三取得人为地上权人时,抵押权仅为地上权人而消灭,其结果,虽然之后也可实现抵押权,但地上权人可以其享有的地上权来对抗拍得人。[12]

2. 梅谦次郎和富井政章的教科书

来看日本民法典制定以后起草委员们出版的教科书。

(1) 梅谦次郎《民法要义》。

首先,认为"本条规定了先前的抵押权人依《民法》第304条及第372条的规定请求抵押不动产的代价的,其追及权丧失"[13]。其宗旨是防止第三取得人双重支付的危险,与法典调查会的说明相同。进而,在前提上展现了"其代价与通常不动产的价格没有巨大差异"[14]这一理解,并没有特别阐述与第三人清偿和涤除的关系。

其次,关于消灭的意义,以地上权为例的部分与法典调查会的说明相同。但对于存在复数抵押权人的情形作了如下论述,即"作出清偿的第三取得人依《民法》第500条及第502条就抵押权的全部或部分进行代位,这一点自不待言"[15]。法典调查委员会举例进行了说明,仅有的变化只是没有举出具体的数字来作说明。

(2) 富井政章《民法原论》。

首先,对于本制度的宗旨,与梅谦次郎一样,认为是防止第三取得人双重支付。进而,认为"即使抵押权人行使此权利(物上代位权),抵押权也并非因此而当然消灭",但直接受领代价后再实现抵押权的,是双重行使抵押权,将给第三取得人带来损害。因此,"对于抵押权人而言,若向其清偿全额(和代价),则应认定为最早的抵押权实

---

[12] 同上注,第880页。
[13] 梅谦次郎:《民法要义卷之二物権口(訂正増補31版)》,有斐阁1911年版,第535页。
[14] 同上注,第538页。
[15] 同上注,第540—541页。

现意思"[16]。而且值得瞩目的是,与梅谦次郎一样,展现了"因所有权或地上权取得的代价与通常抵押不动产的价格没有巨大差别"[17] 这一认识。

其次,关于抵押权消灭的效果,对于地上权人作出代价清偿的情形,其观点与梅谦次郎一样。但是,认为"买受抵押不动产所有权之人清偿其代价时,抵押权绝对消灭这一点不存在疑问",并在此基础上主张,对于存在复数抵押权人的情形,"第三取得人可以按一般原则代抵押权人之位而行使其权利(《民法》第 500 条至第 502 条),于该同一不动产上存在享有后顺位抵押权之人时,有实际意义"[18]。

三、探讨与私见

1. 起草人意思与其问题点

(1) 起草人的见解中,重要的是以下三点。

① 无论是梅谦次郎也好,富井政章也好,至少都承认该前提,即如果条文上没有任何规定,则抵押权人可以就抵押不动产的出卖价款行使物上代位权。但是,应充分认识其问题性,即因物上代位权的行使而取得出卖价款后,再允许为实现抵押权而拍卖抵押不动产的话,会双重行使抵押权,对于第三取得人而言过于严酷。

② 起草人想要使代价清偿的规定承担起防止该不当结果的作用。

③ 对于该代价清偿与物上代位的关系,特别是梅谦次郎,认为对抵押不动产代价行使物上代位权,无外乎是作出代价清偿。梅谦次郎将《民法》第 378 条理解为"依第 304 条及第 372 条的规定请求抵押不动产代价的情形中,其追及权丧失",印证了这一点。

(2) 如果将梅谦次郎的此种见解作为起草人意思,并在现在的解

---

[16] 富井政章:《民法原論第二卷物權(合册)》,有斐阁 1922 年版,第 558—559 页。
[17] 同上注,第 559 页。
[18] 同上注,第 560、562 页。

[251] 释论上绝对重视的话,则已经得出了结论。从梅谦次郎的"对抵押不动产出卖价款的物上代位＝代价清偿"的命题出发,不论是承认物上代位但遵循代价清偿的规定,还是说不承认物上代位而仅承认代价清偿,都暂放一边,不管怎样,在结论上,抵押权人又可按照《民法》第378条的规定取得抵押不动产的出卖价款。

但是,从立法所得的条文中,这一点并不明确。现在需要给出更积极、实质的理由。所以,笔者认为在抵押权人和第三取得人的合意中似乎存在着代价清偿规定的关键。即,若如梅谦次郎认为的"对抵押不动产出卖价款的物上代位＝代价清偿",则一方面,物上代位制度允许抵押权人强制实现权利,而与此相对,另一方面,代价清偿则以两当事人的合意为要件,这是不可解的。尽管如此,为何规定为任意制度呢?规定为任意制度如果有合理性的话,或许是因为抵押权人强制取得抵押不动产代价并不妥当,因此实质上也应否定物上代位权。进而,其条文上的根据可以寻求于"《民法》第378条以两当事人的合意为要件"。《民法》第378条暗含了抵押权人不能强制,即不承认物上代位。与此相对,规定为任意制度如果没有合理性的话,则没有必要否定作为强制制度的物上代位,只是在其效果上应避免抵押权的双重行使及其他不合适的结果,从而展开解释论即可(考虑"一1"中列举的"物上代位权肯定——抵押权消灭说")。

接下来,讨论为何现行的代价清偿制度被规定为任意制度,其中是否存在合理性。

2. 代价清偿上要求抵押权人与第三取得人合意的合理性

(1)起草人意思。

[252] 从法典调查会的全部议论来看,将代价清偿限定于存在两当事人合意的情形,其理由如下:①代价高于被担保债权额之时,第三取得人作出第三人清偿能导致抵押权的绝对消灭,更为有利,因此支持抵押权人强制代价清偿并不妥当。②代价低于被担保债权额时,且抵押权人判断该代价金额过低时,应保证抵押权人实现抵押权并在公共程序中变价出

卖标的不动产的机会,因此支持第三取得人强制抵押权人受领代价(抵押权消灭)并不妥当。③抵押权人为复数时,若在与部分人之间作出代价清偿,则仅有利于后顺位抵押权人,不会有利于第三取得人,所以支持部分抵押权人对第三取得人强制代价清偿并不妥当。

(2)探讨。

但是,首先,对于①,被担保债权全额因代价清偿而得到清偿,则抵押权因此而绝对消灭,这一点自不待言。而且,虽说在条文上是"清偿其代价时",但抵押权人显然不能受领超过自己债权额的代价金额。因此,此种情形,即使承认抵押权人可以强制代价清偿,也不应有什么不合适。其次,②是不允许第三取得人强制的理由,但并非不允许抵押权人强制的理由。最后,对于③,需要注意的是,这是梅谦次郎的见解在法典调查会上的说明与之后在教科书中的说明相异的点。

确实,若以法典调查会上梅谦次郎的说明为前提,则该理由成立。但是,之后梅谦次郎的教科书以及富井政章的教科书都认为作出代价清偿的第三取得人可以代位行使抵押权。特别是富井政章认为,"于该同一不动产上存在享有后顺位抵押权之人的情形,有其实益"。如果承认可以代位,且因此即使在有复数抵押权人的情形中也不会不利于第三取得人,则③也不构成理由。

但是,请求代价清偿的抵押权人为后顺位抵押权人,并且其本来应该无法得到分配的情形中,即使可以代位相关抵押权人的抵押权,第三取得人也会遭受不利益。例如,在价值1亿日元的不动产上附着被担保债权额1亿日元的第一顺位抵押权和被担保债权额5千万日元的第二顺位抵押权的情形中,若第二顺位抵押权人请求代价清偿,则作为第三取得人,即使可以代位第二顺位的抵押权也是没用的。而且,最重要的是,承认代位本来就是不可能的。根据《民法》第501条正文的规定,允许代位的前提是在自己的求偿权范围内,但是虽说将本来应向不动产出卖人支付的代价向抵押权人支付,可第三取得人对谁都不发生求偿权。因此,若还承认代位,则将会承认没有被担保债权的抵押权[19]。因此，虽然梅谦次郎和富井政章的观点一致，但应该不能承认代位。

这一存在复数抵押权人的情形，才是将代价清偿规定为任意制度的合理理由，即不支持抵押权人强制取得抵押不动产代价的理由。

3. 私见

（1）根据上述讨论，笔者考虑如下。

不支持抵押权人对抵押不动产的出卖价款行使物上代位权，其理由求诸《民法》第378条。同条规定以抵押权人与第三取得人合意作为代价清偿制度的要件，是因为如果承认抵押权人对抵押不动产出卖价款可以强制行使权利，则特别是当存在多个抵押权人时，会发生不便，所以明确了抵押权人取得出卖价款的方法只有代价清偿。

确实，仅从条文来看，似乎也承认物上代位权。但是，代价清偿是物上代位的特别形态，《民法》第378条应认为是第304条和第372条的特则。

（2）就与此前多数说的关系而言，此种私见的定位如下：在结论上与此前的多数说相同，只是其理由不同。

此前的多数说中，最明确阐述其论据的是铃木禄弥，其论述如下："若买受人将'价额减去抵押债权额'支付给出卖人（旧所有权人），则因抵押权人物上代位权的行使，价款被夺取而抵押权消灭，此种情形中，出卖人遭受损害，买受人受有不当利益。反之，若事先顾虑抵押权人物上代位权的行使，将不动产价额的全额支付给出卖人，则抵押权人行使追及权从买受人处夺取不动产，或者买受人不得不清偿的情形中，买受人受有损失，出卖人受有不当的利益。出卖人与买受人之间的利害通过债权关系（不当得利、追夺担保责任等）来调整，但这显然是不充分的。如此，若承认对抵押物出卖价款的物上代位，则应该说

---

[19] 参见我妻荣：《新訂物権法（民法講義Ⅱ）》，有泉亨补订，岩波书店1983年版，第250页。

会产生实际上不能决定抵押不动产代价的结果。"[20]

但是，此种理由并没有对清水诚的见解（更精致地分析物上代位肯定——抵押权消灭说的见解，即根据出卖价款的确定方法有应承认物上代位的情形和不应承认的情形）进行有效的批判。而且，条文根据也不充分。如私见，阐明了代价清偿为何是需要抵押权人与第三取得人合意的制度，基于此否定了物上代位权，进而对清水说进行了批判。而且，此等解释也可以明确条文根据。

如此，私见具有对此前多数说的根据进行补充的意义。

四、结语——考察的展开

本分节的考察当然不是完美的，为了更加精确地探讨可否对抵押不动产的出卖价款进行物上代位，还有必要进行进一步的努力。而且，虽然与该问题没有直接的关系，但是从本分节的考察中所浮现出的新问题也有很多。下面想点出这些问题。

1. 物上代位中"扣押"的意义

代价清偿的合意只能是对抵押物的出卖价款行使物上代位权。从梅谦次郎的这一见解中似乎也可窥视出起草人是如何理解物上代位中"扣押"的意义的。或许是因为，如果为了行使物上代位而绝对需要抵押权人自己"扣押"，则如代价清偿这种抵押权人与第三取得人之间进行的直接交涉就不能理解为物上代位权行使的样态之一。虽然应当慎重作出判断，但自愿地将物上代位的对象物交付给担保权人时，起草人认为不需要"扣押"。而且，即使起草人自身没有这么认为，在现在的解释论上，也有作出此种理解的余地。

[255]

大阪地判昭和33年6月13日下民集9卷6号1063页中正是此种案情，即担保标的物的买受人直接向担保权人支付了代价。该判决将"扣押"的宗旨理解为"一方面，物权的标的应当是特定的，所以债权

---

[20] 铃木，前注〔2〕，第118页。

人受有金钱及其他物的交付而将其混入债务人的其他财产中时，丧失其特定性而难以成为抵押权的标的，而且在混入债务人的财产中之前允许抵押权人的追求的话，又会招致法律纠纷，或者多有损害其他债权人利益之虞，因此通过扣押债务人对第三债务人享有的支付或交付请求权，维持代位标的物的特定性。同时，在另一方面，为保护第三人，通过规定对第三人保全抵押权的要件来明确代位标的物"。鉴于此宗旨，相关案件中，认定为了行使物上代位权，不需要"扣押"。此外，千叶地判昭和53年9月22日判时918号102页也作出了同种判断。分析和讨论这些判例的案情，是否存在不需要"扣押"的情形，如果存在又是什么样的呢？在本分节中无法作出此等考察。但是，是将来应当讨论的问题点。

2. 代价清偿制度的存在意义

通过代价清偿而消灭抵押权的方法，归根到底是通过抵押权人与第三取得人的合意而消灭抵押权。此种做法是理所当然的，所以没有必要专门规定《民法》第378条，即第378条是多余的规定。此种立法论的批判已经出现。[21] 关于这一点，根据本分节的考察，可以指摘如下。

代价清偿规定是物上代位规定的特则。即，通过代价清偿而取得抵押不动产的代价，正是抵押权行使的效果。因此，债务人无资力时，或者债务人破产之际，即使抵押权人通过代价清偿而取得抵押不动产的出卖价款，也不发生诈害行为撤销、破产否认的问题。与此相对，如果没有代价清偿的规定，则抵押权人与第三取得人交涉，而使第三取得人对抵押不动产出卖人负有的出卖价款债务归属于自己的话，将可能会发生诈害行为撤销、破产否认等问题。

如此，代价清偿制度（代价清偿的规定具有不承认物上代位权的意义）也可以说有一定的存在理由。

---

[21] 铃木，前注〔6〕，第159页。

3. 代价清偿、涤除、代位清偿、物上代位的关系——综合考察的必要性

本分节对代价清偿与物上代位的关系进行了讨论。但是，仅关注这两者的关系实际上是不充分的。作为抵押不动产的第三取得人消灭抵押权的制度，或者作为抵押权人取得抵押不动产出卖价款的制度，还有涤除、代位清偿等制度。而且，从法典调查会的议论中也可窥视出，根据出卖价款的合理性、出卖价款与被担保债权额多寡等基准，这些制度本来应各自发挥合理的作用。但是，对于代价清偿与因清偿而代位之间的关系，如议论中所展现的，日本民法典起草人的理解似乎也有若干混乱之处。各自制度的源起是什么，其在起草过程中产生了什么样的变化等，需要在作出此种讨论的基础上，综合研究现行日本民法典中各自发挥的作用。本分节的考察只不过是其一部分而已[22]。

[原载于《神戸法学雑誌》第40卷第2号（1990年），第401页及以下]

第二分节 抵押权的物上代位与抵押不动产提存租金的返还请求权——最高法院平成元年10月27日第二小法庭判决（民集43卷9号1070页）

一、判决要旨

抵押不动产被出租的情形中，按照《民法》第372条、第304条规定的宗旨，抵押权人可就承租人提存之租金的返还请求权行使抵押权。

---

[22] 在这一点上，寺田正春教授关于因清偿而代位的研究［寺田正春：《弁済者代位制度論序説（1）—（3）》，载《法雑》第20卷第1—3号（1973—1974年）］，包含了许多重要的论述。

二、事实概要

A 将已经所有的本案建筑物（店铺）一层部分出租给 B，二层部分出租给 C。而且，为 D 设定了抵押权。此外 A 还在本案建筑物上为 Y 设定了最高额抵押权并进行了登记。之后，X 在 1979 年 4 月 19 日从 A 处买受了本案建筑物，也承继了对 B 和 C 的出租人地位。

然而，D 申请实现自己享有的抵押权，并在 1982 年 11 月 30 日启动了拍卖程序。

1983 年 7 月 19 日，作为基于最高额抵押权的物上代位权的行使方式，Y 扣押（保全）B 提存的 405 万日元租金（1982 年 11 月至 1983 年 7 月部分）的返还请求权，并取得转付命令。进而，在同月 22 日，同样作为物上代位权的行使方式，也扣押（保全）了 C 提存的 127.8 万日元租金的返还请求权，并取得了转付命令。

在上述事实关系下，X（原告、控诉人、上告人）以 Y（被告、被控诉人、被上告人）为相对人提起本案诉讼，请求支付 Y 依转付命令而取得的 532.8 万日元及其法定利息。其主张，鉴于最高额抵押权为非占有担保，应认为不允许对租金行使物上代位，即使允许物上代位，其行使也应限于标的物上担保权变得不能行使之时，所以本案中不能行使物上代位。因此，Y 不能行使物上代位权，因行使物上代位权而取得的金钱构成不当得利。

一审和二审 X 均败诉（名古屋地判昭和 59 年 4 月 23 日民集 43 卷 9 号 1078 页、名古屋高判昭和 60 年 7 月 18 日民集 43 卷 9 号 1081 页），争点为物上代位的可否。基于下列理由，法院允许物上代位。即，"不能否定，……标的物……的租金请求权也是通过抵押权而掌握的交换价值的变形之一。抵押权人的被担保债权不能通过标的不动产的变价而足额受偿时，若抵押权的效力也不及于租金请求权，则将会显著削弱抵押权的效力。没有理由将抵押权的物上代位及于租金请求权仅限定在标的物灭失毁损的情形"。二审同时还认为，"对于有承租权负担的标的不动产,其交换价值也包含因上述承租权而发生的租金债权,此种标的不动产上的最高额抵押权整体掌握其交换价值(即使如此理解,也不妨害承租人对标的不动产的用益权)。而且,最高额抵押人 Y 所作的租金债权的扣押、转付程序,已经是在为实现标的不动产的担保权而启动扣押程序之后所作的。如本案的情形中,可以认为 Y 上述权利的行使是正当的"。

X 又提出上告。

三、上告理由

上告理由可以概括为下列四点。

第一,当标的物的价值灭失或减少时,一方面担保权人丧失了优先权,另一方面标的物所有权人无负担地取得其他价值,违反公平,所以承认物上代位制度。像本案中,可以实现原本的抵押权时,不应承认物上代位。

第二,虽然也有见解认为租金债权是一点点地实现标的不动产的交换价值,但是因出租而导致的减价等同于所有权人自己使用情形的减价,应认为租金归根到底是用益的对价。因此,没有使用收益权限的抵押权的效力不及于租金债权。

第三,如果允许像本案的 Y 这种后顺位抵押权人对租金行使物上代位权,则取得转付命令的后顺位抵押权人将先于先顺位抵押权人而优先得到债权的满足。这并不妥当。担忧这一点的先顺位抵押权人将总是迅速作出扣押,标的物所有权人的用益权将变得无意义。[259]

第四,本案中,标的不动产是预定出租的店铺,Y 也知道承租人的存在。因此,Y 只能就存在承租人负担的不动产取得抵押权。如果允许对租金的物上代位,则抵押权的效力将会及于本来就没有掌握的价值。并不妥当。

四、判旨

驳回上告。

"抵押权标的不动产被出租的情形中,按照《民法》第372条、第304条的规定,即使就标的不动产相关的承租人所提存租金的返还请求权,抵押权人也可以行使抵押权。盖因根据《民法》第372条的规定,抵押权也准用该法第304条关于先取特权的规定。性质上,抵押权允许将标的物的占有留在抵押权设定人处,设定人可以自己使用或者使第三人使用标的物。但是,抵押权的此种性质与先取特权没有什么不同,抵押权设定人由于使第三人使用标的物而取得对价的情形,即使可以就上述对价行使抵押权,也不会妨害抵押权设定人对标的物的使用,所以在不违反前述规定的范围内,没有理由认为不能就标的物的租金行使抵押权。而且,在租金被提存的情形中,对于相当于租金债权的提存金返还请求权,也可以行使抵押权。

"而且,即使在可以就标的不动产实现抵押权的情形中,也可以就物上代位标的的金钱及其他物行使抵押权,这是本院判例的宗旨[260](参见最判昭和45年7月16日民集24卷7号965页)。即使在对标的不动产实现抵押权的情形中,在上述实现的结果——抵押权消灭之前,也可以对租金债权或代替之的提存金返还请求权行使抵押权。"

五、批判

1. 引言

本判决直接判示了抵押权人可以按照物上代位的宗旨,对抵押权标的不动产的承租人所提存之租金的返还请求权行使抵押权。但是,其逻辑构造为:承认在租金债权上可以行使物上代位权,提存金返还请求权准用于此,所以同样也可以行使抵押权。因此,可以认为,对于抵押权可否对租金债权进行物上代位这一一直以来议论颇多的问题,最高法院作出了肯定性的判断。最近,在高层公寓等增加的背景下,关于对租金债权行使物上代位权,实务上的必要性越来越高[23]。在这一意义上,本判决也可以说影响巨大。

下面,首先讨论对前提问题——可否对租金债权进行物上代位的判断。之后,再讨论租金被提存的情形。

2. 此前的判例与本判决的定位

首先来看一下关于可否对租金债权进行物上代位的此前的判例,并尝试对本判决的地位进行定位。

(1)在大审院的判决中,下列两个案件常作为先例被引用。虽然也有评价认为①为限定的肯定说,②为无条件肯定说[24],但均是特殊的案件。

①大判大正6年1月27日民录23辑97页的案情为,实现抵押权并在拍卖程序中裁定允许拍下后,为买受人管理相关不动产的管理人(1890年《民事诉讼法》第687条,参见1979年《民事执行法》第77条)对已经被第三人扣押的租金债权主张自己的管理权限[25]。在驳回该主张时,大审院指出,"《民法》第372条所准用的同法第304条的规定,是指在不能就抵押权标的物实现抵押权的情形中,抵押权人以其代替标的物而在债权上行使抵押权。像本案这样抵押权人现在就抵押权标的物实现抵押权的情形,并非其适用场合"。但是,将这一判示理解为在"不得实现抵押权的情形中",也可以在租金债权上行使物上代位权,是不合理的。

此外,②大判昭和17年3月23日法学11卷12号1288页认定,租金债权被抵押不动产所有权人让与第三人后,抵押权人即使以让与人(=抵押不动产所有权人)为债务人、以承租人为第三债务人扣押相关

---

[23] 参见铃木正和:《赁贷抵当不动产の赁料と物上代位(上)》,载《债权管理》第214号(1989年),第4页;片冈义广、小宫山澄枝:《抵当権に基づく赁料に対する物上代位(上)》,载《NBL》第425号(1989年),第32页等。

[24] 例如,东海林邦彦:《⑥判批》,载《判夕》第411号(1980年),第38页。

[25] 当时,即使在第三人就作为物上代位对象的债权取得转付命令后,抵押权人物上代位权的行使也不会被妨害(大判大正4年3月6日民录21辑363页、大判大正4年6月30日民录21辑1157页)。大连判大正12年4月7日民集2卷209页以前的案件。

债权后,也不会保全抵押权的效力。但不能将此理解为如果以受让人为债务人作出扣押,则其前提是承认了物上代位权。

如此,严格来说,大审院中并没有可称为先例的判决。

(2)那么,"二战"后的下级审裁定(均为裁定[26])如何呢?公开的有9件[27]。

在这些裁定中,若仅看结论,肯定例有5件(③东京高决昭和31年9月4日下民集7卷9号2368页、⑤大阪高决昭和42年9月7日判时506号39页、⑧东京高决昭和60年2月22日判时1150号191页、⑨福冈高决昭和60年8月12日判时1173号71页、⑪东京高决昭和63年4月22日高民集41卷1号39页),否定例有4件(④旭川地决昭和40年9月13日判夕183号184页、⑥大阪高决昭和54年2月19日判时931号73页、⑦前桥地院桐生支决昭和60年1月8日判时1150号193页、⑩大阪高决昭和61年8月4日判夕629号209页),但是大多需要分别进行讨论[28]。

虽说是肯定例,但⑤和⑪都是在标的不动产被扣押后,允许就扣押后产生的租金债权行使物上代位权。特别是⑪,明确表示仅在标的不动产扣押后方可行使物上代位权。⑤也将其列举为实质理由。此外,⑨是在标的不动产被扣押后经过约一年半的时间才行使物上代位权(作为行使对象的租金债权,是否包含扣押以前发生的,并不明确)。但是,如后所述,即使否定对租金债权行使物上代位的学说,也认为在标

---

[26] 由于可否扣押是通过执行抗告来争议的,因此,被评价为"几乎不能期待由最高法院来统一判例"[《⑧のコメント》,载《判時》第1150号(1985年),第192页]。本判决由于是承认扣押、转付命令后的不当得利返还请求成为问题,所以实现了"法学者之梦"。

[27] 除此以外,北谷健一:《抵当権者の賃料債権に対する物上代位権行使の許否》,载《判夕》第381号(1979年),第30页及以下介绍了两起大阪地方法院的裁定。

[28] 列举一下判例解说等。⑤:村松俊夫:《判批》,载《金法》第518号(1968年),第13页;⑥:东海林,前注[24];⑨:三林宏:《判批》,载《法時》第58卷第11号(1986年),第116页;⑩:篠田省二:《判批》,载《金法》第1181号(1988年),第15页。

的不动产被扣押后,根据《民法》第371条1款但书的规定,抵押权的效力及于租金债权,且其应通过物上代位来行使。实际上,作为否定例的⑩也认定,在标的不动产被扣押后,根据《民法》第371条第1款但书或《民法》第304条的规定,可以在租金债权上行使抵押权。因此,可以说这些案件根据否定说也会作出同旨的判断。纯粹意义上能被称为肯定例的,只有③和⑧[29]。

把目光转向否定例的话,除去案情完全不明的④,单纯的否定例也很少。首先,在⑥中,两种不动产成了问题。但是,对于其中一种,在抵押权设定时已经出租,由于前提是由设定人收取租金,所以不支持对租金债权的物上代位。对于另一种,其作为《民法》第395条的短期租赁而被保护,若参照维持所有权人使用受益权这一短期租赁制度的宗旨,则不允许物上代位。其次,在⑦中也重视抵押不动产是公寓而出租这一前提。⑩在结论上虽然否定了物上代位,但其理由在于未就标的不动产作出扣押。

确实,常论述的各点间也存在对立,即:

(a) 租金是标的不动产交换价值一点点的实现形态吗? (③、⑤、⑨肯定这一点并肯定物上代位。)

(b) 重视抵押不动产使用收益权在所有权人处吗? (⑥、⑦重视这一点并否定物上代位。)

(c) 可行使物上代位的,限定于不能在标的不动产上行使抵押权时吗? (④认为限定于该时,并否定物上代位。)

但是,倒不如说在下级审裁定中提出了下列三个问题,并且多数裁定中如何理解这三个问题成为了得出结论的关键:

(d) 租赁开始在抵押权设定前还是后?即使在设定后,有必要区分是否预定要出租的不动产吗?

(e) 即使是设定后再出租的,短期租赁要单独考察吗?

---

[29] 伊藤真:《賃料債権に対する抵当権者の物上代位(下)》,载《金法》第1252号(1990年),第13页。

(f) 对于抵押不动产自身被扣押后发生的租金债权，要单独考察吗？

（3）若在上述裁判例的流变中对本判决进行定位，则可作如下理解。

首先就抵押权对租金债权的物上代位作出明确裁判的，是"二战"前和"二战"后第一起最上级审判决。

本案案情是，在抵押权设定前就存在承租人，在抵押不动产扣押后行使物上代位权。但是，B 和 C 是否是在 D 享有的先顺位抵押权设定之前出现，并不明确，而且物上代位权行使对象的租金债权是否全部都是在抵押不动产扣押以后发生的，也不甚明确。倒不如说，在没有就这些事实进行细致地认定中，反而可以看出最高法院的立场，即在下级审围绕结论上物上代位的可否以及考虑或不考虑（d）至（f）要素而摇摆时，一般会肯定物上代位。此外，如后所述，Y 为后顺位抵押权人，X 为第三取得人，也都是重要的事实。特别是前者还在上告理由中触及，但最高法院展现出全然无视的姿态。

判旨的理由中，没有提及（a）。对于（b），认为即使在先取特权中标的物的使用和受益权也同样在设定人处，而且，即使抵押权人取得租金也不会妨害设定人的使用。（b）在裁定⑨中也被提及，但是对于（a），在迄今为止的下级审裁定中没有见到。此外，对于（c），最高法院的判例昭和 45 年 7 月 16 日民集 24 卷 7 号 965 页认为，即使在可以就标的不动产实现抵押权的情形中，也可以在作为物上代位标的的金钱及其他物上行使抵押权。但其并没有提出实质的理由，而只是通过形式逻辑希望统一下级审裁定。

3. 与学说的关系

（1）一直以来的通说认为《民法》第 371 条第 1 款规定的孳息不包含法定孳息；而作为法定孳息的租金，允许抵押权人通过物上代位而取得之。因为，通说认为租金是标的不动产交换价值一点点的实现。与此相对，以铃木禄弥教授为代表的反对说认为，从标的不动产的使用、收益权留在设定人处能看出存在抵押权,《民法》第 371 条第 1 款规定的孳息包含法定孳息,并且也不允许对租金债权的物上代位。而且,在标的不动产扣押以后,根据同款但书,抵押权的效力及于租金,并且其行使(只能)通过物上代位的方法。最近反对说也可以说成为多数说。——均已被多次重复整理,所以不详细展开论述了。

只是,重要的是,村松俊夫教授对物上代位肯定说提出了下列疑问:若肯定通过物上代位而取得扣押转付命令,且后顺位抵押权人对租金债权取得转付命令时,则相关后顺位抵押权人将先于先顺位抵押权人而优先地满足自己的债权。这并不妥当。而且,担忧这一点的先顺位抵押权人将会尽可能早地扣押担保物,如此一来,将会违反抵押权允许设定人使用收益标的不动产的宗旨[30]。北谷健一法官和三林宏助教授赞同这一观点[31]。但肯定说似乎没有进行再反论。

(2)从与这些学说的关系上来看本判决,现在学说的大趋势朝着物上代位否定说偏移。在这一背景下还要采肯定说,这一点值得瞩目[32]。除此之外,还可以指出以下三点。

第一,对于强调抵押不动产的使用收益权位于设定人处这一最近的学说,回应认为这在先取特权中也是一样的。此前的学说可以说在这一点上没有作出充分的讨论。作为对否定说的反论,或许暂且可以说是适切的。

---

[30] 村松,前注[28],第 16 页。
[31] 北谷,前注[27],第 30 页;三林,前注[28],第 119 页。
[32] 当然,与学说的讨论层面似乎并不对应。即,学说关于物上代位可否的讨论,与《民法》第 371 条第 1 款规定的孳息是否包含法定孳息的讨论相联动。当然,在早年判例(大判大正 2 年 6 月 21 日民录 19 辑 481 页及判例①)中明确表示该款所称的孳息不包含法定孳息。也可认为本判决是以此为前提展开物上代位肯定说的。但是,对租金债权物上代位可否的问题,与该款所称孳息是否包含法定孳息的问题之间,也可认为并无必然关系。可理解为包含法定孳息,但抵押权的效力并不当然及于法定孳息,只是在满足物上代位要件时,抵押权的效力才可能及于法定孳息。不管怎样,对于是否包含法定孳息这一《民法》第 371 条第 1 款的解释论,最高法院尚未作出判断。

第二，也没有像此前的通说那样将租金理解为标的物交换价值一点点的实现。关于这一点，学说上的批判也格外强烈，而且这也不是解决案件的关键要素（即使是交换价值的实现形态，也可以说收取租金的权限位于标的物所有权人处）。作为判例而言，没有触及这一点是适切的吧。

第三，虽然正是村松教授所提到的类型案件，且上告理由中也提到了这一点，但是判旨没有作出任何回答。本判例案情中的 Y 是后顺位抵押权人，通过先于先顺位抵押权人而取得转付命令，独自从租金债权中受有优先清偿。而且，已经指出，本判例的案情中，是在扣押抵押不动产后行使物上代位权。即使从前述的最近多数说的立场来看，或许也是允许以物上代位的方法行使抵押权的案件。对于这一点，判旨也没有作出任何论述。这可以窥视出，最高法院有意地作出通常可以物上代位的判断，而不论案件类型。

[266]

4. 对提存金返还请求权的效力

判旨以允许对租金债权的物上代位为前提，认定在租金被提存的情形中，从物上代位的宗旨来看，可以就该提存金返还请求权行使抵押权。如果以允许对租金债权的物上代位为前提，这一点是妥当的。

当然，本判决并没有承认提存金返还请求权上物上代位的行使本身，而是认定根据物上代位的宗旨，抵押权的效力及于此。这一点与最判昭和 45 年 7 月 16 日民集 24 卷 7 号 965 页——认定抵押权的效力及于抵押不动产的财产保全解放金的取回请求权——的判示相同。当然，使用"可行使抵押权"这一措辞的意义在两判决中似乎有所不同。即，昭和 45 年判决中的争点是财产保全解放金取回请求权，但其显然不是因"出卖、出租、灭失或毁损"而所有权人应受有之金钱及其他物。因此，不能称之为物上代位。与此相对，被提存之租金的返还请求权，虽然不是租金本身，但只可能是标的物所有权人因出租而应受有之金钱。因此，在这一意义上称之为物上代位也无妨。不过，由于承租人的债务因提存而消灭（《民法》第 494 条），这有构成《民法》第 304 条第 1 款但书所谓"支付或交付"之虞吧。但是，"支付或交付"这一概念不应必然地结合第三债务人清偿义务的存在与否来理解，认为直接可以行使物上代位权即可。

5. 作为蛇足的私见

以上作为本判决的分析应该足够。但是，最后想要论述一下私见。

就结论而言，反对判旨。理由如村松教授指出，会存在后顺位抵押权人行使物上代位权的问题，同时，在标的不动产的第三取得人出现时也会导致不合理。第三取得人没有被担保债权的支付义务，只是处于甘受抵押权实现的地位。如果肯定对租金的物上代位，第三取得人自己应取得的租金债权已被抵押权人所取得，在此之上还将对标的不动产实现抵押权。因此，第三人算定抵押不动产的剩余价值将不可能有，抵押不动产的处分将受到限制。这违反了抵押权制度的宗旨[33]〔作者补注1〕。

[267]

本判决的案情正是，就以第三取得人为债务人的租金债权，后顺位抵押权人取得转付命令。最高法院急于作出一般论，而没有充分评价本

---

[33] 此外，私见认为，《民法》第 371 条第 1 款所谓孳息包含法定孳息，在标的不动产被扣押后，抵押权的效力也及于租金。该程序并非物上代位，归根到底是作为《民法》第 371 条第 1 款但书的权利行使，依据的是《民事执行法》第 193 条第 1 款第 2 句。该条该句规定，在债权执行程序中，"对因……标的物的……租赁而债务人应受之金钱及其他物，根据民法及其他法律之规定所作其权利之行使"。没有必要将其仅理解为是物上代位的程序规定。

〔作者补注1〕之后经 2003 年修改，《民法》第 371 条规定"抵押权，就其担保之债权存在不履行时，及于之后所生抵押不动产之孳息"。如此一来，即使从本文及注〔33〕所举私见之立场来看，抵押权的效力也及于被担保债权债务不履行后所生之孳息。当然，并不必然将其性质理解为物上代位，但是在注〔33〕中，仍要将效力及于孳息理解为物上代位以外者时，可认为其依据是附随于标的不动产的扣押。然而，规定在被担保债权不履行后，即使不扣押抵押不动产，抵押权人也可对孳息行使其权利时，将其性质理解为是物上代位的观点是自然的。因此，现在私见认为对被担保债权不履行后产生的孳息，可以行使物上代位权（道垣内，第 146—148 页）。

[268] 案的特殊性，不得不说遗憾至极[34]。

[原载于《民商法雜誌》第 102 卷第 5 号（1990 年），第 587 页及以下]

[269] 　　第三分节　租金债权的物上代位与租金债权的让与

一、引言

1.《民法》第 304 条规定，因先取特权标的物的出卖、出租、灭失、毁损，或者债务人受领作为标的物设定物权之对价的金钱及其他物时，债权人可以在该请求权上行使先取特权。根据同法第 372 条的规定，该规定也准用于抵押权。即，物上代位制度。

但是，基于抵押权的物上代位的效力是否及于标的不动产的租金债

---

[34] 关于本判决的评析，除小田原满知子：《判批》，载法曹会编：《判解民平成元年度》，法曹会 1991 年版，第 351 页的调查官解说外，还有小林亘：《判批》，载《金法》第 1265 号（1990 年），第 22 页；高桥真：《判批》，载《龍谷》第 23 卷第 2 号（1990 年），第 78 页；小林资郎：《判批》，载《ジュリ》第 957 号（1990 年），第 73 页；副田隆重：《判批》，载《法セ》第 426 号（1990 年），第 128 页；宫川不可止：《判批》，载《手研》第 34 卷第 13 号（1990 年），第 12 页；石口修：《判批》，载《ビジネスサイエンス》第 1 号（1990 年），第 12 页；铃木正和：《判批》，载《判タ》第 723 号（1990 年），第 53 页；岩城谦二：《判批》，载《法令ニュース》第 22 卷第 5 号（1990 年），第 61 页；大洼诚：《判批》，载《法学》第 55 卷第 1 号（1991 年），第 212 页；镰田薰：《判批》，载《リマークス》第 2 号（1991 年），第 31 页；樋口直：《判批》，载《判タ》第 762 号（1991 年），第 38 页；镰田薰：《判批》，载《法時》第 63 卷第 6 号（1991 年），第 10 页；生熊长幸：《判批》，载《セレクト'90》（《法教》第 126 号）（1991 年），第 21 页；半田正夫：《判批》，载椿寿夫主编：《担保法の判例Ⅰ》，有斐阁 1994 年版，第 133 页；大西武土：《判批》，载《判タ》第 902 号（1996 年），第 26 页；物部康雄：《判批》，载《金法》第 1493 号（1997 年），第 44 页；加藤昭：《判批》，载《研修》第 604 号（1998 年），第 51 页；半田正夫：《判批》，载《森泉章先生古稀祝賀論集》刊行委员会编：《現代判例民法学の理論と展望——森泉章先生古稀祝賀論集》，法学书院 1998 年版，第 242 页；远藤浩：《判批》，载《民研》第 496 号（1998 年），第 25 页；高木多喜男：《判批》，载《金法》第 1581 号（2000 年），第 154 页；中田裕康等编：《民法判例百選Ⅰ（第 6 版）》，有斐阁 2009 年版，第 174 页（中山知己执笔）。另外，以本判决为契机的讨论，有伊藤真：《賃料債權に対する抵当権者の物上代位（上）、（下）》，载《金法》第 1251、1252 号（1990 年）。

权，存在争议。即，在抵押权中，其实现之前，标的不动产的收益权限属于其所有权人，所以标的不动产的租金应归属于所有权人，但似乎也难以支持抵押权人可以将手伸向租金债权。这一问题在此不作论述[35]。因为现在最高法院判决（最判平成元年 10 月 27 日民集 43 卷 9 号 1070 页）已经作出了肯定物上代位的判旨，实务上也不得不以此为前提。

不过，即使以肯定此判旨为前提，也仍留有一些解释上的问题。在此，就其中租金债权被让与第三人后，抵押权人是否仍能行使物上代位权这一问题进行论述。

2. 最判昭和 59 年 2 月 2 日民集 38 卷 3 号 431 页虽然是关于动产买卖先取特权的物上代位的判例，但是在普通论上论述如下："与第三债务人清偿或债务人将债权让与给第三人的情形不同，一般债权人只是以对债务人享有的债务名义（如生效裁判文书、公正债权文书等）而就标的债权取得扣押命令时，并不会因此妨害先取特权人行使物上代位权。"

如果这一法理也直接适用于基于抵押权的物上代位，则当租金债权被让与时，似乎已经不能再对此行使物上代位权了。

但是，也存在一些情事，令人觉得不能作如此简单的理解。 [270]

第一，与租金债权的特殊性有关，即如果标的不动产被出租，则租金债权是持续发生的。如此一来，一次性让与将来一定期间的租金债权，带有所谓概括债权让与的色彩。然而，就将来租金债权作出一次性让与时，如果与个别的单发的债权让与情形相同，不能就相关期间内的租金债权行使任何物上代位权的话，抵押权人的不利益将会过于显著。特别是鉴于下列所指出的点，将受让人和抵押权人间就将来租金债权的关系，理解为不同债权人之间对同一债务人财产的竞合问题是妥当的，不能单纯认为受让人优先。即，在抵押不动产租金债权的事例中，"特征点在于，在债务人兼所有权人的经济状况已经实质上破产或者其受有拒付处分时，几乎在同一时期对第三债务人作出了债权让与通

---

[35] 参见道垣内弘人：《判批》，载《民商》第 102 卷第 5 号（1990 年），第 587 页及以下（本书边码 257 及以下）。

知或者作出概括性债权让与——债权让与的不仅是支付期已经到来的租金债权，还包括在拍卖程序中拍得之前所需的数年间里，以满足一定金额为限让与全部的将来租金债权。可以推测出，债权让与将会成为妨害基于抵押权的物上代位这一法律回收程序的手段"[36]。

第二，上述昭和59年的最高法院判决展现的法理也当然适用于抵押权的物上代位吗？也是一个问题。多数学说似乎对这一点并不抱有怀疑，但并非不能理解为，作为法定担保物权的先取特权的物上代位与作为约定担保物权的抵押权的物上代位，性质颇为不同。当然，这一点，如后所述，可以互相起作用，但是不管怎样，应该更进一步地思考。

二、一项判决例

1. 关于租金债权被让与后物上代位权行使的可否，最近出现了一份高等法院的判决，即大阪高判平成7年12月6日判时1564号31页。

A在1987年5月从B银行处借受了1.1亿日元，并委托Y作了保证。为了担保Y对A享有的事前求偿权，A在自己所有的本案不动产上设定抵押权并进行了登记。之后，1989年10月，A以月租金约150万日元将本案不动产出租给C。1993年11月10日，A将对C享有的1993年12月以后的租金债权让与X，并以公证了内容的邮件通知了C。

次年10月，作为行使其享有的抵押权的物上代位权，Y在1.1亿日元限度内扣押了基于A、C间租赁合同所产生的1994年11月以后的租金。C适时地提存了1994年11月至1995年6月的租金。Y取得该提存金。

在上述事实关系中，X提起第三人异议之诉，主张就租金而言，A对自己所作的债权让与先于Y的扣押，所以可以债权受让对抗Y。

对于Y已经受有交付的1994年11月至1995年6月的租金，由于执行已经终止，所以不支持第三人异议之诉。这一点无论是一审判决还

---

[36] 古贺政治、今井和男：《賃料の物上代位と賃料債権の譲渡》，载《金法》第1439号（1996年），第73页。

是本判决似乎都是一样的,出现分歧的是 1995 年 7 月以后的租金。即,一审判决支持了 X 的第三人异议之诉。与此相对,接受 Y 控诉的大阪高院支持了控诉,并作了如下论述:

"对于现在已经发生的租金债权,因承租人已经清偿等而消灭的情形,或出租人向第三人让与等而从出租人的责任财产中的情形,已经不能对此行使物上代位权了。[此外,对于动产买卖先取特权的事例,参见最高法院昭和 56 年(才)第 927 号同 59 年 2 月 2 日第一小法庭判决·民集 35 卷 3 号 1 页,其认定债权被让与第三人的情形中,不能行使物上代位权。]"但是"在扣押将来发生的继续性租金债权的情形中,可以现实收取其债权的是,在期间经过而作为支分债权的租金现实地发生(在该时点,扣押对现实发生的债权的效力开始具现)且其清偿期已届满后",所以,"在将来应发生的租金债权作为支分债权而发生的时点,通过抵押权的物上代位所作扣押效力的具现,与具备第三人对抗要件的债权让与相竞合的事态可以产生"。而且,"因扣押而具备相关禁止处分的效力,与具备对抗要件的债权让与是同时的话,其中哪一者优先成为问题。但是,此种情形,如果实体法上的权利存在优劣,应依其顺序"。然而,"抵押权人享有权利,就担保不动产优先于其他债权人而受有自己债权的清偿。若支持对标的不动产租金的物上代位性,则其物上代位的权利行使来源于作为抵押权内容的优先清偿权。如此一来,因抵押权的物上代位而产生的扣押效力的具体实现,与具备对抗要件的债权让与同时的情形中,抵押权由于在实体法上有优先权,所以因抵押权的物上代位而作出的扣押优先,抵押权人可以收取发生的租金债权(作为支分债权)"。

[272]

换言之,该判决认为,X 债权受让的效力也好,Y 债权扣押的效力也好,就将来的租金,都是在其债权实际发生的时点产生,如此一来,上述债权受让和债权扣押同时发生效力,此时,实体法上享有优先权的抵押权人优先受偿。

2. 对于已经交付 Y 的 1994 年 11 月至 1995 年 6 月的租金,第三人异议之诉被驳回是当然的。即使认为 X 优先，考虑的也是对 Y 的不当得利返还请求，并非执行法上的诉。但是，从上述判决的逻辑来看，即使是请求返还不当得利之诉，X 应该也会败诉。因为本判决所立足的一般论为，对于作为抵押权物上代位权行使的扣押后所发生的租金债权，相较于扣押以前出现的受让人，抵押权人也优先。

[273] 但是，这一一般论中有许多应讨论的点。就"一 2"中所举的两项情事，同时进行讨论。

三、对抗要件具备的先后关系（其一）——视为通过抵押权设定登记而公示物上代位权的情形

1. 推导出抵押权人优先这一结论的解释有以下两个：第一，"在将来应发生的租金债权作为支分债权而发生的时点，通过抵押权的物上代位所作扣押效力的具现，与具备第三人对抗要件的债权让与相竞合的事态"；第二是，在其竞合中，享有实体法上优先权的抵押权人优先。

虽然第一项解释也有许多问题，但这里仅考虑第二项解释的正当性。

在这一点上，首先应当注意的，是抵押权人享有的优先权未经公示不得对抗第三人。这是当然的吧。而且，对于以物上代位权的行使而实现的优先权，就其公示，存在如下两种意见：①通过抵押权设定登记而公示，②通过扣押而公示。

2. 若采其中观点①，则在租金债权让与前已作出抵押权的设定登记，该抵押权人享有的物上代位权优先。

这种观点既没有被前述所举的昭和 59 年最高法院判决所采，也没有被上述大阪高院判决所采。即，如果认为通过抵押权登记而公示物上代位权，则即使在与个别债权的受让人的关系上，物上代位权也应优先，而这将违反昭和 59 年最高法院判决所作的普通论。而且，即使在大阪高院判决的逻辑中，也是认为"通过抵押权的物上代位所作扣押效力的具现，与具备第三人对抗要件的债权让与"将产生竞合的问

题,并没有采纳观点①。

当然,大阪高院判决的逻辑并非唯一的,而且如"一2"中的"第二"所述,昭和59年最高法院判决也并非必然适用于抵押权的物上代位。因此,仅与两判决相异,这一点并不构成该观点不妥当的理由。应当讨论"通过抵押权设定登记而公示抵押权的物上代位权"这一理由及其正当性。 [274]

3. 但是,在结论上,"通过抵押权设定登记而公示抵押权上的物上代位权"是不正当的。理由如下。

第一,如果认为通过抵押权设定登记也会公示物上代位性,会有疑问认为,第三债务人究竟为何能向标的物所有权人清偿债务;由于此等"支付"(《民法》第304条第1款但书),作为物上代位权行使方式的扣押将不能再行使了吗?如果被公示,第三债务人也应可以知晓物上代位权的存在,与债权质权的标的债权的债务人一样被课以提存义务等也不奇怪。因此,不因抵押权的设定登记而公示物上代位权,这一理解似乎构成《民法》第304条的前提。

第二,欠缺与公示债权(价值)归属的整体法体系的整合性。对于债权让与也好,债权质也好,民法以对第三债务人作出通知或第三债务人作出承诺为公示(《民法》第467条和第364条);在民事执行法上,即使存在债权扣押时,也要向债务人送达扣押命令,因此而发生扣押的效力(《民事执行法》第145条)。如此,为了能以债权的(价值)归属对抗第三人,需要对第三债务人直接作出通知。

第三,即使昭和59年最高法院判决所作的普通论不适用于抵押权的物上代位,其也未必与在广泛情景中允许抵押权的物上代位相联系。确实也可认为,与公示不完全的动产买卖先取特权相异,租金债权的受让人可以通过租赁不动产的抵押权登记而知晓抵押权的存在,方向上应更能保护抵押权人。[37] 但是,先取特权本来就是欠缺公示的物权,所

---

[37] 古贺、今井,前注〔36〕,第74页。

以没有必要仅在物上代位的情景中拘泥于公示。与此相对,也可以认为,包含其物上代位的情景在内,抵押权应当严格地被公示。在行使物上代位权而扣押之前,第三人出现时,相较于先取特权人的情形,在方向上应更限制抵押权人的权利行使。[38]

例如,考虑一下动产买卖先取特权,该先取特权得以被承认的理由是,因出卖人未收到价款就向买受人进行了交付,买卖标的物成为买受人的财产,倘若不承认出卖人的优先权有失公平。而且,当买受人转卖买卖标的物时,该先取特权也适用于转卖价款债权。即,正是因为出卖人赊卖,所以相关转卖价款债权成为买受人的财产。而且,如果适用"应承认出卖人优先权"这一政策性判断,则即使在物上代位的情景中,也与在标的物上行使先取特权的情形一样,即使不公示也应承认出卖人的优先权。

与此相对,抵押权人的优先权不过是在"为了不给第三人造成不测损害而作出公示"这一条件下得到承认的。即,公示的要求在抵押权的情形中比较高。如此一来,也可认为,抵押权物上代位情形中严格考虑公示,允许物上代位的范围更加狭窄。

四、对抗要件具备的先后关系(其二)——视为通过扣押而公示物上代位权的情形

1. 那么,视为"通过扣押而公示物上代位权"的情形如何呢?

如前所述,认为"通过抵押权的物上代位所作扣押效力的具现,与具备第三人对抗要件的债权让与"将产生竞合问题的前述大阪高院判决,其采用的前提是物上代位权的公示通过扣押来作出。进而,该判决以此为前提,基于下列考虑而支持了抵押权人的优先权。即,即使在物上代位扣押前作出债权让与,其现实效力也是在标的债权的清偿期到来之时方产生。即使在债权让与后,如果物上代位的扣押是

---

[38] 道垣内(旧),第53—54、117—118、120—121页。

就将来的租金债权所作出的,则在标的债权清偿期到来的时点上,也具备扣押这一物上代位权的对抗要件。换言之,若以标的债权清偿期到来的时点为基准考虑,则物上代位权也好,债权让与也好,都具备对抗要件。因此,享有实体法上优先权的抵押权人优先。

但是,疑问颇多。

2. 如果这么说的话,就将来债权作出双重让与,并且双方均具备对抗要件时顺位如何决定呢?相关将来债权的清偿期到来,并且两次让与"具现"化时,由于双方均具备对抗要件,则两者是平等的吗?并非如此。此时的问题是,何者先具备对抗要件。

而且,在抵押权设定前让与租金债权时情况如何呢?具现化时双方均具备对抗要件,所以是同等的。若如此认为,则即使在该情形中抵押权人似乎也是优先的。但是,对于无论在何种意义上都不能知晓物上代位权存在的受让人,却对其造成不当的损害,显然是不妥当的。所以应认为不能行使抵押权的物上代位权。[39]

鉴于此,如果以标的债权的清偿期到来时点为基准考虑,则物上代位权也好,债权让与也好,均具备对抗要件,所以没有先后关系,这一观点是不能成立的。如果先具备让与的对抗要件,则在因清偿期到来而其"具现"化时,即使为行使物上代位权而进行了扣押,也不应允许行使物上代位权。

3. 当然,对于上述见解,会有批判认为不理解"一 2"中所举的第一种情事,即"债权让与将会成为妨害基于抵押权的物上代位这一法律回收程序的手段"。

[277]

但是,与取得诈害性短期租赁的情形不同,债权让与的受让人因受让而取得了利益,其并非仅以诈害为目的。在争夺同一利益之人间,一方的利益取得行为在另一方看来当然是妨害的,不应刻意不去认可相

---

[39] 参见东京高判平成 6 年 4 月 12 日高民集 47 卷 2 号 127 页 [参见道垣内弘人:《判批》,载《判評》第 434 号(《判時》第 1518 号)(1995 年),第 215 页及以下(本书边码 314 及以下)]。

关利益取得行为。

4. 另一个值得考虑的批判如下。即，抵押权的物上代位权通过扣押而公示，并且不能对先于扣押之人主张物上代位权的话，则即使对于以一般债权人资格而扣押租金债权之人，抵押权人也将不能以物上代位权对抗。这不是违反昭和59年最高法院判决中的普遍论吗？

在这一点上，笔者认为，昭和59年最高法院判决中的普遍论是关于先取特权的物上代位的，在抵押权物上代位的情形中，应更严格地要求公示。但是，即使采用主流见解，认为昭和59年最高法院判决也可以径直适用于抵押权的物上代位，问题在于如何思考上述判例法理中区别扣押、破产宣告与让与、转付之间的根据。也可以采用这一结论，即对于标的债权，如果其根据是"就标的债权，是否已经出现成为排他性归属主体之人（在扣押、破产宣告的阶段没有出现，但受让人、转付债权人成为排他性归属主体）"的话，则在与此种成为排他性归属主体之间的关系上，应通过扣押而进行公示，但在与扣押债权人之间的关系上不需要通过扣押来公示。因此，即使认为物上代位权的公示方法是扣押，也并非不能维持昭和59年最高法院判决中的普遍论。

五、以租金债权为标的的质权设定

设定以租金债权为目的的质权时如何呢？

如私见，在抵押权物上代位的情形中应严格要求公示。根据这一立场，若在基于物上代位权的扣押之前设定质权并且具备对抗要件，则已经不能再行使物上代位权了。但是根据昭和59年最高法院判决的立场，将会如何呢？

这将取决于，是把"以取得质权的形式取得优先权"理解为近似于成为排他性权利主体，还是说因为标的债权的归属主体没有变更所以认为近似于扣押、破产宣告。后者也是完全合理的[40]。

---

[40] 参见道垣内弘人：《判批》，载鸿常夫等编：《损害保险判例百选（第2版）》，有斐阁1996年版，第79页。

六、结语

基于上述分析，对于标题中的问题，应采用不能行使物上代位权这一结论。这实质上是对抗问题。但是在法律构造上，应认为"让与构成《民法》第 304 条第 1 款但书所谓'支付'"[41]。

与此相对，也有批判者认为，所谓"支付"指的是清偿或者可以与清偿等同视之的处分，将让与理解为"支付"是不合理的[42]。但是，"支付"这一用语的解释，应当参照《民法》第 304 条第 1 款但书规定的在"支付或交付"前作出扣押这一宗旨。如果认为这也是"为了防止第三人遭受不测损害"（昭和 59 年最高法院判决）的话，则理解为包含让与似乎不存在问题[作者补注2]。

［原载于《銀行法務 21》第 522 号（1996 年），第 9 页及以下］

第四分节 最近围绕租金债权物上代位的争点　　［279］

一、引言

1. 对于抵押权人可否就抵押不动产的租金债权行使物上代位权这一问题，最近的学说反而都是采否定性理解。但是，最判平成元年 10 月 27 日民集 43 卷 9 号 1070 页作出了肯定的判断，实务也采用此种

---

[41] 参见道垣内弘人：《判批》，载平井宜雄编：《民法の基本判例（别册法学教室）》，有斐阁 1986 年版，第 87—88 页（本书边码 88—89）。

[42] 古贺、今井，前注〔36〕，第 74 页。

〔作者补注2〕众所周知，最判平成 10 年 1 月 30 日民集 52 卷 1 号 1 页〔道垣内弘人：《判批》，载平井宜雄编：《民法の基本判例（第 2 版）》，有斐阁 1999 年版，第 84 页及以下（本书边码 295 及以下）〕否定了本分节中的笔者主张。判决展现的立场为，即使在租金债权被让与后，也允许抵押权人物上代位权的行使。因此，其展现的理解为，抵押权人的物上代位权通过抵押权设定登记而被公示，并且在方向上区别动产买卖先取特权的物上代位权和抵押权的物上代位权。在区别二者的理解上，笔者认为私见具有一定的构造意义，但讽刺的是，对于从该区别所归纳出的结论，最高法院采用了与私见相反的结论。

见解。

2. 以大都市为中心，办公楼等成为抵押权标的的情况增加，由此产生的租金收入逐渐成为抵押不动产所有权人的重要财产。

3. 泡沫经济破裂后，抵押不动产本身难以拍卖的情形增多。

由于上述三项原因，对抵押不动产产生的租金债权，抵押权人行使物上代位权的案子急剧增加[43]。因此，由于该类案件的急剧增加，迄今为止尚未被充分讨论的问题，开始在裁判上发生争议。

本分节中，对于其中的两个问题——对转租租金债权也能行使物上代位权吗，以及在租金债权让与后抵押权人也能行使物上代位权吗——介绍最近的判决、裁定例，同时加以讨论。

下面按顺序来看。

二、转租租金债权的物上代位

1. 东京高院昭和63年裁定展现的两项理由

抵押不动产所有权人A对承租人B享有的租金债权是物上代位的标的。那么，B将相关不动产转租给C时，对于B对C享有的转租租金债权，抵押权人可以行使物上代位权吗？

最早处理该问题的是①东京高决昭和63年4月22日高民集41卷1号39页，其仅就抵押权设定后承租人享有的转租租金债权支持物上代位权的行使，并展现了下列根据。即，后借受抵押不动产的承租人＝转出租人，"本来就劣后于抵押权人，只可能是在当然知晓这一点的基础上还进一步作出转租行为。在这一点上，与所有权人或第三取得人出租给他人的情形相比较，完全没有理由应对其进行优厚保护。当所有权人将租金8万日元左右的建筑物以8万日元出租时，几乎没有如此理解的

---

[43] 根据山崎敏充：《抵当権の物上代位に基づく賃料債権の差押えをめぐる執行実務上の諸問題》，载《民訴》第42号（1996年），第109页所阐述的内容，基于抵押权的物上代位请求扣押租金债权的案件申请，在东京地方法院执行部，1989年一年只有几件，但在1994年一年受理件数超过1400件。

必要性；但有些情形则不然，例如其以2万日元出租，而承租人再以8万日元转租给其他人（本案可以说正是此种事例）。在此种情形中，《民法》第613条并不有效，而且即使通过一般债权人代位权或者诈害行为撤销权来解决，也很难期待有多少实际的成果"。

这里说两点理由。第一点理由是，承租人＝转出租人享有的承租权劣后于抵押权。第二点理由是，如果不承认对转租租金债权的物上代位，则有可能通过在最开始的租赁中设定很低的租金来诈害抵押权人。但是，即使上述理由正当，也会有一些疑问。对于第一点，不劣后于抵押权人的承租人进行转租时情况如何呢？特别是短期租赁的情形？对于第二点，没有此种诈害的情事时情况如何呢？后来的判决、裁定例以及学说也正是围绕这些点产生了争议（当然，②大阪高决平成4年9月29日、③大阪高决平成5年10月6日［平5（ラ）446号］、④大阪高决平成5年10月6日［平5（ラ）520号］（均是判时1502号119页）都只是展现了也可对转租租金债权行使物上代位权这一结论）。

2. 关于承租权的对抗力　　　　　　　　　　　　　　　　　　　　　　　［281］

（1）短期租赁的承租人至少在一定期间内享有受保护的地位。因此，不能简单说劣后于抵押权人。——对这一问题作出解答的是⑤东京地决平成4年10月16日金法1346号47页。其展现的立场是，即使对于短期承租人享有的转租租金债权，也可以行使物上代位权。其论述如下："即使在原承租权是短期租赁的情形中，原承租人在法律上可以对抗抵押权人而受到保护的仅仅是原承租人现实利用标的物的法律关系。对于转租并获取差价利益的法律关系，法律上并不保护。所以，即使允许对转租租金债权的代位，也不会不当地损害原承租人的利益。"

在上述裁定作出不久前，这一立场及其理由作为东京地方法院执行部的操作方针而被明确下来[44]。而且，⑥仙台高决平成5年9月8日判时1486号84页也根据同样的理由作出了同样的结论。

---

[44] 村上正敏：《抵当権に基づく賃料差押とその優先関係》，载《判タ》第787号（1992年），第32页。

(2) 对于以承租人的承租权能否对抗抵押权为基准的见解，理论上也提出了批判[45]。详细地，该说认为，所谓承租权的对抗，是指在实现抵押权时其承租权是否存续的问题；而围绕承租人享有的转租租金债权，在理论上并不是决定其优劣关系的当然基准。

当然，通过批判对抗力相关的理由，并不会得出确定的结论。将会产生相反的两种见解。

见解之一是，不问抵押权与承租权设定的先后，应全部否定对转租租金债权的物上代位。[46] 该见解认为，转租租金收入中包含了相当于承租人投入的管理费用等部分，抵押权人应不能从与被担保债权的责任没有关系的承租人处夺取该等收入。

[282]

见解之二是，不问抵押权与原承租权设定的先后，应肯定对转租租金债权的物上代位。[47] 该见解认为，对于抵押不动产所有权人享有的租金债权，不问抵押权与承租权设定的先后，都是物上代位的对象；仅转租租金债权的情形考虑先后，将不合逻辑。

对此，从执行实务的立场作出了下列再反论[48]。

首先，对于前者的见解，反论如下。即，可以认为承租人所负的负担本来只是在实现抵押权时丧失承租权，而剥夺其收取的转租租金并用于清偿抵押权的被担保债权是不当的。但是，这对抵押不动产的第三取得人也是一样的。而最高法院平成元年判决恰恰支持了对第三取得人的租金债权行使物上代位权。而且，在抵押权设定后出现的承租人，应该可以根据抵押权设定登记预想到自己收受的转租租金将可能被行使物上代位权。

---

[45] 伊藤真等：《〈座談会〉複合不況下の倒産動向と債権回収方法をめぐる諸問題》，載《金法》第1359号（1993年），第22页（四宫章夫发言）；志贺刚一：《賃料に対する物上代位をめぐる諸問題》，載《金法》第1363号（1993年），第19页；高桥真：《判批》，載《リマークス》第8号（1994年），第31页；宫崎裕二：《転貸料に対する抵当権者の物上代位の可否》，載《法時》第66卷第4号（1994年），第100页；清原泰司：《判批》，載《判評》第429号（《判時》第1503号）（1994年），第214页。

[46] 高桥，前注[45]，第31页。

[47] 宫崎，前注[45]，第100页；清原，前注[45]，第52页。

[48] 山崎，前注[43]，第116—118页。

其次，对于后者的见解，反论如下。即，在抵押权设定前出现的承租人，在抵押不动产被拍卖后也仍享有可以取得转租租金的地位。不能与抵押不动产的所有权人同列而论。而且，如对前者的反论中所述，若考虑承租人是否能预想到转租租金收入被剥夺，区别对待是有依据的。

（3）从以前开始，笔者就一直认为本来就不应支持对租金债权行使物上代位权[49]，即使对于转租租金债权，也是一样的。若从此种立场来看，前面介绍的"再反论"的见解，对于"可以认为承租人所负的负担本来只是在实现抵押权时丧失承租权，而剥夺其收取的转租租金并用于清偿抵押权的被担保债权是不当的"这一主张，不得不进行"这对抵押不动产的第三取得人也是一样的"（第三取得人的负担本来只是在实现抵押权时丧失所有权，但却被剥夺租金债权）这一消极的再反论。此时，肯定对租金债权行使物上代位权的见解出现了理论上的破绽。

[283]

3. 关于诈害租赁、转租

（1）虽然存在理论上的问题，但是执行实务、判决例、裁定例都肯定对转租租金行使物上代位权。其存在的背景是这一实务认识，即裁定①论述的第二点理由——如果不承认对转租租金债权的物上代位，则有可能通过在最开始的租赁中设定很低的租金来诈害抵押权人。而现在此种案件激增。目前所列举的判决例、裁定例的案件中，也都有下列情事。

裁定①的案情＝原租赁的租金被不当压低，与转租租金之间存在显著的不均衡。

裁定⑤的案情＝原承租人为债务人。

裁定⑥的案情＝抵押不动产为公寓。债务人甲直接出租给入住者乙等人，但在抵押权实现不久之前（裁定开始拍卖的日期为1993年4月14日）将该公寓打包出租给丙，变更为丙从乙等人处转租的形态（1993年2月25日）。

因此，可以说在案情的解决上是能说服人的（此外，与裁定⑥案

---

[49] 道垣内弘人：《判批》，载《民商》第102卷第5号（1990年），第597页（本书边码266—267）。此外，道垣内（旧），第119页。

情相同的,有⑦东京高决平成 7 年 3 月 17 日判时 1533 号 51 页)。但是,如此一来,原则上不承认抵押权人对转租债权可以行使物上代位权,但当存在一定情事时也例外地承认其行使——采取此种解决方式不也是可以的吗?

(2) 明确采用此种解决方法的是⑧大阪高决平成 7 年 5 月 29 日判时 1551 号 82 页,论述如下:

"即使从转租租金的性质来考虑,将这看作是抵押不动产交换价值一点点的实现,哪怕是单纯的比喻这也是不合理的。不得不说,允许在这上面行使物上代位权也不合乎物上代位制度本来的宗旨。

"当然,从抵押权设定人(债务人)和其承租人(转出租人)之间的关系以及租赁、转租成立的过程等来看,在其转租租金债权被推认为能与抵押权设定人(债务人)的租金债权同等视之的情形中,作为实质上只可能是原租金债权者,也允许对转租租金债权行使物上代位权。"

进而,⑨大阪高决平成 7 年 6 月 20 日高民集 48 卷 2 号 177 页作为其具体案例,在抵押不动产所有权人与其承租人被认为实质上是同一公司的情形中,支持对转租租金行使物上代位权(此外,⑩东京地判平成 7 年 8 月 29 日金法 1454 号 85 页也是同样的案情)。

前面已经介绍,对于承租权设定在抵押权之后的,东京地方法院执行部肯定对转租租金行使物上代位权。与此相对,大阪地方法院执行部在过去曾采用全面否定的处理方式,但现在有所变更,如裁定⑧的案情——所有权人与原承租人实质上被视为同一的情形,或者如裁定①或裁定⑥的案情——所有权人与转租人之间的租赁(原租赁)是诈害性的,是为了妨害对租金实现抵押权的情形中,肯定对转租租金债权行使物上代位权[50]。

大阪地方法院设定的此种要件,相较于东京地方法院承认的允许对

---

[50] 原村宪司:《転貸料への物上代位》,载《金法》第 1439 号(1996 年),第 71 页。

转租租金债权行使物上代位权的范围，朝着范围更大的方向发展。实际上，在上述大阪地方法院的执行实务中，所有权人与原承租人实质上同一时，以及原租赁是出于妨害对租金债权行使物上代位权之时，不问抵押权与原承租权设定的先后，都肯定对转租租金的物上代位。

（3）此种观点与裁定①中展现的公式——由于基于原租赁的承租权不能对抗抵押权，所以承认物上代位权——完全脱离。以诈害这一事实作为根据否定对原承租人的保护。学说上也有支持这一做法的。[51] 而且，如前所述，像裁定①那样以对抗力作为根据支持对转租租金债权行使物上代位的案子，案情上也多是诈害性的租赁。

[285]

如此看来，限于存在诈害行为情事的情形，支持对转租租金债权的物上代位，这一解决方法对抵押权人而言是安全的，（采用不完全否定对转租租金债权的物上代位的见解时）是妥当的结论。[52]〔作者补注3〕

与此相对，也有批判认为，执行实务中无法根据"仅在诈害的情形允许物上代位"这一模糊的基准来运用。[53] 但是，如此一来，则恰好反过来了，原则上肯定物上代位，但是转出租人能举证证明是正常的租赁时，例外地否定物上代位。这一处理方式也是可能的。[54]

此外，允许对转租租金债权行使物上代位权的情形中，在与对原承

---

〔51〕 萩泽达彦：《判批》，载《リマークス》第 11 号（1995 年），第 153 页；田原睦夫：《抵当権の物上代位に基づく転貸賃料の差押えの可否》，载《金法》第 1441 号（1996 年），第 5 页；新美育文：《判批》，载《判タ》第 901 号（1996 年），第 50 页；吉田光硕：《抵当不動産の転貸料に対する物上代位について》，载《判タ》第 907 号（1996 年），第 74 页；佐久间弘道：《抵当権者の転貸料債権に対する物上代位》，载《銀法》第 522 号（1996 年），第 21 页；宫川不可止：《判批》，载《法時》第 69 卷第 6 号（1997 年），第 111 页。

〔52〕 希望读者不要将我的观点引用为原则肯定、例外否定说。因为加了"采用不完全否定对转租租金债权的物上代位的见解时"这一限定，我个人即使在现在都认为应完全否定对租金债权行使物上代位权。

〔作者补注3〕另外，关于之后的私见，参见作者补注1。

〔53〕 村上，前注〔44〕，第 32—33 页。

〔54〕 镰田薰：《判批》，载《リマークス》第 13 号（1996 年），第 26 页。此外，作为转出租人争议的方法，大阪高判平成 7 年 10 月 27 日高民集 48 卷 3 号 253 页除了执行异议，还允许第三人异议之诉。

租权的租金债权的物上代位权关系上,该权利会成为问题。[55] 但是,如果限于诈害的情形肯定物上代位权,则将没有必要在两者的协调上煞费苦心。因为仅限于原租赁的租金债权的物上代位并非实效的情形,才允许对转租租金债权的物上代位[作者补注4]。

三、与租金债权让与的优劣

1. 问题背景

(1) 对于抵押权的物上代位,一直以来论述的都是可以对什么行使以及何时之前可以行使这两个问题。对租金债权的物上代位,可否对转租租金债权行使,是关于前一个问题。同时,对于后者,也引起了新的展开。即,租金债权被让与后抵押权人也可以行使物上代位权吗?

当然,这为什么会成为问题呢?这或许难以理解,因为若以迄今为止的判例法理为前提,则由于对象债权的让与而不能再行使物上代位权,似乎是当然之理。

首先来看判例①大连判大正12年4月7日民集2卷209页。其争点是对抵押不动产火灾保险金债权能否行使物上代位,但是在抵押权人作出扣押之前,出现了就相关债权取得转付命令的债权人。在结论上,大审院认为已经不能再行使物上代位权了。其理由在于:"转付债权移转至扣押债权人,债务人不再享有自第三人处受领金钱的债权关系,这与债务人将其债权让与他人的情形没有不同",即使在债权让与的情形中,也不再承认物上代位权的行使。

对于将来租金债权被让与的情形,判例②大判昭和17年3月23日法学11卷12号1288页认为:"作为出租人的抵押土地所有权人将将来发生的租金债权让与他人后,在抵押权人扣押上述租金债权的情形

---

[55] 参见山崎,前注[43],第118—119页。

[作者补注4] 之后,最决平成12年4月14日民集54卷4号1552页作出判断,认为除了将抵押不动产的承租人与所有权人等同视之的情形,不能对承租人应取得的转租租金债权行使物上代位权。

中,……不得以上述租金债权作为抵押土地的代位物。"

判例③最判昭和 59 年 2 月 2 日民集 38 卷 3 号 431 页案情的争点虽然是债务人受到破产宣告后,动产买卖先取特权人能否行使物上代位权。但是,该判例还指出债权让与后不能就相关债权行使物上代位权,理由如下:"与第三债务人清偿或债务人将债权让与第三人的情形不同,一般债权人只是以对债务人享有的债务名义而就标的债权取得扣押命令时,并不会因此妨害先取特权人行使物上代位权。"但是,实际上不仅如此,判例③对《民法》第 304 条第 1 款但书的宗旨作了一般性说明,指出"禁止债务人……将之让与第三人,所以通过保持物上代位标的债权的特定性,保全物上代位权的效力,同时为了防止第三人遭受不测的损害"。换言之,如果在债权让与后还能行使物上代位权,则第三人将会遭受不测的损害,所以为了防止出现这一结果,要进行扣押。如此一来,该扣押当然应当在让与之前作出。

这一一般论几乎原封不动地被判例④最判昭和 60 年 7 月 19 日民集 39 卷 5 号 1326 页引用。

(2) 如此一来,判例法理是始终一致的,似乎也不存在任何问题。[56] 但是,这一问题再次出现的背景是,为诈害抵押权人而让与债权的现象泛滥。即,抵押不动产所有权人=债务人经济上失败后,将横跨数年的将来租金债权一次性让与的,可能会妨害抵押权人对租金债

[287]

[288]

---

[56] 当然,秦光昭:《抵当権に基づく物上代位権を巡る最近の判例と今後の課題》,载《白鴎》第 6 号(1996 年),第 93 页,根据最判昭和 58 年 12 月 8 日民集 37 卷 10 号 1517 页(对于根据《土地区划整理法》第 104 条的换地处分清算金债权,认定即使在债权人取得转付命令后,换地处分前的土地的抵押权人也可以就相关债权行使物上代位权)的观点认为"作为可以适用于一般物上代位制度的理论而现实地出现"[秦光昭:《物上代位における"払渡"前の差押えの意義》,载《金法》第 1466 号(1996 年),第 10 页亦同]。

但是,该判决作出判断的前提是,对于换地处分清算金,根据《土地区划整理法》第 112 条第 1 款的规定,换地处分施行者负有提存义务,宅地所有权人不过是可以对施行者请求应提存相关清算金。换言之,即使受让相关债权,其人也只能请求提存,所以所谓抵押权人可以就提存金返还请求权行使物上代位权,其宗旨本来就是课以提存义务。将其论述为可以适用于一般物上代位制度的判例法理,是不合理的。

行使物上代位权。[57] 因此，将此等诈害的情事放在眼前，法院考虑构筑某种防止对策，也并非不合理。

2. 强调将来债权的特殊性

（1）最早的案例是[58]⑤大阪高判平成7年12月6日判时1564号31页。在结论上，该判例认为即使在将来租金债权让与后，抵押权人享有的物上代位权也优先，并支持其行使。其逻辑构造如下：

首先，关于将来债权的扣押论述如下。即，"在扣押将来发生的继续性租金债权的情形中，可以现实收取其债权的是在期间经过而作为支分债权的租金现实地发生（在该时点，扣押对现实发生的债权的效力开始具现）且其清偿期已届满后"。

其次，对于将来债权的让与论述如下。即，"受让将来的租金债权时，由于在让与合同缔结时租金债权在租赁当事人间也尚未发生，所以……在租金债权（作为支分债权）在对出租人现实发生的同时移转至受让人，无须在债权发生后重新进行让与程序"。

若如此理解，则债权受让的效力也好，抵押权人扣押债权（行使物上代位权）的效力也好，对于将来的租金债权，都是在其债权实际发生的时点产生。进而虽然发生竞合，但是由于实体法上承认抵押权人一方的优先权，所以"物上代位而作出的扣押优先，可以收取发生的租金债权（作为支分债权）"。

接着，案例⑥东京地判平成8年9月20日判时1583号73页也根据类似的逻辑构造承认抵押权人的优先。即，"对于未发生的租金债权的让与……对抗要件的效力发生时期是债权让与的效力发生时，即债权发生时"，"另一方面，作为抵押权标的物的建筑物被出租的情形中，支

[289]

---

[57] 古贺政治、今井和男：《賃料の物上代位と賃料債権の譲渡》，载《金法》第1439号（1996年），第73页。

[58] 当然，在此之前，东京地决平成6年6月27日及其抗告审东京高决平成6年9月5日都认定了标的债权让与后抵押权人已经不能行使物上代位权了。但是均未公开刊载[吉田光硕：《将来の賃料債権の包括譲渡の後になされた抵当権に基づく物上代位の効力》，载《判夕》第916号（1996年），第27页中介绍]。

持抵押权人对标的不动产的租金进行物上代位来源于作为抵押权内容的优先清偿权,所以抵押权人对标的不动产的物上代位权通过抵押权设定登记而被公示,并具备对抗第三人的效力"。"因此,其优劣应通过债权让与的第三人对抗要件效力的发生与抵押权设定登记的先后来决定"。

(2)值得注意的是,上述两项判决没有违反判决①和判决③展现的"若作出债权让与,则已经不能再行使物上代位权"这一一般论。这在判决⑥中有详细论述。首先,判决⑥指出"即使对于物上代位标的债权被让与的情形,也应理解为与作出'支付或交付'的情形相同。即使物上代位优先于债权让与,也仍应当在债权让与现实作出前作出上述扣押……因为被让与的债权已经从债务人的一般财产中逸出,扣押的效力并不及于",承认了大审院和最高法院的一般论。在此基础上,根据已经论述的理由,判决⑥又认为由于"债权让与的第三人对抗效力和本案扣押的效力均是在本案租金债权发生时产生",所以相关债权并没有在扣押前从债务人的一般财产中逸出。

判决⑤也采用了同样的观点,采用了"对于现在已经发生的租金债权,因……出租人向第三人让与等而从出租人的责任财产中逸出的情形,已经不能对此行使物上代位权了"这一普遍论,只是也认为对将来租金债权应另作考虑。

(3)因为"债权让与的第三人对抗效力和本案扣押的效力均是在本案租金债权发生时产生",所以其优劣关系通过实体法上的优劣关系来确定。然而,对于这一理由,学说上进行了批判。批判指出,若是这样,则在将来债权被双重让与并先后具备对抗要件的情形中,每个让与都是在让与债权具现化时发生效力,其间的优劣将无法决定。但这并不妥当,应根据哪一让与先作出附有确定日期的通知或取得承诺来决定。所以,若认为在标的债权清偿期到来的时点上,基于物上代位的扣押也好,让与也好,都具备对抗要件,从而不存在具备对抗要件的先后关

[290]

系,这一观点是不成立的。[59]

恐怕,判决⑤和判决⑥想要区分上述批判所假定的案情,即"争夺全新状态的债权的关系"的情形与一方在某种意义上享有优先权的情形吧。[60] 但是,那样的话将是结论先行。问题是,由于将来债权被让与,相关债权是否会从抵押不动产所有权人的财产中逸出?[61]

3. 通过抵押权登记公示物上代位权

(1) 虽然理论上存在问题,但是不应保护以诈害抵押权人为目的的债权让与中的受让人,这种感觉根深蒂固。因此,问题是,能否通过其他的逻辑构造来肯定物上代位权的行使?

为此所主张的见解是,抵押权人的物上代位权及于相关不动产的租金,通过抵押权的登记而被公示,不会给第三人造成损害,所以即使在标的债权被让与后,也可基于抵押权行使物上代位权,其优先于让与。[62]

该见解认为,判决③重视动产买卖先取特权这一不公示的担保权(进而指出,当债权存在让与时已经不能再行使物上代位权这一判示是傍论),对于抵押权这一存在公示的担保权,应另作考虑。

此外,将《民法》第304条第1款但书的所谓"支付或交付"理解为"存在清偿或能与清偿同等视之的处分等情形",至少将来债权的让与并非即时收取租金的,所以不构成支付或交付。

---

[59] 道垣内弘人:《賃料債権に対する物上代位と賃料債権の譲渡》,载《銀法》第522号(1996年),第14页(本书边码276);秦光昭:《将来債権の譲渡と抵当権に基づく物上代位との優劣》,载《金法》第1455号(1996年),第5页;小林明彦:《将来の賃料債権の包括譲渡と物上代位に基づく差押えの優劣》,载《金法》第1456号(1996年),第7页;北秀昭:《抵当権者の賃料債権に対する物上代位》,载《ジュリ》第1099号(1996年),第124页。

[60] 角纪代惠:《判批》,载《判タ》第918号(1996年),第47页。

[61] 角纪代惠:《判批》,载《リマークス》第14号(1997年),第35页。

[62] 古贺、今井,前注〔57〕,第74—75页;小林,前注〔59〕,第8页;秦,前注〔56〕,《金法》第1466号,第12页及以下;秦,前注〔56〕,《白鷗》第6号,第95页及以下;下村信江:《判批》,载《阪法》第46卷第6号(1997年),第1045—1046页;村田利喜弥:《判批》,载《銀法》第533号(1997年),第11页。

⑦东京高判平成9年2月20日判时1605号49页基本采纳了这些见解并作出了判断。但是,毕竟不能无视判决③,即对于债权让与,不能认为即使在让与后,也能基于抵押权行使物上代位权。抵押权的物上代位权通过抵押权的设定登记而具备第三人对抗要件,要想不将这一观点变得无意义,应当严格解释《民法》第304条第1款但书的所谓"支付或交付"。因此,采用这一主张,即认为在不构成转付命令对象的阶段,即使让与了,也不构成"支付"。

(2) 对于上述见解也存在批判。

对于"抵押权人的物上代位权及于相关不动产的租金,通过抵押权的登记而被公示"这一见解,存在以下两点批判。

第一点,如果物上代位权通过抵押权登记而被公示,则会有疑问认为,第三债务人究竟为何能向标的物所有权人清偿债务,因此等"支付",作为物上代位权行使的扣押将不能再行使了吗?[63] 若被公示,则第三人债务人也应可以知晓物上代位权的存在,与债权质押的标的债权的债务人一样被课以提存义务等也不奇怪。

第二点,与公示债权(价值)归属的整体法律体系之间欠缺协调性。[64] 换言之,对于债权让与也好,债权质也好,民法以对第三债务人作出通知或第三债务人作出承诺为公示(《民法》第467条和第364条)。而且,在民事执行法上,即使存在债权扣押时,也要向债务人送达扣押命令,因此而发生扣押的效力(《民事执行法》第145条)。如此,为了能以债权(价值)归属对抗第三人,需要对第三债务人直接作出通知。

对于上述批判,分别有下列再反论。

首先,对于第一点,在"支付"后不允许作出基于物上代位的扣押,是因为第三债务人双重清偿的危险特别巨大,为了保护第三人免遭

[292]

---

[63] 道垣内,前注[59],第12页(本书边码274)。此外,镰田薰:《民法ノート物権法①》,日本评论社1992年版,第194页。

[64] 道垣内,前注[59],第12—13页(本书边码274)。

该危险,而在政策上予以承认[65]。

其次,对于第二点,判例上认为建筑物抵押权的效力及于用地的承租权,其因抵押权的登记而具备对抗要件。但是,此种情形下,即使不对作为第三债务人的出租人作出告知程序,也可以具备对抗要件。告知第三债务人债权的价值归属,并非一般原则[66]。

(3)关于对"第二点"的再反论,应指出,不过是金钱债权与用益权的归属公示体系的区别,金钱债权的相关原则没有变化。

关于对"第一点"的再反论,应指出,问题在于"政策上严格解释'支付'并排除让与吗"这一根据。关于这一点,"第三债务人双重清偿的危险特别巨大"是解答之一。但是,批判的内容是,不应将"排除让与"这一结论的根据求诸"通过抵押权的登记公示物上代位权"(若求于此根据,则即使存在清偿,也应可以行使物上代位权)。对于这一点,并没有作出有效的再反论。

如果与批判相切离(不触及"通过抵押权的登记公示物上代位权"这一话语),重新思考《民法》第304条第1款但书的宗旨的话,这是路径之一。但是,如此一来,与判决①和判决③所展现的判例法理之间将会产生不协调。认为"由于是傍论所以没有关系"的主张是谬论。正因为如此,判决⑤和判决⑥想方设法地从将来债权的特殊性来说明。然而,其说明并不令人满意。

4. 权利滥用等一般法理的活用

(1)因此,能否通过权利滥用等一般法理来解决呢?

尝试这一解决方式的是判决⑧东京地判平成7年5月30日金判1011号9页,在时间上早于判决⑤。该判决的案情为,物上保证人设定抵押权,抵押不动产上的租金十分低廉但押金极高。1993年4月20

---

[65] 秦,前注[56],《金法》第1466号,第13页;秦,前注[56],《白鸥》第6号,第96页。
[66] 秦,前注[56],《金法》第1466号,第13页;秦,前注[56],《白鸥》第6号,第96—97页。

日法院裁定开始拍卖抵押建筑物,租金债权的让与是当天(这也是作为前一天所作借款之清偿的让与)。

因此,判决⑧认定,"即使是将来发生的债权,如果作为其发生基础的法律关系已经存在并且内容明确,可以让与,且可以有效地作出让与通知或承诺",本案中,在抵押权人基于物上代位权作出扣押之前,债权让与已经具备了对抗要件,所以原则上否定物上代位权的行使。但是,"上述消费借贷合同及债务清偿合同可以推认为是 A(债务人)、B(物上保证人)及 Y(承租人)商谈后出于妨害 X 债权回收的目的所缔结的,所以 Y 以 A 和 B 之间的债权让与为理由,主张 X 基于前述物上代位的租赁债权的扣押不能对抗 Y,应当说构成权利滥用"。在结论上支持了物上代位权的行使。

与此相对,在控诉审中,判决⑨东京高判平成 8 年 11 月 6 日判时 1591 号 32 页认为,在债权让与后,原则上已经不能再行使物上代位权了,但即使在相关案件中,仍认定"不能作出判断认为主张租金债权让与的效力构成权利滥用"。

(2)相关案件中是否构成权利滥用暂且不说。但是,在方向上,应通过"根据具体情形主张债权让与本身的效力"这一形式来解决。

此种限定的肯定,金融机构的实务家对此或许是不满意的。但是,金融机构的实务家另一方面又期待立法使得将来债权能够作为概括性让与担保的标的。对于两者要求的矛盾和紧张关系,应该要深思熟虑[作者补注5]。

[原载于《自由と正義》第 48 卷第 7 号(1997 年),第 122 页及以下]

〔作者补注 5〕参见作者补注 2。

[295] 第五分节　租金债权的让与与抵押权的物上代位
——最高法院平成 10 年 1 月 30 日第二小法庭判决
（民集 52 卷 1 号 1 页）

一、事实概要

X（原告、控诉人、被控诉人、上告人）在 1990 年 9 月 28 日向诉外人 A 贷款 30 亿日元，约定清偿期为 1993 年 9 月 28 日。同一天，为担保其债权，X 就诉外人 B 所有的建筑物（本案建筑物）与 B 缔结了抵押权设定合同，并进行了相关内容的抵押权设定登记（B 为物上保证人）。然而，1991 年 3 月 28 日，A 怠于支付约定利息，导致丧失期限利益，又于 1992 年 12 月受到银行的停止交易处分并破产。

在该时点，B 将本案建筑物出租给多个承租人，合计月租金 707 万日元左右。然而，到了 1993 年 1 月 12 日，B 又将本案建筑物全部出租给 Y（被告、被控诉人、控诉人、上告人），月租金 200 万日元，押金 1 亿日元。原承租人改由从 Y 处转租的形式，并重新缔结了合同。在此基础上，B 在同年 4 月 19 日从诉外人 C 处借受 7000 万日元。第二天，作为上述债务的代物清偿，B 将其对 Y 享有的本案建筑物 1993 年 5 月至 1996 年 6 月的租金债权让与 C，并具备了对抗要件。根据一审判决，1993 年 4 月 20 日就本案建筑物裁定开始拍卖，租金债权的让与也正是在这一天进行的。

之后，X 作为行使基于自己抵押权的物上代位权，就 B 对 Y 享有的本案建筑物的租金债权中不超过 38 亿日元的部分作出扣押申请。1993 年 5 月 10 日，东京地方法院发出扣押命令，该命令在同年 6 月 10 日被送达至第三债务人 Y 处。

进而，作为物上代位权的行使方式，X 就 Y 对各转承租人享有的转租租金债权申请扣押。1994 年 4 月 11 日，扣押命令被发出。因此，对[296] 于 B 对 Y 享有的本案建筑物的租金债权，就 1994 年 4 月 8 日后清偿期届满的部分，X 撤回了已经取得的扣押命令的申请。

本案是 X 以 Y 为相对人提起的租金支付请求诉讼。换言之，对于 B 对 Y 享有的本案建筑物的租金债权，就 1993 年 6 月 10 日至翌年 4 月 7 日间清偿期已届满的部分，X 主张自己享有收取权限，所以应当向自己支付，从而提起了诉讼。

与此相对，Y 主张，在作为物上代位权行使的扣押命令被送达至第三债务人之前，标的债权被让与第三人时，应该已经不能再行使物上代位权，故其对 X 没有支付义务。另一方面，X 主张，即使标的债权被让与，也可以行使物上代位权，即使不能行使，本案债权让与也是出于诈害抵押权人的目的，Y 的主张力属于权利滥用。

一审支持了 X 的第二点主张，X 胜诉。换言之，在根据《民法》第 372 条而准用的《民法》第 304 条第 1 款但书所规定的扣押之前，存在受让标的债权并具备第三人对抗要件的第三人时，原则上已经不能支持基于抵押权而行使物上代位权了。但是，在就本案建筑物裁定拍卖开始的前一天，C 对 B 进行融资，第二天以让与租金债权的形式作出代物清偿，并且 C 和 Y 之间关系颇深，例如董事都是相同的，所以"上述消费借贷合同及债务清偿合同可以被推认为 A、B 及 Y 商谈后出于妨害 X 的债权回收的目的所缔结的，Y 以 A 和 B 之间的债权让与为理由，主张 X 基于前述物上代位的租赁债权的扣押不能对抗 Y，应当说构成权利滥用"。

当然，由于对 B 和 Y 间租金额等的认定存在不满，X 便提出控诉。Y 也就权利滥用这一点提起控诉。

原审全面驳回了 X 的请求，认定标的债权被让与并具备对抗要件后，已经不能再行使物上代位权。本案情事下，Y 主张债权让与的效力，尚不能说是权利滥用。

X 提起上告并主张如下：对于将来发生的租金债权，即使在作出债权让与后，也不能将其看作从抵押权设定人的责任财产中逸出。抵押权人仍可以行使物上代位权。

[297]

二、判旨

部分撤销改判，部分撤销。

"1. 根据《民法》第 372 条准用的《民法》第 304 条第 1 款但书规定，抵押权人行使物上代位权时，需要在支付或交付之前作出扣押。其宗旨主要是由于抵押权的效力也及于作为物上代位标的的债权，所以上述债权的债务人（以下称'第三债务人'）有可能被置于一种不安定的地位——即使向作为上述债权的债权人的抵押不动产所有权人（以下称'抵押权设定人'）清偿，因清偿而导致的标的债权消灭的效果也不能对抗抵押权人。因此，以扣押为物上代位权行使的要件，第三债务人在扣押命令送达之前向抵押权设定人清偿即可。因上述清偿而导致的标的债权消灭的效果也可以对抗抵押权人。保护第三债务人免于被强迫双重清偿的危险。

"2. 从上述《民法》第 304 条第 1 款的宗旨来看，该款中的'支付或交付'不包含债权让与，即使在物上代位的标的债权被让与且对第三人具备对抗要件后，抵押权人也可以自己扣押标的债权而行使物上代位权。

"因为①没有理由认为《民法》第 304 条第 1 款的'支付或交付'这一用语当然包含债权让与，也没有理由认为由于物上代位标的债权被让与，必然会使得抵押权的效力不能再及于上述标的债权。②物上代位的标的债权被让与后，抵押权人基于物上代位权而扣押标的债权的情形中，第三债务人在扣押命令送达前对债权受让人清偿的，债权的消灭可以对抗抵押权人，未清偿的债权可以通过提存而免责。所以，即使认可抵押权人在标的债权让与后仍可行使物上代位权，也不会侵害第三债务人的利益。③抵押权的效力也及于物上代位的标的债权，这一点可以通过抵押权设定登记而得到公示。④如果认为具备对抗要件的债权让与优先于物上代位，抵押权设定人在抵押权人扣押前通过债权让与很容易就可以免除物上代位权的行使，但是这将会不当地侵害抵押权人的利益。

"而且，上述法理，与在通过物上代位而扣押的时点上债权让与的标的债权的清偿期是否到来没有关系，也应当适用。"

三、解说

1. 直接问题与关联问题

本判决中的直接问题的是,抵押不动产的租金债权被让与第三人并具备对抗要件后,抵押权人能否行使物上代位权。但是,作为其前提的问题是,究竟能否对租金债权行使物上代位权。能否对转租租金行使物上代位权,也是与本案直接相关联的遗留问题。

2. 对租金债权行使物上代位权

《民法》第304条第1款规定,先取特权人可以"对债务人因出卖、出租、灭失或毁损其标的物而所受之金钱及其他物"行使物上代位权。第372条的抵押权也准用该规定。因此,会觉得抵押权人似乎当然也可以对抵押标的物的出卖价款债权、租金债权以及因其灭失或毁损而产生的损害赔偿债权行使物上代位权。

但是,否定抵押权人对租金债权的物上代位权的见解,在学说上反而是多数。抵押权的特征在于,在实现之前,其标的物的使用、收益仍由抵押不动产所有权人享有。如此一来,抵押权的效力才不应及于作为使用收益对价的租金债权。

然而,判例最判平成元年10月27日民集43卷9号1070页[67],明确采用了肯定说,实务大体遵循此种观点。该判决提到了否定说的论据,即抵押不动产的收益使用权在抵押不动产所有权人处,并认为"抵押权的此种性质与先取特权没有什么不同,抵押权设定人由于使第三人使用标的物而取得对价的情形,即使可以就上述对价行使抵押权,也不会妨害抵押权设定人对标的物的使用"。

[299]

在上述判决以后,学说上肯定说也变得有力。但是,特别是关于如何考虑第三取得人的负担,仍有讨论的余地,也有维持否定说的。第三取得人(所有权人)负有修缮义务(《民法》第606条),负有地上工作物致害

---

[67] 参见道垣内弘人:《判批》,载《民商》第102卷第5号(1990年),第587页及以下(本书边码257及以下)。

责任（《民法》第717条），为什么就连租金都要被抵押权人拿走呢？

3. 问题的背景

上述判决暂且不说，学说上租金债权物上代位权肯定说变得有力，进而在实际案件中，作为物上代位权的行使方式，抵押权人请求扣押租金债权的案件也急剧增多。其背景是经济发展。即，以大都市为中心，办公楼等成为抵押权标的的情况增加，由此产生的租金收入逐渐成为抵押不动产所有权人的重要财产。而且，泡沫经济破裂后，抵押不动产本身难以拍卖的情形增多。另外，也出现了企图妨害抵押权人的优先权行使的情况。如后所述，对本判决的理解，这是重要的点。

实际上，对于物上代位标的的债权被让与后抵押权人能否行使物上代位权这一问题，已经出现了一些最上级审判决，判例法理似乎已经确立。首先，①大连判大正12年4月7日民集2卷209页是关于抵押不动产火灾保险金债权的物上代位的判例。但是，在抵押权人作出扣押之前，出现了就相关债权取得转付命令的债权人。在结论上，大审院认为已经不能再行使物上代位权了。其理由在于"转付债权移转至扣押债权人，债务人不再享有自第三人处受领金钱的债权关系，这与债务人将其债权让与他人的情形没有不同"，即使在债权让与的情形中，也不再承认物上代位权的行使。对于将来租金债权被让与的情形，②大判昭和17年3月23日法学11卷12号1288页认为"作为出租人的抵押土地所有权人将将来发生的租金债权让与给他人后，在抵押权人扣押上述租金债权的情形中，……不得以上述租金债权作为抵押土地的代位物"。

相对较近地，③最判昭和59年2月2日民集38卷3号431页[68]，对于动产买卖先取特权的物上代位，指出在债权让与后不能就相关债权行使物上代位权。"与第三债务人清偿或债务人将债权让与第三人的情形不同，一般债权人只是以对债务人享有的债务名义而就标的债权取得扣押命令时，并不会因此妨害先取特权人行使物上代位权。"（着重号为笔者

---

[68] 参见道垣内弘人：《判批》，载平井宜雄编：《民法の基本判例（别册法学教室）》，有斐阁1986年版，第84页及以下。

所加)这一普遍论几乎原封不动地被④最判昭和60年7月19日民集39卷5号1326页[69](这也是动产买卖先取特权物上代位的案件)引用。

从这些判决来看,在标的债权让与后已经不能行使物上代位权,似乎是已经确立的判例法理。

然而,由于前述经济情势和诈害行为的出现,情况发生了变化。回忆一下本判决的案情。抵押权设定人B首先就抵押不动产的租赁合同作出了经济上来看几乎没有合理性的变更,把每月的租金收入从707万日元降到200万日元。同时将押金提高至1亿日元,这虽然对B有利,但是如果Y支付了押金,则其合理性也是问题。所以可以认为是Y和B共谋企图减少作为X物上代位权对象的租金债权额。B在此基础上从诉外人C处一天就借了7000万日元,并以租金债权代物清偿的形式在第二天偿还。这通常而言也是欠缺经济合理性的行为。可以推测是出于妨害X物上代位权行使的目的而作出相关代物清偿,即租金债权的让与。即使仅仅来看下级审判决中出现的案件,此种诈害性让与的作出也是颇多的。

因此,出现了主张即使在标的债权让与后也应支持物上代位权行使的讨论。但是,如何处理与此前的判例法理的关系,特别是与③和④之间的关系呢?一审判决适用权利滥用这一一般法理来处理。对此,本判决所采用的是什么样的逻辑呢?

4. 判旨的逻辑

本判决首先认为,《民法》第304条第1款但书要求物上代位权行使时"应于其支付或交付前扣押之"的宗旨是保护第三债务人。

这一理解与③和④相异。即,对于该但书的宗旨,③和④认为,"通过先取特权人的上述扣押,一方面,禁止第三债务人向债务人支付或交付金钱及其他物;另一方面,禁止债务人从第三债务人处收取债权或将之让与给第三人,所以通过保持物上代位标的债权的特定性,保全物上代位权的效力,同时为了防止第三人等遭受不测的损害"。在此,反而是

[301]

---

[69] 参见道垣内弘人:《判批》,载中田裕康等编:《民法判例百选Ⅰ(第6版)》,有斐阁2009年版,第166页及以下(本书边码92及以下)。

说要保护受让债权的第三人等。如此一来，扣押当然应当在第三人出现前，即让与前作出。

最高法院由于不得不以此为前提，所以关注了③和④的案情。换言之，③和④展现的制度宗旨，对先取特权的物上代位而言是妥当的，但对于抵押权的物上代位，应另作不同思考。但是，同样是《民法》第304条第1款，要想适用于先取特权时和适用于抵押权时的制度宗旨相异，需要说明相应的理由。判旨2③的部分对此进行了回答。换言之，在先取特权中，公示并不充分，容易损害第三人。正因为如此，"支付或交付前的扣押"中应当有"为了不侵害第三人"的功能。然而，由于抵押权通过设定登记而得到了公示，所以不考虑第三人的保护亦可。在"支付或交付前的扣押"中应期待的只是第三债务人的保护。因此虽然是对同一条文的制度宗旨的理解，但是先取特权的情形和抵押权的情形应该不同。

[302]

进而，如判旨2②中所述，让与和扣押存在竞合时，第三债务人作出提存即可。所以虽说在让与后允许行使物上代位权，但是并不会侵害其利益。而且④中所述的实质论也支持这一点。

当然，对于本判决的上述逻辑，学说上也可以进行批判。根据民法和民事执行法，要想使得债权的（价值）归属可以对抗第三人，须直接告知第三人（《民法》第467条、第364条，《民事执行法》第145条）。尽管如此，抵押权物上代位的效力及于标的债权，仅通过抵押权设定登记而被公示的话，并不合理。而且，假如认为通过抵押权设定登记而公示了物上代位权，则为什么由于"支付或交付"，作为物上代位权行使的扣押就不能再作出了呢？如果对第三债务人也公示了物上代位权，则与债权质权的标的债权的债务人一样被课以提存义务等应并不奇怪。

虽然本判决否定了这些见解，但是希望进一步思考。

5. 遗留的问题

本案中，B将出租给数人的本案建筑物，在A债务不履行后全部打包出租给Y，此前的承租人以从Y处转租的形式重新缔结了合同。如前所述,对于这一点,会有疑问在于,这不是 Y 和 B 同谋想要减少作为 X 物上代位权对象的租金债权额吗?而且,作为物上代位权的行使方式,后来 X 就 Y 对各转承租人享有的转租租金债权申请了扣押,由于得到了批准,所以就 B 对 Y 享有的本案建筑物的部分租金债权,还撤回了扣押命令的申请。

[303]

这里应当注意的是,就能否支持对转租租金债权行使物上代位权,也有颇多讨论。若根据条文措辞的自然解释而言,则应该是否定的。《民法》第 304 条第 1 款规定"债务人所受之金钱及其他物",认为该条的"债务人"包含抵押不动产所有权人,并没有异议。但是,B 既非债务人,亦非抵押不动产所有权人。但出于诈害抵押权的目的而将单纯的租赁变更为"低廉租金的租赁+通常租金的转租"的做法泛滥,在此也会对单纯的否定说或否定做法提出疑问。这将是今后很重要的论点。[70] 〔作者补注6〕

---

[70] 关于本判决的评析,除野山宏:《判批》,载法曹会编:《判解民成 10 年度(上)》,法曹会 2001 年版,第 1 页的调查官解说外,还有岩城谦二:《判批》,载《法令ニュース》第 33 卷 4 号(1998 年),第 14 页;佐久间弘道:《判批》,载《银法》第 42 卷第 6 号(1998 年),第 4 页;大西武士:《判批》,载《判タ》第 974 号(1998 年),第 77 页;田高宽贵:《判批》,载《法教》第 215 号(1998 年),第 106 页;清原泰司:《判批》,载《判評》第 475 号(《判時》第 1643 号)(1998 年),第 216 页;升田纯:《判批》,载《金法》第 1524 号(1998 年),第 44 页;加藤昭:《判批》,载《研修》第 604 号(1998 年),第 53 页;田岛润:《判批》,载《不研》第 40 卷第 4 号(1998 年),第 39 页;丸山健:《判批》,载《ひろば》第 51 卷第 11 号(1998 年),第 43 页;小矶武男:《判批》,载《金法》第 1536 号(1999 年),第 26 页;加藤新太郎:《判批》,载《NBL》第 658 号(1999 年),第 73 页;铃木直哉:《判批》,载《法学研究所紀要(大阪経済法科大学)》第 28 号(1999 年),第 79 页;高桥智也:《判批》,载《都法》第 40 卷第 1 号(1999 年),第 661 页;古积健三郎:《判批》,载《セレクト'98》(《法教》第 222 号)(1999 年),第 15 页;高桥真:《判批》,载《ジュリ》第 1157 号(1999 年),第 68 页;多治川卓朗:《判批》,载《北九州》第 27 卷第 2、3 号(1999 年),第 235 页;古积健三郎:《判批》,载《リマークス》第 19 号(1999 年),第 26 页;松冈久和:《判批》,载《民商》第 120 卷第 6 号(1999 年),第 1004 页;佐贺义史:《判批》,载《判タ》第 1005 号(1999 年),第 62 页;香川保一:《判批》,载《民情》第 157 号(1999 年),第 48 页;四谷有喜:《判批》,载《北法》第 50 卷第 6 号(2000 年),第 1602 页;佐久间弘道:《判批》,载《金法》第 1579 号(2000 年),第 21 页;秦光昭:《判批》,载《金法》第 1581 号(2000 年),第 172 页;中田裕康等编:《民法判例百選 I(第 6 版)》,有斐阁 2009 年版,第 176 页(今尾真执笔)。

〔作者补注6〕参见作者补注4。

[原载于平井宜雄编:《民法の基本判例(第2版)》,有斐阁1999年版,第84页及以下]

[304] 第六分节 抵押权人物上代位租金债权所作的扣押,与押金对相关债权的抵充——最高法院平成14年3月28日第一小法庭判决(民集56卷3号689页)

一、事实概要

诉外人A为了对信托银行X(原告、被控诉人、上告人)担保自己的债务,就自己所有的建筑物(本案建筑物),于1984年2月15日设定了最高额抵押权,并进行了登记。之后,A将本案建筑物出租给B,B又将该建筑物的一部分转租给Y(被告、控诉人、被上告人),并进行了交付(本案租赁)。转租租金每月约100万日元。而且,Y还向B交付了1000万日元作为保证金(本案保证金)。关于该保证金,除了在合同终止时作为"合同终止金"扣除20%,在Y有未付费用的情形中,扣除该未付费用而返还其余额,有所谓押金的性质。

再之后,作为基于自己享有的最高额抵押权的物上代位权的行使方式,X就B对Y享有的租金债权中,向Y送达扣押命令以后清偿期已经到来的不超过4.6亿日元的部分,申请扣押命令。1998年6月29日,该扣押命令被送达至Y。

Y在1998年3月30日通知B在该年9月30日解除本案租赁合同,并在同一天腾退本案建筑物的承租部分。Y停止支付1998年4月以后的租金。在退租后,同年10月8日,Y对B作出意思表示,主张以本案保证金请求权为主动债权,以4月至9月的未付租金债权为被动债权进行抵销。

X基于收取权,请求Y支付与被扣押的租金债权相关的债务。但是,Y主张该债权因上述抵销而消灭。故,X提起诉讼。

一审 X 胜诉。判决认为，Y 的保证金返还请求权在 Y 腾退本案建筑物承租部分的 1998 年 9 月 30 日方才发生，是在作为 X 物上代位权行使方式的扣押命令送达 Y 后，所以 Y 不能以抵销事由对抗 X。

Y 提起控诉，稍微变更了主张。即，不再主张保证金返还请求权与未付租金债权的抵销，而是主张将未付租金当然从保证金中扣除，并就其余额发生保证金返还请求权。在授受押金的租赁中，即使曾存在支付期内发生的租金债权，在建筑物腾退时也当然用押金来抵充而消灭。

原审支持了这一主张。X 败诉。

X 提出上告，主张押金是担保，所以出租人一方确实可以用其抵充未付债权，但是承租人不能当然主张抵充，应该只能主张未付债务与押金返还请求权的抵销。

二、判旨

驳回上告。

"租赁合同中的押金合同，其目的是通过授受押金来担保租金债权、租赁终止后标的物腾退前产生的相当于租金的损害赔偿金债权、因租赁合同而出租人对承租人应取得的其他债权，是附随于租赁合同的合同。交付押金者享有的押金返还请求权，在返还标的物时，扣除上述被担保债权，若尚有余额，则就余额发生［参见最高法院昭和 46 年（才）第 357 号同 48 年 2 月 2 日第二小法庭判决·民集 27 卷 1 号 80 页］。从租金债权等方面来看，标的物返还时残存的租金债权等在押金存在的范围内因押金的抵充而当然消灭。通过此种押金的抵充而消灭未支付租金等，是押金合同发生的效果，并不像抵销那样需要当事人的意思表示，《民法》第 511 条不会否认上述当然消灭的效果。

"而且，抵押权人在行使物上代位权而扣押（保全）租金债权之前，原则上不能介入抵押不动产的用益关系，所以抵押不动产的所有权人等可以自由决定是否缔结附随于租赁合同的押金合同。因此，缔结押金合同的情形中，租金债权是预定了押金抵充的债权，故可以对抵押权人主张。

"综上，授受了押金的租赁合同中，就其所涉的租金债权，即使抵押权人行使物上代位权而扣押该债权时，当有关租赁合同终止而标的物被腾退时，租金债权也因押金的抵充而在抵充的限度内消灭"，原审的判决正当。

三、解说

1. 最判平成13年3月13日民集55卷2号363页认为，"抵押权人行使物上代位权而扣押租金债权后，抵押不动产的承租人不能以抵押权设定登记后对出租人取得的债权作为主动债权与租金债权所作的抵销来对抗抵押权人"。以这一判例法理为前提，同时结合"押金返还请求权在租赁合同终止后承租人腾退时发生"这一判例法理（最判昭和48年2月2日民集27卷1号80页），则虽说在抵押权人作为物上代位权的行使而扣押租金债权后承租人腾退承租不动产，但是不能以押金返还请求权与租金债权的抵销来对抗抵押权人。

学说上，对于这一点，虽然也有人强烈主张这一做法对承租人过于严苛，但均主张要允许押金返还请求权与租金债权的抵销。下级审判决虽然有很多种，但是均关注了可否抵销这一问题。对此，本判决继受了这些学说的实质性价值判断，同时维持了关于抵销的平成13年判决，并通过主张"标的物返还时残存的租金债权等在押金存在的范围内因押金的抵充而当然消灭"而谋求对押金返还请求权的保护。

2. 最高法院判决一直倾向于扩大基于抵押权对租金债权行使的物上代位权。确实，本判决也可以被定位为，在这一前进道路上最高法院自己踩了刹车。[71] 但是，对于押金，"标的物返还时残存的租金债权等在押金存在的范围内因押金的抵充而当然消灭"这一观点，是合乎以

---

[71] 松冈久和：《物上代位に関する最近の判例の転换（上）、（下）》，载《民研》第543、544号（2002年）。

往的判例法理的。

如本判决所说，该法理是当然地从昭和 48 年判决中导出的吗？并非如此。因为昭和 48 年判决认为，"租赁终止后，在腾退房屋时，扣除迄今为止所发生的上述一切被担保债权，以仍有余额为条件，就该余额发生押金返还请求权"。仅是如此的话，似乎也可以认为出租人可以将押金抵充未付租金等债权，但是承租人不能主张抵充。而且，如果是"担保"的话，这一想法也可以说是合乎逻辑的。但是，大判大正 15 年 7 月 12 日民集 5 卷 616 页认为，"虽然是担保，但是其性质不同。并非承租人先支付迟延租金后才请求返还押金，而是在租赁终止时仍有迟延支付的情形中，按其租金清偿期的顺序，当然地从押金中抵充……承租人迟延支付的租金债务按清偿期的顺序在押金额范围内当然消灭，即使出租人请求迟延支付租金，承租人也无须以押金返还请求权的抵销来对抗，而且也不得以该抵销来对抗"。大判昭和 10 年 2 月 12 日民集 14 卷 204 页认为"在押金的情形……依此担保而享受清偿，既构成债权人的权利的，也构成其义务"。

但是，最近多数的下级审判决和学说确实都是将押金返还请求权和未付租金债权的"抵销"作为前提来讨论的。而最高法院的判决再次确认了上述大审院的判旨，认为将押金返还请求权的保护设定为"抵销可否"的问题的做法是不妥当的。[72]

3. 与此相关，感兴趣的是此种关于押金返还请求权的观点对其他方面带来的影响。

虽然是以抵销可否作为问题的前提，但对于本案处理的问题点，有学说认为"主动债权为押金返还请求权的情形中，正是因为与租赁合同有密切的关联，所以才有对抵销的期待。如此的话，作为从基本法律

[308]

---

[72] 中村也寸志：《判批》，载法曹会编：《判解民平成 14 年度（上）》，法曹会 2005 年版，第 368 页。

关系所产生的抗辩，或许仍有允许抵销的余地"[73]。当然将其作为冲抵计算[译者注]对象的本判决，与此同流。换言之，理解为因对立债权的密切关系所作的冲抵计算。迄今为止，对于抵销和冲抵计算，常常缺乏严格区分考虑。但是，如净额结算（netting）的问题等，抵销与冲抵计算在结论上会有巨大差异的情形也并不局限于本案的事例[74]。今后，需要作出更加慎重且精细的讨论（也涉及偶然对立之债权间的抵销和有相互关系之债权间的抵销间的区别）。

而且，在融券交易等金融交易中，出于担保目的，交付现金的行为也很多。对于其中现金担保的处理，与押金相关的判例法理也会成为参考。[75]。

[原载于《ジュリスト》第1246号（平成14年度重要判例解说）（2003年），第65页及以下]

---

[73] 小林明彦、稻叶让：《抵当権の物上代位と賃借人からの相殺》，载《銀法》第567号（1999年），第76页。

[译者注] 冲抵计算（差引口算）是日本的银行交易实务中常用的措辞，实践中其定义和范围并不完全一致，但通常是指在账簿上对相对立的债权债务进行结算，从而回收债权的制度。

[74] 例如，参见高桥宏志等：《〈座談会〉民法と民事訴訟法》，载《法教》第219号（1998年），第7—8页（道垣内弘人发言）。

[75] 关于本判决的评析，除中村，前注[72]，第358页的调查官解说外，还有高桥真：《判批》，载《金法》第1656号（2002年），第6页；荒木新五：《判批》，载《判夕》第1099号（2002年），第81页；下村信江：《判批》，载《法教》第265号（2002年），第140页；中山知己：《判批》，载《判評》第528号（《判時》第1803号）（2003年），第178页；下村信江：《判批》，载《リマークス》第26号（2003年），第22页；吉冈伸一：《判批》，载《金法》第1669号（2003年），第40页；松冈久和：《判批》，载《セレクト'02》（《法教》第270号）（2003年），第18页；清水俊彦：《判批》，载《判夕》第1113号（2003年），第45页以及第1114号（2003年），第11页；山嵜进：《判批》，载《不研》第45卷第2号（2003年），第48页；安永正昭：《判批》，载《金法》第1684号（2003年），第37页；古积健三郎：《判批》，载《民研》第559号（2003年），第3页；久须本香：《判批》，载《名法》第201号（2004年），第265页。

第七分节　可否基于在附买回特约买卖标的不动产上设定的抵押权对买回价款债权行使物上代位权

——最高法院平成 11 年 11 月 30 日第三小法庭判决

（民集 53 卷 8 号 1965 页）

一、事实概要

A 在 1987 年 6 月将其所有的本案土地（兵库县津名郡东浦町）出卖给 B，价款为 6.336 亿日元，并附有期间为 5 年的买回特约，同时进行了所有权移转登记和买回特约登记。B 与 A 达成合意，自交付日起 3 年内将该土地用于新生活文化建设，交付日起 5 年内不在该目的外使用。若 B 违反该合意，则 A 可以向 B 退还买卖价款以买回本案土地。

Y（被告、控诉人、被上告人）在 1995 年 7 月就本案土地从 B 处受有最高额 18 亿日元的最高额抵押权，并进行了登记。随后，X（原告、被控诉人、上告人）也就本案土地受有最高额抵押权，也进行了登记。之后，A 在 1992 年 3 月对 B 行使买回权。

然而，X 作为 B 的一般债权人于 1996 年 3 月扣押（保全）了本案买回价款债权；1996 年 4 月，作为基于本案最高额抵押权的物上代位权的行使方式，Y 扣押了本案买回价款债权。因此，A 在 1996 年 9 月提存了 6.336 亿日元的买回价款。

执行法院认为 Y 基于物上代位权的扣押优先于 X 的扣押，并制作了分配表。后 X 以 Y 为相对人提起分配异议之诉。

一审 X 胜诉，但是原审 Y 胜诉。X 上告，主张买回特约登记先于 Y 的抵押权，且该买回权的行使致使 Y 的抵押权溯及既往地消灭，因而不产生物上代位权。

二、判旨

驳回上告。

"附买回特约买卖的买受人就标的不动产设定抵押权。作为基于抵押权的物上代位权的行使方式，受该抵押权设定之人可以扣押买受人通过行使买回权而取得的买回价款债权。盖因买回特约登记后，在标的不动产上设定的抵押权，随着标的不动产的所有权因买回而复归至买回权人而消灭。但是，在作为抵押权设定人的买受人与其债权人等的关系上，在买回权行使之前抵押权都是有效存在的，因此而产生的法律效果不因买回而覆灭。而且，买回价款实际上可以看作标的不动产所有权因买回权行使而复归的对价，作为标的不动产的价值变形物，完全可以说构成根据《民法》第372条而准用的第304条所称因标的物变卖或灭失而债务人应受取之金钱。"

三、解说

1. 基于因买回权的行使而消灭的抵押权，能否就买回价款债权行使物上代位权？虽然是傍论，但是被认为采肯定说的最高法院判决已经作出，即最判平成9年2月25日判时1606号44页。与本案案情相同，对于买回价款债权，最高额抵押权人B行使物上代位权的扣押，与一般债权人Y的扣押发生了竞合。这一案件中，在将与本判决相异的争点作为判断前提的判示部分，认为"本案中，如前所述，在Y受到X的支付前，B基于最高额抵押权行使物上代位权而就本案债权取得了扣押命令，上述命令被送达至X，所以·X·应·当·提·存·相·当·于·本·案·债·权·全·额·的·金·钱（《民事执行法》第156条），或·对·享·有·优·先·权·的·B·进·行·清·偿"（着重号为笔者所加）。

但是，本判决是第一起结合案情明确作出肯定意见的最高级审判决中。

那么，作为肯定物上代位权行使的理由，判旨认为：①即使行使买回权，因在此之前有效存在的抵押权而发生的法律效果也并不会覆灭；②买回价款实质上是标的不动产所有权复归的对价，所以可以说是标的不动产的价值变形物。下面，以如何理解这两点为中心进行讨论。

2. ①是对此前裁判例和学说所举理由的反论。即,从《民法》第579条的措辞("得解除买卖")也可知道,买回被理解为合同解除的形态之一(最判昭和35年4月26日民集14卷6号1071页)。与通常的买卖合同解除相同,其也被认为具有溯及力。以此为前提,东京高判昭和54年8月8日判时943号61页认为"基于买回特约登记的对抗力,本案抵押权及最高额抵押权消灭,因此不能认为发生对该买回价款债权等的物上代位"。仙台高决昭和55年4月18日判时966号58页也根据同样的理由否定了物上代位权。

当然,本判决只是陈述了"法律效果不覆灭"这一结论,应如何理解这一结论呢?

关于这一点可以参考的是,作为前述东京高院判决的原审的千叶地判昭和53年9月22日判时918号102页。该判决立足于,虽说抵押权不能对抗买回权人,"但对于买回权人以外的利害关系人,也应与买回权人一样,不能以上述权利来对抗吗"这一问题,其详细论述到,在与其他人的关系上抵押权人的权利为无,"出于当事人间的公平和诚信原则的考量,应避免因他人有无行使买回权而给买回权人以外之人的法律关系带来变动",一般债权人等知道抵押权的存在,"即使在没有买回的情形,也想到并考虑法律关系发生联结,所以即使不承认因买回而导致的解除的绝对效力,上述之人所受的不利益也并非意想不到的","由于买回是解除,所以根据《民法》第545条第1款但书的宗旨,受有解除效果之人的范围应在必要最小限度内"。

这一千叶地院判决,仅将案件理解为围绕买回权人的债权人间优劣的问题。但是,探究判旨的射程时,有必要明确,是忠实于《民法》第579条的措辞将买回理解为"解除"而出发的呢,还是如所见的买回权让与等相关判例、通说的背景下,将买回权理解为一种"物权取得权"而出发的呢?而且,为了防止无限定地扩大到作为设定人取得标的不动产原因的合同因其意思表示无效或撤销而消灭时,本判决中的溯及力限定在作为"物权取得权"的买回权,并非就一般溯及力所作

[312]

的论述。

即，在买回期间内标的不动产被转卖并进行登记的情形中，应对最终的转得人行使买回权（最判昭和 36 年 5 月 30 日民集 15 卷 5 号 1459 页）。根据此时转得人的所有权移转登记，发生所有权溯及既往地复归至买回权人的效果。[76] 如此看来，买回的物权性溯及效力是特殊的，买回权带有作为从现在的所有权人处取得所有权的权利性质。

与此相对，例如，以限制行为能力为理由撤销意思表示时，撤销的相对人始终是意思表示的相对人，登记程序始终是撤销登记。在此贯彻了溯及效力。

3. ②的理由也可以支持上述理解。如果只是考虑围绕 A 的债权人间优劣的问题，则在抵押权设定登记后，以设定人为买受人的买卖合同因出卖人的限制行为能力被撤销的情形中，即使对于不当得利返还请求权（价款相当额），似乎也承认抵押权人可以行使物上代位权。或者，对于以设定人为买受人的买卖合同，已经知道了存在欺诈这一撤销原因，换言之是恶意的，从而取得抵押权之人，似乎也能对买受人（抵押权设定人）因出卖人撤销的意思表示而取得的不当得利返还请求权（价款相当额）行使物上代位权。

但是，可以看出②这一理由是从另一个观点明确了不能对上述不当得利返还请求权行使物上代位权。因为在上述事例中作为不当得利而被返还的，不能说是"所有权复归的对价"。

[313]

如此，若将话题作为"物权取得权"的问题来看，则本判决的结论也适用于在抵押权设定登记以前作出所有权移转登记请求权的预告登记的情形。

4. 此外，众所周知，对于抵押不动产的出卖价款债权能否构成物上代位的标的，存在争议。所以，从本判决（对"所有权复归的对价"

---

[76] 参见《不动产登记规则》第 174 条。虽然该条规定"权利取得之登记"，但根据溯及既往地复归至买回权人这一逻辑，应该是撤销登记。丰泽佳弘：《判批》，载法曹会编：《判解民事平成 11 年度（下）》，法曹会 2002 年版，第 972、981 页。

282　日本典型担保法

承认物上代位)出发的话,对于"所有权取得对价",似乎也当然承认物上代位权的行使。

但是,出卖价款债权能否物上代位之所以成为问题,是由于虽然标的不动产被出卖了,但抵押权仍旧存续。与此相对,若行使买回权,则抵押权将消灭。具体场景不同,因此是本判决射程以外的问题。[77]

[将原载于《ジュリスト》第1179号(平成11年度重要判例解说)(2000年),第77页及以下的文章,与星野英一等编:《民法判例百選Ⅰ(第5版新法対応補正版)》,有斐阁2005年版,第184页及以下的文章合并]

第八分节 基于一般债权人申请扣押租金债权后所登记的抵押权行使物上代位权——东京高法院平成6年4月12日判决(民集52卷2号509页)

[314]

一、事实概要

本案建筑物为诉外人A所有,被出租给B。

Y(被告、控诉人)基于对A的债务名义,就A对B享有的租金债权中1991年7月以后的部分,申请扣押。1991年6月3日,法院在

---

[77] 关于本判决的评析,除丰泽,前注〔76〕的调查官解说外,还有佐伯一郎:《判批》,载《银法》第578号(2000年),第56页;生熊长幸:《判批》,载《金法》第1588号(2000年),第39页;太矢一彦:《判批》,载《獨協》第52号(2000年),第151页;西牧正义:《判批》,载《ひろば》第53卷第8号(2000年),第71页;吉田邦彦:《判批》,载《判評》第501号(《判時》第1721号)(2000年),第204页;山野目章夫:《判批》,载《民商》第123卷第3号(2000年),第431页;工藤祐严:《判批》,载《NBL》第706号(2001年),第61页;角纪代惠:《判批》,载《リマークス》第22号(2001年),第26页;大西武士:《判批》,载《判タ》第1053号(2001年),第81页;大西武士:《判批》,载《金商》第1114号(2001年),第62页;桐谷敬三:《判批》,载《判タ》第1065号(2001年),第62页;生熊长幸:《判批》,载《セレクト'00》(《法教》第246号)(2001年),第18页。

约 2 亿日元的范围内扣押（保全）了相关租金债权。该扣押命令在 6 月 13 日送达至 A，6 月 5 日送达至 B。

X（原告、被控诉人）为担保对 A 享有的债权，在 1991 年 7 月 19 日就本案建筑物取得了最高额抵押权，之后作为相关抵押权的物上代位权的行使方式，就 A 对 B 享有的租金债权中 1992 年 9 月以后的部分申请扣押。1992 年 9 月 18 日，法院作出扣押命令。

1993 年 1 月 28 日，就 A 对 B 享有的租金所提存的约 1000 万日元提存金，执行法院按 X 和 Y 的债权份额进行了分配。具体而言，Y 约 750 万日元，X 约 240 万日元。

基于上述事实关系，X 对 Y 提起诉讼，以不当得利为根据，请求返还上述程序中 Y 受领的 750 万日元。

一审 X 胜诉。一审法院认为，X 是基于最高额抵押权行使物上代位权而扣押（保全）租金债权，所以优先于不过是一般债权人的 Y。

Y 提起控诉。

二、判旨

撤销一审判决并驳回请求。

"租赁标的建筑物所有权人在相关建筑物上设定抵押权的行为，在与建筑物所有权的关系上，发生以之为对象的变价权及优先清偿权。与此同时，作为抵押权的效力，允许对租金物上代位（《民法》第 372 条、第 304 条），所以在与租金债权的关系上，也发生以之为对象的变价权及优先清偿权。在就租赁建筑物设定抵押权之前，就建筑物所有权人享有的租金债权发出扣押命令时，建筑物所有权人被禁止处分已被扣押的租金债权（《民事执行法》第 145 条第 1 款）。在被禁止的处分行为中，由于标的物的不同所以不包含以建筑物所有权为对象的变价权及优先清偿权，但是包含了以相同标的权利的租金债权为对象的变价权及优先清偿权。因此，即使就租赁建筑物设定抵押权并完成作为对抗要件的登记，在其登记前租金的扣押命令被送达至第三债务人时，根据扣押的禁止处分效力,在相关租金债权的执行程序中,应按照建筑物抵押权没有对租金债权物上代位的权利来处理。第三债务人提存的租金,因构成先行扣押的对象,不得分配给根据上述物上代位权而扣押的抵押权人。这一点不会因先行扣押命令是否由一般债权人申请而有所不同。

"本案中,如前所述,X 是在 Y 申请的租金债权扣押命令被送达至第三债务人后,完成建筑物抵押权的设定登记的。因此,本案中提存的租金,应在 Y 请求债权的限度内分配给 Y,不应分配给 X。

"如此一来,X 请求的前提是其有权受有提存租金的全额分配,故以不当得利为由请求 Y 返还受分配的金钱。X 的请求没有理由,应当被驳回。"

三、评释

[316]

1. 执行法院、一审、二审(本判决)各自的解决方式均不同。从各自观点的不同为出发点进行以下分析。

二审判决的逻辑分成三阶段,即:

① 若债权被扣押,则其处分被禁止(《民事执行法》第 145 条第 1 款)。

② 抵押权的设定,由于其具有以租金债权为对象的变价权和优先清偿权的效果(作为抵押权的效力而承认对租金的物上代位),所以租金债权也属于被禁止的处分的范畴。

③ 其结果,对相关租金债权的执行程序中,按照建筑物抵押权没有对租金债权的物上代位权来对待。

④ 因此,作为物上代位权的行使方式而进行扣押的 X 不应受到分配。

其中,①是条文的措辞本身,而③是①和②的必然结果。因此,问题是②和④。

首先来看②。因对其见解的不同导致了一审和二审结论的差异。即,一审并不将 Y 扣押租金债权后 X 设定的抵押权作为问题,而是将

X扣押租金债权看作物上代位权的正当行使。如此一来，在相关租金债权中，一般债权人Y的扣押与X作为物上代位权的行使方式所作的扣押发生了竞合。判例法理认为，即使在一般债权人的标的债权被扣押后，也不妨害动产买卖先取特权人就标的债权行使物上代位权（最判昭和59年2月2日民集38卷3号431页、最判昭和60年7月19日民集39卷5号1326页）。这一判例法理对于抵押权的物上代位也仍是妥当的，以此为前提，认为X享有优先权。

其次，对于④。执行法院的处理与二审判决的差异，恐怕是因其中见解不同所产生的。即，执行法院由于不承认X的优先权，所以并不认为X的扣押具有作为物上代位权行使的效力，在分配中仅赋予X一般债权人的地位。因此，对于④，作为物上代位权的行使方式而作出扣押的X，也将以一般债权人的资格受到分配。

[317]

2. 对于各法院就上述两点所作判断的不同，该如何思考呢？

首先，执行法院对④所作的判断并不正当。物上代位权的行使毕竟是抵押权的行使，所以没有债务名义也是可以的。与此相对，作为一般债权人作出扣押时，要求有债务名义。因此，作为物上代位权的行使方式而作出扣押的X，以一般债权人的资格受到分配，将是以小兼大了。

其次，关于②，一审判决和二审判决的优劣有些微妙。特别是，像二审判决，从扣押的处分禁止效力中得出其结论。这招致了批判。即使不动产上设定了抵押权，也仍然可以就该不动产的租金债权另行设立质权，或由抵押权设定人收取租金。因抵押权设定而产生的对租金债权的拘束是非常弱的。

仍然还是应当从"允许抵押权物上代位的局面如何"这一方向来考察。

3. 因此，首先以动产买卖先取特权的物上代位相关判例法理也适用于抵押权的物上代位为前提来考察。

问题是，在租金等继续性给付债权中，对于应受分配等的债权人的范围及债权额,应按照各个支分债权来考虑。[78] 换言之,在 1991 年 6 月 3 日 Y 扣押同年 7 月以后的租金债权的时点上,即使是不享有债务名义的债权人,对于自己取得债权名义以后清偿期已经到来或者被提存的租金债权部分,可以通过双重扣押或分配要求而受到分配。在这一意义上可以说,继续性给付债权扣押的分配程序,对将来的债权人也是开放的。

如此一来,即使 X 就本案建筑物取得抵押权是在 Y 的扣押以后,对于相关抵押权取得后清偿期到来或者被提存的租金债权部分,X 也享有行使物上代位权而受到分配的权利。X 优先于 Y,这一解释也完全是可以的。

[318]

但是,对于这一结论,如判例时报所刊载的评论指出,"本案中,如果承认基于抵押权而行使物上代位权,则可以预想到也会出现在一般债权人扣押债权后作出诈害目的的抵押权设定登记的情形。而且,在一般债权人扣押后,禁止对相关债权设定质权,所以就像本案中如果承认基于抵押权而行使物上代位权的话,则虽然不可能基于质权的设定而取得变价权及优先清偿权,但是若受有抵押权的设定的话则可以以行使物上代位权的方法主张变价权及优先清偿权。这将会导致主张之间欠缺整合性"[79]。这一批判是妥当的。在结论上,本判决是妥当的。因此,本判决从扣押的禁止处分效力这一所谓后门,来否定 X 的优先权,是可以理解的。

4. 但是,本判决②的逻辑仍然不能说是具有说服力的(参见"2")。因此,应该通过质疑③中考察的前提来寻求解决。

本案中,假设 X 是不动产保存的先取特权的权利人。此时,应肯定 X 对 Y 的优先权。Y 扣押的租金债权在将来被维持,是 X 的功劳,Y 也从中受益。如此,约定担保权物上代位的情形与法定担保权物上代位的情形在实质结论上有所不同。

---

[78] 参见中野贞一郎:《民事執行法(下)》,青林书院新社 1987 年版,第 533 页。
[79] 《判時》第 1507 号(1994 年),第 131 页。

[319] 就先取特权承认物上代位的情形仅限于参照相关先取特权的宗旨,可以允许先取特权人就代偿物享有优先权的情形。除此以外的情形中,承认作为先取特权人的债权人享有优先权,本来就违反先取特权的制度宗旨。鉴于先取特权本来就是欠缺公示的物权,没有理由仅在物上代位的情形拘泥于公示。与此相对,就抵押权承认物上代位时,应当根据当事人间的约定判断取得此种范围的优先权是否妥当(抵押权人优先清偿权的根本在于约定),并且应当考虑对第三人的公示。两者本质上是不同的。即使在何种情形应承认物上代位的判断中,也应采用不同的判断程序[80]。

笔者认为,对于抵押权的物上代位,如果一般债权人扣押标的债权,则仅此就已经否定了物上代位权。对于标的债权,抵押权人的优先权并未公示。而且,前面列举的昭和 59 年和昭和 60 年两起最高法院的判决,在案情上均是关于动产买卖先取特权的物上代位的。因此,采纳上述结论也没有违反昭和 59 年和昭和 60 年最高法院判决的判旨。

如此考虑,则 X 的物上代位权被否定是理所当然的。[81]

[原载于《判例評論》第 434 号(《判例時報》第 1518 号)(1995 年),第 215 页及以下]

[追记] 之后,最高法院作出了本案上告审判决——最判平成 *10年 3 月 26 日民集 52 卷 2 号 483* 页,认为"一般债权人所作的债权扣押,因扣押命令送达第三债务人而发生禁止处分的效力。同时,抵押权人需要进行抵押权设定登记才能使抵押权对抗第三人。所以,一般债权

---

[80] 参见道垣内(旧),第 53—54、117—118 页。
[81] 关于本判决的评析,有高木多喜男:《判批》,载《銀法》第 504 号(1995 年),第 1 页;生熊长幸:《判批》,载《金法》第 1394 号(1994 年),第 72 页;大野胜彦:《判批》,载《手研》第 496 号(1994 年),第 64 页;长谷部由起子:《判批》,载《リマークス》第 11 号(1995 年),第 154 页;宫尾成明:《判批》,载《判夕》第 882 号(1995 年),第 270 页。

人的债权扣押与抵押权人基于物上代位权所作的债权扣押相竞合的情形中，两者的优劣根据一般债权人申请的扣押命令送达第三债务人的时间点与抵押权设定登记的时间点的先后来决定。上述扣押命令在抵押权设定登记之前送达第三债务人的话，抵押权人就不能受到分配了"，驳回了上告。

第九分节　抵押权人对租金债权行使物上代位权与承租人以租金债权为被动债权所作抵销之效力 [320]
——最高法院平成 13 年 3 月 13 日第三小法庭判决
（民集 55 卷 2 号 363 页）

一、问题之所在

1. 众所周知，判例最判平成元年 10 月 27 日民集 43 卷 9 号 1070 页允许抵押权人对租金债权行使物上代位权，以当时不动产市场疲软为背景，对租金债权的物上代位权行使成为了抵押权人重要的债权回收方法。但是，之后，对此也采取了各种各样的对抗手段（能否将其一律负面评价为妨害性的，是一个问题）。

其中，对于事先让与租金债权这一手段，最判平成 10 年 1 月 30 日民集 52 卷 1 号 1 页认为，即使将来租金债权被概括让与并具备对抗要件，在此之前登记的抵押权人仍可以通过扣押相关租金债权而行使物上代位权。对于一般债权人扣押的情形，最判平成 10 年 3 月 26 日民集 52 卷 2 号 483 页认为，与物上代位权行使的顺序，按照一般债权人申请的扣押命令送达第三人与登记抵押权设定的先后来决定。若在该扣押命令送达前登记抵押权，则抵押权人的物上代位权优先（当然，该案具体案情的判断中，认为送达优先于抵押权设定登记，则抵押权人不能受分配）。而且，最决平成 12 年 4 月 14 日民集 54 卷 4 号 1552 页原则上否定了对转租租金的物上代位权的行使，但是认为"为了使所有权人可取得的租金减少或者妨害抵押权的行使，通过滥用法人人格或虚假租赁创设出转租关系等,能将抵押不动产的承租人与所有权人等同视之的情形"构成例外。

2. 如此,基于抵押权的物上代位权最终得以在更广泛的范围内被承认,而其中遗留的最大课题,是与承租人所作抵销的优先劣后顺序的判断。

[321] 有如下要点:

一个是与前述最判平成 10 年 1 月 30 日判决的关系。该判决认为,"抵押权的效力也及于物上代位的标的债权,这一点可以通过抵押权设定登记得到公示"。从这一普通论来看,至少,如果承租人取得反对债权是在抵押权设定登记之后,则似乎可以认为物上代位权优先于抵销。当然,该判决认为基于物上代位权的扣押命令送达至承租人以前作出清偿的情形中,承租人可以相关清偿对抗抵押权人,所以在该扣押命令送达前所作的抵销似乎也可以对抗抵押权人。

但是,如果按送达的先后来决定,则与涉及所谓扣押与抵销的最大判昭和 45 年 6 月 24 日民集 24 卷 6 号 587 页之间的关系如何解释?即,如果在此之前形成抵销的期待,则即使在这之后作出扣押,也可以作出抵销——正是因为这一昭和 45 年判决的判旨,所以即使基于物上代位的扣押命令被送达,若从判例法理来看,则也应该不能从承租人处剥夺在此之前形成的抵销期待。

3. 本判决作出什么样的结论呢?从案情和判旨来看吧。

二、事实概要

X 银行(原告、被控诉人、被上告人)对 A 享有贷款债权,在 1985 年 9 月就 A 所有的本案建筑物设定了以相关债权为被担保权的最高额抵押权,并完成了登记。之后,在同年 11 月,A 与 Y(被告、控诉人、上告人)缔结了本案建筑物一层部分的租赁合同。Y 向 A 寄存了 3150 万日元保证金:

到了 1997 年 2 月,Y 和 A 约定:1997 年 8 月先解除上述租赁合同，同年 9 月 1 日以后重新以 330 万日元的保证金缔结租赁合同，与此前保证金的 2820 万日元差额在同年 8 月 31 日之前由 A 返还给 Y。

但是，由于 A 没有履行该返还义务，所以 Y 和 A 在 2000 年 9 月 27 日达成合意：以同月末日为限，由 A 向 Y 支付该债务中的 1651 万日元；剩下的 1168 万日元左右，以 Y 对 A 享有的 2000 年 9 月之前的租金（月租金 30 万日元）在各月的前一月的最后一天，按相应的金额抵销。这是横跨三年的与将来租金债务相抵销的约定。

[322]

对于 A 对 Y 享有的租金债权，X 银行基于本案最高额抵押权的物上代位权，就扣押命令送达以后不超过 900 万日元的范围，申请扣押。该扣押命令在 1998 年 1 月 28 日送达 A，同月 24 日送达 Y。

X 银行对 Y 提起诉讼，请求 Y 支付 1998 年 2 月 1 日至同年 6 月 30 日的租金合计 150 万日元。对此，Y 主张了上述抵销。

一审和二审 X 银行皆胜诉。因此，Y 提出上告。

三、本判决的内容

驳回上告。

"作为物上代位权的行使方式，抵押权人扣押租金债权后，抵押的不动产的承租人以抵押权设定登记后对出租人取得的债权为主动债权与租金债权相抵销的，并不能以此来对抗抵押权人。盖因，为行使物上代位权而作出扣押之前，承租人所作的抵销没有任何限制，但是在作出上述扣押以后，抵押权的效力也及于作为物上代位标的的租金债权。抵押权的效力因物上代位而及于租金债权，可以视为通过抵押权设定登记而公示。所以，在抵押权设定登记后对出租人取得的债权与作为物上代位标的的租金债权相抵销，这一承租人的期待没有理由优先于通过物上代位权的行使而及于租金债权的抵押权效力。

"据此，承租人在抵押权设定登记后对上述出租人取得债权时，对于行使物上代位权而作出扣押后所发生的租金债权，即使抵押的不动产的承租人与出租人事先已经就承租人对出租人享有的债权与租金债权达

[323]

到抵销合意，仍不能以抵销合意的效力来对抗作出物上代位的抵押权人。"

四、本判决的理由

1. 平成 10 年 1 月 30 日的判决确立了"基于抵押权的物上代位权，其存在通过抵押权设定登记而被公示"这一判例法理。但是，在该时点，受有物上代位权对抗的是第三人。然而，本案中，因存在抵押权设定登记而应知晓物上代位权存在的是第三债务人。

但是，第三债务人在抵押权人基于物上代位权而作出扣押之前，只是不完全地受有物上代位权的对抗。抵押权人要想实际行使物上代位权，应当扣押标的债权。如果在该扣押前作出清偿而导致标的债权消灭的效果也不能对抗抵押权人的话，将对第三债务人过于不利。

因此，承租人在扣押命令送达之前对抵押权设定人作出清偿即可。

本判决认为，此处所说的清偿包含了与其他债权所作的抵销。

2. 当然，从本判决的文义来看，还存在承租人受保护的情形。即，本判决认为"以在抵押权设定登记后对出租人取得的债权与作为物上代位标的的租金债权相抵销，这一承租人的期待没有理由优先于通过物上代位权的行使而及于租金债权的抵押权"，所以若以抵押权设定登记以前取得的债权为主动债权作出抵销，则即使在扣押命令送达后似乎也可以对抗抵押权人。

这一点完全是根据不同的原理来制约物上代位权。即，在抵押权设定登记以前取得反对债权的情形下，在该取得时点承租人产生抵销的期待，不会因为之后的抵押权设定登记而被推翻。

[324] 所以，与关于所谓扣押与抵销的昭和 45 年判决的调合，也求诸此。扣押和抵销的判决中，在扣押前，其他债权人对被扣押债权的权利并没有被公示。因此，若在扣押之前取得反对债权，则形成抵销的合理期待。然而，如果视为通过抵押权设定登记而公示物上代位权，则对于与之后取得的反对债权的抵销，承租人已经不能形成合理的期待了。

五、本判决的射程和意义

1. 即使对于本判决本身,似乎也存在异议。在本判决作出以前也有许多发表的文献。[82] 但是,在此以本判决为前提,笔者想同时变更若干案情,来考察其射程和意义。

2. 本案中认定,Y 对 A 取得保证金返还债权是在 1997 年 2 月,即抵押权设定登记后。本来 Y 对 A 交付金钱就是在抵押权设定登记以后。而且,本案的"保证金",即使在本案建筑物所在的京都市的市场看来(押金额比东京高很多),也没有作为押金的性质,而应评价为另外的金钱消费借贷。

那么,Y 在抵押权设定登记以前对 A 进行贷款时,将会如何呢?在作为物上代位权的行使方式而作出扣押的时点,若承租人存在未付租金,则承租人可以将相关债务与贷款债权进行抵销。但是,不存在未付租金时情形如何呢?

在这一点上,本来就存在"将来的租金债权并非是单纯的附有期限的债权,在相关期间,通过现实允许承租人使用标的物而发生,在相关期间经过并且现实发生租金债权之前,不能承认所谓'抵销的期待权'"这一见解[83]。但是,对此也有见解支持以将来的租金债权为被动债权作出抵销,其理由包括,可扣押却不能抵销将是不均衡的[84]。

[325]

笔者认为后者的见解更具有说服力,但并非理所当然。

---

[82] 细致整理并展开分析讨论的,参见松冈久和:《賃料債権に対する抵当権の物上代位と賃借人の相殺の優劣(1)—(3 完)》,载《金法》第 1594—1596 号(2000 年),山野目章夫:《抵当権の賃料への物上代位と賃借人による相殺(上),(下)》,载《NBL》第 713、714 号(2001 年)。

[83] 福永有利:《物上代位権と相殺権の優劣》,载《银法》第 544 号(1998 年),第 24 页。同样地,认为承租人不能以将来发生的租金债权为被动债权作出抵销,山野目,前注[82],(上),第 9 页。

[84] 关于其他论者,请参见松冈,前注[82],(1),第 66 页。松冈论文中没有引用的,例如佐久间弘道:《賃料債権の譲渡に優先する抵当権者の物上代位権の問題点と賃借人の相殺権(1)》,载《国学院》第 38 卷第 3 号(2000 年),第 12 页。

3. 其次，本案中的"保证金"具有押金的性质时情形如何呢？

在这一点上，与在合同解除后若不腾退则不产生押金返还请求权（最判昭和48年2月2日民集27卷1号80页）的关系如何解释？因为如此一来，押金返还请求权总是在抵押权设定登记以后取得的反对债权，承租人似乎不能以抵销来对抗抵押权人。

也可以理解为，押金返还请求权是在承租人向出租人交付押金的时点上产生的，只是返还期限是在承租人作出腾退时[85]。但是，确实与判例法理相异。

因此，对于押金返还请求权，也有见解认为要承认本判决的例外。首先，有见解认为，即使在扣押以后，如果承租人作出腾退，则也能以抵销来对抗抵押权人[86]。但是，也有见解主张，由于承租人受到保护的情形变得颇少，所以在出租人资力明显恶化的情形下，承租人基于信义原则可以拒绝支付租金（拒绝的租金从押金中扣除），允许承租人抵销[87]。若以判例法理为前提，则这些见解大概就是极限了[作者补注7]。

[326]　4. 不具有押金性质的建设协助金等返还请求权如何呢？如果认为是金钱消费借贷合同，则根据其发生时期来确定。

5. 对于必要费用偿还请求权等，即使在租赁合同持续时也允许与租金抵销的反对债权，在抵押权设定登记以后取得这些债权的情形如何呢？此种情形，认为当然可以抵销的见解很强势。应认为本判决的射程没有及于这一范围吧。

问题是，以什么样的理由来说明这一点呢？在这一点上，主张

---

[85] 鸟谷部茂：《賃料債権の物上代位と敷金返還請求権の保護》，载《NBL》第602号（1996年），第54页；荒木新五：《判批》，载《判夕》第995号（1999年），第46页；佐久间，前注[84]，(1)，第36页。

[86] 松冈，前注[82]，(3完)，第68页。

[87] 小林明彦、稲叶让：《抵当権の物上代位と賃借人からの相殺》，载《銀法》第567号（1999年），第77页；山野目，前注[82]，(上)，第10页。

[作者补注7] 关于押金，之后出现了相关判例：最判平成14年3月28日民集56卷3号689页。参见道垣内弘人：《判批》，载《ジュリ》第1246号（2003年），第65页及以下（本书边码304及以下）。

"此种情形,倒不如可以理解为是出租人的'出租债务'存在部分债务不履行,与之相对应的租金债务产生部分减额(不发生)"[88]。此种观点值得赞成。[89]

[原载于《金融法务事情》1620号(2001年),第33页及以下]

第十分节 在其他债权人扣押债权的案件中通过要求分配的方法行使物上代位权——最高法院平成13年10月25日第一小法庭判决(民集55卷6号975页)

[327]

一、事实概要

诉外人A银行在1998年3月17日基于对本案建筑物享有的最高额

---

[88] 小林、稻叶,前注[87],第77页。

[89] 关于本判决,除杉原则彦:《判批》,载法曹会编:《判解民平成13年度(上)》,法曹会2004年版,第257页的调查官解说外,还有小林明彦:《判批》,载《金法》第1607号(2001年),第6页;鸟谷部茂:《判批》,载《金法》第1607号(2001年),第7页;松冈久和:《判批》,载《金法》第1607号(2001年),第8页;三上彻:《判批》,载《金法》第1607号(2001年),第9页;清原泰司:《判批》,载《银法》第592号(2001年),第76页;清原泰司:《判批》,载《市民と法》第10号(2001年),第2页;前泽功:《判批》,载《银法》第590号(2001年),第56页;小林明彦:《判批》,载《银法》第590号(2001年),第60页;石田喜久夫:《判批》,载《银法》第590号(2001年),第62页;冈内真哉:《判批》,载《银法》第593号(2001年),第65页;清水俊彦:《判批》,载《判夕》第1066号(2001年),第76页;北河隆之、市川英一:《判批》,载《不研》第43卷第4号(2001年),第68页;荒木新五:《判批》,载《判夕》第1068号(2001年),第86页;占部洋之:《判批》,载《法教》第254号(2001年),第115页;下村信江:《判批》,载《阪法》第51卷第5号(2002年),第135页;小矶武男:《判批》,载《金法》第1633号(2002年),第58页;能登真规子:《判批》,载《法时》第74卷第2号(2002年),第101页;鸟谷部茂:《判批》,载《リマークス》第24号(2002年),第30页;松冈久和:《判批》,载《セレクト'01》(《法教》第258号)(2002年),第17页;山野目章夫:《判批》,载《ジュリ》第1224号(2002年),第70页;森邦明:《判批》,载《判夕》第1096号(2002年),第48页;富田仁:《判批》,载《成城》第69号(2002年),第323页;角纪代惠:《判批》,载《民商》第128卷第2号(2003年),第221页;藤泽治奈:《判批》,载《法协》第121卷第10号(2004年),第1720页;小杉茂雄:《判批》,载《银法》第652号(2005年),第72页。

抵押权行使物上代位权,申请本案建筑物租金债权的扣押命令。债权扣押命令遂被发出(本案扣押命令)。

Y 银行(被告、被控诉人、上告人)在 1998 年 4 月 10 日,同样基于就本案建筑物享有的最高额抵押权,行使物上代位权,在本案扣押命令案件中申请分配。进而,Y 在 1999 年 2 月 2 日,基于该最高额抵押权行使物上代位权,就本案扣押命令所涉的债权,申请债权扣押命令。债权扣押命令被发出。但是,在该时点,本案扣押命令所涉的多数债权已经被第三债务人提存,故即使对这些债权作出扣押,其效力上也处于不能受分配的状态(《民事执行法》第 165 条第 1 项)(这在判决里没有被直接认定为事实)。

A 银行之后将本案所涉请求债权让与 B 银行。再之后,由于 B 银行与 X 银行(原告、控诉人、被上告人)合并,所以 X 银行承继了本案扣押命令的申请债权人地位。

Y 银行要求分配的申请被执行法院驳回。对此,Y 银行提出执行抗告。在抗告审中,法院认为"基于先取特权的物上代位权人与基于(最高额)抵押权的物上代位权人,在分配要求上应当区别对待的实质理由并不存在。鉴于此,基于(最高额)抵押权的物上代位权人也可以要求分配"。因此,执行法院承认了 Y 银行要求分配的申请的效力,在 1999 年 12 月 6 日制作了分配表。分配表的内容大体为,就 X 银行的债权分配 2191 万日元左右,就 Y 银行债权中涉及分配要求的部分分配 710 万日元左右,就 Y 银行债权中涉及物上代位扣押的部分分配 386 万日元左右。

对此,X 银行提出分配异议申请,并提起分配异议之诉。

X 银行主张如下。即,《民事执行法》第 154 条第 1 款将可以要求分配的债权人限定在"享有具有执行力之债务名义正本的债权人,以及根据文书证明享有先取特权的债权人",所以不过是享有最高额抵押权人地位的 Y 银行不能要求分配。本案分配表中对于 Y 银行的债权进行分配的部分,是错误的。

争点在于"基于最高额抵押权的物上代位权人,在先行的债权扣押命令申请案件中能否要求分配"。

一审 X 银行败诉。判决认为"想要基于先取特权行使物上代位权之人,在先行的债权扣押命令申请案件中可以要求分配,其应区别于基于先取特权的物上代位权人和基于最高额抵押权的物上代位权人的实质理由并不存在。鉴于此,基于最高额抵押权的物上代位权人也可以要求分配。"

对此 X 银行提起控诉。原审 X 银行胜诉。原审认为,基于最高额抵押权的物上代位权人,在法律条文上没有被列为《民事执行法》第 154 条规定的分配要求债权人,不属于分配要求债权人。原审判决基于下列实质理由,即不享有债权名义的先取特权人构成分配要求债权人,可理解为,"构成权利行使基础的执行债权自身在社会政策上具有特别值得保护的性质(一般先取特权的情形),或者构成权利行使基础的执行债权与作为债权执行对象的被扣押债权之间,就其全部或部分被认为有价值同一性(特别先取特权的情形),若不支持分配要求,则将因相关债权执行而丧失行使先取特权的机会,所以从公平的观点出发,例外地在扣押之外允许分配要求,从而就权利实现可以作出选择"。而抵押权的情形下,"债权扣押申请中所需的担保权证明文书(《民事执行法》第 193 条)也已存在,所以相较于基于先取特权的情形,可以容易地作出上述申请,所以并没有'在扣押之外也应允许分配要求'这一特别要求,也无须允许此等例外"。

Y 银行上告,其主张如下:①最判昭和 62 年 4 月 2 日判时 1248 号 61 页和最判平成 5 年 3 月 30 日民集 47 卷 4 号 3300 页允许以作为物上代位权行使的方法而要求分配,原审判决违反这些判例。②《民事执行法》第 193 条第 2 款"准用"同法第 154 条,但其前提是将同法第 154 条第 1 款所谓"享有具有执行力之债务名义正本的债权人"换作"担保权人(物上代位权人)"。即使并非如此,解释上也可以准用先取特权人而要求分配。③相比于抵押权人，先取特权人在实定法上没有特别受到保护，而是反过来的。若在分配要求的终期之前这一时间性制约中仅抵押权人应当作出扣押，则将会逆转实体法上保护的优劣，并不妥当。实际上，即使本案中，也没有充裕的时间作出扣押。

二、判旨

驳回上告。

"基于抵押权而行使物上代位权的债权人，不能在其他债权人扣押债权的案件中通过要求分配而优先受到清偿。盖因，不能认为《民法》第 372 条中准用的同法第 304 条第 1 款但书的'扣押'中包含分配要求，《民事执行法》第 154 条及第 193 条第 1 款并没有设想基于抵押权行使物上代位权的债权人要求分配的情形。"

三、解说

1. 判示内容在前文已经提及。本判决仅从条文的文义解释中推导出，在抵押权人行使物上代位权时，不能在其他债权人的债权扣押案件中作出分配要求，应当自己采取债权扣押程序。[90]

2. 确实，《民法》第 304 条第 1 款但书写了"扣押"，没有写"分配要求"。但是，众所周知，就该但书中"扣押"的意义存在争论。判例认为，"抵押权人行使物上代位权时，需要在支付或交付之前作出扣押。其宗旨主要是由于抵押权的效力也及于作为物上代位标的的债权，所以上述债权的债务人（以下称'第三债务人'）有可能被置于一种不安定的地位。即，即使向上述债权的债权人（抵押不动产所有权人，以下称'抵押权设定人'）清偿，因清偿而导致的标的债权消灭的效果也不能对抗抵押权人。因此，以扣押为物上代位权行使的要件，第三债务人在扣押命令送达之前向抵押权设定人清偿即可。因上述

---

[90] 关于迄今为止的学说，例如，参见松冈久和：《判批》，载《民研》第 543 号（2002 年），第 6 页及以下。

清偿而导致的标的债权消灭的效果也可以对抗抵押权人。保护第三债务人免于被强迫双重清偿的危险"（最判平成 10 年 1 月 30 日民集 52 卷 1 号 1 页）。然而，即使在某一债权人作出扣押而其他债权人要求分配时，第三债务人也负有提存义务（《民事执行法》第 156 条第 2 款），已经不会处于不安定的状态。如此一来，不仅是"物上代位权人的扣押"，即使认为"其他债权人的扣押+物上代位权人的分配要求"构成该但书所谓"扣押"，似乎也没有障碍。

认为"其他债权人的扣押+物上代位权人的分配要求"构成该但书所谓"扣押"，与认为"其他债权人的扣押"构成该但书所谓"扣押"相异。从该但书的构造来看，如果存在该但书所谓"扣押"，则应该不再发生"支付或交付"。然而，若仅存在其他债权人的扣押，则在相关扣押命令被送达至第三债务人的阶段，扣押债权人享有收取权限。所以，如果扣押债权人收取，则这显然构成"支付或交付"（因此，物上代位权消灭）。如此一来，其他债权人的扣押自身并无使得"支付或交付"不发生这一功能。因此，"其他债权人的扣押"不能直接构成该但书所谓"扣押"。

[331]

在这一点上，由于一直以来问题都是建立在"抵押权人是否需要自己作出扣押"上，所以似乎有些不明确。问题是，"其他债权人的扣押+物上代位权人的分配要求"是否包含在但书所谓"扣押"中，如果作出分配要求，则由于第三债务人负有提存义务，应该可以"保护第三债务人免于被强迫双重清偿的危险"，这一点如何评价呢？

3. 而且，确实，《民事执行法》第 154 条仅将"享有债务名义正本的债权人，以及根据文书证明享有先取特权的债权人"作为分配要求权人。但是，根据该法第 193 条第 2 款而准用的该法第 154 条的宗旨看作：将要求分配视为行使权利时，如果该法第 193 条至少是关注到物上代位的条文，则在准用时可以认为当然允许物上代位权人以要求分配的形式行使权利。

如此一来，应认为，仅依赖文义的解释论也无法解决问题。

4. 那么，如何思考是妥当的呢？或者说，超越文义解释，应该如何看待本判决的结论呢？为此，仍然不得不回归到物上代位的本质论中。

实际上，在本判决作出时，法制审议会担保执行法制部会已经开始讨论可否引入强制管理制度作为担保权的实现方式。1999年2月26日，经济战略会议作出了"日本经济再生的战略"这一答复，指出了相关制度整备的必要性。

同时，指出租金债权物上代位制度的问题：尽管该制度是抵押权实现的形态之一，但是当存在多个抵押权人等时，无法确保按其优先劣后关系进行分配。[91]

[332] 众所周知，2003年"担保法"《民事执行法》的修改，新增了担保不动产收益执行的制度作为抵押权的实现方法。但是，即使在该制度中，无论是在第二顺位抵押权人作出担保不动产收益执行的申请且该执行开始时，还是一般债权人就抵押不动产开始强制管理时，都不是按实体法上优先劣后关系分配收益的。[92]

这意味着，抵押权人对抵押不动产租金的权利，与就抵押不动产作出强制拍卖时抵押权人的权利相异，其并非当然实现，而是通过法律规定的实现程序来实现的。

进而，作为基于抵押权的物上代位的实现方法，民法规定了"扣押"，而民事执行法的立法前提则是其实现程序不包含分配要求。而且，这不限于标的债权为租金债权的情形。换言之，基于抵押权的物上代位权，实体上并非在标的债权成立的同时发生，而仍然是因抵押权人的扣押而在实体上发生。本判决是以此为前提的。可以说，与法律在整体上不采用"抵押权人容易对租金债权实现权利"这一立场

---

[91] 参见道垣内弘人等：《新しい担保・執行制度（補訂版）》，有斐阁2004年版，第140页（道垣内执笔）（本书边码342）。

[92] 其理由见，道垣内等，前注[91]，第43—44页（道垣内执笔）（本书边码352—353）。

相合。

5. 那么，与基于先取特权行使物上代位权之间的关系如何呢？

（1）上告理由中引用的判例最判昭和62年4月2日判时1248号61页认为，对于基于动产买卖先取特权而享有物上代位权的债权人以一般债权人的资格扣押转卖价款债权的情形，"存在其他相竞合的扣押债权人等时，在上述强制执行程序中，如果没有在其分配要求的终期之前提交证明担保权存在的文书并基于先取特权要求分配或申请准同于此的先取特权的行使，则不能受到优先清偿"。

这与抵押权的情形不同。在先取特权中，可以理解为没有否定基于物上代位权的分配要求。而且，判例最判平成5年3月30日民集47卷4号3300页的案情是，就已经扣押的债权，先取特权人作为物上代位权的行使方式而申请扣押命令，但是在相关命令被送达第三债务人之前作出了提存，对此以"在其他债权人扣押案件的分配要求的终期之前，就上述扣押所涉的债权不过是作出扣押申请的债权人，既不构成《民事执行法》第165条所谓作出扣押的债权人，也不构成作出分配要求的债权人"这一理由，认定先取特权人不能受到优先清偿。可以理解为，这也采用了同样的立场。

[333]

就民事执行法的解释，本判决认为"《民事执行法》第154条及同法第193条第1款并没有设想基于抵押权行使物上代位权的债权人作出分配要求"（着重号为笔者所加），从而慎重地排除了基于先取特权行使物上代位权的债权人。然而，对于《民法》第304条第1款但书的解释，则"不能认为……但书的'扣押'中包含分配要求"。换言之，是不区分基于抵押权行使物上代位权的情形和基于先取特权行使物上代位权的情形。如此一来，后者关于民法的解释，将违反昭和62年最高法院判决以及平成5年最高法院判决吗？

（2）在这一点上，调查官解说[译者注]中指出，"可以理解，昭和62

〔译者注〕调查官，为法院职员之一。受法官之命，就案件审理及裁判作必要调查。调查官解说，指最高法院调查官撰写的最高法院判例解说。

年最高法院判决和平成 5 年最高法院判决解释认为，在先取特权人的情形中《民法》第 304 条第 1 款但书的'扣押'包含了'分配要求'，但都只不过是就没有要求分配的案件所作的傍论而已。昭和 62 年最高法院判决也可理解为，作为一般债权人的强制执行方式而作出扣押后，不需要再一次作出扣押。平成 5 年最高法院判决在财产保全的禁止处分效力先发生的案件中，也没有明示这一点。并不认为否定说与昭和 62 年最高法院判决及平成 5 年最高法院判决有所抵触"[93]。径直读来，似乎不能认为《民法》第 304 条第 1 款"但书的'扣押'包含分配要求"这一判旨的普遍论在基于先取特权而物上代位的情形中也是妥当的。

但是，之后的最判平成 17 年 2 月 22 日民集 59 卷 2 号 314 页明确，就《民法》第 304 条第 1 款但书的宗旨，基于抵押权而物上代位的情形与基于先取特权而物上代位的情形应作不同考虑。如此的话，在基于先取特权而行使物上代位权时，与基于抵押权而行使物上代位权的情形不同，即使通过"其他债权人的扣押+物上代位权人的分配要求"或者"基于一般债权人的资格而作出扣押+作为物上代位权人的分配要求"，似乎也可理解为大体满足《民法》第 304 条第 1 款但书的要件。

问题在于，这一点如何正当化？笔者认为，"在先取特权中承认物上代位权，是因为参照相关先取特权的宗旨，就各个代偿物也承认债权人的优先权是妥当的"，与作为约定担保权的抵押权的物上代位权宗旨颇为不同。[94] 以此为前提，在实现物上代位权的实体效力时，似乎可认为，在先取特权的情形中，自己作出扣押并非不可欠缺。但是，在判例法理上，是否变更昭和 62 年最高法院判决和平成 5 年最高法院判决

---

[93] 中村慎：《判批》，载法曹会编：《判解民平成 13 年度（下）》，法曹会 2004 年版，第 609 页。

[94] 道垣内，第 64，143—145 页。

的判旨,应当关注今后的判例。[95]

[原载于《法学協会雜誌》第128卷第4号(2011年),第1096页及以下]

第十一分节 共同抵押建筑物的再建与法定地上权
—— 最高法院平成9年2月14日第三小法庭判决
(民集51卷2号375页)

一、事实概要

1975年7月,Y_1(被告、控诉人、上告人)就本案土地和地上建筑为A信用金库设定共同最高额抵押权。之后,Y_1经A信用金库的承诺拆毁该建筑物(1989年2月13日作出灭失登记)。之后,A信用金库以本案土地为空地重新评估担保价值,逐渐增加最高额抵押权的最高担保额。1992年9月,A信用金库基于本案最高额抵押权申请拍卖本案土地,同月18日作出扣押登记。但是,之后,X信用金库(原告、被控诉人、被上告人)受让本案最高额抵押权和被担保债权,也

---

[95] 关于本判决的评析,除中村,前注〔93〕,第597页的调查官解说外,还有片冈宏一郎:《判批》,载《金法》第1629号(2001年),第4页;宫川聪:《判批》,载《摂南》第27号(2002年),第81页;大西武士:《判批》,载《判夕》第1079号(2002年),第61页;萩泽达彦:《判批》,载《法教》第260号(2002年),第130页;生熊长幸:《判批》,载《ジュリ》第1224号(2002年),第72页;北河隆之、市川英一:《判批》,载《不研》第44卷第3号(2002年),第54页;松冈,前注〔90〕,第3页;山野目章夫:《判批》,载《金法》第1652号(2002年),第41页;佐藤岁二:《判批》,载《判评》第525号(《判時》第1794号)(2002年),第182页;坂田宏:《判批》,载《民商》第127卷第2号(2002年),第251页;大西武士:《判批》,载《NBL》第751号(2002年),第65页;我妻学:《判批》,载《リマークス》第26号(2003年),第134页;斎藤由起:《判批》,载《北法》第54卷第1号(2003年),第247页;广田民生:《判批》,载《判夕》第1125号(2003年),第208页;伊藤真等编:《民事執行·保全判例百選》,有斐阁2005年版,第214页(杉山悦子执笔);上原敏夫等编:《民事執行·保全判例百選(第2版)》,有斐阁2012年版,第168页(杉山悦子执笔)。

承继了上述拍卖案件中债权人的地位。

另一方面，Y_1 将本案土地出租给 Y_2（被告、控诉人、上告人）（本案短期租赁）。Y_2 在 1992 年 10 月 16 日在本案土地上建造了新建筑物（本案再建建筑物）。

X 信用金库基于 2003 年修改前的《民法》第 395 条但书，请求解除与 Y_1、Y_2 间短期租赁合同。一审支持该请求（金判 1017 号 9 页）。到了二审，Y_1 和 Y_2 又提出下列主张。即，本案土地为本案再建建筑物成立法定地上权，所以对于本案土地的价值，X 信用金库只能掌握受有此种法定地上权制约的价值（因此，Y_2 承租本案土地并不会给 X 信用金库造成损害）。

二审排斥了这一新主张，并驳回了 Y_1 等人的控诉。Y_1 等人提出上告。

二、判旨

驳回上告。

"所有权人在土地和地上建筑物上设定共同抵押权后，上述建筑物被拆毁，而在上述土地上建造了新的建筑物的情形中，若无特别情事，如新建筑物的所有权人与土地的所有权人是同一人，且在新建筑物建造的时点上，土地抵押权人就新建筑物受到与土地抵押权同顺位的共同抵押权设定时等，法定抵押权不会及于新建筑物。盖因土地及地上建筑物设定共同抵押权时，抵押权人掌握了土地及建筑物全体的担保价值，所以若设定了抵押权的建筑物存续，则为有关建筑物成立法定地上权。但是，建筑物被拆毁时，想要将土地作为无法定地上权制约的空地皮而掌握其担保价值的，是抵押权设定当事人的合理意思。如果认可在没有设定抵押权的新建筑物成立法定地上权的话，抵押权人当初掌握了土地全体的价值时，其担保价值将被限定为是减去相当于法定地上权价额相当价值的土地价值，所以抵押权人将会遭受损害，这违反了抵押权设定当事人的合理意思。此外，虽然此种理解会违反保护建筑物这一公益性要求，但是此等重视公益的要求也不能违反抵押权设定当事人的合理意思。大判昭和 13 年 5 月 25 日民集 17 卷 12 号 1100 页应就与上述内容相抵触的部分进行变更。"

三、解说

1. 从三个前提开始。

①对于土地抵押权人而言，为其上存在的建筑物设立法定地上权，其将只能掌握受有此种地上权制约的土地所有权的担保价值，构成不利益。因此，在决定法定地上权成立与否时，确保抵押权人的预测是重要的。抵押权人不能预想法定地上权的成立时，应否定成立。

但是，"预测的确保"也会产生反作用。如果存在抵押权人可以预测成立法定地上权的情事，则即使在法定地上权通常不会成立的场景，也可以允许其成立。因此，在空地上设定抵押权，之后建造建筑物的情形中，原则上不成立法定地上权（大判大正 4 年 7 月 1 日民录 21 辑 1313 页），但是存在如抵押权人以不久之后要建造建筑物并成立法定地上权为前提评估标的土地的价额等特殊事情时，应允许其成立（最判昭和 36 年 2 月 10 日民集 15 卷 2 号 219 页提示了这一点）。而且，在土地抵押权设定时已存在的建筑物，比预想得要更早腐朽灭失，并且建造了新建筑物时，如果以旧建筑物为基准确定法定地上权的存续期间，则允许其成立较好（大判昭和 10 年 8 月 10 日民集 14 卷 1549 页）。进而，在抵押权设定时土地与建筑物归属于同一所有权人，则土地抵押权人可以说已做好为相关建筑物成立法定地上权的心理准备，所以之后即使建筑物的所有权被让与第三人而实现抵押权，法定地上权也成立（大连判大正 12 年 12 月 14 日民集 2 卷 676 页等）。

②在民法上，土地和建筑物是不同的不动产。所谓共同抵押权，是指在不同的不动产上为同一债权设定的不同抵押权。在东京都世田谷区和中央区的土地上也是可以设定共同抵押权的。此际，对抵押不动产代价的分配作出了特别的规定（《民法》第 392 条），但是作为两个不同

[337]

的抵押权这一点没有变化。

③标的物的灭失是物权消灭的共通原因。建筑物抵押权因标的建筑物的灭失而消灭。

2. 那么，本案中的问题是，在土地及其建筑物上设定了共同抵押权，建筑物灭失后再建的，当之后实现土地抵押权时，是否为该新建筑物成立法定地上权呢？结合上述三个前提的话，将会是如下情况：

根据②，由于土地抵押权与建筑物抵押权是不同的抵押权，所以即使土地及其建筑物一同成为抵押权的标的，也没有任何特殊的规制。因此，与土地抵押权相关联，仅着眼于土地抵押权即可。因为抵押土地上存在归属于与土地所有权人同一人的建筑物，所以土地抵押权人预测到了法定地上权的成立。根据③，即使建筑物抵押权消灭这一点也不发生变化（因为是不同的抵押权），即实现土地抵押权后，为抵押权设定当时已经存在的建筑物成立法定地上权。所以，本案中，旧建筑物为 Y_1 所有，再建是由 Y_2 完成的，但是根据前面介绍的大正12年判决，认为成立法定地上权没有障碍。以上结论可以从①中推导出来。

[338]

实际上，本判决引用的大判昭和13年5月25日民集17卷1100页判例认为，在土地及建筑物上设定抵押权后，土地拍卖前建筑物烧毁而又在抵押地上以妻子的名义建造房屋的情形，也视为抵押权设定人仍设定与旧建筑物存续同一内容的法定地上权。

3. 但是，问题在于，这么做真的好吗？

首先，规则①如何理解呢？在此，假设空地的价格为 a，没有用地使用权的建筑物的价格为 b，法定地上权的价格为 c。确实，观念上可以认为，土地抵押权只能掌握受有法定地上权制约的土地价格作为担保，所以（a-c）是其担保价值。建筑物抵押权掌握附有法定地上权的建筑物的价值，所以（b+c）为其担保价值。但是，不管怎样，抵押权人都是掌握其两者的，所以掌握（a+b）的担保价值。对土地抵押权人而言，一般来说法定地上权的成立会产生不利益（即，c 被扣除）。但是，以土地和建筑物作为共同抵押权标的的抵押权人，即使观念上可以预测法定地上权的成立，也不可能预测"对自己不利益的法定地上权"的成立。

然而，根据规则③（其自身难以运用）的适用，建筑物抵押权消灭时，仍为再建建筑物（其并非抵押权标的物）成立法定地上权的话，抵押权人只能取得（a-c）的价值，将不得不甘受"对自己不利益的法定地上权"的成立。这不是违反预测吗？

这一点实际上也意味着规则②过于单纯了。确实，共同抵押权是数个不同的抵押权。但是，与在世田谷区和中央区的土地上设定抵押权的情形相异，将土地及其建筑物作为共同抵押权的标的时，反而是将两不动产作为一个整体成为抵押权的标的。

除了上述理论上的疑问，虽然与本案案情相异，但是通过强行使共同抵押权标的建筑物灭失后进行再建，为已经不是抵押权标的的新建筑物成立法定地上权，将使得留给共同抵押权人的土地抵押权所掌握的担保价值减少。此种抵押权妨害常常会被做出，其解决方式也仍在摸索。

[339]

4. 其中，平成4年东京地方法院执行部作出了与本判决内容几乎相同的执行处分（东京地院执行处分平成4年6月8日判夕785号198页）。而且，在该执行处分作出之前，持同样解释的论者便在不断增多[96]。本判决基于此种观点，原则上明确否定了法定地上权的成立，是重要的判决。

此外，判旨承认"若无特别情事，如新建筑物的所有权人与土地的所有权人是同一人，且在新建筑物建造的时点上，则土地抵押权人就新建筑物享有与土地抵押权同顺位的共同抵押权"这一例外。这是说，存在此种情事时，土地抵押权人将土地和建筑物两者的价值作为担保来掌握，所以即使允许法定地上权成立也没有障碍。

---

[96] 堀龙儿：《民法判例レビュー》，载《判夕》第671号（1988年），第64页；井上稔：《担保価値の実現と法定地上権の成否》，载《金法》第1209号（1989年），第27页。

在本判决之后，判例最判平成 9 年 6 月 5 日民集 51 卷 2116 页明确作出了"新建筑物的所有权人与土地所有权人为同一，且在新建筑物被建造的时点上，土地抵押权人就新建筑物享有与土地抵押权同顺位的共同抵押权。即使在此种情形下，相较于新建筑物上所设定之抵押权的被担保债权，存在法律上优先的债权时，不构成有上述特别情事的情形，不为新建筑物成立法定地上权"这一判断。因为该案中发生了优先于抵押权的国税债权，在此种情形下，掌握土地和建筑物的状况不会回复到第一顺位。另外，判例最判平成 10 年 7 月 3 日判时 1652 号 68 页认为，就新建筑物为土地抵押权人设定第三顺位抵押权的案件，不构成有特别情事的情形。

[340] 　　5. 对本判决也仍存在批判。特别是，理论根据并不充分[97]。而且，感觉上是应对泡沫经济破裂后妨害抵押权的事例。若考虑因地震而导致建筑物灭失的情形等，再建（此际，需要受有另外的融资）可能化、居住保护的观点仍是必要的[98]。这一批判也是重要的。

对于理论根据，也有主张此种构造的，即作为应为旧建筑物成立的法定地上权，共同抵押权的效力也及于之，所以即使旧建筑物灭失也不因此消灭[99]。确实，判旨认为"想要将土地作为无法定地上权制约的空地皮而掌握其担保价值的，是抵押权设定当事人的合理意思"，不过是陈述结论而已，理由并不充分。但是，如前所述，以抵押权人的预测为基准来考虑法定地上权的成立与否，构成了法定地上权相关的种种观点的基础。没有预想成立"对自己不利益的法定地上权"——这一理

---

　　[97] 高木多喜男：《判批》，载《リマークス》第 16 号（1998 年），第 20 页；田中嗣久：《建物の再築と法定地上権の成立》，载《大阪経済法科大学法学論集》第 44 号（1999 年），第 145 页及以下等。
　　[98] 生熊长幸：《判批》，载《セレクト'97》（《法教》210 号）（1998 年），第 18 页；小西史宪：《判批》，载《不研》第 41 卷第 2 号（1999 年），第 65 页。
　　[99] 野村秀敏：《建物の再築と法定地上権の成否》，载《金法》第 1340 号（1992 年），第 10 页及以下。

由似乎完全是可能的[100]。

[原载于中田裕康等编:《民法判例百选 I（第 6 版）（别册ジュリスト195 号）》，有斐阁2009 年版，第 184 页及以下]

第三节 抵押权的实现

第一分节 抵押权对不动产收益的效力

一、设例提示

S 所有的租赁公寓，因需要大规模修缮，所以就与半数以上的租户解除了租赁合同。为了修缮公寓，S 从 G 银行处融资并就相关公寓及其用地为 G 银行设定了抵押权。另外，此时，非修缮部分的租户 A 们仍然持续居住在相关公寓中。

大修完成后，最上层部分为 S 的住宅，剩余部分被出租给 B 们。

之后，S 又从 D 处借受金钱，并为 D 在相关公寓上设定了第二顺位

---

[100] 关于本判决的评析，除春日通良:《判批》，载法曹会编:《判解民平成 9 年度（上）》，法曹会2000 年版，第 197 页的调查官解说外，还有岩城谦二:《判批》，载《法令ニュース》第 32 卷第 7 号（1997 年），第 18 页；山田诚一:《判批》，载《金法》第 1492 号（1997 年），第 40 页；半田吉信:《判批》，载《判评》第 464 号（《判时》第 1609 号）（1997 年），第 182 页；中井美雄:《判批》，载《奈良产》第 10 卷第 2 号（1997 年），第 101 页；角纪代惠:《判批》，载《法教》第 206 号（1997 年），第 98 页；高木，前注〔97〕，第 18 页；生熊，前注〔98〕，第 18 页；近江幸治:《判批》，载《ジュリ》第 1135 号（1998 年），第 64 页；广田民生:《判批》，载《判タ》第 978 号（1998 年），第 54 页；小西，前注〔98〕，第 56 页；东海林邦彦:《判批》，载平井宜雄编:《民法の基本判例（第 2 版）》，有斐阁1999 年版，第 88 页；泷泽孝臣:《判批》，载《金法》第 1548 号（1999 年），第 17 页；东海林邦彦:《判批》，载《民商》第 120 卷第 3 号（1999 年），第 469 页；西尾信一:《判批》，载《银法》第 536 号（1997 年），第 64 页；并木茂:《判批》，载《金法》第 1581 号（2000 年），第 104 页；吉田邦彦:《判批》，载星野英一等编:《民法判例百选 I（第 5 版）》，有斐阁2001 年版，第 190 页。

抵押权。

（1）公寓租赁经营本身很顺利，但因其他经营失败，对G银行和D的债务，S陷入了履行迟延。G银行认为相关公寓好不容易有很多优良的承租人入住，所以相较于出卖公寓，更希望从租金收入中优先受到清偿。G银行除了基于自己的抵押权而行使物上代位，扣押S对A们及B们享有的租金债权，还可以采取什么样的方法呢？

（2）D先于G银行采用（1）中讨论的方法时，会如何呢？

（3）G银行想要采用（1）中讨论的方法时，D基于自己的抵押权而行使物上代位权，扣押了S对A们及B们享有的租金债权。此时，G银行能采取什么样的手段呢？

（4）和（3）一样，在G银行采取（1）中讨论的方法之前，第三人E扣押了S对A们及B们享有的租金债权时，会如何呢？此外，E受有该债权的让与时，会如何呢？

二、此前的状况

1. 对租金债权的物上代位

关于能否基于抵押权对抵押不动产的租金债权行使物上代位权这一问题，虽然学说上存在争议，但是判例最判平成元年10月27日民集43卷9号1070页明确肯定了这一做法。

当然，关于对租金债权行使物上代位权，其也指摘了种种的缺陷。

第一，若就租金债权行使物上代位权，则抵押不动产所有权人已经不能取得抵押不动产的收益价值，所以对相关不动产将丧失兴趣，而抵押权人又没有不动产的管理权限，其结果将导致管理不充分，收益价值的实现也将出现障碍。

第二，反过来，若以抵押不动产所有权人持续管理为前提，则连租金中相当于管理费用的部分都被抵押权人取得，这不是有点奇怪吗？

第三，即使对租金债权行使物上代位权，也会有各种妨害，但应对措施不足。特别是，抵押权人只能就抵押不动产所有权人与承租人之间发生的租金债权行使优先权，当租金额不当低廉时等也不能介入，是一个问题。

第四，与第一和第三相关联，在抵押不动产所有权人自己使用所抵押的不动产的情形中，不存在物上代位的对象。

第五，不只是对租金债权物上代位的问题。尽管物上代位权的行使也是抵押权实现的形态之一，可当存在多个抵押权人时，无法确保按其优劣关系分配。

但是，伴随不动产价格的下跌，即使就抵押不动产自身实现抵押权并进行拍卖，也不能回收满意的金额。在此背景下，在该判决以后，实务上盛行对租金债权行使物上代位权的做法。 [343]

2. 强制管理制度的利用

那么，抵押权人能通过其他方法对租金债权行使优先权吗？更具体地，能使用《民事执行法》第93条及以下规定的强制管理方法管理抵押不动产，即将抵押不动产出租给第三人并取得其出租收入吗？

2003年修改前的《民事执行法》在其第93条及以下规定了"强制管理"程序。简而言之，该程序是为不动产的扣押债权人选任相关不动产的管理人，并由管理人负责相关不动产的管理、收益收取、收益变价，并分配因此所取得的金钱。然而，修改前的《民事执行法》中，强制管理的各规定不准用于该法"第三章作为担保权实现的拍卖等"。若抵押权人以一般债权人的资格作出扣押，则可以利用强制管理程序，但不能在该程序内基于抵押权行使优先权。

实际上，在1979年《民事执行法》[译者注]施行以前的《民事诉讼法》中，第706条以下便规定了强制管理。但是，其中存在"不动产就债权人的债权负有不动产上义务之情形"这一措辞，该规定的前提是可以存在债权人是担保权人的情形。但是，就实际的抵押权实现程序作出规定的1898年《拍卖法》，并没有就作为担保权实现的强制管理

[译者注] 1979年《民事执行法》于1980年施行。

作出规定，不支持作为抵押权实现的强制管理。这一见解几乎是一致的。

之后，在1979年《民事执行法》制定时，对于是否应规定作为担保权实现的强制管理程序进行了议论。但结果，实体法上抵押权的效力原则上不及于租金债权，仅承认物上代位作为效力及于租金债权的方法——在这一理解下，强制管理程序仅作为非担保权实现的通常强制执行规定而被制定[1]。

当然，最近也有报告显示抵押权人反而使用了强制管理程序[2]。但是，这并非为了从抵押不动产的收益价值中回收被担保债权，而是作为变价的前提，首先就抵押不动产取得管理权，为整理不动产的基本状态所作的前置程序（具体而言是排除不法占据者等）。

不管怎样，作为抵押权的行使方式，抵押权人想要就抵押标的收益价值行使优先权的话，只能采用对租金债权行使物上代位权的方法。

三、修改的路程

1. 经济战略会议答复

对于上述法律状况，早有学说指出其不备，并认为应该在立法论上承认作为抵押权实现的强制管理[3]。而且，前面也说了，在《民事执行法》制定时，也进行了颇多的讨论。

但是，直接的契机是，1999年2月26日经济战略会议上在对"日本经济再生的战略"这一问题的答复中，与短期租赁制度的修改等修法建议相并列，指出了"引入作为抵押权实现的强制管理制度"的必要性。

---

〔1〕 宇佐見隆男等：《民事執行セミナー》，有斐閣1984年版，第204—205页。
〔2〕 住友隆行：《札幌地方裁判所における強制管理事件処理の現状》，载《民事執行実務》第28号（1998年），第110页及以下；佐佐木千代美：《札幌地裁における強制管理事件の処理状況について》，载《判夕》第1069号（2001年），第27页及以下；鎌野真敬：《大阪地方裁判所における強制管理事件の取扱い（上），（下）》，载《金法》第1618号（2001年），第27页及以下，第1619号（2001年），第31页及以下。
〔3〕 竹下守夫：《不動産執行法の研究》，有斐閣1977年版，第91页等。

当然，在同年 6 月 4 日公布的"政府对经济战略会议答复中所含各种提言的讨论结果"中，作为抵押权实现的强制管理制度被放入 C 分类（为实现须克服许多问题），其理由是"抵押权的内容，是即使在其设定后也承认标的不动产所有权人的使用收益权。对于不通过标的不动产的拍卖程序抵押权人便可以强制管理标的不动产的制度，是需要从抵押权的本质出发进行慎重讨论的问题。而且，标的不动产为债务人经营或生活据点的情形中，债务人将丧失债务的清偿能力，且被剥夺任意清偿的可能性，债务人将发生显著的不利益。这一问题也存在"。但是，作为应讨论的课题在公共场面出现，这一意义巨大。 [345]

2. 中期草案大纲之前

承袭于此，在法制审议会担保执行法制部会也进行了讨论。首要问题是，即使创设类似于基于抵押权而强制管理不动产程序的程序，其性质或目的该如何考虑呢？大体来分，存在两个论点[4]。

第一，作为抵押不动产变价的准备阶段，整顿占有状态，或在实现程序开始后出卖前这段时间管理抵押不动产的程序（附随性）。或者，作为抵押权对抵押不动产收益价值的实现程序（独立型）。

第二，作为从抵押不动产收益价值中受到优先清偿的方法。由于对租金债权行使物上代位权存在各种各样的问题，故考虑取而代之的程序（物上代位废止）。或者，作为简易的制度，应继续允许对租金债权行使物上代位权，但是另一方面考虑长期稳定掌握收益价值的制度（物上代位存续）。

在中期草案大纲的阶段，这些观点被分别并列记载，"作为抵押权实现的相关程序而创设类似强制管理制度的情形中"，定位为与拍卖不

---

〔4〕 概括性的讨论，山本和彦：《抵当権に基づく物件管理制度》，载《銀法》第 601 号（2002 年），第 24 页及以下；木下泰等：《〈座談会〉手続法の側面からみた担保・執行法改正の論点（1）》，载《金法》第 1645 号（2002 年），第 6 页及以下；野村秀敏：《抵当権に基づく収益管理制度の構想/独立型》，载《NBL》第 737 号（2002 年），第 8 页及以下；山野目章夫：《抵当権に基づく収益管理制度の構想/附随型（上），（下）》，载《NBL》第 739 号（2002 年），第 31 页及以下，740 号（2002 年），第 64 页及以下等。

同的程序（A 案），定位为附随于拍卖而在扣押后出卖前的程序（B 案）；而且，对于与物上代位租金债权之间的关系，"允许对抵押不动产租金的物上代位，同时就物上代位租金和类似于强制管理的程序创设调整规定"（A 案），和不允许对租金债权的物上代位（B 案）。

在公开征求意见中，支持 AA 组合的意见最多。尽管如此，也只是相对多数。例如，法院的 40 个厅中，认为就程序内容应采用 A 案的有 17 个厅，认为应采用 B 案的有 23 个厅。而且，即使对于与物上代位的关系，36 个厅中，认为应采用 A 案的有 12 个厅；与此相对，认为应采用 B 案的有 24 个厅。不管就哪个论点，B 案都得到了颇多的支持。

3. 中期草案大纲之后

之后，法制审议会担保执行法制部会中也进行了激烈的讨论。虽然也有颇多的反对论，但在结果上，大体上同意了下列制度。

① 对于附随型还是独立型这一论点，同意采用独立型。其理由，第一，在强制执行中并置强制拍卖和强制管理；第二，在拍卖程序中原则上以出卖之前不移转占有为前提而构造程序。此外，即使采用独立型，也有意见认为应限制此等收益执行的期间。但是，实体法上，除了在一定期间限制抵押权对抵押不动产收益的效力这一理论问题点，也指出了与通常的租金扣押（承认在不超过扣押债权额范围内的扣押）或将来债权让与之间的平衡，并不会进一步发生弊害。在这一认识下，期间限制被搁置了。

② 关于对租金债权的物上代位，即使在引入类似强制管理的制度后，也仍使其存续。关于这一点，异议也非常之多，但是优先考虑了小规模不动产物上代位的简便性等。

更详细地，将在后面结合开头的设例来论述。

4. 实现的制度

最终的制度被称为"担保不动产收益执行程序"，具体规定在《民事执行法》第 93 条及以下。即，基本上准据于现行的强制管理程序，在《民事执行法》第 188 条中规定，就担保不动产收益执行，也准用强制管理的条文。

而且，为了明确抵押权人可以采用担保不动产收益执行程序的实体法根据，修改了《民法》第371条，规定在被担保债权不履行后，抵押权的效力及于之后产生的孳息。

此外，《民法》第371条的修改引起了一些派生的议论。

第一，对物上代位租金债权的影响。众所周知，关于抵押权人可否对租金债权行使物上代位权，判例上对此作出了明确肯定，但学说上出现一些质疑。这些学说认为，虽然在条文上，对于"因租赁……债务人应受之金钱"而承认物上代位权行使的《民法》第304条，根据《民法》第372条的规定也准用于抵押权（因此，若仅看这一点，则可以对租金债权行使物上代位权似乎是当然的），但是以抵押权的性质及2003年修改前的《民法》第371条［在（不动产的）扣押之前，抵押权的效力不及于孳息］为根据，否定对租金债权的物上代位权。然而，由于修改后的《民法》第371条规定了上述内容，所以在解释论上似乎已经不能否定对租金债权的物上代位权了。今后，关于抵押权，否定对租金债权的物上代位的见解将丧失力量。但是，理论上而言，被担保债权不履行后，即使抵押权的效力"及于"抵押不动产的孳息，仍可单独思考"如何做抵押权人才可以实际行使优先权"这一问题。优先权的行使方法被限定在担保不动产收益执行，不承认通过物上代位行使优先权，这一解释论也大致是可行的。

第二，在修改后的《民法》第371条的规定下，若抵押不动产设定人在债务不履行后收受租金，不会构成不当得利吗？在这一点上，如果分为"将被担保债权不履行后抵押权的效力'及于'抵押不动产的孳息"与"对此如何做抵押权人才可以行使优先权"两个问题来思考，则可以说不构成不当得利。

第三，修改后的《民法》第371条所谓"孳息"包含天然孳息吗？[348] 如果包含，能否对天然孳息进行动产执行（以动产为对象的强制执行）？此外，虽然不是很重要，但是会出现"能否对天然孳息的出卖价款等行使物上代位权"这一问题。首先,应该说包含天然孳息。若不这么理解,则例如以拍卖方法实现抵押权时,依存于此的天然孳息将被从拍卖对象中排除,这将改变迄今为止的观点。此种意图在本次修改中并不存在。但是,不能因此就当然认为可与标的不动产的实现相切离而对"孳息"行使优先清偿。根据《民法》第369条的规定,抵押权人归根到底是"就不动产"享有优先权,只是其效力部分扩大,所以在条文上也可理解为,不能就动产想象独立的实现程序[5]。而且,对于《民法》第304条"标的物"的解释也是同样的,应理解为,归根到底只是可以对由标的不动产出卖等(以及,伴随之而被处分的从物等)而发生的请求权行使物上代位权。

四、设例的具体探讨

1. 关于设问(1)

(1) 如前文解说所明确的,G银行可以采用新规定的担保不动产收益执行程序。

这一程序毕竟是抵押权的实现程序,所以通过提交《民事执行法》第181条规定的文书而开始(多为同条第1款第3项规定的登记事项证明书)。更准确地说,与担保不动产拍卖相并列,《民事执行法》第180条将担保不动产收益执行也规定为不动产担保权的实现方法。同法第181条第1款规定,"不动产担保权的实现,限于提交下列文书时开始",所以将依据第181条第1款的规定启动程序。

[349] 据此,执行法院裁定开始担保不动产收益执行,宣布扣押抵押不动产,且禁止债务人处分收益,进而"债务人享有租金请求权及其他请求相关不动产收益所涉给付的权利(以下称'给付请求权')"时,命

---

〔5〕 实际上,对于从标的不动产中剥离出的附加一体物,能否采取动产拍卖的方法,也存在议论。认为可以的有,星野英一:《民法概論Ⅱ(合本新訂)》,良书普及会1976年版,第251—252页;认为不能的,我妻荣编:《担保物権法(判例コンメンタールⅢ)》,コンメンタール1968年版,第280页(清水诚执笔);道垣内(旧),第112页。

令对债务人负有相关给付义务者（以下称'给付义务人'）向管理人交付其给付标的物"（《民事执行法》第 93 条第 1 款。此外，亦参见《民事执行法》第 93 条之 3、《民事执行规则》第 64 条之 2）。因禁止债务人处分收益的效果，在强制管理的申请书上，应记载足以特定给付义务人的事项，以及给付请求权内容中已为申请人所知的事项（《民事执行规则》第 63 条第 1 款）。由于申请人不享有强制的调查权限，所以限于已就给付义务人的存在与否及给付请求权的内容所判明的，进行记载即可。但是有努力收集信息的义务（《民事执行规则》第 63 条第 2 款）。

具体而言，S 已经不能从 A 们或 B 们处收取租金了。而且，A 们或 B 们应当向担保不动产收益执行的管理人支付租金。

管理人由执行法院选任（《民事执行法》第 94 条）。管理人将可以作出抵押不动产的管理以及收益的收取和变价（《民事执行法》第 95 条第 1 款）。实际上，作出抵押权实现的抵押权人将会推荐管理人。律师、执行官、司法书士、银行、不动产公司等会成为候选人。管理人由执行法院监督（《民事执行法》第 99 条。此外，也参见同法第 102 条、第 103 条），而且负有善管注意义务（《民事执行法》第 100 条）。

此外，在现在的强制管理实务中，也有观点认为"每月的报酬额常常只有 1 万日元到 2 万日元左右，作为律师将很难接受吧"[6]。在这一点上，对于律师等人的报酬，应允许给付应然的金额。而且，例如被选任为管理人的律师委托不动产管理公司收受租金等情形，应对该公司支付的手续费，应认为构成《民事执行法》第 101 条第 1 款、第 106 条第 1 款所谓"必要费用"吧。（当然，基于同法第 99 条而请求执行法院批准，在实务上是重要的。）

（2）应当注意的是，此时 A 们和 B 们没有区别。确实，B 们是为 G 银行设定抵押权后才出现的承租人，所以其承租权不能对抗 G 银行。

---

〔6〕 木下等，前注〔4〕，第 13 页（林道晴发言）等。

因此，在抵押权的实现程序中，或许会觉得不是可以排除 B 们吗？但是，管理人被认为是以自己的名义行使不动产管理收益权之人，并非抵押权人的代理人[7]。当然，反过来，也不是债务人的代理人，而是"基于自己的意思且以自己名义按照执行法规定的方法管理收益不动产，被委托从事这一国家事务之人"[8]。本来归属于债务人的管理收益权被国家通过扣押剥夺，交由管理人行使该权利，所以不过是将债务人享有的管理收益权移转至管理人，债务人受拘束的承租权将拘束管理人[9]。

从《民事执行法》第 93 条第 1 款也可得出上述解释。作为担保不动产收益执行的效果，《民事执行法》第 93 条第 1 款规定，给付义务人应当向管理人给付，其效果并非不能对抗的权利消灭。这一点也可以说明上述观点（类似《民事执行法》第 59 条第 2 款的条文在担保不动产收益执行中并不存在）。B 们也不丧失占有权原。当然，其中的法律结构，仍有应当讨论的点。后面将会详细论述。

与此相对，管理人可以介入不动产所有权人的占有。

《民事执行法》第 95 条第 1 款承认管理人享有收取收益的权利，但是反过来说，不动产所有权人将丧失使用收益的权限。因此，管理人解除了不动产所有权人的占有，处于自己可以收取收益的状态。经济上而言，对于 A 们或 B 们居住的部分，从这些人处取得租金正是收益的收取。但是对于不动产所有权人 S 自己使用的部分，由于抵押权人不能向所有权人 S 收取收益，所以这部分只是可以收取收益的状态。

因此，《民事执行法》第 96 条第 1 款规定，"管理人得就不动产解除债务人之占有而自己占有之"。同条因同法第 188 条而准用于担保不动产收益执行时，"债务人"替换"不动产所有权人"。因为在抵押不

---

[7] 宫胁幸彦：《强制执行法（各论）》，有斐阁 1978 年版，第 442—443 页；铃木忠一、三月章编：《注解民事执行法（3）》，第一法规出版社 1984 年版，第 452 页（富越和厚执笔）；中野贞一郎：《民事执行法（新订 4 版）》，青林书院 2000 年版，第 512 页。

[8] 宫胁，前注 [7]，第 442 页。

[9] 中野，前注 [7]，第 516 页，脚注 4。

动产为物上保证人所有的情形中，没有理由作特别处理。此外，也参照《民事执行法》第 97 条。

（3）如前所述，管理人不过是受有归属于债务人的管理收益权的移转。因此，约束 S 的租赁同样会约束管理人。租赁期间等条件是根据 S 作为出租人所缔结的合同确定的。反过来，A 们或 B 们不履行债务时，管理人当然也可以解除租赁合同。

与此相对，管理人新缔结的租赁合同，应受到制约。A 们或 B 们中有人退出时，就该部分，管理人可重新缔结租赁合同，而且对于 S 退出的部分也是同样的。此时，原则上管理人只能缔结《民法》第 602 条规定期间内的租赁合同。但是，不动产所有权人同意时，不在此限（《民事执行法》第 95 条第 2 款）。

管理人从承租人处收取租金，进行分配（《民事执行法》第 107 条）。此际，首先"扣除对不动产所课之租税、其他捐税、管理人之报酬以及其他必要费用"（《民事执行法》第 106 条第 1 款）。关于对租金债权的物上代位，前面已经说到，有批判认为抵押权人连租金中对应于管理费用的部分都能取得，不是很奇怪吗？这一问题在不动产收益执行中不存在。

关于分配给谁，结合设问(2)论述。

2. 关于设问(2)

（1）第二顺位抵押权人 D 也可以为实现自己的抵押权而启动担保不动产收益执行程序。

当然，对于担保不动产拍卖（通过拍卖而实现不动产担保权），适用剩余主义；但在 D 启动的担保不动产拍卖程序中，将变价款分配给优先于 D 的债权人后没有剩余，因而 D 没有希望获得任何分配时，原则上应撤销该担保不动产拍卖程序（依《民事执行法》第 188 条准用的同法第 63 条）。与此相对，就担保不动产收益执行没有规定剩余主义。D 仍可以继续推进程序。其理由为，与拍卖程序不同，在担保不动产收益执行中，通过该执行能取得多少金额大多不透明。而且，说是剩余的有

[352]

无,但是在哪一期间作出判断也没有统一确定。例如,一个月的预想租金收入额为 1 千万日元,第一顺位抵押权的被担保债权额为 4 千万日元时,第二顺位抵押权人启动的担保不动产收益执行程序,是判断为无剩余呢,还是说由于 5 个月后开始有剩余,所以判断为并非无剩余呢?

(2) 在 D 握有主导权而启动的担保不动产收益执行程序中,第一顺位抵押权人 G 银行不能当然参加分配。受有收益分配的债权人限于下列人,即申请强制管理的(一般)债权人、申请启动担保不动产收益执行程序的担保权人(但在一般先取特权外,限于相关担保权在最初的强制管理或担保不动产收益执行开始裁定所涉登记之前已经登记者)、享有具有执行力之债务名义正本的债权人及作为一般先取特权人而要求分配之人(《民事执行法》第 107 条第 4 款、第 105 条),以及已经扣押"担保不动产收益执行之不动产的所有权人对承租人所享有之租金债权"的债权人等(《民事执行法》第 93 条之 4 第 3 款)。

当然,在这些人之间,按照民法上的优先劣后关系进行分配,所以在设问(2) 中,若第一顺位抵押权人 G 银行重复申请启动担保不动产收益执行程序,则就相关不动产将启动双重担保不动产收益执行程序(《民事执行法》第 93 条之 2)。G 银行作为第一顺位抵押权人,将先于D 受偿(D 受偿将是在担保不动产收益执行继续且 G 的被担保债权被全额清偿以后)。

但是,上述观点也存在不足。

[353] 如前所述,关于租金债权的物上代位,虽是抵押权实现的形态之一,但当存在多个抵押权人时,无法确保按其优劣关系分配,这一问题点已经被指摘("二 1 第五")。但是,人们会产生这样的疑问,即在新的担保不动产收益执行制度中,这一点为什么没有改善呢?

其理由在于,G 银行也可能不希望掌握收益价值。即,担保不动产收益执行也是抵押权实现的形态之一,因此若最高额抵押权人在该程序中受到优先清偿,则将不得不考虑最高额抵押权的被担保债权本金的确定,对最高额抵押权人而言,这也可能是不利的。担保不动产收益执行程序的启动并不妨害通过担保不动产拍卖的方法实现抵押权。因此，作为 G 银行，也可能想要放弃收益执行程序，之后采用拍卖的方法实现抵押权。不能剥夺 G 银行的这一选择权。进而，在修改前就已存在的强制管理程序中，并没有预定向抵押权人分配收益。与之作同样处理的话，在强制管理和担保不动产收益执行竞合等情景中也会带来简明的结论。

不管怎样，G 银行若想要从抵押不动产的收益价值中受到优先清偿，将需要自己申请担保不动产收益执行程序，并受有启动担保不动产收益执行程序的双重裁定。

（3）那么，G 银行通过担保不动产拍卖的方法实现抵押权时如何呢？

如前所述，担保不动产收益执行程序的启动不妨害通过担保不动产拍卖的方法实现抵押权。即使在 2003 年《民事执行法》修改前就已经存在的强制管理程序中，其启动也不妨害强制拍卖的申请，这是一样的。抵押权人自己从变价中受到优先清偿的权利不受到妨害。

若担保不动产被拍卖，且买受人取得所有权，则这将构成妨害取得不动产收益的情事，执行法院将撤销担保不动产收益执行程序（根据《民事执行法》第 111 条所准用的该法第 53 条[10]）。

此时，就本设例而言，B 们的承租权由于不能对抗抵押权人 G 银行，所以消灭。而且，管理人所缔结之租赁合同的承租人的承租权也是在抵押权之后，所以将消灭。此外，还为这些人规定了腾退暂缓期间（2003 年修改后的《民法》第 395 条）。

与此相对，A 们的承租权可以对抗抵押权人 G 银行，所以即使不退租也当然可以。

（4）此时，管理人对承租权消灭的承租人负有押金返还义务吗？

首先，对于与管理人缔结租赁合同的承租人，如果存在押金的授

---

[10] 关于强制管理的议论，参见铃木、三月编，前注〔7〕，第 506 页（富越和厚执笔）。

受,则管理人显然负有押金返还义务。问题在于,对于 B 们如何呢?

在这一点上,如果将管理人受到 A 们或 B 们租赁权的约束,看作与租赁不动产让与之际租赁权对新所有权人的对抗结构相同,则受有承租权对抗的管理人将继受押金返还义务。但是,对于基于不能对抗抵押权之承租权的承租人,如果使用担保不动产收益执行程序,将对管理人享有押金返还请求权,这显然是不平衡的。而且,如果存在此种危险性,对于已经出租的不动产,可能不会有人想要成为管理人。若抵押权人应当对管理人支付该钱款,则一开始就不会采用担保不动产收益执行程序。应认为管理人不继受押金返还义务。

理论上应作如下说明:

如前面反复说过的,管理人仍被赋予不动产所有权人享有的管理收益权,才是受到 A 们和 B 们租赁权约束的根据,而非因为相关租赁权可以对抗管理权。这是管理人"可以作出管理以及收益收取及变价"这一《民事执行法》第 95 条第 1 款规定的意义。如此一来,租赁合同、租赁关系以及附随的押金关系仍然是不动产所有权人与承租人的关系。以不动产所有权人与承租人的租赁关系为前提,管理人仅享有管理权限。

[355]

此外,实际上如此理解的话,承租人对管理人主张自己的承租权时,也不需要具备对抗要件。即使需要承租权登记或基于《借地借家法》的对抗要件,也应理解为所谓保护资格要件的登记等。

3. 关于设问(3)

伴随担保不动产收益执行制度的新设,在立法阶段,有主张否定对租金债权的物上代位权。这一见解也是有力的。但是,最终两项制度并存。可其关系如何呢?

这在 2003 修改后的《民事执行法》第 93 条之 4 有明文规定。即,强制管理及担保不动产收益执行程序开始时,就不动产所有权人对承租人享有之租金债权所作的扣押命令,效力停止。

但是,已经为行使物上代位权而作出扣押的 D,在担保不动产收益执行程序中,将受到分配(《民事执行法》第 93 条之 4 条第 3 款)。

优先于 D 的 G 银行，不慌不忙申请担保不动产收益执行即可。

4. 关于设问（4）

与租金债权的扣押债权人之间的关系，和 3 中所述相同。与此相对，就债权让与存在若干问题。

众所周知，关于租金债权物上代位的最高法院判例认为即使在标的债权被让与且具备第三人对抗要件后，抵押权人也可自己扣押标的债权而行使物上代位权（最判平成 10 年 1 月 30 日民集 52 卷 1 号 1 页）。该判例法理将"抵押权的效力也及于物上代位标的债权，这一点可以视为通过抵押权设定登记而公示"这一观点作为根据之一。

那么，与该判例法理相同，抵押权人可能以担保不动产收益执行的形式就租金债权行使优先权，这可视为通过抵押权设定登记而公示。因此，即使是受有租金债权让与之人，也可认为抵押权人仍可以通过担保不动产收益执行程序而就相关债权行使优先权。

在这一点中应当注意的是，即使管理人被选任且收受租金，这也被认为是向具有收取权限的管理人支付对不动产所有权人的租金[11]。如此的话，担保不动产收益执行程序和债权让与等的优劣问题，也只能是围绕"属于不动产所有权人之债权"的优劣关系问题。因此，原则上，也可认为，关于抵押权人物上代位权和债权让与或抵销间优劣的各判例，也适用于担保不动产收益执行程序[作者补注1]。

[356]

---

[11] 宫胁，前注[7]，第 443 页。

[作者补注1] 之后，最判平成 21 年 7 月 3 日民集 63 卷 6 号 1047 页的观点认为，"管理人取得的，并非请求租金债权等担保不动产收益执行所涉给付的权利（以下称'租金债权等'）自身，而只是行使该权利的权限。即使在启动担保不动产收益执行程序的裁定生效后，租金债权等也归属于所有权人。即使对于在启动担保不动产收益执行程序的裁定发生效力后清偿期到来的租金债权等，这也不会变化"，"即使在启动担保不动产收益执行程序的裁定发生效力后，担保不动产所有权人也不丧失受领'以租金债权等为被动债权所作抵销的意思表示'的资格"，而且"对于承租人在抵押权设定登记前取得的对出租人的债权，承租人对于与租金债权相抵销的期待，应优先于抵押权的效力而受到保护"，"即使在基于抵押权的启动担保不动产收益执行程序的裁定发生效力后，抵押不动产的承租人也可以抵押权设定登记前取得的对出租人的债权作为主动债权，以租金债权为被动债权所作的抵销来对抗管理人"。

五、其他

想稍微解释一下从条文措辞来看难以理解的地方。

对于未约定不使用收益的质权，就规定质权人使用收益权的《民法》第 356 条至第 358 条，2003 年修改后的《民法》第 359 条规定"担保不动产收益执行开始时""不适用之"。若仅从这一措辞来看，则或许会觉得，当存在第一顺位质权和第二顺位抵押权时，如果抵押权人启动担保不动产收益执行程序，先顺位质权人的使用收益权也会因此而消灭。然而，就连在拍卖时，未约定不使用收益的质权也不会消灭（《民事执行法》第 59 条第 1 款）。或许会觉得，之间存在不平衡。

但是，此种情形中，第一顺位的质权人基于《民法》第 347 条享有质物的留置权能，并且可以该权能来对抗不享有优先于自己权利的债权人（同条但书的反对解释）。因此，即使启动担保不动产收益执行程序，管理人也受到质权人留置权能的对抗，不能向质权人请求交付。这意味着管理人不可能使用收益。此时，由于符合根据《民事执行法》第 106 条第 2 款规定的撤销程序的事由，所以即使申请担保不动产收益执行程序，其申请也将会被驳回。

与此相对，存在第一顺位抵押权和第二顺位质权的情形中，质权人的留置权能无法对抗第一顺位抵押权人（《民法》第 347 条但书），所以由于担保不动产收益执行程序的启动，第二顺位质权人将不能再使用收益。

仅阅读 2003 年修改后的《民法》第 359 条的话，似乎会产生误解，所以在此稍微提示一下[作者补注2]。

[原载于道垣内弘人等：《新しい担保・執行制度（補訂版）》，有斐阁 2004 年版，第 32 页及以下]

〔作者补注2〕关于担保不动产收益执行，之后我也在参加的座谈会上作了讨论。鎌田薫等：《平成 15 年担保法・執行法改正の検証（2），（3）（不動産法セミナー (19), (20)》，载《ジュリ》第 1324 号（2006 年），第 91 页及以下，第 1327 号（2007 年），第 56 页及以下。

第二分节　短期租赁制度的废止与腾退暂缓期间　[358]

一、设例提示

S公司在建设租赁公寓时，从G银行处融资30亿日元，并在相关公寓还没有人入住的阶段，就该公寓及其用地为G银行设定了抵押权。

该公寓自身选址优越，有许多承租人入住。但是S公司经营的其他公寓人气不够，所以S公司的经营状况恶化，对G银行的债务也陷入了不能履行的境地。

（1）作为抵押权的实现途径，G银行将相关公寓提交拍卖。在拍卖程序中，E成为买受人，E请求入住者们腾退。此时的法律关系如何？

（2）入住者们在哪一阶段可以请求谁返还押金？另外，为确保押金返还，入住者们有可以采用的手段吗？

二、此前的状况

1. 短期租赁制度概观

即使设定抵押权，但是标的不动产的占有仍留在标的不动产所有权人处，所有权人可以继续对其使用和收益。而且，使用收益权限中通常也包含出租权限。但是，所有权人在抵押权设定登记后出租抵押不动产的话，即使其租赁权具备对抗要件，也是在抵押权的对抗要件之后，所以不能对抗抵押权实现时的买受人。换言之，承租人应当答应买受人的腾退请求。

但是，如此一来，标的不动产所有权人享有的出租权限就没有实际意义了。若在抵押权实现后会被驱逐出该不动产，承租人通常不会承租。当然，为了让出租权限有实际意义，如果允许承租人的租赁权限可以无限制地对抗抵押权人的话，则会不当地侵害抵押权人的利益。就不动产的价值而言，通常来说有承租人时要低于没有承租人时。　[359]

因此，在何种程度上取得平衡，是一个问题。所以，2003年修改前的《民法》第395条通过所谓短期租赁来保护承租人，想以此取得平衡。即，限于不超过《民法》第602条规定期间（山林10年，其他土地5年，建筑物3年）的租赁，即使在抵押权设定以后具备对抗要件，也可以对抗抵押权人。在约定的租赁期间，即使抵押权实现后，也可以留在该不动产内。

2. 依此前的法制度所得本设例的结论

此种制度下，如果相关公寓的租赁合同的期间是3年以内，则在该期间，入住者们原则上可以留在公寓内。这是一项立法判断。但是，对这一制度存在种种批判，这些批判与2003年修改中短期租赁制度的废止有联系。

三、修改之前的阶段

1. 滥用短期租赁和对制度的批判

对短期租赁制度的第一个批判是，短期租赁制度的滥用对抵押权人造成了巨大的威胁。换言之，虽然短期租赁制度是保护借受并利用抵押不动产之人的制度，但实际上，没有利用的意思却进行租赁权的登记或预告登记，或者仅形式上取得占有（支付租金而使第三人占有的情形，或者使不知情的第三人代为占有的情形也存在）。如此一来，即使抵押权人采取抵押权的实现程序，也不会出现高价的买受人。此时，承租人或其关联方低价拍得不动产，然后要么取得高价转卖的利益，要么要求想要高价出卖的抵押权人支付承租权登记的撤销承诺费或即刻退租费。即使出现拍得人，也会要求拍得人返还巨额押金（主张承租时支付的）[12]。

而且，一些实际调查显示，具有登记或预告登记的承租权几乎全都

---

〔12〕 关于妨害抵押权的承租权的种种形态，例如，富越和厚：《民事執行実務における短期賃借権の実情（上）、（中）、（下）》，载《NBL》第263、265、268号（1982年）。

是不以实际利用为目的的滥用性租赁[13],对短期租赁制度的批判很强。 [360]

2. 应对滥用短期租赁的策略

当然,也采取了一定的对策。

即使存在承租权的登记等,但是欠缺租赁实体的,在抵押权实现时可依职权撤销登记。这一执行实务得以确立。而且,除了单纯的没有占有的租赁,若被视为出于妨害抵押权目的的租赁,则也会被作出"不存在应保护的承租权"这一处理[14]。

通过 1996 年《民事执行法》修改,该法第 55 条、第 77 条的保全处分相对人除了"债务人",还囊括了"不动产占有人",使得主张租赁权者也可以成为对象。而且,在这些保全处分命令发出之时,有些情形并不需要对占有人进行盘问(1996 年修改后的《民事执行法》第 55 条第 3 款、第 77 条第 2 款)。而且,对于为了出卖的保全处分(1996 年修改后的《民事执行法》第 55 条),规定"有特别必要时",欲就其不动产实现抵押权之人也可以申请(2003 年修改前《民事执行法》第 187 条之 2 第 1 款);同时,对于妨害行为的禁止令等,当"存在特别情事应认为无法防止不动产价格显著减少时",可以径直请求执行官保管命令(使执行官保管标的物)(2003 年修改前《民事执行法》第 55 条第 2 款)。接着,1998 年《民事执行法》的修改中,为申请买受的扣押债权人新设了保全处分(1998 年修改后的《民事执行法》第 68 条之 2)。对于不惜自己拍得标的物的债权人,赋予其可以确实排除占有人的途径。

判例上,最判平成 8 年 9 月 13 日民集 50 卷 8 号 2374 页对于依 2003 年修改前的《民法》第 395 条但书所作的租赁合同解除,认为该 [361] 但书所谓"给抵押权人带来损害时"是指因短期租赁的存在而导致抵

---

〔13〕 中野贞一郎、栗田隆:《不動産競売の実態》,载《阪法》第 91 号(1974年),第 198 页及以下;竹下守夫:《不動産執行法の研究》,有斐阁 1977 年版,第 393 页及以下;内田贵:《抵当権と利用権》,有斐阁 1983 年版,第 108 页及以下。

〔14〕 绵引万里子:《"競売屋"·"占有屋"退治は成功したか》,载《ジュリ》第 927 号(1989 年),第 64—65 页等。

押不动产的出卖价额下跌,以致,抵押权人在担保债权受到清偿时分配的金额减少;无需因租金低廉、租金预付、押金巨额等事由而认为其租赁内容对买受人而言较通常更为不利。该判例显然是广泛承认了租赁合同解除。进而,判例最大判平成11年11月24日民集53卷8号1899页支持了作为基于抵押权的妨害排除请求而请求抵押不动产的不法占有人腾退,并对否定这一做法的判例最判平成3年3月22日民集45卷3号268页进行了变更。

因此,可以说,短期租赁制度滥用的问题相较于以前有所减少。

3. 其他观点的批判

但是,短期租赁制度也受到了其他观点的批判。

第一个批判是,若从为了使抵押不动产所有权人的出租权限具有实际意义的角度而言,短期租赁制度在立法技术上本来就不是适切的。其理由:在不动产上设定抵押权一般而言并不会妨害相关不动产的出租(考虑通常情况,特别是一个人住的话,腾退对承租人并不会那么巨大)。当为需要保护安定期间的租赁时(例如店铺),短期的保护并不充分[15]。

第二个批判是,为了使抵押不动产所有权人的出租权限具有实际意义,应当保护承租人——该观点的理论基础是"抵押权仅掌握抵押不动产的变价价值,而实现前的用益权完全归属于所有权人"这一抵押权的价值论。然而,从民法起草过程中的讨论来看,该价值权论未必与起草人的理解相合致[16]。

第三个批判是,即使从经济分析的观点来看,短期租赁制度也妨害了抵押权人的权利,因此而产生社会损失[17]。

---

[15] 内田,前注〔13〕,第8页。
[16] 内田,前注〔13〕,第21—30页。
[17] 久米良昭、福井秀夫:《短期賃貸借保護の法と経済分析》,载铃木禄弥等编:《競売の法と経済学》,信山社2001年版,第105页及以下;山崎福寿、瀬下博之:《不良債権と貸し渋りの法と経済学》,载铃木禄弥等编:《競売の法と経済学》,信山社2001年版,第129页及以下。

而且，行政改革推进本部的规制改革委员会也在 2000 年 12 月 12 日的"关于规制改革的见解"中讨论短期租赁制度，认为"关于担保制度的制度和运用两方面，应讨论进行必要的修订和改善"。进而，承袭于此，2001 年 3 月 30 日内阁会议决定的"规制改革推进三年计划"要求短期租赁制度"应作出包含废止在内的修订"。

该制度逐渐朝废止的方向发展。

4. 反论与再批判

当然，对于上述见解，也有强烈的异议，重要的有下列两种。

第一种见解是，即使存在许多的诈害性短期租赁，抵押不动产的承租人仍大多签订的是正常的租赁合同，对这些人进行保护是必要的。"应废止短期租赁保护制度这一立法论中，多数是基于'大部分短期租赁都是执行妨害型的'这一错误认识"，"土地所有权人建造出租公寓、写字楼或独栋住宅的出租房等时，从金融机构处获得融资，并在建造的建筑物上为金融机构设定抵押权，出租其上的此类建筑物的做法占据压倒性的大部分，所以借受并不那么旧的建筑物的承租人大多都是抵押权设定之后的短期承租人，正是正常型（＝本来的）短期承租人"[18]。

第二种见解是，短期租赁制度的废止并非应对抵押权妨害的策略。即使短期租赁存在，很多时候，在扣押后、买受人取得所有权之前，期间就已经经过，导致承租权不能再对抗买受人。为妨害抵押权而占有标的不动产的情形，大多都不是以短期租赁制度为基础的占有，而是事实上的占有[19]。

[363]

与此相对，关于第一种见解，反论认为，如果想要真正保护正常型承租人的话，需要其他制度。现在的短期租赁制度在正常型承租人的保

---

[18] 生熊长幸：《執行妨害と短期賃貸借》，有斐閣 2000 年版，第 523 页。
[19] 参见高木新二郎：《不動産に対する執行妨害の実状と対策》，载民事执行保全处分研究会编：《執行妨害対策の実務（新版）》，金融财政事情研究会 1997 年版，第 2 页及以下；最上侃二：《大阪地裁における執行妨害の実状と対策》，载民事执行保全处分研究会编：《執行妨害対策の実務（新版）》，金融财政事情研究会 1997 年版，第 20 页及以下。

护上也没有发挥作用,所以不构成拥护该制度的根据。但是,对此的再反论认为,那样的话,应规定对于出租用的不动产,抵押权设定登记后的承租人可以无期间限制地对抗抵押权人。进而,有观点认为,不只是期间的问题,买受人负有的押金返还义务,对承租人而言也是巨大的保护。

对于第二种见解,确实,以诈害为目的的短期租赁在抵押权实现阶段被排除,这一实务已经确立。但是有观点认为,滥用的认定颇为困难,伴随于此,还留有不确实性。即使是完全的不法占有人,如果主张其占有是基于作为短期租赁而受保护的租赁,那么仅对此就得花费时间和成本来排除。而且,废止作为抵押权妨害象征的短期租赁制度,其所传达的信息是,坚决反对以抵押妨害为生意的势力。

四、围绕修改的议论

1. 议论的要点

即使在法制审议会担保执行法制部会中,也就这一问题进行了热烈的讨论。但是,内容基本上就是前述"三"中已经阐述的内容。

要点在于,应保护正常的承租人吗?以及如果保护的话采用什么样的方法呢?

[364]

2. 土地租赁的处理

首先,土地的承租人不值得特别保护。这一点相对没有异议。为建筑物所有的土地的租赁,即使短期保护也没有意义。而且,实际上抵押土地上存在承租人的事例很少。即使在中期草案大纲中,对于土地,也是认为"抵押权设定之后的租赁,不论其期间长短,均不得对抗抵押权人(买受人)"。即使在公开征求意见中也得到了多数人的赞成。

当然,在中期草案大纲中,也有观点认为可以区别处理农地、山林的租赁权。但是,对于土地,最终一律废止了短期租赁制度。

3. 修改的概要

与此相对,关于建筑物租赁,在中期草案大纲的阶段,列举了三种方案：①单纯废止；②存续（就期间，再讨论）；③在废止的基础上新设腾退暂缓期间制度。同时，对押金的处理以及租赁用不动产的特别制度的需否这两个问题进行了讨论。

公开征求意见的结果也形形色色，但结论在某种意义上可以说是折中性的。

第一，2003年修改前的《民法》第395条规定的短期租赁制度被废止。因此，后于抵押权设定登记而具备对抗要件的承租权，不问其期间长短，均不能对抗抵押权人（买受人）。

第二，因抵押权实现而被迫马上腾退，对承租人来说过于严苛。在这一认识下，即使是劣后于抵押权的建筑物承租权的承租人，在拍卖程序开始前就已经进行使用收益的，从建筑物的买受人买受时点开始的六个月内，无须将该建筑物交付买受人（2003年修改后的《民法》第395条第1款第1项）［此外，强制管理、担保不动产收益执行程序的管理人所出租者，即使其是拍卖程序开始后所作的租赁，也承认承租人享有同样的腾退暂缓期间（2003年修改后的《民法》第395条第1款第2项）。要注意，强制管理、担保不动产收益执行程序即使在拍卖程序开始后，在买受人取得不动产所有权之前也仍持续[20]］。

实际上，关于这一点，国会对草案进行了重要修改。当初，在经内阁会议决定后作为政府草案向国会提交的法案中，腾退暂缓期间被规定为3个月。但是，在提交众议院法务委员会后，考虑承租人相对处于弱势，提出了"3个月是否过短"这一问题，并将腾退暂缓期间延长到了6个月。但是，腾退暂缓期间延长，因其间不支付使用费而给买受人造成的损害将会变大。所以，2003年修改后的《民法》在第395条中设置了第2款，规定：买受人催告建筑物使用人支付使用对价，在催告期间内不支付的，将不再承认腾退暂缓期间。而且，享有腾退暂缓期间的

［365］

---

［20］ 铃木、三月编，前注［7］，第506页（富越执笔）。

建筑物使用人在买受时占有建筑物的,其买受人申请不动产交付命令的期间从 6 个月延长到了 9 个月。在暂缓期间 (6 个月) 届满后的 3 个月内可以确保交付命令得到支持 (2003 年修改后的《民事执行法》第 83 条第 2 款)[21]。这一点将在最后再次论述。

第三,也为了保护租赁不动产承租人,创设了这一制度,即对于已登记的承租权,经在其登记前已享有登记抵押权之人全体同意并登记该同意时,该承租权可以对抗已同意的抵押权人 (《民法》第 387 条)。

4. 以诈害为目的的租赁

此外,在实现阶段排除以诈害为目的的租赁这一实务,在法律修改后也被维持。因为该实务已经徒有形式,或者由于不认为以诈害为目的的建筑物占有是"基于承租权的占有",所以也不应根据 2003 年修改后《民法》第 395 条第 1 款被赋予腾退暂缓期间。

五、设例的具体探讨

1. 腾退暂缓期间中占有的性质

若将 2003 年修改后的法律适用到本设例中,则入住者的承租权,不管怎样,都是抵押权登记后产生的,所以他们的承租权不能对抗抵押权人 (买受人)。因此,入住者不能对买受人 E 主张承租权。

但是,在 E 购买后,入住者有 6 个月的暂缓腾退期,他们可以在该期间寻找新的住处并搬家。

应当注意的是,在 6 个月期间里,承租权并不存续。承租权自身不能对抗买受人,只是被暂缓腾退而已。

因此,入住者对买受人负有不当得利返还义务。确实,6 个月内入住者仍可留在相关公寓中是有"法律上原因"的。但是,入住者不存在取得使用利益的权原。这类似于留置权人的权利状态。国会修改后的《民法》第 395 条第 2 款,明确了这一点。

---

[21] 关于上述内容,参见众议院法务委员会会议录 (平成 15 年 6 月 13 日)。特别是参见山花郁夫委员的修改提案说明。

该不当得利额,一般而言是所谓"通常的租金相当额"。但是在有些情形中,其也难以算定。理由在于,一方面,存在其金额降低的情事,另一方面也存在金额高涨的情事。

作为金额降低的情事,首先,入住者的权利被限定在6个月。如果是通常的租赁,则入住者受到《借地借家法》的保护,也受有法定更新的利益。但是,对于仅获得腾退暂缓期间的入住者,此种利益并不存在。其次,E不负有修缮义务等通常出租人负有的义务。入住者并非基于承租权占有相关公寓,而只是负有特定物的交付义务,但期限被暂缓而已。如此一来,入住者负有善管注意义务来保存该物(《民法》第400条),并非可以自由使用。在这一点上,关于腾退暂缓期间中的占有形态,没有完备的条文,有点遗憾,但基本上应该是准用《民法》第298条来处理。这一点也构成不当得利额应低价计算的情事。

另一方面,也有金额高涨的情事。如果是通常的租赁合同,可能会存在权利金或押金(其运用利益由出租人取得)等额付形式的租金。然而,在此种情形中并不存在。

[367]

2. 与修改前状况的比较

此外,需要注意的是,由于一律承认6个月的腾退暂缓期间,相比之前,有些情形下,承租人能更久地留在被拍卖的不动产中。

①首先,设想一下,与S公司之间的租赁合同是在抵押权实现的扣押之后,买受人买受之前届满的情形。此时,关于短期租赁的判例认为,"因抵押权的实现而发生扣押效力后,上述租赁期间已届满的情形中,不适用《借地法》第6条、《借家法》第2条[译者注],不能以上述租赁的更新对抗抵押权人"(最判昭和38年8月27日民集17卷6号871页)。而且,关于合意更新租赁合同,学说上认为不能对抗相关拍卖程

[译者注] 以前有《借地法》《借家法》两部法律,1991年合成了《借地借家法》。

序（因而不能对抗抵押权人）[22]。因此，在修改前的状况下，入住者不受短期租赁制度的保护，应当即时搬出。

然而，因修改后《民法》第 395 条第 1 款被赋予腾退暂缓期间的，本来是"依不得对抗抵押权人之租赁而使用或收益抵押标的建筑物者"。而上述判例和学说展现的构造，均是不得以租赁的更新对抗抵押权人，并非当事人间不发生更新的效力。如此一来，在抵押权实现的扣押后，买受人买受以前，即使是租赁合同更新的情形，入住者也符合"依不得对抗抵押权人之租赁而使用或收益抵押标的建筑物者"。因此，自买受时开始被赋予 6 个月的腾退暂缓期间。

相较于修改前，能留在被拍卖的不动产中的期间更长。

②其次，设想一下，在买受人购买后，6 个月以内的租赁合同期限届满的情形。此时，在修改前的法律制度下，在期限届满的时点上，入住者丧失相关公寓的占有权原，应当立刻搬出。

[368]

然而，在修改后的法律制度下，不管怎样，入住者都被赋予腾退暂缓期间。入住者的承租权在买受人购买时消灭。与 S 公司间租赁合同约定的期限在这之后届满，没有意义。因此，入住者仍然享有从买受时起计算的 6 个月的腾退暂缓期间。相较于法律制度修改前，入住者能拥有更长期间留在被拍卖的不动产中。

此外，对于这种相较于法律制度修改前入住者能更长期间留在被拍卖的不动产中的情形，也有意见认为，这反倒会损害抵押权人的权利。实际上，在法制审议会的讨论中，也出现了此种见解。但是，法律不承认 6 个月以上的权原，抵押权人一律做好 6 个月的心理准备即可。此种法律制度的规定简明且易处理。

3. 押金返还请求权的确保

如前所述，入住者仅被赋予腾退暂缓期间，与 S 公司的租赁合同终

---

[22] 铃木忠一、三月章编：《注解民事执行法（2）》，第一法规出版社 1984 年版，第 263 页（竹下守夫执笔）；中野，前注〔7〕，第 378 页，脚注 8；道垣内（旧），第 138 页。

止,入住者的承租权消灭。E 并非承继出租人地位。

如此的话,入住者请求返还押金的相对人将是 S 公司。这一点也有一些问题。

首先,押金返还请求权在哪一时点产生呢?判例认为是承租人返还标的物时(最判昭和 48 年 2 月 2 日民集 27 卷 1 号 80 页,最判昭和 49 年 9 月 2 日民集 28 卷 6 号 1152 页)。若单纯适用这一法理,或许会觉得押金返还请求权的产生,是在入住者对 E 腾退相关公寓时。

然而,这一判例法理认为,"房屋租赁中的押金,是为了担保租赁终止后腾退房屋义务履行前所发生的相当于租金额的损害赔偿金债权及因租赁合同产生的出租人对承租人所取得的一切债权,而不仅是租赁存续中的租金债权。在租赁终止后,房屋腾出时,扣除在此之前发生的上述一切被担保债权后,以还有余额为条件,就其余额产生押金返还请求权"。前提是,租赁合同终止后,腾退以前发生的不当得利返还请求权等的债权人也是出租人。然而,在本设例中,买受人 E 买受后、腾退以前发生的不当得利返还请求权等的债权人是 E,并非上述判例法理适用的场景。

[369]

如此一来,此种情形下,倒不如认为在出租标的物被让与第三人的时点上产生押金返还请求权。因为在该时点上,押金的被担保债权确定。

那么,入住者能以对 S 公司的押金返还请求权为被担保债权,就相关公寓行使留置权吗?

关联判例如大判大正 11 年 8 月 21 日民集 1 卷 498 页。该判决认为,不能对抗第三人的租赁合同的租赁标的物被让与第三人,并丧失占有权原,承租人因此取得对出租人的损害赔偿请求权,承租人能否以该损害赔偿请求权作为被担保债权而就标的物行使留置权,更直接地说,能否拒绝向第三人交付呢?对于这一问题,该判例否定债权与标的物之间的牵连关系,不支持留置权的成立。该判例的实质根据显然是,若承租人拒绝新所有权人的腾退请求,则"不能以承租权对抗"

这一解决方式将会作废。在不动产双重让与的事例中，判例认为，A 的受让人 C 先取得登记时，先取得占有的受让人 B 不能以对 A 的损害赔偿请求权作为被担保债权而就相关不动产行使留置权（最判昭和 43 年 11 月 21 日民集 22 卷 12 号 2765 页）。这与该判例异曲同工。

从此种观点来看，考虑到仍应以对抗要件为基准确定优劣关系，应不承认入住者们享有以押金返还请求权为被担保债权的留置权。

即使在法制审议会的议论中，以此为前提，也几度有观点认为，需要有方法来保护承租人享有的押金返还请求权。期待将来进行制度改革，就押金，课以出租人分别管理义务、寄存于基金的义务，或者引入保险制度。眼下应认为，在为实现抵押权进行扣押后，承租人可以基于不安抗辩权而停止支付押金额范围内的租金。

六、其他

1. 关于过渡规定

《为改善担保物权及民事执行制度的民法等部分修改法》的附则第 5 条规定，"本法律施行之际现存抵押不动产租赁（含本法施行后更新者）中不超过《民法》第 602 条规定期间者，若在相关抵押不动产的抵押权登记后具备对抗要件，就抵押权对其之效力，仍依从前之例"。

不能侵害承租人既已享有之权利，是当然的规定。但是，实务上重要的是确认承租人的居住开始时期。

2. 关于《民法》第 395 条第 2 款的适用

如前所述，在众议院审议的阶段，对政府草案进行了重要的修改。将腾退暂缓期间变为 6 个月，这一点自不必说。《民法》第 395 条第 2 款还附加了下列条文。

"就于买受人买受后使用前款建筑物之对价，买受人对抵押建筑物使用人规定相当期间并催告一个月份以上之支付，未于其相当期间内履行时，不适用同款之规定。"

这一条文的宗旨显然是，伴随腾退暂缓期间的延长，买受人可能既无法从建筑物使用人处取得对价，也长期无法令使用人腾退。为了避免此种情形发生，在使用人不支付对价时，则应责令其立刻腾退。

但是，如前所述，腾退暂缓期间中建筑物使用对价的算定，不能与通常租赁的情形相同。如此一来，在对价的算定上容易发生纷争，最终不得不委以诉讼的情形将会增多。在该诉讼完结前，通常6个月都已经经过了。所以，此时相较于坚持就正当对价的算定持续争议，买受人以腾退暂缓期间的届满为根据请求腾退命令的做法更简单。[371]

如此一来，《民法》第395条第2款现实发挥作用的情形就不多了。

[原载于道垣内弘人等：《新しい担保·執行制度（補訂版）》，有斐阁2004年版，第49页及以下]

第四节 最高额抵押权：将被担保债权的范围约定为"信用金库交易产生的债权"所设定之最高额抵押权的被担保债权与保证债权——最高法院平成5年1月19日第三小法庭判决（民集47卷1号41页） [372]

一、问题所在

在最高额抵押权的设定中，被担保债权的范围应该根据《民法》第398条之2第2、3款规定的方法确定。但是，当债权人为银行或信用金库时，实务上常常通过"银行交易""信用金库交易"这种措辞来限定作为被担保债权发生原因的交易种类。此时，就第三人对债权人银行、信用金库所负有的债务，最高额抵押债务人作出保证的情形，根据该保证合同而相关银行、信用金库对最高额抵押债务人享有的债权，是否被包含在相关最高额抵押权的被担保债权中呢？这是一个问题。在学说和下级审判决、裁定中,存在积极理解[1]和消极理解[2],实务上期待最高法院作出统一。

在最高法院层面,本判决就"信用金库交易"这一措辞作出积极理解。由此窥视出,就"银行交易"这一措辞也会作同样理解。就该结论,银行等是非常欢迎的[3],但是首先应注意案情类型。

[373] **二、本案案情**

X(原告、控诉人、上告人)在1979年3月就诉外人A与信用金库Y(被告、被控诉人、被上告人)之间交易产生的债务,与Y缔结合同,作出连带保证(本案保证合同)。但是,X自身也从同年7月与Y缔结了信用金库交易合同并开始了交易。为担保基于该信用金库交易而对Y负有的债务,X在第二年3月,就自己所有的复数不动产,为Y设定了最高额抵押权(本案最高额抵押权)。此时,被担保债权的范围为:①信用金库交易产生的债权;②票据债权、支票债权,最高额为1000万日元,并就该内容进行了登记。

之后到了1986年8月,Y申请实现本案最高额抵押权。法律裁定开始拍卖,但是在裁定书中记载的被担保债权和请求债权都是Y基于本案保证合同对X享有的保证债权。因此,X以Y为相对人提起诉讼,请求确认裁定书中记载的各债权并非本案最高额抵押权的被担保债权。

一审和二审X皆败诉。X遂提起上告。

---

〔1〕 除本案一、二审判决外,还有仙台高决平成元年12月1日金法1260号31页。伊藤进:《根抵当権の被担保債権の範囲を"銀行取引"と定めた場合と"保証債権"の被担保債権適格性》,载《金法》第1195号(1988年),第6页等。峰崎二郎:《判批》,载《ジュリ》第970号(1990年),第96—97页。

〔2〕 东京地判平成2年7月10日判时1384号59页。中马义直:《根抵当権が保証債権に及ぶことの是非(上)、(中)、(下)》,载《手研》第437号(1990年),第4页、438号(1990年),第30页、439号(1990年),第38页。

〔3〕 例如,石井吴司、秦光昭:《〈対談〉最3小判平5·1·19の銀行実務への影響を問う》,载《金法》第1347号(1993年),第16页及以下。

三、本判决内容

驳回上告。

"以'信用金库交易产生的债权'作为被担保债权的范围而设定最高额抵押权，其被担保债权中也包含了信用金库对最高额抵押债务人的保证债权。盖因，所谓信用金库交易，一般意味着与法定信用金库业务相关的交易。最高额抵押权设定合同中合意约定的'信用金库交易'的意思应当与之相同。因信用金库与最高额抵押债务人之间的交易而产生的债权，如果有关交易是与信用金库的业务相关联的，则全部被有关最高额抵押权所担保。信用金库作为债权人与最高额抵押债务人缔结保证合同的，构成《信用金库法》第53条第3款规定的'附随有关业务之其他业务'。此外，也没有什么特别的理由可以将信用金库的保证债权排除在最高额抵押权的被担保债权之外。

"原审立足的前提是最高额抵押权设定合同中合意的'信用金库交易'的范围被限定在，信用金库作出的授信交易，或信用金库与交易相对人（最高额抵押债务人）签署的信用金库交易约定书的适用范围内的交易。在此基础上，原审一般性地解释认为，以信用金库为债权人并以交易相对人为保证人的保证合同相当于信用金库对交易相对人的授信行为，因而该保证合同被包含在信用金库交易约定书的适用范围内，并判示这一做法作为相关交易界的商业习惯而被普遍接受。以此为理由，原判决认为本案最高额抵押权的被担保债权也包含了原判示的保证债权。然而，划分最高额抵押权的被担保债权范围的'信用金库交易'的意义如前所述，很难看出有什么根据将其限定在信用金库所作的授信交易范围内。而且，划分被担保债权范围的是最高额抵押权设定合同，并非信用金库交易约定书（《民法》第398条之2第2款所规定的'一定种类之交易'要求，即使在对第三人的关系上，作为划分被担保债权具体范围的基准也是明确的，所以最高额抵押权设定合同确定的'交易'的范围不应被当事人得自由约定的另外合同的适用范围而

[374]

左右），所以原判决关于这一点的理由不妥，但是可以认为其结论是正当的。"

四、纷争当事人为最高额抵押权人与设定人（＝债务人）的意义

1. 在最高额抵押权的设定中，首先，①债权人与设定人之间缔结最高额抵押权设定合同；其次，②登记被设定的该最高额抵押权。①是当事人之间的问题（纯粹合同的问题），到了②阶段会发生和第三人的关系。

那么，本案中，设定人以最高额抵押权人为相对人，主张"保证债权不包含在被担保债权中"，并请求确认[4]。因此，在该诉讼中所作的是明确①的合同内容。

[375]

2. 在本案合同的解释上，最高法院使用了何种方法呢？在这一点上，判旨在普遍论层面认为"《民法》第398条之2第2款所规定的'一定种类之交易'要求，即使在对第三人的关系上，作为划分被担保债权具体范围的基准也是明确的"，进而在实际的解释上，不将两当事人的主观意思作为参考，不允许考虑两当事人间的其他合同，而专以《信用金库法》第53条第3款为根据确定合同内容的意义。这一解释方法得到了许多论者的支持[5]。

3. 但是，为什么两当事人合意的内容必须"在对第三人的关系上……也是明确的"？

确实，即使在两当事人间，被担保债权的具体范围也不能不明确，若不明确则不成立最高额抵押权。但是，这不过是"对于某债权

---

[4] 东京地判平成2年7月10日［前注［2］］也是同类型。与此相对，仙台高决平成元年12月1日［前注［1］］是执行抗告案件，是①②两者都成为问题的案件。
[5] 峰崎二郎：《银行取引には保証取引が含まれるか》，载《金法》第1110号（1986年），第5页；伊藤，前注［1］，第8页；吉田光硕：《根抵当権の被担保債権を"銀行取引"とした場合，保証債権は担保されるか》，载《判夕》第750号（1991年），第55页；牧野英之：《判批》，载《判夕》第762号（1991年），第56页；铃木禄弥：《根抵当権の被担保債権としての保証債権》，载《金法》第1347号（1993年），第14页等。

是否被包含在被担保债权中,应当明确地确定"。

为便于理解,设想一下极端的例子。作为表示运输交易的行话,设定当事人之间从以前开始就适用了"C交易"这一用语。该当事人之间合意设定了最高额抵押权,以"C交易"发生的债权作为被担保债权。此时,用此种措辞,对第三人不能明确表示被担保债权的具体范围。但是,毕竟在当事人之间成立以"C交易"="运输交易"发生的债权为被担保债权的最高额抵押权。虽然是"C交易"这一合意内容,但如果确定这在两当事人间是以"运输交易"的意义使用,则被担保债权的范围是明确的。而且,最高额抵押权设定合同不一定使用任何的文书,即使是口头合意也可。在这一意义上,设定合同的内容在两当事人间明确的话就应该够了。与第三人的关系上,阶段②中,以登记面上的表示为基准而确定(另外,设定合同中的表示与登记面上的表示,并非必然一致)。

[376]

4. 若以上述为前提,则设定合同的内容应仅通过确定当事人所用措辞的纯粹客观意义来解释——此种理由也同样不存在[6]。

在意思表示的解释上,并非以当事人内心的意思,而以表示所具有的客观、社会的意义为基准,这一观点在过去是通说。但是,现在首先应当探求两当事人赋予相关表示的主观意义(进而,如果一致,则在当事人赋予的意义上,相关表示有效力)。此际,应广泛参考两当事人间其他合同的内容,这反而是当然的。

确实,现在的多数观点也认为,当事人赋予相关表示的主观意思不一致时,应探求表示的客观意义。但所谓"客观意义",是指"在相关情事下,通常相对人作为该表示的内容所理解的意义"。其确定时,完全没有排斥参考当事人间其他合同的内容。

5. 本案中的问题是,首先应当理解最高额抵押权设定合同当事人间相关合同的内容。进而,若如此理解,则虽然本案判旨存在普遍论的

---

[6] 关于下列内容,参见矶村保:《法律行為の解釈方法》,载加藤一郎、米仓明编:《民法の争点Ⅰ》,有斐阁1985年版,第30页及以下。

[377] 外观，但理论上本判决仅仅是事例判决[译者注]。在其他案情中，也可能存在根据"信用金库交易"或"银行交易"这一措辞所确定的被担保债权范围中不包含保证债权的情况。进而，在阶段②，用"信用金库交易"或"银行交易"这一措辞进行被担保债权的登记时，能否以"保证债权也被包含在被担保债权中"来对抗第三人。只能说，这一问题完全是空白的（此时的基准在于，并非合同当事人之人看到"信用金库交易"这一被担保债权的登记时，通常是否认为"保证债务"包含在其中）。

进一步附带说一下。本案中，对于设定合同中"信用金库交易"这一表示，X和Y各自的主观意义并不一致。在结论上，Y的主观意义（即保证债权包含在其中所生的债权中）被认定为相关表示的客观意义。但是，此时，X将能以意思表示错误为理由主张相关设定合同无效。即使就意思表示的解释采用纯粹的客观说时，这一点也是同样的。当然，实际能否支持意思表示错误的主张，应当参照意思表示错误的各项要件来讨论。但是，即使从这一点来看，也不能说全部都通过本判决得到解决了。

五、本判决的（事实上的拘束力的）射程

1. 以上批判了判旨的理论构造，但该批判毕竟是从理论的观点出发。即使严格认为本判决仅具有作为事例判决的意义，将最高额抵押权的被担保债权发生原因约定为"信用金库交易"时，被担保债权也包含保证债权——这一判断事实上是作为确立的命题而将约束下级审法院及最高法院的。而且，这也会扩大到约定为"银行交易"的情形。

但是，虽说如此，可似乎还不能说保证债权全都是被担保债权。

〔译者注〕所谓事例判决，是指判决并未展现抽象的一般法理，而是仅就具体事实关系下的法理作出判断。

2. 首先，不允许采用规避禁止概括最高额抵押宗旨的形式。在本案中，X 作出连带保证的 A 的债务被限定在与 Y 间因信用金库交易产生的债务。但是，如果没有此种限定，X 负有概括性信用保证债务时，不应将该保证债务认为是最高额抵押权的担保债务[7]。因为，极端地，一方面使 X 就 A 的债务作出概括性信用保证，另一方面使 A 就 X 的债务作出概括性信用保证，就各保证债务设定最高额抵押权的话，将会与设定概括最高额抵押权具有相同的效果。适用判旨的逻辑来说明这一点，"信用金库作为债权人而与最高额抵押债务人缔结概括性信用保证合同的，不构成《信用金库法》第 53 条第 3 款规定的'附随有关业务之……其他业务'"。

[378]

另外，如本案中，即使 X 就 A 因"信用金库交易"所负的债务作出连带保证的情形中，考虑一下 A 就第三人对 Y 因"信用金库交易"所负的债务作出连带保证之时，则保证债权——作为以 X 为最高额抵押债务人的最高额抵押权的被担保债权——将会不断扩大。即，就"信用金库交易"这一措辞，若采判旨般的理解，则因 A 的连带保证所发生的保证债权是因 A 的"信用金库交易"所发生的。因此，由于 X 就此作出连带保证，所以其保证债权构成最高额抵押权的被担保债权。而且，在 Y 对 A 享有的保证债权的原债权中，也可以包含因相关第三人与信用金库 Y 交易间连带保证合同所发生的保证债权。不应认为，通过此种两层、三层的保证合同的嵌套，最终 Y 对 X 享有的保证债权也包含在相关最高额抵押权的被担保债权中[8]。因为这无限地减少了最高额抵押债务人的预测可能性，也不符合禁止概括最高额抵押权的宗旨[9]。

---

〔7〕 铃木，前注〔5〕，第 13 页（但只是说也有此种可能性）。反对观点，伊藤，前注〔1〕，第 12—13 页。

〔8〕 伊藤，前注〔1〕，第 13 页；揖斐洁：《根抵当権の被担保債権と保証債権》，载《金法》第 1242 号（1990 年），第 26 页。

〔9〕 当然，也存在此种解释方法，即作为 X 保证合同的内容，就 A 的保证债务，不重复负担保证债务。东京高判昭和 55 年 9 月 29 日判夕 429 号 112 页。

[379]　　3. 如果上述分析正确，那么只是客观抽象解释设定合同的内容，并想借此实现处理的定型化——这一想法归根到底不是完合可行的[10][作者补注1]。

[原载于《金融法務事情》1364号（1993年），第40页及以下]

---

〔10〕 关于本判决的评析，除仓吉敬：《判批》，载法曹会编：《判解民平成5年度（上）》，法曹会1996年版，第20页的调查官解说外，还有上野隆司：《判批》，载《金法》第1345号（1993年），第4页；并木茂：《判批》，载《金法》第1356号（1993年），第25页；岩城谦二：《判批》，载《法令ニュース》第28卷6号（1993年），第39页；荒木新五：《判批》，载《判タ》第817号（1993年），第50页；伊藤真：《判批》，载《判評》418号（《判時》第1470号）（1993年），第183页；石井司：《判批》，载《判タ》第828号（1994年），第86页；石田喜久夫：《判批》，载《リマークス》第8号（1994年），第40页；石井司：《判批》，载椿寿夫主编：《担保法の判例Ⅰ》，有斐阁1994年版，第213页；生熊长幸：《判批》，载《ジュリ》第1046号（1994年），第78页；原启一郎：《判批》，载《判タ》第852号（1994年），第40页；菅原胞治：《判批》，载《銀法》第506号（1995年），第4页；大村敦志：《判批》，载《法協》第112卷第8号（1995年），第1150页；高木多喜男：《判批》，载《金法》第1433号（1995年），第86页；香川保一：《判批》，载《民情》第115号（1996年），第38页；手冢宣夫：《判批》，载《森泉章先生古稀祝賀論集》刊行委员会编：《現代判例民法学の理論と展望——森泉章先生古稀祝賀論集》，法学书院1998年版，第301页。

〔作者补注1〕关于本节中展现的观点，有批判认为"连'特定的继续性交易'和'一定种类之交易'都不能区别，显然是失当的吧"[菅原，前注〔10〕，第11页]。菅原律师的论稿，在整体上认为，主观解释的立场是立足于最高额抵押法立法前的"基本合同说"（该说认为，在最高额抵押设定上，必须要有基本债权合同来特定有客观发生可能性的被担保债权），并且鉴于其被立法所否定的前后经过，是不能成立的。但是，本节论述意思解释的必要性，并非这里所说的"基本合同"，而是关于"最高额抵押权设定合同"。对于包括最高额抵押权在内的抵押权的设定，一般认为这是根据设定合同而被设定的，其登记不过是对抗要件。对于设定合同，没有理由排斥主观解释，这是本节的立场，这并非"基本合同说"。本节中作为问题的是，（最高额）抵押权设定合同为什么即使在与第三人的关系上也必须是一意明确的，并且本节否定了这一点。本节的结论，在逻辑上而言，即使现在也是正当的，但由于这是物权设定合同，所以抵押权设定合同的解释态度受到了一定影响，这在之后的论文中有所体现[道垣内弘人：《抵当権の登記—1・設定》，载镰田薰等编：《新・不動産登記講座5各論Ⅱ》，日本评论社2000年版，第31页及以下（本书边码145及以下）]。

首次发表信息[译者注]

章节	首次发表
序章第一节	《担保物権 序論》,载加藤雅信主编:《民法学説百年史》,三省堂 1999 年版,第 272 页及以下
序章第二节	《担保法改革元年》,载《金融法務事情》第 1682 号(2003 年),第 17 页及以下
序章第三节	《担保客体の分解的把握(シンポジウム変容する担保法制——理論と政策)》,载《金融法研究》第 19 号(2003 年),第 59 页及以下
序章第四节	《担保の侵害》,载山田卓生主编,藤冈康宏编《新・現代損害賠償法講座 2》,日本评论社 1998 年版,第 285 页及以下
第一章第一节	《建物建築請負人の敷地への商事留置権の成否》,载《金融法務事情》第 1460 号(1996 年),第 55 页及以下
第一章第二节	《雇用関係の先取特権》,载道垣内弘人等:《新しい担保・執行制度(補訂版)》,有斐阁 2004 年版,第 19 页及以下

〔译者注〕本书收录的均为作者的论文,故在此提供这些论文的首次发表信息,供读者参考、查阅。

(续表)

章节	首次发表
第一章第三节	《破産と動産売買先取特権の物上代位——先取特権者は,債務者が破産宣告を受けた場合であっても,目的債権を差し押えて物上代位を行使することができるか》,載平井宜雄編:《民法の基本判例(別冊法学教室)》,有斐閣1986年版,第84页及以下
第一章第四节	《動産売買先取特権の物上代位(2)——一般債権者の差押え》,載中田裕康等編:《民法判例百選Ⅰ(第6版)(別冊ジュリスト195号)》,有斐閣2009年版,第166页及以下
第二章第一节	《保険契約に基づく権利の担保化(上),(下)》,載《金融法務事情》第1419号(1995年)第17页及以下,第1420号(1995年)第28页及以下
第二章第二节	《第2章 普通預金の担保化》,載中田裕康、道垣内弘人編:《金融取引と民法法理》,有斐閣2000年版,第43页及以下
第三章第一节第一分节	《普通抵当と根抵当》,載内田貴、大村敦志編:《民法の争点(ジュリスト増刊)》,有斐閣2007年版,第149页及以下
第三章第一节第二分节	《抵当権の登記——1 設定》,載鎌田薫等編:《新・不動産登記講座5 各論Ⅱ》,日本評論社2000年版,第31页及以下
第三章第一节第三分节	《抵当権の附従性》,載星野英一、平井宜雄編:《民法判例百選Ⅰ(第4版)(別冊ジュリスト136号)》,有斐閣1996年版,第174页及以下
第三章第一节第四分节	一至四,《建物の合体と旧建物についての抵当権存続の肯否》,載《私法判例リマークス》第7号(1993年),第28页及以下,五和六为增补
第三章第一节第五分节	《共有持分上の抵当権設定者が単独所有者となった場合の当該抵当権の効力》,載椿寿夫主編:《担保法の判例Ⅰ(ジュリスト増刊)》,有斐閣1994年版,第28页及以下

(续表)

章节	首次发表
第三章第一节第六分节	《仮装抵当権を目的として善意者によって取得された転抵当権の効力——民法376条1項の対抗要件を欠く場合における設定登記の処遇》,載椿寿夫主編:《担保法の判例Ⅰ(ジュリスト増刊)》,有斐閣1994年版,第62頁及以下
第三章第一节第七分节	《"侵害是正請求権"·"担保価値維持請求権"をめぐって——最大判平成11·11·24の理論的検討》,載《ジュリスト》,1174号(2000年),第28頁
第三章第一节第八分节	《占有権原のある抵当不動産占有者に対する抵当権者の妨害排除請求》,載《私法判例リマークス》第32号(2006年),第20頁及以下
第三章第一节第九分节	《抵当権実行に対する妨害》,載《法学教室》第304号(2006年),第114頁及以下
第三章第一节第十分节	《工場抵当法3条の抵当物件目録の記載と対抗要件》,載《ジュリスト》第1068号(平成6年度重要判例解説)(1995年),第77頁及以下,《工場抵当法3条の抵当物件目録の記載と対抗要件》,載《民商法雑誌》第112巻第6号(1995年),第933頁及以下
第三章第二节第一分节	《抵当不動産の売却代金への物上代位》,載《神戸法学雑誌》第40巻第2号(1990年),第401頁及以下
第三章第二节第二分节	《抵当権の物上代位と抵当不動産について供託された賃料の還付請求権》,載《民商法雑誌》第102巻第5号(1990年),第587頁及以下
第三章第二节第三分节	《賃料債権に対する物上代位と賃料債権の譲渡》,載《銀行法務21》第522号(1996年),第9頁及以下
第三章第二节第四分节	《賃料債権に対する物上代位をめぐる最近の争点》,載《自由と正義》第48巻第7号(1997年),第122頁及以下

(续表)

章节	首次发表
第三章第二节第五分节	《賃料債権に対する抵当権の物上代位——抵当権者は,抵当不動産の賃料債権の譲渡後も,当該債権に対し物上代位権を行使しうるか》,載平井宜雄編:《民法の基本判例(第2版)》,有斐閣1999年版,第84頁及以下
第三章第二节第六分节	《賃料債権に対する抵当権者の物上代位による差押えと当該債権への敷金の充当》,載《ジュリスト》第1246号(平成14年度重要判例解説)(2003年),第65頁及以下
第三章第二节第七分节	《買戻特約付売買の目的不動産に設定された抵当権に基づく買戻代金債権に対する物上代位権行使の可否》,載《ジュリスト》第1179号(平成11年度重要判例解説)(2000年),第77頁及以下,《買戻代金債権に対する物上代位権行使の可否》,載星野英一等編:《民法判例百選Ⅰ(第5版新法対応補正版)》,有斐閣2005年版,第184頁及以下
第三章第二节第八分节	《一般債権者の申立によって建物の賃料債権が差し押さえられた後,当該建物について抵当権設定登記を経由した抵当権者が,物上代位権の行使として賃料債権差押の申立をし差押が競合した場合,当該抵当権者は右債権執行事件において配当を受けることができるか(消極)》,載《判例評論》第434号(《判例時報》第1518号)(1995年),第215頁及以下
第三章第二节第九分节	《抵当権者による賃料債権への物上代位権の行使と賃借人による賃料債権を受働債権とする相殺の効力》,載《金融法務事情》1620号(2001年),第33頁及以下
第三章第二节第十分节	《抵当権に基づき物上代位権を行使する債権者は,他の債権者による債権差押事件に配当要求をすることによっては優先弁済を受けることはできない》,載《法学協会雑誌》第128巻第4号(2011年),第1096頁及以下
第三章第二节第十一分节	《法定地上権(2)——共同抵当建物の再築》,載中田裕康等編:《民法判例百選Ⅰ(第6版)(別冊ジュリスト195号)》,有斐閣2009年版,第184頁及以下

（续表）

章节	首次发表
第三章第三节第一分节	《不動産の収益に対する抵当権の効力》,載道垣内弘人等:《新しい担保・執行制度(補訂版)》,有斐阁2004年版,第32页及以下
第三章第三节第二分节	《短期賃貸借制度の廃止と明渡猶予期間》,載道垣内弘人等:《新しい担保・執行制度(補訂版)》,有斐阁2004年版,第49页及以下
第三章第四节第一分节	《被担保債権の範囲を"信用金庫取引による債権"として設定された根抵当権の被担保債権と保証債権》,載《金融法務事情》1364号(1993年),第40页及以下

判例索引[*]

大　正	边码
大判大正 2 年 6 月 21 日民录 19 辑 481 页	265
大判大正 3 年 11 月 20 日民录 20 辑 963 页	164
大判大正 4 年 2 月 9 日民录 21 辑 93 页	105
大判大正 4 年 3 月 6 日民录 21 辑 363 页	85,261
大判大正 4 年 6 月 30 日民录 21 辑 1157 页	85,261
大判大正 4 年 7 月 1 日民录 21 辑 1313 页	337
大判大正 4 年 7 月 10 日民录 21 辑 1111 页	164
大决大正 4 年 10 月 23 日民录 21 辑 1755 页	151
大判大正 5 年 9 月 5 日民录 22 辑 1670 页	128
大判大正 5 年 12 月 25 日民录 22 辑 2509 页	51
大判大正 6 年 1 月 27 日民录 23 辑 97 页	260,265
大判大正 7 年 12 月 25 日民录 24 辑 2433 页	128
大连判大正 8 年 3 月 15 日民录 25 辑 473 页	240
大判大正 8 年 7 月 5 日民录 25 辑 1258 页	152
大判大正 9 年 12 月 3 日民录 26 辑 1928 页	237,238

---

[*] 本索引所列页码为原书（本书日文版）页码，即本书（中译版）边码。

(续表)

大　正	边码
大决大正 10 年 3 月 4 日民录 27 辑 404 页	164
大判大正 11 年 8 月 21 日民集 1 卷 498 页	369
大连判大正 12 年 4 月 7 日民集 2 卷 209 页	85,95,261,286,289,293,299
大连判大正 12 年 12 月 14 日民集 2 卷 676 页	337,338
大判大正 14 年 12 月 15 日民集 4 卷 710 页	116
大判大正 15 年 3 月 18 日民集 5 卷 185 页	128
大判大正 15 年 7 月 12 日民集 5 卷 616 页	307
昭和元年至昭和 20 年	边码
大判昭和 3 年 8 月 1 日民集 7 卷 671 页	59
大判昭和 6 年 6 月 9 日民集 10 卷 470 页	165,195
大判昭和 7 年 5 月 27 日民集 11 卷 1289 页	59
大判昭和 8 年 3 月 29 日民集 12 卷 518 页	169
大判昭和 8 年 7 月 19 日民集 12 卷 2229 页	170
大决昭和 8 年 8 月 18 日民集 12 卷 2105 页	162
大判昭和 9 年 3 月 31 日新闻 3685 号 7 页	54
大判昭和 9 年 12 月 28 日民集 13 卷 2261 页	132
大判昭和 10 年 2 月 12 日民集 14 卷 204 页	307
大判昭和 10 年 8 月 10 日民集 14 卷 1549 页	337
大判昭和 11 年 3 月 13 日民集 15 卷 423 页	163
大判昭和 13 年 5 月 25 日民集 17 卷 1100 页	338
大阪地判昭和 13 年 8 月 2 日新闻 4324 号 9 页	149
大判昭和 17 年 3 月 23 日法学 11 卷 12 号 1288 页	261,286,300

(续表)

昭和元年至昭和 20 年	边码
大判昭和 17 年 11 月 20 日民集 21 卷 1099 页	108
大判昭和 18 年 3 月 31 日新闻 4844 号 4 页	104
昭和 21 年至昭和 50 年	边码
最判昭和 30 年 7 月 15 日民集 9 卷 9 号 1058 页	170
东京高决昭和 31 年 9 月 4 日下民集 7 卷 9 号 2368 页	261
金泽地判昭和 32 年 4 月 3 日下民集 8 卷 4 号 683 页	36,119,121,127
福冈高院宫崎支判昭和 32 年 8 月 30 日下民集 8 卷 8 号 1619 页	109
最判昭和 32 年 12 月 27 日民集 11 卷 14 号 2524 页	237,238
大阪地判昭和 33 年 6 月 13 日下民集 9 卷 6 号 1063 页	255
最判昭和 35 年 2 月 11 日民集 14 卷 2 号 168 页	57
最判昭和 35 年 4 月 26 日民集 14 卷 6 号 1071 页	311
最判昭和 36 年 2 月 10 日民集 15 卷 2 号 219 页	337
最判昭和 36 年 5 月 30 日民集 15 卷 5 号 1459 页	312
名古屋高判昭和 37 年 8 月 10 日下民集 13 卷 8 号 1665 页	109
最判昭和 37 年 9 月 21 日民集 16 卷 9 号 2041 页	137
大阪地判昭和 38 年 5 月 24 日判时 368 号 60 页	103,104
最判昭和 38 年 5 月 31 日民集 17 卷 4 号 570 页	47
最判昭和 38 年 8 月 27 日民集 17 卷 6 号 871 页	367
最判昭和 39 年 12 月 25 日民集 18 卷 10 号 2260 页	158
最大判昭和 40 年 6 月 30 日民集 19 卷 4 号 1143 页	171
最判昭和 40 年 7 月 15 日民集 19 卷 5 号 1275 页	47
旭川地决昭和 40 年 9 月 13 日判夕 183 号 184 页	262

（续表）

昭和 21 年至昭和 50 年	边码
最判昭和 40 年 10 月 12 日民集 19 卷 7 号 1777 页	108
最判昭和 40 年 11 月 19 日民集 19 卷 8 号 2003 页	152
最判昭和 41 年 4 月 26 日民集 20 卷 4 号 849 页	170
大阪高决昭和 42 年 9 月 7 日日判时 506 号 39 页	261
最判昭和 42 年 10 月 27 日民集 21 卷 8 号 2161 页	104
最判昭和 43 年 5 月 28 日民集 22 卷 5 号 1125 页	53
最判昭和 43 年 11 月 21 日民集 22 卷 12 号 2765 页	369
最判昭和 44 年 3 月 4 日民集 23 卷 3 号 561 页	107
最判昭和 44 年 3 月 28 日民集 23 卷 3 号 699 页	241
最判昭和 44 年 7 月 4 日民集 23 卷 8 号 1347 页	167
最判昭和 44 年 9 月 2 日民集 23 卷 9 号 1641 页	74
名古屋地判昭和 44 年 10 月 3 日讼月 21 卷 7 号 14,61 页	177
最大判昭和 45 年 6 月 24 日民集 24 卷 6 号 587 页	321,323
最判昭和 45 年 7 月 16 日民集 24 卷 7 号 965 页	264,266
名古屋高判昭和 45 年 7 月 28 日讼月 21 卷 7 号 1462 页	178
最判昭和 47 年 9 月 7 日民集 26 卷 7 号 1314 页	74
最判昭和 48 年 2 月 2 日民集 27 卷 1 号 80 页	306,307,325,368
东京高判昭和 49 年 7 月 18 东高民时报 25 卷 7 号 121 页	84
最判昭和 49 年 9 月 2 日民集 28 卷 6 号 1152 页	368
最判昭和 50 年 5 月 27 日讼月 21 卷 7 号 1448 页	178
昭和 51 年至昭和 63 年	边码
札幌高决昭和 52 年 7 月 30 日下民集 28 卷 5~8 号 876 页	89

(续表)

昭和 51 年至昭和 63 年	边码
千叶地判昭和 53 年 9 月 22 日判时 918 号 102 页	255,311
最判昭和 53 年 12 月 15 日判时 916 号 25 页	111,124
大阪高决昭和 54 年 2 月 19 日判时 931 号 73 页	262
大阪高决昭和 54 年 7 月 27 日判时 946 号 57 页	84
大阪高决昭和 54 年 7 月 31 日判夕 398 号 112 页	84,89
东京高判昭和 54 年 8 月 8 日判时 943 号 61 页	311
大阪高决昭和 55 年 3 月 14 日判夕 421 号 88 页	84
仙台高决昭和 55 年 4 月 18 日判时 966 号 58 页	311
名古屋高决昭和 55 年 6 月 30 日ジュリ 737 号 6 页	87
最判昭和 55 年 9 月 11 日民集 34 卷 5 号 683 页	160,165,192
东京高判昭和 55 年 9 月 29 日判夕 429 号 112 页	378
名古屋高决昭和 56 年 8 月 4 日判夕 459 号 70 页	84
大阪高判昭和 56 年 10 月 30 日判时 1046 号 50 页	137
最判昭和 57 年 3 月 12 日民集 36 卷 3 号 349 页	58
最判昭和 58 年 12 月 8 日民集 37 卷 10 号 1517 页	287
最判昭和 59 年 2 月 2 日民集 38 卷 3 号 431 页	80,94,269,270,271,273,274,277,278,286,289,291,293,300,301,316,319
名古屋地判昭和 59 年 4 月 23 日民集 43 卷 9 号 1078 页	258
大阪地判昭和 59 年 5 月 18 日判时 1136 号 146 页	107
前桥地院桐生支决昭和 60 年 1 月 8 日判时 1150 号 193 页	262

(续表)

昭和 51 年至昭和 63 年	边码
东京高决昭和 60 年 2 月 22 日判时 1150 号 191 页	261
名古屋高判昭和 60 年 7 月 18 日民集 43 卷 9 号 1081 页	258
最判昭和 60 年 7 月 19 日民集 39 卷 5 号 1326 页	86,92,287,300,301,316,319
福冈高决昭和 60 年 8 月 12 日判时 1173 号 71 页	262
东京地判昭和 60 年 9 月 25 日判时 1172 号 48 页	178
东京高判昭和 60 年 9 月 30 日判时 1173 号 60 页	185,189
札幌高决昭和 60 年 10 月 16 日判夕 586 号 82 页	111
东京地判昭和 61 年 2 月 24 日金法 1156 号 47 页	178
东京地判昭和 61 年 6 月 16 日讼月 32 卷 12 号 2898 页	111
大阪高决昭和 61 年 8 月 4 日判夕 629 号 209 页	262
最判昭和 61 年 11 月 20 日判时 1219 号 63 页	107
鹿儿岛地判昭和 61 年 12 月 23 日判时 1223 号 44 页	178
最判昭和 62 年 4 月 2 日判时 1248 号 61 页	329,322,334
最判昭和 62 年 10 月 29 日民集 41 卷 7 号 1527 页	113
东京高决昭和 63 年 4 月 22 日高民集 41 卷 1 号 39 页	262,280,283,284,285
平成元年至平成 10 年	边码
最判平成元年 10 月 27 日民集 43 卷 9 号 1070 页	30,257,269,279,282,298,320,342
仙台高决平成元年 12 月 1 日金法 1260 号 31 页	372,374
福冈高院宫崎支判平成 2 年 3 月 14 日判夕 754 号 149 页	178
东京地判平成 2 年 7 月 10 日判时 1384 号 59 页	372,374

(续表)

平成元年至平成 10 年	边码
最判平成 3 年 3 月 22 日民集 45 卷 3 号 268 页	361
大阪高判平成 3 年 9 月 30 日判时 1418 号 89 页	173
京都地判平成 3 年 11 月 27 日判时 1467 号 41 页	178
最判平成 4 年 9 月 22 日金法 1358 号 55 页	115
大阪高决平成 4 年 9 月 29 日判时 1502 号 119 页（①案件）	280
东京地决平成 4 年 10 月 16 日金法 1346 号 47 页	281,283
最判平成 5 年 1 月 19 日民集 47 卷 1 号 41 页	152,158,372
最判平成 5 年 3 月 30 日民集 47 卷 4 号 3300 页	329,333,334
仙台高决平成 5 年 9 月 8 日判时 1486 号 84 页	281,283,284
大阪高决平成 5 年 10 月 6 日判时 1502 号 119 页（②案件）	280
大阪高决平成 5 年 10 月 6 日判时 1502 号 119 页（③案件）	280
最判平成 6 年 1 月 25 日民集 48 卷 1 号 18 页	173,182,229
东京高判平成 6 年 4 月 12 日高民集 47 卷 2 号 127 页·民集 52 卷 2 号 509 页	276,314
东京地决平成 6 年 6 月 27 日判例集未刊登	288
最判平成 6 年 7 月 14 日民集 48 卷 5 号 1126 页	235
东京高决平成 6 年 9 月 5 日判例集未刊登	288
东京高决平成 6 年 12 月 19 日判时 1550 号 33 页	66
东京高决平成 7 年 3 月 17 日判时 1533 号 51 页	283
大阪高决平成 7 年 5 月 29 日判时 1551 号 82 页	283,284
东京地判平成 7 年 5 月 30 日金判 1011 号 9 页	293

(续表)

平成元年至平成 10 年	边码
大阪高决平成 7 年 6 月 20 日高民集 48 卷 2 号 177 页	284
东京地判平成 7 年 8 月 29 日金法 1454 号 85 页	284
大阪高判平成 7 年 10 月 27 日高民集 48 卷 3 号 253 页	285
大阪高判平成 7 年 12 月 6 日判时 1564 号 31 页	132,271,288,289,290,293
最判平成 8 年 9 月 13 日民集 50 卷 8 号 2374 页	212,222,360
东京地判平成 8 年 9 月 20 日判时 1583 号 73 页	132,289,290,293
东京高判平成 8 年 11 月 6 日判时 1591 号 32 页	132,294
最判平成 9 年 2 月 14 日民集 51 卷 2 号 375 页	230,335
东京高判平成 9 年 2 月 20 日判时 1605 号 49 页	133,291
最判平成 9 年 2 月 25 日判时 1606 号 44 页	310
最判平成 9 年 6 月 5 日民集 51 卷 5 号 2116 页	339
最判平成 10 年 1 月 30 日民集 52 卷 1 号 1 页	96,278,295,320,321,323,330,355
最判平成 10 年 3 月 26 日民集 52 卷 2 号 483 页	319,320
最判平成 10 年 7 月 3 日判时 1652 号 68 页	339
平成 11 年以后	边码
最判平成 11 年 1 月 29 日民集 53 卷 1 号 151 页	112,119,133
最决平成 11 年 5 月 17 日民集 53 卷 5 号 863 页	19
最判平成 11 年 9 月 9 日民集 53 卷 7 号 1173 页	107
最大判平成 11 年 11 月 24 日民集 53 卷 8 号 1899 页	201,216,218,222,361

(续表)

平成 11 年以后	边码
最判平成 11 年 11 月 30 日民集 53 卷 8 号 1965 页	309
最决平成 12 年 4 月 14 日民集 54 卷 4 号 1552 页	286,320
最判平成 13 年 3 月 13 日民集 55 卷 2 号 363 页	306,320
最判平成 13 年 10 月 25 日民集 55 卷 6 号 975 页	327
最判平成 13 年 11 月 22 日民集 55 卷 6 号 1056 页	133
最判平成 14 年 1 月 17 日民集 56 卷 1 号 20 页	21,22,39
最判平成 14 年 3 月 28 日民集 56 卷 3 号 689 页	304,325
最判平成 15 年 2 月 21 日民集 57 卷 2 号 95 页	25
最判平成 15 年 6 月 12 日民集 57 卷 6 号 563 页	25
最判平成 17 年 2 月 22 日民集 59 卷 2 号 314 页	97,334
最判平成 17 年 3 月 10 日民集 59 卷 2 号 356 页	215
最判平成 21 年 7 月 3 日民集 63 卷 6 号 1047 页	356
最决平成 22 年 12 月 2 日民集 64 卷 8 号 1990 页	19

主题词索引[*]

主题词	边码
保险解约返还金请求权的扣押	页码
不动产担保权（立法论）	23,33
不动产工程的先取特权	232
不动产先取特权	
——侵害	50
不动产质权	
——活动可能性	31
——侵害	52
——与担保不动产收益执行的关系	356
从物	240
代价清偿	
——存在意义	255
——立法过程	247
——要件的合理性	251
担保不动产收益执行	346

[*] 本索引所列页码为原书（本书日文版）页码，即本书（中译版）边码。

(续表)

主题词	边码
——管理人的地位	349
——既存的承租人	350
——所有权人占有	350
——押金返还义务	354
——与不动产质权的关系	356
——租金债权的让与	355
担保价值的切离	15
担保价值维持请求权	201
涤除	248
抵销与冲抵计算的区别	308
抵押权	
——被担保债权的确定方式	140
——对被担保债权的附随性	142,167
——关于被担保债权存在的信赖保护	162
——债权人、债务人的变更	143
抵押权的标的物	
——共有份额	185
——建筑物的合体	173,228
——增建	231
抵押权的侵害	
——"不法占有"的意义	207
——不动产工程的先取特权	232
——代担保请求权说	62

(续表)

主题词	边码
——担保价值维持请求权	201
——得行使物权请求权的抵押权人范围	213
——短期租赁的滥用	225
——对有占有权原的占有人请求排除妨害	215
——警告登记	232
——留置权的主张	232
——侵害状态更正请求权	201
——事实上的占有	226
——损害赔偿请求	58
——腾退的相对人	211
——物理侵害	228
——物权返还请求的可否	55
——物权请求权的行使时期	212
——与物上代位的关系	61
——在空地上建造第三人所有建筑物	231
——增添区分建筑物	231
抵押权的设定	
——贷款合同的无效	167
——抵押权设定合同的解释	152
——抵押权设定合同的性质	145
——第三人所有的不动产	151
——将来建造的建筑物	148
抵押权的实现	

（续表）

主题词	边码
——私下实现	16,23
——腾退暂缓期间	365
抵押权的物上代位	
——出卖价款	245
——对提存金返还请求权的效力	266
——对租金债权设定质权	277
——买回价款债权	309
——通过抵押权设定登记而公示	273,290
——通过分配要求的方法行使	327
——通过扣押而公示	275
——一般债权人扣押标的债权后抵押权被登记的情形	314
——与抵销的优劣	320
——转租租金债权	279
——租金债权（问题点）	30,342
——租金债权（意义）	15
——租金债权（与押金的关系）	304
——租金债权（原则）	257
抵押权设定登记	
——被担保债权额登记的意义	152
——对虚假登记的信赖保护	160,192
抵押权实现的妨害→抵押权的侵害	
抵押权效力所及范围	
——从物	240

(续表)

主题词	边码
——法定孳息	264,347
——附合物	242
——附加一体物(工厂抵押法2条)	241
——附加一体物(民法370条)	241
——供用物品(工厂抵押法2条)	240
第三方托管	38,41
动产买卖先取特权	
——立法宗旨	90
——实现	89
动产买卖先取特权的物上代位	
——标的债权的扣押	92
——买受人破产	80
——实现	89
——通过分配要求而行使	332
动产先取特权	
——侵害	48
动产与债权的区别	18
动产质权	
——侵害	50
短期租赁	358
——批判	361
法定地上权	229,337
分别管理的效果	20

(续表)

主题词	边码
附合物	242
附加一体物(工场抵押法2条)	241
附加一体物(民法370条)	241
工场抵押法	
——3条目录	235
公共工程预付款信托	21,39
共同抵押权	
——土地及其上建筑物	229,337
供用物品(工场抵押法2条)	240
雇佣关系的先取特权	72
——实现	78
——先取特权的范围、被担保债权的范围	77
国际债券寄存	18
将来债权的质权	111
将来债权让与	
——对抗要件效力的发生时期	131,276,288
警告登记	232
滥用短期租赁	360
联合国国际贸易法委员会	
——担保法原则	10
——《国际贸易应收账款转让公约》	11,20
留置权	
——侵害	43

(续表)

主题词	边码
——物与债权的牵连关系	69
律师存款	22
买回(解除构造与物权取得权构造)	311
《民法》第137条第2项所谓"担保"的意义	48
欧洲复兴开发银行《担保交易示范法》	10
偶然对立之债权间的抵销和有相互关系之债权间的抵销	308,326
普通存款的担保化	36,40,118
——让与担保	136
——与诈害行为撤销权、破产否认权的关系	134
——质权设定的对抗要件效力发生时期	133
普通存款债权	
——独立性	122
——排他性支配可能性	129
——与一物一权主义的关系	124
——与债权让与特例法的关系	125
普通抵押权与最高额抵押权	140
侵害状态更正请求权	201
人的编成主义	24
商事留置权(《商法》第521条)	66
受雇者报酬的先取特权(问题点)	72
受雇者的先取特权	73
私下实现	16,23
腾退暂缓期间	365

(续表)

主题词	边码
——押金返还请求权	368
——不当得利	366
统一私法协会《移动设备国际利益公约》	9,17
我妻荣命题	3,13
物权法定主义(与合同解释的关系)	155
物上代位	
——扣押的必要性	255
——《民法》第304条第1款但书的宗旨	85,95
——先取特权与抵押权的区别	96
项目融资	14,35
信托	21,25,39
性质决定为担保	27
一般先取特权	
因损害赔偿而代位(类推)	45,51,60
因债权人代位权的行使而解除保险合同	108
有相互关系的债权间的抵销	308,326
债权流动化	15
债权质权	
——保险合同的更改与继续	109
——保险合同中特约的追加、保险金额的增额	110
——保险金受领人的变更	112
——标的债权的扣押	107
——第三债务人的抗辩事由	100

（续表）

主题词	边码
——后顺位质权设定承认请求书	105
——将来债权	111
——普通存款债权	121
——侵害	52
——因实现而解除保险合同	115
——直接收取权	114
质权设定合同的性质	147
转账股票	18
转账国债	18
最高额抵押权	
——被担保债权的范围	372

日本年号与公历年对照表

明治 29 年	1896 年
明治 30 年	1897 年
明治 31 年	1898 年
明治 32 年	1899 年
明治 33 年	1900 年
明治 34 年	1901 年
明治 35 年	1902 年
明治 36 年	1903 年
明治 37 年	1904 年
明治 38 年	1905 年
明治 39 年	1906 年
明治 40 年	1907 年
明治 41 年	1908 年
明治 42 年	1909 年
明治 43 年	1910 年
明治 44 年	1911 年
明治 45 年 大正元年	1912 年

（续表）

大正 2 年	1913 年
大正 3 年	1914 年
大正 4 年	1915 年
大正 5 年	1916 年
大正 6 年	1917 年
大正 7 年	1918 年
大正 8 年	1919 年
大正 9 年	1920 年
大正 10 年	1921 年
大正 11 年	1922 年
大正 12 年	1923 年
大正 13 年	1924 年
大正 14 年	1925 年
大正 15 年 昭和元年	1926 年
昭和 2 年	1927 年
昭和 3 年	1928 年
昭和 4 年	1929 年
昭和 5 年	1930 年
昭和 6 年	1931 年
昭和 7 年	1932 年
昭和 8 年	1933 年
昭和 9 年	1934 年
昭和 10 年	1935 年
昭和 11 年	1936 年

(续表)

昭和 12 年	1937 年
昭和 13 年	1938 年
昭和 14 年	1939 年
昭和 15 年	1940 年
昭和 16 年	1941 年
昭和 17 年	1942 年
昭和 18 年	1943 年
昭和 19 年	1944 年
昭和 20 年	1945 年
昭和 21 年	1946 年
昭和 22 年	1947 年
昭和 23 年	1948 年
昭和 24 年	1949 年
昭和 25 年	1950 年
昭和 26 年	1951 年
昭和 27 年	1952 年
昭和 28 年	1953 年
昭和 29 年	1954 年
昭和 30 年	1955 年
昭和 31 年	1956 年
昭和 32 年	1957 年
昭和 33 年	1958 年
昭和 34 年	1959 年
昭和 35 年	1960 年

（续表）

昭和 36 年	1961 年
昭和 37 年	1962 年
昭和 38 年	1963 年
昭和 39 年	1964 年
昭和 40 年	1965 年
昭和 41 年	1966 年
昭和 42 年	1967 年
昭和 43 年	1968 年
昭和 44 年	1969 年
昭和 45 年	1970 年
昭和 46 年	1971 年
昭和 47 年	1972 年
昭和 48 年	1973 年
昭和 49 年	1974 年
昭和 50 年	1975 年
昭和 51 年	1976 年
昭和 52 年	1977 年
昭和 53 年	1978 年
昭和 54 年	1979 年
昭和 55 年	1980 年
昭和 56 年	1981 年
昭和 57 年	1982 年
昭和 58 年	1983 年
昭和 59 年	1984 年

(续表)

昭和 60 年	1985 年
昭和 61 年	1986 年
昭和 62 年	1987 年
昭和 63 年	1988 年
昭和 64 年 平成元年	1989 年
平成 2 年	1990 年
平成 3 年	1991 年
平成 4 年	1992 年
平成 5 年	1993 年
平成 6 年	1994 年
平成 7 年	1995 年
平成 8 年	1996 年
平成 9 年	1997 年
平成 10 年	1998 年
平成 11 年	1999 年
平成 12 年	2000 年
平成 13 年	2001 年
平成 14 年	2002 年
平成 15 年	2003 年
平成 16 年	2004 年
平成 17 年	2005 年
平成 18 年	2006 年
平成 19 年	2007 年
平成 20 年	2008 年

（续表）

平成 21 年	2009 年
平成 22 年	2010 年
平成 23 年	2011 年
平成 24 年	2012 年
平成 25 年	2013 年
平成 26 年	2014 年
平成 27 年	2015 年
平成 28 年	2016 年
平成 29 年	2017 年
平成 30 年	2018 年
平成 31 年 令和元年	2019 年

译后记

如果要迅速说出一本印象深刻的法学著作,本书无疑将第一时间浮现在我的脑海。犹记得 2015 年 9 月初读本书,似在迷宫中行走——冥思苦想而得豁然开朗。烧脑却过瘾,着实令人欲罢不能。

我与道垣内老师的缘分就在这样奇妙的阅读体验中开始。两个月后在 BESETO 会议(北京大学、东京大学、首尔大学的三校会议)与道垣内老师初见,次年前往东京大学在道垣内老师的指导下学习。尽管在东京大学的时光短暂,但道垣内老师幽默风趣的教学、深入浅出的思考和循循善诱的指导对我影响深远。

本书汇集了道垣内老师三十余年学术生涯的 36 篇关于担保法总论和典型担保法的文章,是此领域的集大成作。文章形式多元(包括演讲、论文、判例评析、讲座等),但全书有机一体。集中展现了道垣内老师一贯的研究方法——以精致的担保法理论,妥当地解决实务问题。

在学习和翻译本书的过程中,我深刻地感受到,移植某一制度或照搬某一理论固然简单,但如何将其与既有的制度理论相整合,以及如何使其与当前的交易实践和法律实践相协调实属不易。看待某一法律条文或法律制度时,要时刻牢记从"体系的整合性"和"实践的妥当性"两方面去分析评判。特别是在比较他国法和中国法时,不能因为他国法和中国法存在制度上的差异,就认为"中国法应当移植或继受该制度"或"中国法的该制度就是画蛇添足",而是要去思考"中国法的该制度是否有内在理由和原因","他国法的制度中是否也有其独特的内在理由和原因"。读者在阅读本书时,亦能感受到此等解释论的艰难探索。

  本书的翻译出版得益于李昊老师的积极促成,常鹏翱老师和易军老师的悉心指导,辛正郁老师对我兴趣和研究的鼓励关怀,北京大学出版社陆建华老师和费悦老师对译稿细致的审阅校对,还有家人和朋友无微不至的关心。深表谢意。

王融擎

2021 年正值江南草长莺飞时

法律人进阶译丛

⊙ 法学启蒙

《法律研习的方法：作业、考试和论文写作（第9版）》，〔德〕托马斯·M. J. 默勒斯 著，2019年出版
《如何高效学习法律（第8版）》，〔德〕芭芭拉·朗格 著，2020年出版
《如何解答法律题：解题三段论、正确的表达和格式（第11版增补本）》，〔德〕罗兰德·史梅尔 著，2019年出版
《法律职业成长：训练机构、机遇与申请（第2版增补本）》，〔德〕托尔斯滕·维斯拉格 等著，2021年出版
《法学之门：学会思考与说理（第4版）》，〔日〕道垣内正人 著，2021年出版

⊙ 法学基础

《法律解释（第6版）》，〔德〕罗尔夫·旺克 著，2020年出版
《法理学：主题与概念（第3版）》，〔英〕斯科特·维奇 等著
《德国基本权利（第6版）》，〔德〕福尔克尔·埃平 著
《德国刑法基础课（第6版）》，〔德〕乌韦·穆尔曼 著
《刑法分则I：针对财产的犯罪（第21版）》，〔德〕伦吉尔 著
《刑法分则II：针对人身与国家的犯罪（第20版）》，〔德〕伦吉尔 著
《民法学入门：民法总则讲义·序论（第2版增订本）》，〔日〕河上正二 著，2019年出版
《民法的基本概念（第2版）》，〔德〕汉斯·哈腾豪尔 著
《民法总论》，〔意〕弗朗切斯科·桑多罗·帕萨雷里 著
《德国民法总论（第42版）》，〔德〕赫尔穆特·科勒 著，2022年出版
《德国物权法（第32版）》，〔德〕曼弗雷德·沃尔夫 等著
《德国债法各论（第17版）》，〔德〕迪尔克·罗歇尔德斯 著

⊙ 法学拓展

《奥地利民法概论：与德国法相比较》，〔奥〕伽布里菈·库齐奥 等著，2019年出版
《所有权的终结：数字时代的财产保护》，〔美〕亚伦·普赞诺斯基 等著，2022年出版
《合同设计方法与实务（第3版）》，〔德〕阿德霍尔德 等著，2022年出版
《合同的完美设计（第5版）》，〔德〕苏达贝·卡玛纳布罗 著，2022年出版

《民事诉讼法（第4版）》，〔德〕彼得拉·波尔曼 著
《消费者保护法》，〔德〕克里斯蒂安·亚历山大 著
《日本典型担保法》，〔日〕道垣内弘人 著，2022年出版
《日本非典型担保法》，〔日〕道垣内弘人 著
《担保物权法（第4版）》，〔日〕道垣内弘人 著
《信托法》，〔日〕道垣内弘人 著
《公司法的精神：欧陆公司法的核心原则》，〔德〕根特·H.罗斯 等著

⊙ 案例研习

《德国大学刑法案例辅导（新生卷·第三版）》，〔德〕埃里克·希尔根多夫著，2019年出版
《德国大学刑法案例辅导（进阶卷·第二版）》，〔德〕埃里克·希尔根多夫著，2019年出版
《德国大学刑法案例辅导（司法考试备考卷·第二版）》，〔德〕埃里克·希尔根多夫著，2019年出版
《德国民法总则案例研习（第5版）》，〔德〕尤科·弗里茨舍 著，2022年出版
《德国法定之债案例研习（第3版）》，〔德〕尤科·弗里茨舍 著
《德国意定之债案例研习（第6版）》，〔德〕尤科·弗里茨舍 著
《德国物权法案例研习（第4版）》，〔德〕延斯·科赫、马丁·洛尼希 著，2020年出版
《德国家庭法案例研习（第13版）》，〔德〕施瓦布 著
《德国劳动法案例研习（第4版）》，〔德〕阿博·容克尔 著
《德国商法案例研习（第3版）》，〔德〕托比亚斯·勒特 著，2021年出版

⊙ 经典阅读

《法学方法论（第4版）》，〔德〕托马斯·M.J.默勒斯 著，2022年出版
《法学中的体系思维和体系概念》，〔德〕克劳斯-威廉·卡纳里斯 著
《法律漏洞的发现（第2版）》，〔德〕克劳斯-威廉·卡纳里斯 著
《欧洲民法的一般原则》，〔德〕诺伯特·赖希 著
《欧洲合同法（第2版）》，〔德〕海因·克茨 著
《德国民法总论（第4版）》，〔德〕莱因哈德·博克 著
《合同法基础原理》，〔美〕麦尔文·艾森伯格 著
《日本新债法总论（上下卷）》，〔日〕潮见佳男 著
《法政策学（第2版）》，〔日〕平井宜雄 著